普通高等教育"十三五"规划教材

中小学数学课程标准与教材研究

ZHONGXIAOXUE SHUXUE
KECHENG BIAOZHUN YU JIAOCAI YANJIU

主编 ● 王红蔚

郑州大学出版社
郑州

图书在版编目(CIP)数据

中小学数学课程标准与教材研究/王红蔚主编. —郑州:郑州大学出版社,2017.10(2019.10 重印)
ISBN 978-7-5645-4828-5

Ⅰ.①中…　Ⅱ.①王…　Ⅲ.①数学课-课程标准-研究-中小学
②数学课-教材-研究-中小学　Ⅳ.①G633.602

中国版本图书馆 CIP 数据核字（2017）第 232553 号

郑州大学出版社出版发行
郑州市大学路 40 号　　　　　　　邮政编码:450052
出版人:孙保营　　　　　　　　　发行部电话:0371-66966070
全国新华书店经销
北京虎彩文化传播有限公司印制
开本:787 mm×1 092 mm　1/16
印张:16
字数:369 千字
版次:2017 年 10 月第 1 版　　　　印次:2019 年 10 月第 2 次印刷

书号:ISBN 978-7-5645-4828-5　　　定价:36.00 元

本书如有印装质量问题,由本社负责调换

作者名单

主　编　王红蔚
副主编　闫德明　杨宪立
　　　　　周高军　赵艳会

内容提要

  本书包括数学课程的现代发展、义务教育数学课程标准、高中数学课程标准、义务教育数学教材与教学研究、高中数学教材与教学研究等五章内容，可作为高等院校师范专业学生作为教材使用，也可作为教师培训用书。

目 录

第一章 数学课程的现代发展 ·· 1
  第一节 数学课程及其发展 ·· 1
    一、数学课程发展的必然性 ·· 1
    二、数学课程发展的稳定性 ·· 16
  第二节 数学课程标准 ·· 19
    一、数学教学大纲 ·· 19
    二、数学课程标准 ·· 21
    三、数学课程体系 ·· 22

第二章 义务教育数学课程标准 ·· 27
  第一节 十个核心概念 ·· 27
    一、提出"核心概念"的意义 ·· 28
    二、十个核心概念的内涵 ·· 28
  第二节 义务教育数学课程目标 ·· 42
    一、义务教育数学课程总目标 ·· 42
    二、义务教育数学课程具体目标 ·· 51
    三、义务教育数学课程学段目标 ·· 58
  第三节 义务教育数学课程内容分析 ·· 61
    一、数与代数 ·· 61
    二、图形与几何 ·· 68
    三、统计与概率 ·· 72
    四、综合与实践 ·· 76

第三章 高中数学课程标准 ·· 80
  第一节 高中数学课程目标 ·· 80
    一、高中数学课程总目标和具体目标 ·· 80
    二、高中数学课程目标体系 ·· 81
    三、高中数学课程目标的总体分析 ·· 81
  第二节 高中数学课程内容分析 ·· 90

一、数学1 ………………………………………………………………… 91
　　二、数学2 ………………………………………………………………… 94
　　三、数学3 ………………………………………………………………… 97
　　四、数学4 ………………………………………………………………… 104
　　五、数学5 ………………………………………………………………… 108
　　六、选修系列1 …………………………………………………………… 111
　　七、选修系列2 …………………………………………………………… 120
　　八、选修系列3、系列4 …………………………………………………… 124
　　九、课程内容的变化及其确定的原则 …………………………………… 125
　第三节　普通高中数学课程标准的修订 …………………………………… 128
第四章　义务教育数学教材与教学研究 ……………………………………… 131
　第一节　义务教育数学教材研究 …………………………………………… 131
　　一、义务教育数学教材的结构与特点 …………………………………… 131
　　二、义务教育数学教材内容分析 ………………………………………… 135
　第二节　数与代数教学研究 ………………………………………………… 139
　　一、义务教育学段数与代数的内容结构及分析 ………………………… 139
　　二、深刻理解教学目标,提升教学立意 ………………………………… 141
　　三、教学中发现的问题 …………………………………………………… 143
　　四、教学案例分析研究 …………………………………………………… 147
　第三节　图形与几何教学研究 ……………………………………………… 158
　　一、义务教育学段图形几何内容结构及中考要点分析 ………………… 158
　　二、深刻理解教学目标,提升教学立意 ………………………………… 159
　　三、教学中存在的问题 …………………………………………………… 161
　　四、教学案例分析研究 …………………………………………………… 163
　第四节　统计与概率教学研究 ……………………………………………… 169
　　一、义务教育学段统计与概率内容结构及中考要点分析 ……………… 170
　　二、深刻理解教学目标,提升教学立意 ………………………………… 170
　　三、教学中发现的问题与反思 …………………………………………… 173
　　四、教学案例分析研究 …………………………………………………… 174
　第五节　综合与实践教学研究 ……………………………………………… 176
　　一、案例分析与数学教育研究 …………………………………………… 177
　　二、数学命题编拟的常用方法 …………………………………………… 184
　　三、一道几何题的研究性学习 …………………………………………… 188
第五章　高中数学教材与教学研究 …………………………………………… 193
　第一节　高中数学教材研究 ………………………………………………… 193
　　一、高中数学教材的特点 ………………………………………………… 193
　　二、高中数学教材内容分析 ……………………………………………… 200
　第二节　高中数学教学研究 ………………………………………………… 205

一、数列 ·· 205
二、微积分 ·· 215
三、立体几何 ·· 220
四、圆锥曲线 ·· 224
五、概率 ·· 228
六、统计 ·· 230
七、算法 ·· 233
八、三角函数 ·· 238

参考文献 ·· 243

第 一 章

数学课程的现代发展

第一节 数学课程及其发展

课程是指学校学生所应学习的学科总和及其进程与安排,是国家教育理念的体现。课程内涵丰富且不断发展变化。著名的数学课程论专家豪森(G. Howson 英国)所著《数学课程发展》指出:"促使课程发展的动力来自各个不同方面""最大的动力来自社会",还有"动力来自数学,来自教育本身"。社会的需要、科技进步的要求、教育发展的要求、数学发展的要求、学生发展的要求使数学课程发展成为必然。优良的传统和特色、教师的数学与教学水平、社会的环境又决定了数学课程发展必须是稳定的。

一、数学课程发展的必然性

1. 社会和科学技术的发展

社会发展是数学课程改革的直接动力。社会的需求直接或间接地决定着数学课程所应具有的时代标准和价值取向,成为选择课程内容、方法、评价的依据。比如,在现代社会广泛的生产领域、经济领域和日常生活中,收集数据,分析处理数据,并根据结果做出预测和决策已成为普遍需求,数学课程就应该对此做出反应,数据处理的意识、思想、方法就成了数学课程的重要内容。

社会的发展,使得人们的生活方式、内容和节奏也发生了变化,根据《全日制义务教育数学课程标准解读》提供的一项调查,选择与老百姓生活密切相关的报纸杂志,从中了解百姓生活中的数学,结论如下:①数学的定量化特征越来越多地表现在人们的日常生活中;②图表,尤其是各种各样的统计图、统计表出现较多,它们以清楚、明了、信息量大、对比度强等特点出现在报刊中;③《中国证券报》是一份比较专业化的报纸,在调查的两个不同时段的结果中,都出现了比较复杂和比较多的数学表达式;④与生活相关的报道及广告中的数学内容很多也很丰富[①]。数学课程的社会责任与价值内涵应该从对社会需求的一般适应转变为积极地服务于社会,并前瞻性地为社会的未来需要做好准备。

科学技术的发展,一是改变了数学学习方法,信息技术的应用使数学实验轻而易举;二是科技的发展又向数学提出了更高要求,数学化的手段在高科技发展中发挥着重要作用,以至普遍认为高科技本质上是数学技术。这两方面的影响也毫无例外地要在数学课程中体现出来。

2. 国际数学教育的发展

数学教育自身的发展必然是影响数学课程发展的一个重要因素。在20世纪与21世纪之交,世界各国的教育包括数学教育都发展迅猛,下面以美国、英国、俄罗斯和日本的数学课程改革为例,观察国际数学教育的发展。

(1)美国　一个在数学课程改革方面勇于探索,不断改进的国家。

美国最近的数学教育改革开始于1989年的全美数学教师协会(NCTM)公布的有史以来第一个美国国家课程标准《中小学数学课程与评价标准》(简称《标准1989》)。2000年美国又重新推出面向21世纪的《中小学数学的原则与标准》(简称《标准2000》),其中提出6条原则,10条标准,前5条标准是关于数学内容的,后5条标准是关于数学过程的。

具体原则为:

1)平等性原则　指数学教学设计应当促进所有学生的数学学习。

2)课程的原则　指数学教学设计应当突出重要的和有意义的数学,并设计出协调的和综合的数学课程。

3)教学的原则　指数学教学设计的实施依赖于有能力的教师。

4)学习的原则　指数学教学设计应使学生理解数学和应用数学。

5)评估的原则　指数学教学设计应当包括评估,以指导、强化和评价学生的数学学习,并为教师提供必要的信息。

6)技术性原则　指数学教学设计应当利用现代技术帮助学生理解数学,并为他们进入技术性不断增强的社会做好准备。

具体标准为:

1)数学运算标准

＊理解数学、数字的表达方法、数字之间的关联以及联系。

＊理解运算的含义以及各种运算之间的关联。

＊熟练地进行计算并能给出恰当的估算。

2)代数标准

＊理解模式、关系和运算。

＊使用代数符号表达,分析数学情境和结构。

＊通过数学模型表达和理解定量关系。

[①] 刘兼,孙晓天.全日制义务教育数学课程标准解读[M].北京:北京师范大学出版社,2002.

*分析各种情境中的变化。

3）几何标准

*分析二维和三维几何形状的特征和性质,建构与几何相关的数学证明。

*用坐标表示确定位置,并描述空间关系。

*运用变换和对称分析数学情境。

*通过视觉化、空间推理和几何模型解决问题。

4）测量标准

*理解物体的测量特性,以及测量的单位、体系和过程。

*运用恰当的技术、工具和公式进行测量。

5）数据分析与概率标准

*构造可用数据说明问题,收集、组织和呈现相关的数据以解答问题。

*选择并使用恰当的统计方法分析数据。

*提出并评价基本数据的推断和预测。

*理解和使用概率的基本概念。

6）问题解决标准

*通过问题解决建立新的数学知识。

*解决数学和其他情境中的问题。

*运用并改编各种适宜的策略以解决问题。

*监控和反思数学问题解决的过程。

7）推理与证明标准

*认识到推理与证明是数学的根本。

*提出探索数学猜想。

*提出并评价数学论据和证明。

*选择并使用各种推理类型和证明方法。

8）交流标准

*通过交流,组织和巩固数学思想。

*向他人连贯地、清晰地表述数学思想。

*分析和评价他人的数学思想和策略。

*使用数学语言准确地表达数学思想。

9）联系标准

*认识和使用数学思想之间的联系。

*理解数学思想是如何相互联系并构成统一整体的。

*认识并运用数学之外情境中的数学。

10）表达标准

*建构表达的组织,记录交流数学思想。

*选择、应用和变换数学表达以解决问题。

*表达数学建模,解释物理、社会和数学现象。

可以看出,美国的数学课程十分重视教学过程,专门制定具体标准,美国的数学课程与教学有以下几方面特点：

第一，注重学生问题解决能力的培养。在他们的数学教材中，提供很多富有挑战性的设计作业，其难度要求并不高，主要强调综合能力的培养，解决这类题目，往往需要学生走向社会，亲自搜集信息，甄别筛选信息，分析处理信息，归纳总结规律，论证所得结果，陈述成果。这些技能和经验是在常规的数学学习中无法获得的。

第二，强调数学与生活，数学与其他学科的联系。在数学教材中，介绍了许多数学在实际生活中的应用，向学生展示数学是如何在其他学科（不仅局限于理科）中发挥作用的。美国学生在数学课堂上接触到很多应用性问题，十分贴近生活。

第三，重视数学交流。要求学生清晰地写出应用数学解决问题的过程，要求写数学日志并对自己的数学学习进行反思，强调对数学课本的阅读，提高使用数学语言能力，为数学交流打下基础。使学生通过数学交流，加深对数学知识的理解。

第四，数学课堂活动很常见。结对学习或小组活动，使学生通过活动体验协作精神，体会协作是现代生活的重要因素。合作学习也是培养学生的数学交流能力的一个有效途径。

第五，强调技术。美国的教育者相信，计算器（机）的使用无论在计算还是理解知识上都有积极作用而无消极作用；利用计算器（机）的自动反馈功能，学生可以及时修正自己的学习，计算机的模拟功能可以拓展学生的学习领域，一些受客观条件限制的活动在计算机中可以得到实现；因特网的发展使学生的学习不再局限于课本，可以走向社会、走向世界。

不过从《标准1989》颁布以来到《标准2000》颁布及以后，在新课程标准的课程开发过程中，数学家认为课程中任意地删减了一些内容，严重忽视了基本技能培养，于是对新标准的批评声四起。由200多名大学数学家和科学家，其中包括诺贝尔奖和菲尔兹奖得主联合签名并在华盛顿邮报发表致美国教育部长的公开信。信中要求教育部长撤回此前对10种数学教学用书的推荐，并要求停止数学标准的实施。这是"数学战争"（math wars）的一个典型事例。在这场持久的数学论战中，数学家们认为"太不重视学生对基本算术运算的掌握和对基本的数的知识的记忆，对必不可少的重复性训练重视不够"[1]，表达了他们对课程、标准、评价、教师准备和教学法等方面的不同观点。这些争论，加深了对学校数学一些重要问题的认识，但也阻碍了美国改进数学学习的努力。于是，活跃于数学和数学教育的专家重新审视了这场争论，2005年进行对话后，达成以下10点共识[2]：

第一，数字方面的基本技能对于多样化的日常应用仍然是十分重要的。这些技能为更高级的数学学习提供了重要的基础。

第二，数学需要使用有关精确定义的对象及概念进行小心推理。

第三，学生必须能够明确地表达问题和解决问题。

第四，自动化回忆基本事实。计算的流畅性需要基本数字事实的自动化回忆。

---

[1] 李祎. 从"课程标准"到"课程焦点"——近20年美国数学课程发展及其启示[J]. 外国中小学教育, 2007(7):20-24.

[2] 张奠宙. 数学"双基"教学的理论与实践[M]. 南宁：广西教育出版社, 2008.

第五,计算器对学生是有帮助的,但必须慎重使用它们,以免妨碍学生对基本算术和计算步骤的熟练掌握。同样的,图形计算器能增强学生对函数的理解。

第六,学生应该熟练地使用整数运算的法则,这些基本算法是数学的主要智慧结晶之一。

第七,分数的数学意义是十分重要的。分数的运算是代数学习的重要基础。

第八,数学教学中的"现实"背景,通过应用问题进行数学教学可能有助于激发动机和导入数学观点。然而,这种方法不应该被提升到一个一般的原则。

第九,现实能够通过直接教学、结构化的调查和开放式的探究组合进行有效的学习。根据具体数学内容、学习目标、学生已有的技能和知识来决定是采用直接教学法或是结构化的探究教学法,将会取得更好的教学效果。

第十,有效的数学教学依赖于深刻理解的学科知识。教师必须能够做他们教的数学,但是仅此而已对教学来说是不够的。有效的教学需要理解隐含的意义,并说明教学的观点和程序,能够建立主题同主题之间的联系,能流畅、正确和精确地使用数学术语和记号。

基于达成的共识,以及借鉴新加坡等东方国家的经验,2006年美国NCTM组织数学家、数学教育家以及中小学教师,通过广泛征求各界意见出版了《学校数学原则和标准》(NCTM,2000)的扩展文件《学前到八年级数学课程焦点:寻求一致》,简称《课程焦点》[1]。《课程焦点》发布后,《纽约时报》发表评论指出,它将给美国中小学的数学教育带来深刻的变化,并为困扰美国基础教育20年的"数学战"画上句号[2]。

美国认为,他们国家在20世纪大部分的时间里,拥有无与伦比的数学力量——无论是数学专家的资历和数量,还是工程、科学、金融等领域的领导规模和质量,甚至是接受数学教育的人口范围。但同时,他们又提出,如果教育体制没有实质性、持续的改变,美国将会在21世纪放弃他们的领导地位。鉴于美国数学教育的平庸表现,美国总统在2006年4月签发了总统令,专门成立国家数学咨询小组,负责根据"最有效的科学证据"对"美国学生掌握更多的数学知识和提高数学成绩"提出建议。根据总统的要求,主要在7个方面进行了广泛的调查和研究,并提出了一些建设性的建议,强调美国一定要采取实际行动来加强他们在学习领域的中心地位。7个方面是课程内容、学习过程、教师和教师教育、教学实践、教学材料、评价、研究政策和机制。

通过变革、数学战争、寻求一致等的努力,美国数学教育观念出现了以下一些变化:①强调数学是成功的基础;②重视理论,更强调实用;③回避争论,寻求对策;④学习信念出现东西融合(东乃世界东方包括中国);⑤提倡双基,寻求平衡(此双基乃我国之传统)[3]。

---

[1] 黄荣金.美国"数学战争"始末及其启示[J].数学通报,2007(1):24-30.
[2] 白改平,杨光伟.美国数学课程改革的特点及其启示[J].外国中小学教育,2008(7):43-46.
[3] 桂德怀,徐斌艳.国家数学咨询组报告:美国数学教育的新视角[J].外国中小学教育,2008(11):33-37.

(2) 英国 一个关注层次化数学教育,不断摸索经验的国家。

英国国会 1988 年通过《教育改革法案》,这个法案从根本上改变了英国传统课程中地方、学校有充分的教育自主权的局面,取消学校和教师的课程自主权。要求在所有的公立学校实施"国家课程",包括数学、语言和科学三门核心课程。该法案对数学课程发展的重要影响是政府组织工作组进行课程标准的制定,于 1989 年开始实行法定国家课程,标志着国家对课程开始具有约束力。在此之前,英国的各科课程比较自由。英国注重在实践中不断改进课程,1989,1992,1995 年先后实施了三套国家课程标准,每一套都是基于前面的课程标准修改而制定的。实施国家课程是近 20 年来英国政府提高学校教学水准的核心政策。2000 年又开始实施新的国家课程标准。

2000 年版的《国家数学课程标准》主要由两大部分构成:学习计划和成绩目标。四个关键学段(key stage,缩写 KS),其中 KS1(5~7 岁)和 KS2(7~11 岁),这两个关键阶段就是初级教育,即小学教育;KS3(11~14 岁)和 KS4(14~16 岁)是义务中学教育阶段。每一个学段都有自己的学习计划,学习计划从"知识、技能、理解"和学习范围两个方面阐述学生应该学会的内容,描述了学习广度;此外,学习计划还说明了国家数学课程在写、讲、听、读等方面使用语言的要求,以及使用信息通信技术(information communication technology,简称 ICT)的要求。学习计划对所有教师提出三项教学原则:①个性化教育。设立学习挑战,给每一个学生创造学习上成功的机会,使他们达到尽可能高的水平。对那些成绩远高于期望水平的学生,教师要为他们安排富有挑战性的学习任务;对那些低于期望水平的学生,有必要大幅度实施个性差异教学。②层次化教育。适应不同学生的不同学习需求。指出教师要考虑学生的不同经验、背景、兴趣、能力,合理安排教学,使所有学生能充分有效地参与课堂教学过程。教师应知道法律上涉及种族、性别和残疾人平等机会的要求,确保满足所有学生在教育上的要求。教师要采取专门措施去适应学生的不同需要,包括创造有效学习环境,使学生学有动机、学有专心,提供学习上均等的机会,建立学习目标,使用适当的评定方法。③弱势群体教育。克服部分学生和群体的潜在障碍。弱势群体一般指有特殊需要的学生,有残疾的学生,以及英语非母语的学生,学习纲要对此有专门的论述和具体建议,并认为这一方面非常重要。

成绩目标则是从"使用和应用数学""数与代数""形状、空间与测量"和"数据处理"四个方面进行描述。列出每个方面中不同能力和发展水平的学生具有的知识、技能和理解的期望标准,按照九种不同的学习水平做了详细的划分,各水平的难易程度有别,由低到高进展,指出处于每个水平的多数学生典型的学业表现、类型及范围。这里充分体现了英国传统的层次化教学思想,是教师把握层次化教学的操作依据。在实际教学中,英国也十分注重区别化。在英国的中小学,经常采用混合能力分班、学科能力分班、均衡能力分班、总体能力分班来进行教学。

在学习目标中,英国数学教育还有一些特点,比如,结合现代技术进行数学教学,以及强调各个学科之间的系统性和协调性。学习纲领在这些方面都有详尽的阐述,在数学课程纲要中明确具体地阐明与其他学科内容要求上的联系是英国的特色,是其他各国大纲中少见的。

英国数学教育的核心在于,坚持个性化教育和层次化教育,这可以在他们的国家数学课程中得到反映。

提到国家数学课程的实施,必须提到英国政府20世纪90年代中期提出的国家数学能力策略(national numeracy strategy,简称NNS),NNS在1998年推出,1999年秋季在英格兰所有小学开始实施,NNS是国家数学课程的具体化和操作化,受到了广大教师的欢迎。

2000年《国家数学课程标准》实施后,通过对课程实施情况的评估,广泛地听取社会各方面的意见,应公众的期望和社会发展的需求,对课程进行了适应性改革,2007年首次出版又一轮国家数学课程的改革方案,该方案是针对KS3和KS4阶段制定的数学课程标准,并于2008年秋季开始实施。2007年版的关于KS3和KS4的《国家数学课程标准》,每一个阶段的国家数学课程同样包括学习计划和成绩目标两大部分。学习计划在前面给出了课程目标,并对数学的重要性进行描述,接下来从四个方面规定国家数学课程:关键概念;关键过程;内容范围;课程契机。关键概念中介绍了能力、创造力、数学含义与应用能力及辩证思维能力四个概念;关键过程中描述了表达、分析、阐释与评估及交流与反思四个过程;内容范围只是从"数与代数""几何与测量""统计"三个方面进行简单描述;课程契机方面,数学教育应提供机会,使学生能进行完整的学习,并增强他们的观念、过程及学科内容。在这四大方面的后面都附有相应的名词注释,以明晰概念。成绩目标方面,只是在内容上做了微调。2007年版的国家课程标准更具弹性,更多的是理念目标的具体表述,没有了具体教学细节的描述和规定,教师在进行数学教育时,有较大的发挥空间,可以根据学校和学生的现状,自行安排设计课程,帮助学生达到各种层次的目标。

2011年初英国教育部确立了系统全面的审查回顾义务教育阶段(5~16岁)国家课程的计划,其目标是确保新的国家课程体现学校所教内容严格、高标准和连贯一致;确保教授给所有学生关键学科的基本内容;除了核心内容,允许教师有更多的自由空间,运用教师的专业和专业知识帮助所有学生认识到他们的潜能。鉴于此,成立了以剑桥大学考试委员会的Tim Oates为主席的专家小组,负责对国家课程的审查与回顾,这个小组的主要任务是为国家新课程的建立提供详细的意见和建议,从国际上成功教育的国家和区域的教育要求中考虑,为报告新的学习纲要和建立详尽的国家课程框架寻求强有力的证据。还要寻求和反应教师、学术团体、专家、雇主、高等教育和其他利益相关群体的观点。在2011年12月专家小组发表了题目为《The framework for the national curriculum: a report by the expert panel for the national curriculum review》(国家课程框架:国家课程专家小组的报告)的报告。同时,英国教育部出台了一份名为《Review of the national curriculum in England: report on subject breadth in international jurisdictions》(英国国家数学课程回顾——国际行政管辖区学科宽度的报告)的文件。这些文件的出台为2013年初英国国家新课程草稿的颁布奠定了基础。

2013年3月,英国教育部出台了义务教育阶段的一系列国家新课程,其中包括了义务教育阶段的国家数学课程标准,其中对国家课程这样描述:国家课程提供给学生关于每一公民必须学习的核心内容。国家课程只是每个孩子教育的一个元素。学校在每个时间段都要安排超出国家课程标准的时间和空间。国家课程提供核心知识的一个大纲,教师可以围绕这个大纲开发令人兴奋的、有激励性的课程。

通过以上的描述,我们可以知道英国国家课程只是一个提纲挈领的大纲,它所包含的内容并不是教师在课堂上讲的所有内容,只是其中最核心的部分①。

2014年3月4日,英国《每日电讯报》刊登了英国教育部官员伊丽莎白·特拉斯的文章《英国的学校需要一堂中国课》②。

上海是这样一座城市:即使你在电影或广告里见过,现实仍会让你始料不及。发展的规模和步伐令人惊叹。从各种意义上讲,这都是一座崛起中的城市。不过,真正让人意想不到的事情出现在它的学校,上周我和一批英国教师和数学专家访华时亲眼看到了。

统计数字是众所周知的。上海普通学生的数学水平比我国学生平均水平高出3年,他们最差的学生比我国最优秀的学生高出整整1年。上海稳居经济合作与发展组织数学成绩排行榜之首。有时,据说这是以牺牲创造力为代价得来的。

然而,如果你真正参观过这些教室就会发现,教师并不独断专制,他们和蔼、专业。在我观摩的每堂课上,孩子们都热情高涨,积极回答问题,到黑板前向其他同学解释自己的思路。老师讲清楚概念,然后学生专心做练习并马上得到反馈。

在这个国家,我们见到了一些才华横溢、善于启发的数学老师。英国和中国教给6岁孩子的内容,比如加减法,基本没有什么不同,但在中国,课题被层层分解,进行更加全面深入的讨论。整堂课上,例题的难度逐渐增加。孩子们都面向前方,这样注意力就完全集中在老师身上,老师则能够看到孩子们是否在注意听讲。教师都有中小学教育专长。至关重要的是,他们全天大部分时间都在向学生提供反馈和彼此探讨最佳技巧。

另一个谣言是,中国的孩子长时间待在学校。实际上,他们的教学时间与我国相仿。但他们对教学时间利用得更充分。孩子们在家做一些习题,老师收到后立即批阅,如果孩子没弄懂就给予一对一的辅导。他们确保孩子们一个都不掉队。

这种从一开始的深度学习——着重于得到清晰讲解的传统方法——意味着这些学生到中学时就会全速前进。我在一堂课上看到14岁的孩子学习的几何是英国学生要到高中最后两年才会遇到的。

教学水平卓著的不仅仅是上海等大城市,在远离沿海繁荣地区的湖北省,我也见识了出色的数学课,同样围绕着讲授、练习、参与、家庭作业和辅导过程展开。

哪怕心存数学无关紧要的想法,也会让我在中国遇到的家长、学生和专业人士感到荒谬。没有人会自豪地宣称他们"没学好数学"。对大多数大学来说,数学是基本入学要求。年轻人视之为创造美好未来的工具,是充满竞争的技术型全球经济的核心。

就上海而言,令人眼花缭乱的新建基础设施或许是它的外在形象,像我这样的初次访客会对它的非凡建筑叹为观止。但上海的摩天大楼和它的理想抱负都建立在数学之上。真正应当给予我们启示的是中国对这门课程的重视,它与每个孩子的信念一致。

由此可见,英国的数学教育依然在探索、在学习、在改革,寻求与东方的平衡。

---

① 刘青云.中英数学课程标准的比较研究[D].广州:广州大学,2013.
② 英教育部访华官员盛赞上海数学教学称英国学校需要一堂中国课[2014-03-05]. http://www.guancha.cn/Education/2014_03_05_211117.shtml.

(3) 俄罗斯 一个继承数学教育传统,坚持稳定改革的国家。

苏联属于中央集权制国家,其课程模式属于统一计划、统一大纲、统一教材。而20世纪80年代以来,无论是发达国家还是发展中国家,都在展望21世纪,改善充实教育基础,其中位于中心的是推行国家规模的中小学课程改革。1991年苏联解体,俄罗斯的数学教育开始从行政命令和强权思想中解放出来。数学教育从体制、教材编制、教学方法和教学形式等方面呈现多样化、个性化和人道化发展的趋势,出现了不同的教学计划和大纲,教育水平出现了差异。

在改革的过程中,俄罗斯数学教育领域有一个势力强大的坚持派。他们认为虽然苏联的集权统治使得教育在体制、思想等方面有很大的局限,但是,苏联的数学教育在世界上具有很高的地位,受到各国专家学者甚至数学家的广泛关注。改革提倡的灵活性和个性化从形式上与原有模式截然不同,如果弄得不好,有可能导致经过多年探索、积累和总结而形成的优秀传统丧失。于是,如何在改革时处理好继承和发展的关系,如何看待美国的数学教育,在俄罗斯引发了激烈讨论,形成了数学教育的改革派和坚持派。改革派在政府的经济支持下,1993年俄罗斯普通教育研究所研制完成《国家数学教育标准》讨论稿,1998年出版了由俄罗斯教育科学院研制完成的《联邦国家各科普通教育标准》,包括数学教育标准,这些比较激进的倾向于美国数学思想观念的教学课程标准并没有在俄罗斯真正实施,他们一经公开和出版,就引起社会各界的反对,不少专家发表看法,表示对传统优势丧失的担忧。2003年俄罗斯部分数学家、数学教育家、中学数学教师重组研制新的数学教育标准,2004年3月5日教育部颁布了最新的《国家普通教育标准》,数学教育的指导思想是在保持优良传统的基础上改革发展的。

数学教育标准应定位于中等水平上,而不应该是对学生基础知识的最低要求,因为教育取决于社会政治,决定国家的发展道路。经济发达国家可以发展自由教育,一些领域可以依赖专业人员的输入。而在经济不发达国家,由于生活水平低,没有能力输入专业人员,只能依赖内在潜力,发展教育是唯一途径。这种教育资源不但可以满足本国需求,还可以提供外部市场。将课程标准理解为对基础知识的最低要求,对数学课堂来说非常危险,因为数学是基础教育中最重要的课程。为了发展现代生产、现代工艺,为了采取正确的社会政治和管理决策等,必需的不仅仅是深奥的数学知识,还要掌握数学方法。有一种观点认为,高水平的数学教育只有科学技术方面杰出的人才需要,而对于大多数公民限制在最低水平就可以。这种观点很危险,理由是好的数学教育对所有的包括离数学很远的专业人员都有益,可以促进个人取得成就,在中学阶段很难确定谁将来会做什么,谁会成为杰出人物,而谁又不会成为精英。如果把数学教育比作一座山,山顶对应的是杰出人物,为了使顶峰居高必须有山体的支撑,放低山麓就是放低顶峰。

1) 数学教学的目的 获得数学知识,掌握数学方法是数学教育的最重要的目标,包括学习逻辑知识、代数几何知识、算术与计算知识。学习数学可以促进智力发展,用数学来衡量学生的智力发展。几何有很高的价值,无论从历史还是起源的角度,几何活动都是人类活动的最早形式,数学(特别是几何)是发展的智力营养,是纯净的生态智力营养。

2) 创造发展 数学,特别是几何学习的过程促进了直觉和想象力的发展,而直觉和想象力是任何创造产生发展的基础,因而数学能促进人的创造性的发展。

3）道德发展 论证是数学知识的基础,是一个有思想的人的道德原则之一。数学知识可以发展道德修养,发展高尚品德,如果谈到理想的民主,可以断言,正是在数学世界里,由于可以相互调节的论证原则,理想的民主才可以实现。

4）审美发展 数学的知识、理论、方法和事实构成了一个和谐的世界,它是以天才的惊人的创造力表现出来的极其美妙、完整的世界,它可以促进人的审美发展。

5）文化发展 数学,自然包含几何,是人类文化的一种现象,没有经历足够的数学教育的人不能看作是一个有文化的人。

总的来说,俄罗斯的数学教育改革十分谨慎,保持了相当的稳定性。

（4）日本 一个善于学习和借鉴西方改革经验,并有机融入自己传统的国家。

1996年8月,日本中央教育审议会发表题为《关于面向21世纪的教育》的咨询报告。报告指出,面对今后日益信息化、国际化和科技迅猛发展的、不断变化的社会,教育要注重对学生基本素质和能力——生存能力的培养,即要培养学生自己发现问题,自己学习、独立思考、判断、行动的能力,以及更好地解决问题的能力;培养学生具有健康的身心,自律意识,关心同情他人的情感和品格以及与他人合作的能力。

基于教育改革的精神,中央教育课程审议会确定了如下的中小学及高中数学教育课程的改革方针:

1）通过中小学以及高中的教育,使学生掌握关于数量和图形的基础知识和基本技能。在此基础上,培养学生多方面观察事物的能力,使学生认识到从数学角度考察和处理事物现象的益处,进一步培养学生发展性地运用数学知识、数学思想方法的能力。

2）为达到上述目标,要重视数学知识和现实生活中各种事物现象的联系,使学生在宽松的环境中,通过自己发现问题、积极主动解决问题的活动,一边体验学习的乐趣和充实感,一边进行学习,同时要进行教学内容的改善。

日本新修订的课程标准于1998年11月颁布,各阶段数学教育都进行了相应的改革。

日本初中数学课程改革有以下几个特点:

第一,进一步精简学习内容,使学生在宽松的学习环境中,切实掌握基础知识和基本技能。在上一轮课程改革时,日本数学课程就大幅度简化了学习内容,这次改革又进一步精简了学习内容,较大幅度地降低了代数计算等技能要求。

第二,加强选择性学习。选择性学习现已构成日本初中数学课程的一大特色,选择性数学活动包括探究某方面数学内容、有关数学实际活动、应用数学的活动、数学史的有关专题等。学习程度上也有一定弹性,学生可以根据自己的实际情况选择补习、补充、发展、深化等不同程度的学习,使不同发展水平的学生都有收益。

第三,重视课题学习(问题解决学习)。新大纲要求在各个年级的数学教学中都要恰当地进行课题学习,在问题解决过程中,重视操作、观察、实验、调查等活动,从而提高学生独立发现问题、主动解决问题的能力,加深对数学思想方法的理解。

日本高中数学课程改革有以下几个特点:

第一,重视学生的多样化选择。高中学生的数学选择自由空间很大。必修课的选择性:基础和数学Ⅰ为必修课,可任选其一。内容的选择性:数学A、数学B、数学C每门课程的内容是4学分,学生可以根据自己的兴趣,选择2学分的内容学习。学习顺序的选择性:数学 A 可以与基础和数学 I 并行选修,也可以放在其后选修,数学 II 和数学 B 是数学 I 的后续,数学 C 是数学 I 及数学 A 的后继。

第二,重视通过教学活动培养学生的创造性。设置"数学基础"是为了提高学生对数学的兴趣和关心,增强好奇心,在数学基础中展示数学概念、定理产生和发展的过程、数学对人类文化社会生活的作用,提出现实生活中的问题,通过学习,从数学的角度考察和解决身边的问题,培养运用数学知识的态度,提高解决问题的能力。

第三,重视通过数学活动培养学生的创造性。新大纲强调通过发现问题、解决问题的活动,培养学生的数学能力和创造性。比如,通过将身边的事物或现象转化为数学课题,在解决问题的过程中发现定理、法则,培养学生思考能力、探索能力。

日本文部科学省分别于 1998 年 12 月和 1999 年 3 月颁布修订后的各级各类学校的学习指导要领,标志着依据"在宽松的环境里培养学生的生存能力,开展适应每个人个性的教育"的理念,对原课程进行修订后的新课程,正式开始实施。

在"宽松教育"理念的指导下,大幅削减原课程中的教学内容和课时。以小学为例,总课时数减少了 7.2%,各教科的课时数分别减少了 15% 左右,教学内容削减了近 1/3[①]。对学生通过数学活动,理解掌握和发现数学知识与方法,培养学生观察事物的能力、逻辑思维能力等创造性的基础的要求大大增加。

通过实践,伴随着日本民众对"学力下降"的忧虑,也引发了日本各界对政府所倡导的"宽松教育"展开批判。2005 年日本中央教育审议会在《开创新时代的义务教育》的报告中明确指出,培养"扎实的学力"才是提高义务教育质量的着眼点。2008 年,进一步在课程修订的纲领性文件《关于幼儿园、小学、初中、高中及特殊教育学校的学习指导要领修订的报告》(以下简称《报告》)中,明确了学力包括的三个重要因素:掌握基础的、基本的知识和技能;解决问题所必需的思维能力、判断能力和表达能力;学习的意愿等。可见,日本本次课程修订,在延续上一次改革提出的培养学生"生存能力"的基本理念的同时,已将教育政策的重心由"宽松教育"转向了"扎实的学力"。

针对中小学数学教育,《报告》中指出,通过对国际学力测试(如 TIMSS 和 PISA)及日本国立教育政策研究所组织的"教育课程实施情况的调查"等结果的分析,发现了当前日本数学教育中存在的问题,并依此提出了"要领"修订的基本方针:"中小学数学教育,应按照学生的认知发展规律,进一步充实数学活动,使学生切实掌握基本知识和基本技能,培养学生的数学思维能力和表达能力,提高学生学习的积极性。"在培养学生"扎实的学力"的教育理念的指导下,根据《报告》中的上述方针,日本文部科学省组织专家对现行"要领"进行了修订。为了使学生获得"扎实的学力",不仅增加了培养学生数学表达能力的教学目标,而且增加了教学内容和教学时间。

在《报告》的基础上,日本文部科学省于 2008 年 3 月和 2009 年 3 月分两次颁布了新修订的《学校教育法施行规则》及各级各类学校的学习指导要领[②]。

2008 年版初中数学指导要领与 1998 年版相比在以下方面有较大变化:

---

①② 周小川.日本小学数学课程改革的方向及启示[J].小学数学教育,2011(1-2):8-10.

第一，理念上，完全放弃了"宽松教育"，取而代之的是"生存能力"，充分认识到在当今"以知识为基磐的社会"中"生存能力"越来越重要，同时也应重视对"生存能力"起着重要作用的——"丰富的心灵"与"健康的体魄"的培养与协调，强调德、智、体均衡发展。倡导公共精神、尊重传统文化也是这次理念上的一个特点。重视知识与能力之间的平衡，既要让学生学会基础知识与基本技能，同时也要培养学生将学会的知识应用到社会与生活之中，培养他们的思考力、判断力和表达力。通过充实道德、体育教育使学生具有丰富的心灵与健康的体魄。

第二，总体目标指出，通过数学活动，加深对有关数量、图形等基本原理与法则的理解，掌握数学化地表达与处理方法，在提高数理式的研究事物现象和表达能力的同时，让学生确实感受到数学活动的快乐与数学的优越性，培养学生灵活运用上述知识和能力的态度，培养学生思考和判断的态度。

第三，教学内容为，四大领域+数学活动与七大主题。四大领域+数学活动是数与式、图形、函数关系和资料的灵活运用，外加数学活动；七大主题包含数的概念及其范围与扩充、欧几里得空间、函数、不确定事件、利用字母表示的式（代数式）、数学推理、说明与交流①。

第四，课时数与1998年版相比大幅上升，如表1-1所示。

表1-1 初中数学学科年课时数1998年版和2008年版对照表②

版本	不同年级年课时数/节			合计
	初一	初二	初三	
1998年版	105(3)	105(3)	105(3)	315
2008年版	140(4)	105(3)	140(3)	385

注：50分/节，（ ）内为周课时数

综观以上几个国家数学课程改革的情况，有以下一些特点：

第一，重视问题解决。重视问题解决是各国各地区数学课程目标的一个显著的特点。数学解决问题的方式是先将问题提炼成数或图形的方式，然后形成一些具体的个案，再以归纳或演绎的方式，把个案的解法形成一个数学模式。在数学课程中这种解决问题的过程要不断地出现，让学生耳濡目染，在潜移默化中掌握。当学生在数学课程中习惯于面对非常规问题进行解题活动时，实际上他已养成了主动思考的习惯。将来学生步入社会时这种能力会帮助他调整适应，使他成为现代社会的优秀公民。

第二，渗透数学思想方法。实际上大家都认识到，在当今和未来社会的许多行业，直接用到的数学知识不是固定不变的，而受到数学思想的熏陶和启迪，以此去解决所面临

---

① 陈月兰.最新日本（2008版）初中数学学习指导要领框架与内容分析[J].外国中小学教育，2010(3):41-42.

② 陈月兰.日本2008版初中数学课程标准破格于2009年实施[J].数学通报，2009(12):5-8.

的实际问题是随处可见的。同时,近几十年来人们不断为实现中学数学的现代化而努力,在多次试验中积累了丰富的经验,当面对 21 世纪的数学教育改革时,课程内容和数学思想的现代化再次成为改革的重点。

第三,注重数学应用。注重数学应用是各国数学课程发展的一个共同特点。在数学课程中,设置了数学建模、数学实践活动等内容。注重数学内容的实际背景,从具体实例引出数学概念,强调运用数学刻画、解决实际问题。

第四,注重数学交流。在现代社会中许多国家和地区都认识到,数学在其他科目中的使用愈发广泛,重要原因在于数学能简明地表达和交流思想。而且,从学生数学学习的角度讲,交流可以帮助学生在非正式的直觉的观念与抽象的数学语言符号之间建立起联系,还可以帮助学生把实物的、图画的、符号的、口头的以及心智描绘的数学概念联系起来。交流还可以发展和深化学生对数学的理解,因为在解答、推断中,通过对自己思想进行口头和书面的表达,可以使学生加深对概念和原理的理解。

第五,注重选择性。现阶段各国都重视高中数学课程的选择性,为学生提供在不同数学水平和不同课程内容上的选择机会,让每一个学生都能根据自己的需要和能力在数学上获得不同的发展。

第六,注重学生情感态度与自信心的培养。目前,世界上许多国家和地区都把培养学生的情感态度与自信心作为数学教育的一个目标,以此促进学生运用数学解决问题的动力与能力。

同时,我们也看到,国际上数学课程改革各国也会出现偏差,出现反复。数学课程在不断寻求东西方平衡的道路上发展,印证了"没有普世适用,只有传承发展"的无尽追求。

2012 年 7 月在韩国首尔举行的第 12 届国际数学教育大会上,华南师范大学王林全教授(对比了中、法、芬、美、澳、德六国课程新进展)对课程发展提出几点建议:①分合互动,中、法、芬有国家课程,美、澳、德分州管课程。前者重视发挥地方的积极性,后者注意促进地方的联合发展。从分到合是课程发展的趋势。②改革力求稳妥,各国 5~10 年修订一次课程与教学大纲。③反思存在问题,对课程发展存在问题做认真分析,体现务实态度,课程发展是重大工程。④关注学生发展,重视发展学生数学才能,把天才教育看成数学教育必不可少的部分[1]。

3. 我国数学教育的发展

我国数学教育也是在不断地发展中,20 世纪末这种发展的加速给我们带来了震撼。

1989—1995 年,一批数学教育的年轻学者自发地组织起来,成立了"21 世纪中国数学教育展望"课题组,在老一代教育家、数学家和数学教育家的关怀和支持下,投入各项专题研究中,历时 6 年多,形成《21 世纪中国数学教育展望》的成果,引起了各方的关注,成为推动数学课程标准出台的理论与实践基础。在此简略地列出他们在理论上得出的几条结论[2]:

---

[1] 刘一真. 国际数学课程演变综述[J]. 吉林省教育学院学报,2014(1):44-45.

[2] 刘兼,孙晓天. 全日制义务教育数学课程标准解读[M]. 北京:北京师范大学出版社,2002.

(1)"大众数学"必须成为我国 21 世纪上半叶中小学数学教育的主旋律。

(2)大众数学意义下的数学教育体系所追求的目标:①人人学"有用"的数学;②人人掌握"必需"的数学;③不同的人学习不同的数学。

(3)数学课程改革的基本思路:①以反映未来社会对公民所必需的数学思想方法为主线选择和安排教学内容;②以与学生年龄特征相适应的大众化、生活化的方式呈现数学内容;③使学生在活动中、在现实生活中学习数学、发展数学。

在 1999 年 6 月 13 日中共中央、国务院颁发了《关于深化教育改革,全面推进素质教育的决定》后,2000 年教育部颁布《义务教育阶段——国家数学课程标准(征求意见稿)》,这次数学课程改革的阶段性成果首次呈现在公众面前。

2001 年 6 月经国务院批准,教育部颁布《基础教育课程改革纲要(试行)》(2001),确定了基础教育课程改革的具体目标为六个改变。

(1)改变课程过于注重知识传授的倾向,强调形成积极主动的学习态度,使获得基础知识与基本技能的过程同时成为学会学习和形成正确价值观的过程。

(2)改变课程结构过于强调学科本位,科目过多和缺乏整合的现状,整体设置九年一贯的课程门类和课时比例,并设置综合课程,以适应不同地区和学生发展的需求,体现课程结构的均衡性、综合性和选择性。

(3)改变课程内容"繁、难、偏、旧"和过于注重书本知识的现状,加强课程内容与学生生活以及现代社会和科技发展的联系,关注学生的学习兴趣和经验,精选终身学习必备的基础知识和技能。

(4)改变课程实施过于强调接受学习、死记硬背、机械训练的现状,倡导学生主动参与、乐于探究、勤于动手,培养学生分析和处理信息的能力、获取新知识的能力、分析和解决问题的能力以及交流与合作的能力。

(5)改变课程评价过于强调甄别与选拔的功能,发挥评价促进学生发展、教师提高和改进教学实践的功能。

(6)改变课程管理过于集中的现状,实行国家、地方、学校三级课程管理,增强课程对地方、学校及学生的适应性。

这六条具体目标对数学课程的改革起了关键作用。

2001 年 7 月,教育部颁布《全日制义务教育数学课程标准(实验稿)》。2001 年 9 月义务教育阶段的数学新课程在 38 个国家级实验区开始实验。2002 年全国有 570 个县区实施了新课程,实验的范围有了比较大的扩展。到了 2003 年,全国有 1 642 个县区实施新课程实验。2004 年全国有 90% 的区县起始年级进入了新课程实验。到 2005 年全国初中和小学全部起始年级进入新课程实验。2004 年和 2007 年,国家级实验区的初中和小学分别完成了第一轮的实验。

2001 年,实验稿刚一公布,就引发了激烈争论,数学家和数学教育工作者对此提出了批评意见,2005 年,姜伯驹等数学家在"人大""政协"两会上提出质询。

2011 年 12 月,教育部又颁布了《全日制义务教育数学课程标准(2011 年版)》,这是对《全日制义务教育数学课程标准(实验稿)》的修订和完善,是"依据义务教育法的有关规定,按照基础教育课程改革的总方向,并在总结 10 年来新课程实施的经验和发现问题的基础上进行的,修订期间公布的《国家中长期教育改革和发展规划纲要(2010—2020年)》对标准修订工作起了重要的指导作用"[1]。《全日制义务教育数学课程标准(2011年版)》"在体例与结构上略有调整,增加了目标行为动词的解释,三个学段统一表述实施建议,案例作为附录后移;理念与目标表述更加清晰,对三个学段的课程内容作了一些调整,内容总量基本未变,具体内容和要求几个学段有不同程度调整。数学课程标准的修订是课程改革10年经验总结的结果,对于义务教育阶段数学课程与教学改革将产生重要影响"[2]。《全日制义务教育数学课程标准(2011年版)》经过修订,重提"教师主导作用""启发式教学",将数学"双基"教学发展为"四基",在相当程度上体现了兼容并包精神,恢复了某些平衡,但是争论并未结束[3],发展仍需继续。

2003年4月,教育部颁布《普通高中数学课程标准(实验)》,2004年秋在山东、广东、宁夏和海南四个省(区)开始进入高中数学新课程实验,2005年江苏,2006年天津、辽宁、福建、安徽、浙江,2007年北京、黑龙江、吉林、湖南、陕西,2008年山西、河南、江西、新疆、新疆生产建设兵团,2009年河北、湖北、云南、内蒙古,2010年贵州、青海、甘肃、四川、重庆、西藏,2012年广西,先后进入高中数学新课程实验,至此全国所有省份进入了普通高中新课程。

从20世纪素质教育的全面实施到新世纪新课程改革的全面推进,从学校内部的自发组织式改革到全国自上而下的行政推进式改革,其态势如波涛汹涌,一浪盖过一浪;如运动轰轰烈烈,一场接着一场。在势不可挡的改革大潮中,造就了我国数学教育史上改革力度最大、影响最为深远的课程改革。

4. 数学自身的发展进步

在19世纪、20世纪,数学已经取得了惊人的发展,结果是纯粹数学得以扩大和深化,应用数学空前繁荣。

20世纪中以泛函分析、抽象代数、拓扑学等为代表的一批学科把数学变得更加抽象和统一;作为数学主要方法的公理化方法在20世纪得到确定;集合论、基础数学、数理逻辑构建了完整实在的数学基础。

应用数学和计算数学的面貌也发生了根本性的改变。数学应用的范围已经从20世纪之前的经典力学、天文学与测地学以及数学物理等领域扩展到几乎所有的自然科学、工程技术、社会科学、人文科学的分支,一批新的应用数学领域应运而生。当前应用数学琳琅满目,数理统计、数理经济、运筹学、组合数学、生物数学、金融数学、计算数学、数学算法和各类数学模型等,表现出数学广泛的应用价值,同时由于和计算机的结合,使得数学学习更为灵活深入。

这些进展使得大学数学课程进行了改革,虽然中小学以学习基础知识为主,但是也必然要受到现代数学思想与技术的影响。当前各国的数学课程改革都在探索适度增加

---

[1][2] 史宁中,马云鹏,刘晓玫.义务教育数学课程标准修订过程与主要内容[J].课程·教材·教法,2012(3):50-56.

[3] 张莫宙,于波.数学教育的"中国道路"[M].上海:上海教育出版社,2013.

与学生水平相适应的现代数学知识。按照《基础教育课程改革纲要》的精神,加强课程内容与现代社会和科技发展的联系,数学课程标准已经将统计与概率的思想与知识贯穿于整个中小学数学课程中,同时在中小学数学课堂中出现了一些简单实际问题和一般实际问题的数学模型,高中阶段出现了较多现代数学知识,如运筹学中的线性规划,组合数学的有关内容、统计案例、算法等。这一切都表现出数学发展对数学课程所产生的影响。在学习方式方面,实践中已越来越多地受到现代技术的影响,计算机辅助教学、计算器的使用在城市中小学成为普遍发展的趋势。

二、数学课程发展的稳定性

1. 继承和发扬优良传统

对于数学课程改革中的争论一直也没有停歇。在2005年的两会上,姜伯驹提交了一份提案,指出正在实行的《全日制义务教育数学课程标准(实验稿)》(以下简称实验稿)存在比较严重的问题。认为实验稿改革的方向有重大偏差,课程体系完全另起炉灶,在实践中已引起教学上的混乱。特别是,实验稿与此前许多年实行的几个数学教学大纲相比,总的水准大为降低。这个方向是错误的。

随着课程改革的不断深入,我们有必要审视初期的一些做法:强调了对原有的数学课程的批判后,是否还要去继承;在强调了动手实践、自主探索、合作交流等学习方式后,是否还要充分发挥认真听讲、课堂练习、课后作业的作用;强调了从学生已有的生活经验出发,是否还在时刻考虑数学自身的特点;一堂课下来重难点是抓住了还是遗失了……或许这些都是常识,但在所谓的"新理念"的光芒下往往连常识都会迷失,迷失在被煽动起的浮躁中……①。

郑毓信教授在2002年一次国际数学教育会议上,提出关于如何开展数学教育理论研究的一项建议是"放眼世界,立足本土;关注理念,聚焦改革"。在2009年又指出尽管至今已有7年的时间了,数学教育的总体形势与当年相比也有了一定变化,但"放眼世界,立足本土"仍应是我们从事数学教育教学工作的一个基本立场。提出:与高峰时占据主导地位的赞美声音相比,从学术角度做出独立分析,并真正发挥学术监督与批评作用的声音实在过于低下、无力;所谓的"专家引领"又常常表现出较大的随意性,从而就使一线教师感到无所适从,现在"教师要上出一堂大家都认为好的课,真难! 如果课上不注重情境设置、与生活联系、运用小组合作学习,评课者就会说上课教师'教育观念未转变','因循守旧'。如果课上注意了这些,评课者又可能会说'课上得有点浮''追求形式'。教师往往处于两难的境地"②。

在多次有关数学教育的国际测试研究中,我国成绩优秀。1989年,美国教育测试中心组织第二次国际教育成就评价课题研究(简称IAEP)。这项研究的目的在于比较不同国家的学生学习数学和科学的成绩,以及获得优秀成绩的社会文化背景和教育环境。

---

① 徐青松.直接导入,充分想象,自然提升[J].教学月刊,2006(5):42-44.
② 郑毓信.国际理论视野下的中国数学教育[J].全球教育展望,2010(3):79-83.

13岁学生测试4个项目:数学、科学、操作、地理。先后有19个国家(包括我国和美、加、英、法、苏联等)的21个团体参加这项研究。数学测试成绩最高的是中国。以下依次是韩国、中国台湾、瑞士、苏联、匈牙利、法国、意大利、以色列、加拿大、苏格兰、爱尔兰和英格兰。这些团体的平均成绩都高于全部测试学生的平均正确率58.3%。测试成绩低于58.3%的有斯洛文尼亚、美国、西班牙、葡萄牙和约旦等,最低的是巴西圣保罗和福塔莱萨以及莫桑比克。

我国学生数学成绩好的原因主要是:①小学和初中数学教学内容多,而且系统性较强;②注重能力培养,数学作业较多。特别值得注意的是,我国学生数字计算的能力是最高的[①]。

2013年12月3日世界经济合作与发展组织(OECD)发布了最新国际学生评估项目(PISA)测试报告。上海教育再次成为世界关注的焦点,上海学生在数学、阅读、科学三大测试领域的成绩均排在世界第一。这是继2009年之后,上海第二次参加PISA测试并折桂。2009年的PISA以阅读为主要测试科目,而2012年的PISA以数学测试为主。中国上海项目组组长张民选介绍,根据OECD公布的成绩,上海学生在数学素养上有明显的优势。上海学生数学测试的平均成绩为613分,有86.8%的上海学生的平均成绩达到或超过了OECD的平均成绩(494分)[②]。

基于上述IAEP和PISA我国的优异表现,以及西方对东方包括我国数学教育的研究、重视甚至是学习。由此可见,从我国经历的21世纪以来数学教育的深刻变化中应该思考或是反思。"一方面,政府主导的急风暴雨式的课程改革,深刻地影响着数学教育的进程。这一改革,基于素质教育的目标,提出了'以学生的发展为本'的方针,倡导'自主、合作、探究'为核心的教学理念,调整与充实基础教育中的数学内容,适应了信息时代的需求,大方向是正确的。但是,在课程实施的过程中有矫枉过正的现象。尤其是对新中国成立以来的数学教育,笼统地作为'传统'加以反对,更缺乏对中国数学教育特色的总结,这是数学教育研究领域的严重缺失。"[③]

数学发展具有继承性,数学课程发展更具有继承性。因为数学课程不仅具有历史性,还具有社会性,数学课程中一旦涉及数学知识的变化,学习方式的改变,就必然牵动学生、教师、管理者和家长等社会各个层面。课程改革要想取得成效,必须获得社会各个层面的认同,而只有在保持传统优势上的变更,才更有可能获得认同。

我国数学课程重视"双基",即数学基础知识和基本技能,这不必也不能更改[④]。早期的教学目标就是培养学生的运算能力、空间想象能力和逻辑推理能力,20世纪90年代又增加了解决实际问题的目标以及培养学生的个性品质的目标。2011年版课程标准将其

---

① 中央教育科学研究所第二次国际教育成就评价课题组.国际初中学生数学和科学教育的现状和分析——第二次国际教育成就评价课题测试结果简介[J].课程·教材·教法,1993(12):51-54.
② 郭婧.经合组织最新PISA测试报告[J].世界教育信息,2013(24):73.
③ 张奠宙,于波.数学教育的"中国道路"[M].上海:上海教育出版社,2013.
④ 张奠宙.数学"双基"教学的理论与实践[M].南宁:广西教育出版社,2008.

发展为"四基",增加了"数学思想方法和数学活动经验"。"四基"将使得"双基"具有灵性①。

中国数学教育的好传统,包括导入教学、尝试教学、师班互动、变式教学、数学思想教学,以及从"双基"到"四基"的教学特色②。我们应该将这些数学教育的优良传统研究传承下去。

但是社会的变化发展,对人的能力的要求在变化,原有能力之外的一些能力,比如抽象能力、直觉能力、质疑精神、独立思考的习惯等,也应该重视培养。因此,数学课程必须有一些变化,但这些变化应是在原有的基础之上的渐变,新内容、新要求在实践中逐步被认识、接受,以至形成实施力量。

历史和国际经验表明,课程改革是个社会工程,是一个渐进的过程,俄罗斯的数学课程改革进程中坚持派的立场就十分强硬,认为传统数学教学的优势必须保持,这些优势是稀有的智力资源,不仅要满足国内市场,也应打入国际市场。我国在第一轮数学课程标准实验教材的使用中,不少教师都在坚持传统,出现新旧教材同时使用的情况,因为教师们认为,按传统教材进行训练,学生学得的知识更扎实,这也从一个侧面说明了,继承和发扬优良传统在数学课程发展中的重要性。张奠宙教授指出,在课程改革中俄罗斯态度谨慎,中国要不要谨慎?

2. 教师的数学与教学水平

教学是课程的有机组成部分。教师与学生是课程的直接服务对象,而教师又是课程的第一服务对象。因此,只有教师较好地把握了课程精神,真正吃透了课程内容,经过他们的教学组织,才能使课程的作用在学生身上得到应有的发挥,课程发展也才是有意义的。

数学教师的数学和教学水平决定了数学课程发展的稳定性。数学素养和教学经验是执行数学课程的两大要素,缺一不可。教师的数学素养具有积淀性和稳定性。由于数学教师长期地反复教一些数学知识,这些知识就被完全内化,形成个人独到的理解,数学教育素养由此积淀起来,且具有稳定性。

教学经验具有持续性和坚持性。因为数学教师长期与一批又一批中小学生交往,对他们的学习心理、学习行为有较好的把握,就会形成一般的学习心理观念,并在这种观念下形成一套自我有效的教学方法,这些教学方法因而具有坚持性。

数学课程发展要考虑教师的水平,应根据教师的普遍水平决定改变的幅度,如果课程中新内容增加过多或其他要求改变过大,教师的知识水平和能力不能与之相适应时,自然就要维持原状,形成潜在的课程抵制。课程要伴随着教师的发展而发展,要给教师留有充分的知识积淀、经验积累的空间,这也是数学课程发展稳定性的意义所在。

我国在数学课程标准的课改推行过程中,显示了师资队伍的脆弱。一部分教师虽然学会了所教的内容,却缺乏引导学生的功力,不能驾驭包含更多要求的新教材。比如新课程标准要求数学知识要讲来龙去脉,要表现数学知识的文化性,这些不是都能在教材或教参上见到的,部分教师就不知如何去做了。数学教师的培养和提高是数学课程发展

---

①② 张奠宙,于波. 数学教育的"中国道路"[M]. 上海:上海教育出版社,2013.

的前提。

3. 应试教育的现实性

根据我国教育的现实情况,数学课程需要稳定发展。

首先,虽然经济社会的发展对各类人才的需求不断增加,但是我国正处在社会转型期,社会分层加剧,收入分配差距拉大,加上是个人口大国,导致就业竞争日趋激烈,以就业竞争为核心的社会竞争又层层传递到教育内部,中考和高考竞争不断升温。

其次,虽然市场经济和对外开放带来了重素质、重能力的人才观,但是上千年形成的科举文化、状元文化和官本位制度仍然有着深厚的基础,并以各种形式反映到教育中来,形成应试教育、追求高考升学率的浓厚氛围。

此外,人们生活水平的提高和独生子女时代的来临极大地提高了人民群众对优质教育资源的需求,但优质教育资源的短缺将在一个较长的时期内存在。人们对优质教育高学历教育的需求是无限的,但教育所能提供的这种资源是有限的,这个矛盾也是助长升学考试过渡竞争的原因。

鉴于上述原因,尤其数学是考试的重要课程之一,数学应试教育的习惯势力依然十分强大,这成为数学课程发展的制约因素。只有考试制度、评价方式等得到相应改善,数学课程才会健康发展。

进入 21 世纪,有社会发展的推动,信息时代的要求,数学课程必然要发展,但是发展又必须是稳定的、渐进的。数学课程发展的总体目标是,加强培养学生的数学素养,使他们学好基础知识,并提高实际应用能力和创新能力。

第二节　数学课程标准

一、数学教学大纲

教学大纲是以纲要形式规定一门课程教学内容、体系和范围的文件,指出教学深度、重点、难点以及时间分配等诸项要求。

教学大纲包括这门课程的教学目的,教学任务,教学内容的范围、深度和结构,教学进度,以及教学法上的基本要求等。

教学大纲体现国家的要求,随着社会的发展变化而变化,与同时期的社会政治、经济、文化等密切相关。1949 年新中国成立以来,先后制定或修订过十余次数学教学大纲,主要有:

(1)1950 年 7 月,《普通中学教学参考数学精简纲要(草案)》。它是新中国成立后的第一部纲要,目的就是结束新中国成立前参差不齐的教学状况,确立一个统一的数学教学水准。

(2)1952 年 12 月,《中学数学教学大纲(草案)》。这是在全面学习苏联时期,以当时的苏联十年制学校使用的数学教学大纲为蓝本制定的。

(3) 1956年5月,《中学数学教学大纲(修订草案)》。它结合我国的实际情况,对原草案进行了修订,其中新增加了逻辑思维、空间想象力、实习作业、创造才能等词语。

(4) 1963年5月,《全日制中学数学教学大纲(草案)》。它总结了之前十几年的数学教学经历,第一次全面提出了培养学生的"三大能力",影响深入人心,至今仍然起着很大的作用。

1966—1976年,没有全国统一的数学教学大纲。

(5) 1978年2月,《全日制十年制学校中学数学教学大纲(试行草案)》。它是在"文化大革命"结束后,教育恢复时期制定的,采取了"精选、增加、渗透"的六字原则。

(6) 1981年11月,《全日制六年制重点中学数学教学大纲(征求意见稿)》。在"拨乱反正"、继承和改革上做出了一些努力。

(7) 1986年12月,《全日制中学数学教学大纲》。它是本着降低难度、减轻负担、教学要求具体明确的三项要求制定的,大纲把义务教育阶段的一些内容改为选学内容,在考试中亦不作要求。

(8) 1988年11月,《九年义务教育全日制初级中学数学教学大纲》及《高中数学教学大纲(初审稿)》,是配合《中华人民共和国义务教育法》而制定的。

(9) 1990年4月,《全日制中学数学教学大纲(修订本)》。它把常用对数移到高中一年级,首次明确允许在解三角形时使用计算器。

(10) 1992年8月,原国家教委颁布了《九年义务教育全日制初级中学数学教学大纲》。为了与九年义务教育相衔接,1996年5月原国家教委颁布了《全日制普通高级中学数学教学大纲(供试验用)》,数学课程改革迈出较大的步伐。大纲对一些基本词语,如"基础知识""基本技能""运算能力""逻辑思维能力""空间观念""了解""理解""掌握""灵活运用",以及"初等代数""初等几何"等的含义做出了界定。

(11) 2000年3月,《九年义务教育全日制初级中学数学教学大纲》及《全日制普通高级中学数学教学大纲(试验修订版)》,修订出版了高中数学教科书(试验修订版)。结合社会进步和经济发展的需要,提出了培养创新意识的要求,增加了改进教学测定和评估的说明,提出了探究性活动、解决适度的开放题的现代数学教育学习行为。

(12) 2002年4月,为了与《全日制义务教育数学课程标准(实验稿)》接轨,教育部又颁布了《全日制普通高级中学数学教学大纲》。这次修订完全改变了传统数学大纲的面貌,与2000年大纲相比,教学内容没有多大的变动,但在教学目标、基本理念方面进行了重大变革,不提数学"三大能力",改称"培养学生数学思维能力,包括空间想象、直觉猜想、归纳抽象、符号表示、运算求解、演绎证明、体系构建等诸多方面",这样更准确全面,强调培养学生提出问题、分析问题和解决问题的能力,发展学生的创新意识和应用意识,提高学生的数学探究能力、数学建模能力和数学交流能力,重视学生情感、科学态度的培养,使学生认识数学的科学价值和人文价值等。

通过数学教学大纲的历史演变,我们看到如下一些基本事实:

第一,大纲由我国社会政治、经济、文化的变迁来引领。第一部大纲是新中国建立初期的课程依据,学习苏联时期大纲来自于借鉴苏联的经验,"文化大革命"时期大纲停滞,改革开放以来,国家教育的大政方针的每个文件都成为制定、修订数学教学大纲的重要依据。

第二,大纲具有实践基础,呈渐进发展式。实践是大纲制定的基础,以往大纲的经验也是新大纲的要素,结合实际需要增加或删减知识,根据政策的变化,提出新的教学要求。一个完善的大纲一般要经历试验稿—修订稿—正式稿三个阶段,每一个阶段一般为3年时间。

第三,大纲具有统一性。数学教学大纲针对全国各类同级学校,基本上是教学一元化的象征。

第四,大纲具有知识针对性。数学教学大纲主要针对教学目标,对其中各项知识内容及要求学生掌握程度做出详细说明和规定,很少涉及学习过程及课程实施的其他环节。

第五,大纲具有约束性。教学大纲对教师教学具有一定的约束力。

二、数学课程标准

20世纪90年代以来国家逐步推行素质教育改革,提出教育要培养人的全面素质。其课程要素被规定为包括知识与技能目标、学习的过程与方法、积极的情感态度与价值观的实现。这些不是以知识针对性为特点的传统的教学大纲所能涵盖的。同时改革开放带来的地区间的经济文化差异以及教育的不均衡发展,需要通过不同的教育模式来改善,这不是以"统一性"为特点的传统教学大纲能兼顾到的。因此,必须产生新的教育教学指导性文件来体现国家对人才培养的基本规范和质量要求。

2001年我国正式颁布了《基础教育课程改革纲要》,紧接着推出了数学课程标准。数学课程标准的内容和课程结构将在后续两章研究。

从教学大纲到课程标准主要实现了下面的变化:

第一,教育理念由"知识为本"变为"育人为本"。

第二,内容方法由"结果性"变为"结果+过程"。

第三,课程目标由"双基"变为"四基"。

第四,评价方法由"单一"变为"多元"。

对不同国家,数学课程标准有着不同的意义。

西方是自由性数学课程,其建立数学课程标准的意图在于,国家部分地收回数学课程的自主权,制定可参照的统一数学课程标准,以确保每个学生能在义务教育阶段获得广泛而系统的基本知识和技能。在西方国家,虽然数学课程标准是作为指导性文件提出的,并不具有法律效力,但是各地区教育机构在设计地区的课程计划和测试方式时,确实将其作为了主要参考依据。

我国是统一性数学课程,建立数学课程标准的意义在于,国家一定程度的下放一些课程自主权,给予一些教材编写的权力,增加一些教师掌握教学的自主性,增强课程对地方、学校及学生的适应性,建立国家、地方、学校三级课程管理体制,实现集权与放权的结合。

三、数学课程体系

1. 传统数学课程体系(20世纪下半叶)

如图1-1所示,传统数学课程体系是计划性课程体系,具有指令性、规定性、统一性、约束性的特点,通常为一纲一本的形式,20世纪末发展为一纲多本的形式(上海地区可以独立编写数学教材),难以满足全面培养人的素质以及多样化的市场需求。传统数学课程体系的统一性特点有利于大范围组织统一考试。

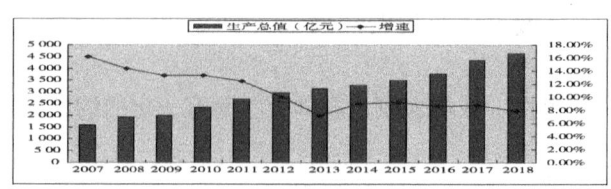

图1-1 传统数学课程体系

2. 现代数学课程体系(2001年始)

如图1-2所示,数学课程标准打破了数学教学大纲的统一性、规定性和指令性,对整体数学教育具有指导性,是教材编写、数学教学、数学评估、考试命题的依据。数学课程标准只对数学课程的性质、目标、内容框架提出基本要求,不对教学做出硬性规定,给教师的教学留出了自主创造的空间。

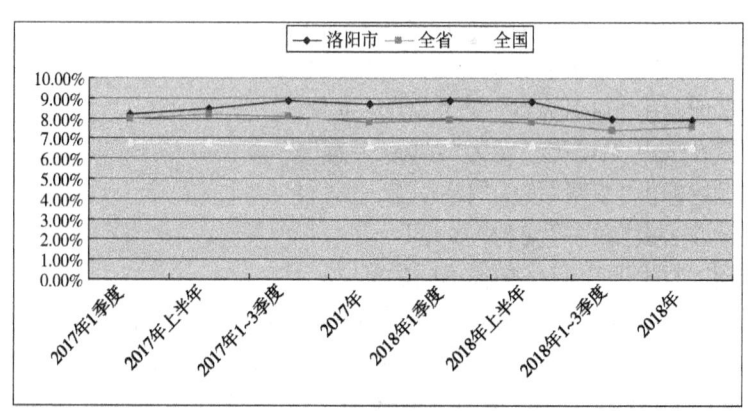

图1-2 现代数学课程体系

现代数学课程体系的一个突出特点是,形成教材多样化的竞争局面。传统数学课程体系中,国家指定教材编写组编写教材,一套教材供全国使用。现代数学课程体系中,教材编写实行竞争制,编写者提交立项申请,向国家申请编写教材,得到批准后,按照数学课程标准的教材编写建议以及数学内容标准编写教材。国家成立教材审定委员会,对完成编写的教材依据数学课程标准进行审定,审定通过的教材进入市场,由地方教育部门决定当地学校选用的教材,这就形成数学教材的市场竞争。为了在市场竞争中取胜,教材出版单位努力组织优秀的编写队伍,高水平的编辑人员,严格按照课程标准编写教材。在教材出版竞争过程中,使教材的质量得到提高。

根据教材竞争的市场化规则,在数学课程改革教材出版领域,出现前所未有的高水平编写队伍,国际国内知名的数学家、数学教育家纷纷应聘主持基础教育教材的编写工作。逐步形成百花齐放、百家争鸣的良好的教材编写出版氛围。

现代数学课程体系的又一个特点是增加了校本课程。校本课程是以学校教师为主体,在具体实施国家课程的前提下,充分考虑本校学生的需求,利用当地社区和学校的课程资源,根据学校的办学思想而开发的多样性的、可供学生选择的课程。校本课程以学校为单位,充分尊重和满足学校师生的独特性和差异性,特别是使学生在国家课程中难以满足的那部分发展需要得到更好的满足。

现代数学课程体系的第三个突出特点是课程资源的广泛性。按照数学课程标准的目标,要完成全面培养学生数学素质的目标,如果没有课程资源的广泛支持,这一设想就很难变成实际的教学成果。比如开展数学的实际应用活动、课题学习活动以及综合实践活动,这些学习活动是在实践过程中动态生成的,开展这些活动就需要有效地利用校外课外课程资源。校外课程资源主要包括以下几种:图书馆资源,学生通过查询图书资料获得信息数据;科技馆,对科技馆的充分利用有利于拓展学生的科学视野,有利于学生对科学、自然、地理等课程的直观和形象理解,对建立数学模型起到一定作用;博物馆,博物馆是历史文化宝库的收藏部分,对了解数学历史、数学文化具有现实的作用;网络资源,网上充足的信息可以开阔思路,媒体强大的模拟功能可以提供实践或实验的模拟情境和操作平台;乡土资源,乡土资源主要是指学校所在社区的自然生态和文化生态方面的资源,包括乡土地理、民风民俗、传统文化、生产和生活经验等,是教材建设不可缺少的资源。

3. 中学数学课程标准实验教科书

(1)初中数学课程标准实验教科书　初中(7~9年级)数学课程标准实验教科书各套有各自的特点。

人民教育出版社的义务教育数学课程标准实验教科书《数学》(7~9年级)具有以下主要特点:教材结构和知识体系安排合理,重点与难点处理较为得当,概念引入和内容的呈现较为自然;重视教材的科学性和基础性,注意继承传统教材的优点;教材中提供了较为丰富的具有时代性和趣味性的资源和素材,选编了一定数量的数学活动和课题学习,为学生提供了自主探究和合作交流的空间,有利于激发学生学习数学的主动性和积极性,注意处理好呈现形式和数学本质的关系;以问题解决为线索,重视基础知识、基本技能和应用能力的结合,注意体现知识的形式、发展和应用的过程,促进教学方式和学习方式的改进;注重数学内容与信息技术的整合,通过"信息技术应用"充实了计算器和计算机在数学教学中的应用。

北京师范大学出版社的义务教育数学课程标准实验教科书《数学》(7~9年级)具有以下主要特点:选取自然、社会和其他学科中具有现实性和趣味性的素材,体现数学知识的形成和应用过程,从具体问题中引出数学概念和规律,数学内容贴近学生的生活;教学内容呈现多样化,设计了"想一想""议一议"等栏目及实践、探索和操作等体验学习过程,激发学生的学习兴趣;重视介绍数学背景知识,丰富学生对数学发展的认识;在教材体系结构的设计编排上做了有益的尝试。

上海科学技术出版社的义务教育数学课程标准实验教科书《数学》(7~9年级)具有以下主要特点:注意继承传统教材的优点,在内容编排上适应学生的实际,教材组织、例题配置、习题选编体现数学课程的基础性;注重设计数学情景,设置一些思考问题,有利于启发学生主动思考、自主学习;主要为学生提供了自主学习和合作交流的空间,通过"观察""思考""交流"等栏目,体现学生在学习过程中的主体地位;选编了一些农村题材的数学内容,适应农村学生的发展,注意信息技术的应用。

华东师范大学出版社的义务教育数学课程标准实验教科书《数学》(7~9年级)具有以下主要特点:教学内容呈现形式多样化,栏目设置比较丰富;注意教学内容的基础性和整体性,设计思路清晰,呈现一定的层次性;知识的展开能体现初中学生的认知规律,通过"问题""分析""概括""思考""探索"等栏目引导学生参与学习过程和自主学习;阅读材料有利于扩大学生视野,各章小结采用知识结构图的形式,利于学生建构知识体系。

江苏科学技术出版社的义务教育数学课程标准实验教科书《数学》(7~9年级)具有以下主要特点:注意教学内容的呈现方式与数学实质的结合,在相关内容的整体设计方面做了有益的尝试。栏目设置及其内容比较精炼,形式活泼多样;注意按照学生的认知规律引入和展开数学知识,特别是在重要概念与法则的引入方面下了功夫,创设了一些较好的实例;重视为学生提供自主学习的空间,设置了"数学活动""数学实验室"及"课题学习"等多个栏目,引导学生"做"数学,重视数学知识的应用和学生应用数学知识的能力培养,设计开发了一些有时代性和实用性的实例;重视信息技术的应用,多处介绍计算机软件的实用,并使之与课程内容相结合。

河北教育出版社的义务教育数学课程标准实验教科书《数学》(7~9年级)具有以下主要特点:教材重视数学与现实的联系,在"观察与思考""做一做"等栏目中,选取与学生生活、学习相联系的素材,引发学生对数学知识及其应用的思考。教材中编写的"课题学习",内容大都与培养学生的实践能力有关;教材注意各部分知识的内在联系与前后衔接;教材在创设数学知识的问题情景方面做了较大的努力,注意在反映相关知识的前提下,运用生活情景、数学探究等不同方式引入数学知识;通过设置"大家谈谈""试着做做"等栏目,为学生提供思考和讨论的情景和空间,激发学生学习数学的积极性。

青岛出版社的义务教育数学课程标准实验教科书《数学》(7~9年级)具有以下主要特点:"体现问题情境—建立模型—解释—应用与拓展"的组织模式,展现数学知识的形成和应用过程;开发了一些生动的课程资源,充实在情境引入、问题背景及实际应用中,比较贴近学生的生活实际;在启发学生数学学习方面,设计了"交流与发现""实验与探索""广角镜""智趣园"等栏目,有利于启发学生进行思考和提高学生的学习兴趣;注意数学内容与信息技术的结合。

浙江教育出版社的义务教育数学课程标准实验教科书《数学》(7~9年级)具有以下主要特点:注重现代数学课程理论在教材编写中的运用,概念引入、内容组织、例题配置等比较合理;重视为学生提供活动和自主学习的空间,注重设计有特色的学习情景,"探究活动""做一做""设计题"等栏目有特色;课程资源比较丰富,增强了教材的趣味性,呈现形式多样性,有利于激发学生学习数学的兴趣;注重开发设计反映时代面貌的数学问题,较好地体现了数学的文化价值;注重应用信息技术,有利于提高学生使用计算器和计算机的能力。

湖南教育出版社的义务教育数学课程标准实验教科书《数学》(7~9年级)具有以下主要特点:重视知识传授与学生数学思维能力培养的结合,各知识块的陈述都以"观察""抽象""分析"等为线索,将数学思维过程展示出来,在教学内容与体系结构方面做了尝试;重视科学性与基础性,数学知识的逻辑链条较清晰,内容叙述与体系结构较为严谨;重视学生参与教学过程,通过"动脑筋""说一说""做一做""试一试"等栏目,调动学生学习数学的积极性;重视"数学与文化"方面内容的选取与编写,通过"数学史料""数学与审美""数学与科学技术和人类社会"等内容引导学生认知数学的文化价值。

上述9个版本的初中数学教科书都采用混编体系和螺旋上升的呈现方式,栏目设计和内容呈现都在亲和力和交互性上有很大改进。

(2)高中数学课程标准实验教科书　普通高中数学课程标准实验教科书各有特色。

刘绍学主编的普通高中数学课程标准实验教科书《数学》(A版),由人民教育出版社出版。该套教材体现基础性、时代性、典型性和可接受性,在继承传统教材优点的基础上,"削枝强干",内容安排注意适应学生特点,在基础性和可接受性上贴近课标的要求;教材适当地设置了思考问题和旁注,启发学生主动思考,提示关键所在,有助于加深学生对内容的理解;教材选用大量贴近生活的图片,设置多个栏目,生动形象地反映数学与外部世界的联系,拓宽学生视野,感受数学的应用价值和文化价值;教材在培养学生动手能力和应用意识方面做了不少尝试;《算法初步》(必修3)内容恰当,结构合理,注意提高学生使用信息技术的能力。

高存明主编的普通高中数学课程标准实验教科书《数学》(B版),由人民教育出版社出版。该套教材注重展现知识的发生发展过程以及内在联系,促进学生自主探索,思考数学本质;继承了传统教材的优点,叙述简明扼要,注意与初中课程衔接;将算法思想融入有关章节,比如在二分法求方程解时就渗透算法思想;注意数学课程与现代技术的整合,选用免费软件"scilab"为教材配套设计编制了一定数量的课件,特别是立体几何章节的课件,图形丰富、可视、可变换,有利于学生理解概念,形成空间观念。

严士健、王尚志主编的普通高中数学课程标准实验教科书《数学》,由北京师范大学出版社出版。该套教材注重数学课程的基础性,继承了传统数学教材的优点,并在传统内容的处理方式上有改进和发展;概念的引进、法则的推导、例题的配置、习题的选取均有利于"双基"训练的加强和课堂教学的实施;倡导研究性学习,设计学习情景,注意融汇一些重要数学思想(函数思想、数形结合等)以建立不同章节间的内在联系,加强课程的整体性;教材呈现方式有所创新,开发了生动的课程资源,能激发学生的学习兴趣,拓展其数学教学视野,提高其数学文化修养。

单墫主编的普通高中数学课程标准实验教科书《数学》,由江苏教育出版社出版。该套教材入口浅,教材具有基础性、趣味性和层次性;注意数学知识之间的内在联系,也加强了与其他学科和生活实际的联系;教材呈现内容简明扼要,容量适度,难易得当,为教师留有较为广阔的空间;教材注重与信息技术的整合。Excel软件功能开发较好,有制作图像的功能介绍,适宜高中数学教学。

齐民友主编的普通高中数学课程标准实验教科书《数学》,由湖北教育出版社出版。该套教材在内容与知识体系的安排上能注意各模块和专题在整个数学课程中的作用,教学内容定位准确;教材在应用实践及数学文化等教学资源开发上富有创意,如"从 SARS 的数学模型谈起""神舟五号安全发射的概率"等,既有时代气息,又与相关知识结合较好;教材重视知识的形成过程,在研究性学习方面做了有益的尝试,"课题学习"的设计对培养学生的数学思维能力有积极作用;"阅读与讨论""思考与实践"等栏目的设置与选材,有利于拓宽学生视野,培养学生自主学习的能力;教材重视教学内容与信息技术的整合,设有"信息技术链接"专栏。

张景中、李尚志主编的普通高中数学课程标准实验教科书《数学》,由湖南教育出版社出版。该教材内容的结构安排和呈现方式颇具新意,情景的引入和运用清晰流畅,课程的开发深入广泛,语言的运用和习题的处理多有创新,整体上为学生主动学习留出了较大的空间,体现出较为鲜明的教材特色;该教材在引导学生理解数学的本质,体会数学的用途,以及把数学内容与数学文化、数学价值有机地融合在一起等方面做了许多有益的尝试;在与信息技术的整合方面经验比较成熟。

总之,21 世纪初进行的数学课程改革,在数学课程研制方面形成了课程标准的表述范式[课程性质、基本理念→课程目标→课程内容(内容标准)→实施建议];在课程结构方面,义务教育阶段采用"学习领域+学段"的形式,高中阶段采用"必修+选修"框架下的模块化课程形式,形成了综合性和选择性的课程结构;在课程内容方面体现了时代性、基础性、普及性、发展性和选择性;在教材开发方面,形成了"一纲多本"的教材多元化格局。这标志着我国已经初步建立了自己国家特色的数学课程体系。

第 二 章

义务教育数学课程标准

第一节　十个核心概念

2011年12月28日教育部印发了《义务教育数学课程标准(2011年版)》(以下简称《课程标准(2011年版)》),此次《课程标准(2011年版)》调整和拓展了《义务教育数学课程标准(实验稿)》(以下简称《课程标准(实验稿)》)的6个核心概念(亦称关键词),提出了10个核心概念:数感、符号意识、空间观念、几何直观、数据分析观念、运算能力、推理能力、模型思想、应用意识和创新意识。与《课程标准(实验稿)》相比,在这10个核心概念中,有4个是新增加的,有3个名称或内涵发生了较大变化,见表2-1。

表2-1　不同版本核心概念发展变化

	《课程标准(实验稿)》	《课程标准(2011年版)》
名称和内涵没变化		空间观念 推理能力 应用意识
名称或内涵发生了变化	数感 符号感 统计观念	数感 符号意识 数据分析观念
新增加名称		运算能力 模型思想 几何直观 创新意识

一、提出"核心概念"的意义[1]

和《课程标准(实验稿)》相比,核心概念在课程中的地位有所提升,它的意义体现在以下四个方面:

第一,要看到这些核心概念在《课程标准(2011年版)》中是在课程内容设计栏目下提出的,它表明,核心概念不是游离于课程内容之外的,而是实实在在蕴含于具体的课程内容之中的。《课程标准(2011年版)》在教材编写建议中针对核心概念特别强调:"它们是义务教育阶段数学课程内容的核心,也是教材的主线。""教材应当围绕这些核心内容进行整体设计和编排。"

第二,这些核心概念都是数学课程的目标点。仅以"数学思考"和"问题解决"部分的目标设定来看,《课程标准(2011年版)》就提出了,"建立数感、符号意识和空间观念,初步形成几何直观和运算能力""发展数据分析观念,感受随机现象""发展合情推理和演绎推理能力""增强应用意识,提高实践能力""体验解决问题方法的多样性,发展创新意识"。不难看出,这些目标表述几乎涉及了所有的核心概念。

第三,很多核心概念都体现着数学的基本思想。数学的基本思想指对数学及其对象、数学概念和数学结构及数学方法的本质性认识。它集中反映为数学抽象、数学推理和数学模型思想。它在基础教育数学课程中有若干具体的表现,如归纳、演绎、抽象、转化、分类、模型、结构、数形结合、随机等。数学思想蕴含在数学知识形成、发展和应用的过程中,是数学学习中的重要目标。不难看出,很多核心概念,如数感、符号意识、运算能力、推理能力、数据分析观念和模型思想等不同程度地直接体现了上述基本思想要求。因此,核心概念的教学要更关注其数学思想本质。

第四,核心概念体现的都是学习主体——学生的特征,具体涉及的是学生在数学学习中应该建立和培养的关于数学的感悟、观念、意识、思想、能力等,它们是学生在义务教育阶段数学课程中应该通过培养以发展的数学素养的核心要素,也是促进学生发展的重要方面。

二、十个核心概念的内涵

1. 数感[2]

例 2-1 2010 年 2 月 25 日,国家统计局公布的《2009 年国民经济和社会发展统计公报》显示:我国 70 个大中城市房屋销售价格同比上涨 1.5%,其中新建住宅价格上涨 1.3%。此报告一出,全国一片哗然。公众普遍反映此数据与实际状况严重不符。面对公众质疑,国家统计局召开紧急会议,讨论统计数据来源是否真实可靠?统计方法是否科学?舆论提出的一个问题是,不论统计部门统计方式是否科学,为何公众对房价的感

---

[1] 黄翔.数学课程标准中的十个核心概念[J].数学教育学报,2012,21(4):16-19.
[2] 张丹,白永潇.新课标的核心概念及其变化——《义务教育数学课程标准(2011年版)》解读(三)[J].小学教学:数学版,2012(6):4-8.

觉与统计结果是大相径庭的呢?

此例说明数感的确是存在的,它与公众的社会生活息息相关,并已成为现代社会公民所具有的基本数学素养的一部分。

例 2-2 一名教师在教学指数幂的意义时,抛出一个现实情境问题:将一张纸对折 32 次,它的厚度有多少呢? 教师给出的结论使学生在感到惊讶之余,更表示出强烈的质疑。该问题的结论是:其厚度可以超过世界最高峰珠穆朗玛峰的高度。

毫无疑问,这样的问题会像磁石一样,紧紧吸引学生的注意力,使学生产生一种"不见结果不信服"的学习内驱力。此例就其实质看,教师在这里利用的是,学生基于实际操作(将纸对折若干次)所建立起来的对 2^{32} 的直观感觉与数学科学计算得出的结果之间的巨大反差,由此创设出一个生动的、极富吸引力的学习环境。这一实例说明,学生在学习数学概念时,其固有的数感不仅在起作用,而且教师若能适时地利用学生原有数感的特点,使其形成课堂教学中的认知冲突,则能大大提高课堂教学的效率。

比较"数感"在《课程标准(实验稿)》和《课程标准(2011 年版)》中的表述(表 2-2),《课程标准(2011 年版)》去掉了与运算有关的某些内容,将其独立为另一个核心概念:运算能力。

表 2-2 不同版本的课程标准对于"数感"的表述

《课程标准(实验稿)》	《课程标准(2011 年版)》
数感主要表现在:理解数的意义;能用多种方法来表示数;能在具体的情境中把握数的相对大小关系;能用数来表达和交流信息;能为解决问题而选择适当的算法;能估计运算的结果,并对结果的合理性做出解释	数感主要是指关于数与数量、数量关系、运算结果估计等方面的感悟。建立数感有助于学生理解现实生活中数的意义,理解或表述具体情境中的数量关系

《课程标准(2011 年版)》将这种对数的感悟归纳为三个方面:数与数量、数量关系、运算结果估计。这主要是基于义务教育阶段数学课程内容的范围并根据学生的实际所做出的要求,这有利于教师在教学中更好地把握数感培养的几条主线。

数与数量,实际上就是建立起抽象的数和现实中的数量之间的关系。这既包括从数量到数的抽象过程中,对于数量之间共性的感悟,也包括在实际背景中提到一个数时,能将其与现实背景中的数量联系起来,并判断其是否合理。比如对数量单位的认识,提起教室的长度,应该想到米,提到两个城市之间的距离则应该想到千米。结合实际情境,学生的数感起到了判断的作用(如例 2-1)。

数量之间的关系包括数的大小关系及其所对应的数量之间的多少关系,也包括变化的量之间的函数关系等。比如学生在学习分数概念后,会建立起整体与部分之间关系的感悟,依赖于具体情境或图形,会分辨两个分数的大小。随着他们数感的增强,学生应该能够用数进行推理。例如,"1/2+3/8 一定小于 1,因为每个加数都小于或等于 1/2。"①

对于运算结果估计的感悟也是数感的重要方面。学生应能感悟运算对于数的影响。《课程标准(2011 年版)》在课程内容中特别是"数与代数"部分多处提到估计及估算的要求。如,"在生活情境中感受大数的意义,并能进行估计""能结合具体情境,选择适当的单位进行简单估算,体会估算在生活中的作用"(第一学段);"在解决问题的过程中,能选择合适的方法进行估算""会根据给出的有正比例关系的数据在方格纸上画图,并会根据其中一个量的值估计另一个量的值"(第二学段);"能用有理数估计一个无理数的大致范围"(第三学段)。其实,对运算结果的估计涉及的因素很多:对参与运算的数与量意义及关系的理解、对运算方法的选择与判断、对运算方式角度的把握、对具体情境的数量化的处理等,所以,对运算结果的估计反映的是学生对数学对象更为综合的数感。比如,一个正数乘一个比 1 小的正数,其乘积必然比该数小;相反的,一个正数乘一个比 1 大的数,其乘积必然比该数大。

由上面对于数感的理解不难看出,发展学生的数感,需要创设情境,建立起抽象的数和现实中的数量之间的关系,需要学生对于单位数量(比如 1 平方米)有比较准确地把握,需要从多个角度来表示一个数,比如 0.25 就是 1/4,还需要对数之间的大小关系有所感悟,比如 0.49 比 1/2 小但很接近,1.3 介于 1 和 1.5 之间。

数感既然是对数的一种感悟,它就不会像知识、技能的习得那样立竿见影,它需要在教学中潜移默化。数感的建立更多地要依靠经验的积累②,经历一个逐步建立、发展的过程。对学生数感的培养要重视低学段学生对数感的建立,并在数感培养上处理好阶段性和发展性的关系;要紧密结合现实生活情境和实例;要让学生多经历有关数的活动过程,逐步积累数感经验。

2. 符号意识

从一般意义上说,所谓符号就是针对具体事物对象而抽象概括出来的一种简略的记号或代号。数字、字母、图形、关系式等构成了数学的符号系统。

关于符号意识,是从原来的"符号感"修改而来的。这两个称谓就其英文表述"symbol sense"来看是一样的,将"感"改为"意识"应该说其意义和价值取向与数学符号的本质意义要求更加吻合。数学符号最本质的意义就在于它是数学抽象的结果。在数学学习中,无论是概念、命题学习还是问题解决,都涉及用符号去表征数学对象,并用符号去进行运算、推理,得到一般性的结论。在这个过程中,数学符号对于学习者来说主要的还不是潜意识、直觉或感觉,而是一种主动地使用符号的心理倾向。

首先,《课程标准(2011 年版)》将"符号感"更名为"符号意识",更加强调学生主动理解和运用符号的心理倾向。同时,《课程标准(2011 年版)》将原来"符号感"的第 1 条、第 2 条符号表示和理解符号整合为"符号意识"的第 1 条,而去掉了原来的第 3 条、第 4

---

① 全美数学教师理事会. 美国学校数学教育的原则和标准[M]. 蔡金发,译. 北京:人民教育出版社,2004.
② 史宁中,吕世虎. 对数感及其教学的思考[J]. 数学教育学报,2006,15(2):9-11.

条符号转换和运用符号解决问题,更加强调了符号表示的作用、符号转换等可以作为运算能力和推理能力的一部分(表2-3)。

表2-3 不同版本的课程标准对于"符号意识"的表述

《课程标准(实验稿)》	《课程标准(2011年版)》
符号感主要表现在:能从具体情境中抽象出数量关系和变化规律,并用符号来表示;理解符号所代表的数量关系和变化规律;会进行符号间的转换;能选择适当的程序和方法解决用符号所表达的问题	符号意识主要是指能够理解并且运用符号表示数、数量关系和变化规律;知道使用符号可以进行运算和推理,得到的结论具有一般性。建立符号意识有助于学生理解符号的使用是数学表达和进行数学思考的重要形式

特别地,"符号意识"增加的第2条强调了符号的价值。因为用数进行的所有运算都是个案,而数学要研究一般性问题,一般性问题需要通过符号来表示、运算和推理。因此一方面符号可以像数一样进行运算和推理,另一方面通过符号运算和推理得到的结论是具有一般性的。

《课程标准(2011年版)》对符号意识的表述有这样几层意思值得体会:其一,能够理解并且运用符号表示数、数量关系和变化规律。即对数学符号不仅要"懂",还要会"用"。其二,知道使用符号可以进行运算和推理,得到的结论具有一般性。这一要求的核心是基于运算和推理的符号"操作"意识。这涉及的类型较多,如对具体问题的符号表示、变量替换、关系转换、等价推演、模型抽象及模型解决等。其三,使学生理解符号的使用是数学表达和进行数学思考的重要形式。这又引出了两个除符号理解和操作之外的要求,即基于符号的表达与思考。概括起来,符号意识的要求就具体体现于符号理解、符号操作、符号表达、符号思考4个维度[①]。

例2-3 观察月历,学生会发现月历中如图2-1所示的四个数之间存在着一些关系。

1	2	3	4	5	6	7
8	9	10	11	12	13	14
15	16	17	18	19	20	21
22	23	24	25	26	27	28
29	30	31				

图2-1 月历

---

① 黄翔.数学课程标准中的十个核心概念[J].数学教育学报,2012,21(4):16-19.

学生会发现:15+23＝16+22。

换另外一组符合条件的四个数,比如12,13,19,20,这样的等式仍然成立。但是用数进行的运算只是个案,如果你要证明这个发现具有一般性,就需要符号了:设第一个数为 n,那么后三个数分别为 $n+1$,$n+7$,$n+8$,就很容易得到 $n+(n+8)=(n+1)+(n+7)$。

例 2-4 房间里有 4 条腿的椅子和 3 条腿的凳子共 16 个,如果椅子腿数和凳子腿数加起来共有 60 个,那么有几个椅子和几个凳子?

如果学生没有经过专门的"鸡兔同笼"解题模式的思维训练,他完全可以使用恰当的符号进行数学思考,找到解题思路。如可以用表格分析椅子数的变化引起凳子数和腿总数的变化规律,直接得到答案;也可采用一元一次方程或一元二次方程组的关于字母的思考方式来加以解决。

例 2-5 某书定价 8 元,如果一次购买 10 本以上,超过 10 本部分打八折。分析并表示购书数量与付款金额之间的关系。

显然,购书数量与付款金额之间呈函数关系(分段函数),为了解决问题的方便,我们可以分别采用函数关系式、列表、图像等多种符号表达方式来表示这一具体问题。

对学生符号意识的培养,要在各学段紧密结合概念、命题、公式教学、结合现实情境,在数学问题解决过程中发展学生的符号意识,逐步使学生的符号意识得到提高。

3. 空间观念

空间观念是指对物体及其几何图形的形状、大小、位置关系及其变化建立起来的一种感知和认识,空间想象是建立空间观念的重要途径(表 2-4)。

表 2-4 不同版本的课程标准对于"空间观念"的表述

《课程标准(实验稿)》	《课程标准(2011 年版)》
空间观念主要表现在:能由实物的形状想象出几何图形,由几何图形想象出实物的形状,进行几何体与其三视图、展开图之间的转化;能根据条件做出立体模型或画出图形;能从较复杂的图形中分解出基本的图形,并能分析其中的基本元素及其关系;能描述实物或几何图形的运动和变化;能采用适当的方式描述物体间的位置关系;能运用图形形象地描述问题,利用直观来进行思考	空间观念主要是指根据物体特征抽象出几何图形,根据几何图形想象出所描述的实际物体;想象出物体的方位和相互之间的位置关系;描述图形的运动和变化;依据语言的描述画出图形等

从表 2-4 中不难看出,除将《课程标准(实验稿)》中最后一条独立为另一个核心概念"几何直观"外,《课程标准(2011 年版)》对于"空间观念"的阐述基本保持了原来的说法。从四个方面进行刻画描述的:空间观念主要是指根据物体特征抽象出几何图形,根据几何图形想象出所描述的实际物体;想象出物体的方位和相互之间的位置关系;描述图形的运动和变化;依据语言的描述画出图形等。

例 2-6 图 2-2 是一张动物园的示意图,根据图中所标的位置回答下列问题:

(1)熊猫馆在猴山的哪个方向上?

（2）大象馆在海洋馆的哪个方向上？

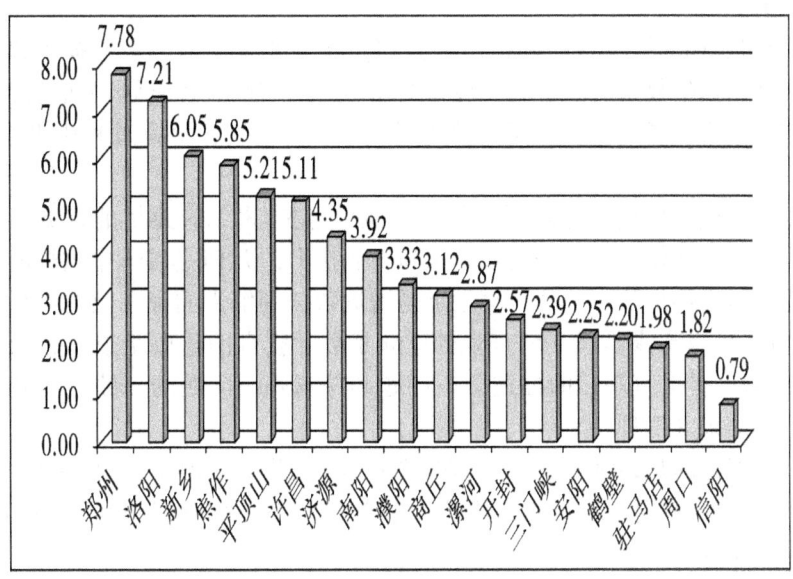

图 2-2 动物园示意图

进一步可以再改变观测点，描述与其他物体的相对方位。

例 2-7 描述从学校到家的路线示意图，并注明方向及途中的主要参照物。

学生需要回忆实际的路线，想象它经过的各个环节的方向，学生也可以借助实物模拟路线，进一步画出路线的简单示意图。这其中涉及的方位实际上比单纯描述物体的方位又复杂了一些。它是一种综合的运用。

培养学生的空间观念，首先，教师要提供多种素材，设计多样的活动。素材中既包括二维的，还应包括三维的；图形中既有直边的，又有曲边的；对图形既可以从特征上把握，也可以从运动、位置等方面来把握。总之，在丰富多彩的图形世界中，在多种多样的数学活动中，学生将更好地理解和把握空间，发展空间观念。其次，应鼓励学生将观察、操作、想象、推理、表达等相结合。再次，将图形的认识、图形的运动、图形与位置等内容有机结合①。

4. 几何直观

几何直观是一种特殊的数学直观②。顾名思义，几何直观所指有两点：一是几何，在这里几何是指图形；二是直观，这里的直观不仅仅是指直接看到的东西（直接看到的是一个层次），更重要的是依托现在看到的东西、以前看到的东西进行思考和想象，综合起来，

---

① 张丹，白永潇. 新课标的核心概念及其变化——《义务教育数学课程标准（2011 年版）》解读（三）[J]. 小学教学：数学版，2012(6)：4-8.

② 孔凡哲，史宁中. 关于几何直观的含义与表现形式——对《义务教育数学课程标准（2011 年版）》的一点认识[J]. 课程·教材·教法，2012(7)：92-97.

几何直观就是依托、利用图形进行数学的思考和想象。它在本质上是一种通过图形所展开的想象能力。

《课程标准(2011年版)》明确指出:"几何直观主要是指利用图形描述和分析问题。借助几何直观可以把复杂的数学问题变得简明、形象,有助于探索解决问题的思路,预测结果。几何直观可以帮助学生直观地理解数学,在整个数学学习过程中都发挥着重要作用。"

图形以其直观的形式容易被人们所接受,给人们带来无穷无尽的直觉源泉,也为研究数学和解决问题提供工具。著名数学家阿蒂亚指出:"几何是数学中这样的一个部分,其中视觉思维占主导地位……几何直觉仍是增进数学理解力的很有效的途径,而且它可以使人增加勇气,提高修养。"几何直观的建立是数学教育的重要组成部分,它提供了借助直观帮助理解、借助直观帮助描述分析问题和探索解决问题的思路、借助直观帮助预测结果和记忆结果的工具。

需要特别指出的是,几何直观不仅在"图形与几何"的学习中,而且在整个数学的学习过程中都发挥着重要作用,如借助图来分析数量关系和解决实际问题,运用图来刻画变量之间的关系等。

例 2-8 要求学生用画图和文字说明思考过程:约瑟吃了 1/2 的比萨饼;埃拉吃了另一个比萨饼的 1/2;约瑟说他吃得比埃拉多,但埃拉说他们吃得同样多。用画图和文字说明约瑟可能是对的(图 2-3)①。

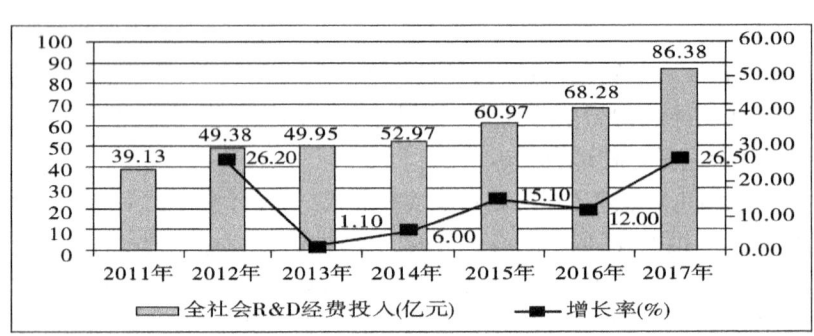

图 2-3 学生对"比萨饼"问题的不同回答

培养学生的几何直观,要在教学中使学生逐步养成画图习惯;重视变换——让图形动起来;学会从"数"与"形"两个角度认识数学;掌握、运用一些基本图形解决问题。

5. 数据分析观念

从表 2-5 中不难看出,《课程标准(2011年版)》将"统计观念"更名为"数据分析观念",点明了两层意思。第一,点明了统计的核心是数据分析。"数据是信息的载体,这个载体包括数,也包括言语、信号、图像,凡是能够承载事物信息的东西都构成数据,而统计

---

① 本案例由重庆师范大学黄翔教授提供。

学就是通过这些载体来提取信息进行分析的科学和艺术。"①第二,点明了数据分析观念的三个重要方面的要求:体会数据中蕴含着信息;根据问题的背景选择合适的方法;通过数据分析体验随机性。这三个方面也正体现了统计与概率独特的思维方法②。

表 2-5　不同版本的课程标准对"数据分析观念"的表述

《课程标准(实验稿)》	《课程标准(2011 年版)》
统计观念主要表现在:能从统计的角度思考与数据信息有关的问题;能通过收集数据、描述数据、分析数据的过程做出合理的决策,认识到统计对决策的作用;能对数据的来源、处理数据的方法,以及由此得到的结果进行合理的质疑	数据分析观念包括:了解在现实生活中有许多问题应当先做调查研究,收集数据,通过分析做出判断,体会数据中蕴含着信息;了解对于同样的数据可以有多种分析的方法,需要根据问题的背景选择合适的方法;通过数据分析体验随机性,一方面对于同样的事情每次收集到的数据可能不同,另一方面只要有足够的数据就可能从中发现规律,数据分析是统计的核心

例 2-9　利用树叶的特征对树木分类。
(1)收集三种不同树的树叶,每种树叶的数量相同,比如每种树选 10 片树叶。
(2)分类测量每种树的叶子的长和宽,列表记录所得到的数据。
(3)分别计算出每种树的叶子的长宽比,估计每种树的叶子的长宽比。
(4)验证估计的结果。
我们可以抓住树的某些特征对树进行分类,本例是利用树叶的数据特征来对树进行分类的。

例 2-10　新年联欢会准备买水果,调查班级同学最喜欢吃的水果,设计购买方案。
借助学生身边的例子,体会数据调查、数据分析对于决策的作用。此例可以举一反三。教学中可作如下设计:
(1)全班同学讨论决定购买方案的原则。可以在限定的金额内考虑学生最喜欢吃的一种或几种水果,或者其他的原则。
(2)鼓励学生讨论收集数据的方法。例如,可以采用一个同学提案、赞同举手的方法;可以采取填写调查表的方法;可以采用全部提案后,同学轮流在自己同意的盒里放积木的方法;等等。必须事先约定,每位同学最多可以同意几项。
(3)收集并表示数据,参照事先的约定决定购买水果的方案。
要根据学生讨论的实际情况进行灵活处理,购买方案没有对错之分,但要符合最初制定的原则。

---

① 史宁中.数学思想概论——数量与数量关系的抽象[M].长春:东北师范大学出版社,2008.
② 史宁中,张丹,赵迪."数据分析观念"的内涵及教学建议——数学教育热点问题系列访谈之五[J].课程·教材·教法,2008(6):40-44.

在这个例子中不难看出,首先需要设计合适的例子,鼓励学生收集数据、整理数据、分析数据,从而做出决策和推断。并在此基础上,体会数据中蕴含着信息,体会数据分析的价值。

例 2-11 袋中装有 4 个红球和 1 个白球。只告诉学生袋中球的颜色为红色和白色,不告诉他们红球数目与白球数目,让学生通过多次有放回的摸球,统计摸出红球和白球的数量及各自所占比例,估计袋中红球和白球数目的情况。

一方面,每次摸出的球的颜色可能是不一样的,事先无法确定;另一方面,有放回重复摸多次(摸完后将球放回袋中,摇晃均匀后再摸),从摸到的球的颜色的数据中就能发现一些规律,比如,红球多还是白球多、红球和白球的比例等。

例 2-12 上学时间。让学生记录自己在一个星期内每天上学途中所需要的时间,并从这些数据中发现有用的信息。

如果把记录的时间精确到分,可能学生每天上学途中需要的时间是不一样的,这可以让学生感悟数据的随机性;更进一步,还可让学生感悟虽然数据是随机的,但数据较多时具有某种稳定性,可以从中得到很多信息,比如,通过一个星期的调查可以知道"大概"需要多少时间。

统计是关于数据的科学和艺术。统计就是通过数据来获取一些信息,来帮助人们做出一些判断。培养学生的数据分析观念,运用统计的思想来做实验,使学生产生对数据的亲切感。

6. 运算能力

根据一定的数学概念、法则和定理,由一些已知量通过计算得出确定结果的过程,称为运算。能够按照一定的程序与步骤进行运算,称为运算技能。不仅会根据法则、公式等正确地进行运算,而且理解运算的算理,能够根据题目条件寻求正确的运算途径,称为运算能力。

《课程标准(2011 年版)》指出:运算能力主要是指能够根据法则和运算律正确地进行运算的能力。培养运算能力有助于学生理解运算的算理,寻求合理简洁的运算途径解决问题。运算的正确、灵活、合理和简洁是运算能力的主要特征。

运算能力并非一种单一的、孤立的数学能力,而是运算技能与逻辑思维等的有机整合。在实施运算分析和解决问题的过程中,要力求做到善于分析运算条件,探究运算方向,选择运算方法,设计运算程序,使运算符合算理,合理简洁。换言之,运算能力不仅是一种数学的操作能力,更是一种数学的思维能力。

《课程标准(2011 年版)》是在总目标的四个方面之一的"数学思考"中提出运算能力的,"建立数感、符号意识和空间观念,初步形成几何直观和运算能力,发展形象思维和抽象思维。"这说明运算能力是数学思考的重要内涵。不仅如此,运算能力对《课程标准(2011 年版)》在总目标中提出的其他三个方面——知识技能、问题解决和情感态度的目标的整体实现,同样是不可缺少的基本条件。

要充分重视估算。《课程标准(2011 年版)》在每个学段的学段目标和课程内容中,都强调了估算,提出了具体的要求,配备了一定数量的例题。

第一学段:在具体情境中,能选择适当的单位进行简单的估算。在生活情境中感受大数的意义,并能进行估计;能结合具体情境,选择适当的单位进行简单估算,体会估算在生活中的作用。第二学段:理解估算的意义。结合现实情境感受大数的意义,并能进行估计;在解决问题的过程中,能选择合适的方法进行估算;会用方格纸估计不规则图形的面积。第三学段:掌握必要的运算(包括估算)技能;能用有理数估计一个无理数的大致范围;经历估计方程解的过程;会利用二次函数的图像求一元二次方程的近似解。

估算是重要的运算技能,进行估算需要掌握一定的方法,积累一定的经验,需要避免出现过大的误差。估算又是运算能力的特征之一,进行估算需要经过符合逻辑的思考,需要有一定的依据,需要使估算的结果尽量接近实际情境,能对实际问题做出合理的解释。

运算能力的培养是一个长期的任务,从义务教育阶段数学课程的特点出发,应伴随着数学知识的积累和深化,它要经历一个从简单到复杂、从具体到抽象、从单一到综合的反复训练和循环上升的活动过程。正确理解相关的数学概念,是逐步形成运算技能、发展运算能力的前提。运算能力的培养与发展不仅包括运算技能的逐步提高,还应包括运算思维素质的提升和发展。教师要适时地为学生提供足量而适度的习题以及形式多样的数学活动,以使学生在运算活动中不断积累运算经验,促使运算能力逐步得到提高。

《课程标准(2011年版)》提供了一个例子:小丽去文具店买铅笔和橡皮。铅笔每支0.5元,橡皮每块0.4元。小丽带了2元钱,能买几支铅笔、几块橡皮?在此例中,不仅给出了详细的解题方案和过程,还指出:这是一个求整数解的不等式问题,并且问题是开放的,通过列表具体计算,有助于学生直观理解不等式。

7. 推理能力

《课程标准(实验稿)》和《课程标准(2011年版)》对于"推理能力"的表述见表2-6。

表2-6 不同版本的课程标准对于"推理能力"的表述

《课程标准(实验稿)》	《课程标准(2011年版)》
推理能力主要表现在:能通过观察、实验、归纳、类比等获得数学猜想,并进一步寻求证据、给出证明或举出反例;能清晰、有条理地表达自己的思考过程,做到言之有理、落笔有据;在与他人交流的过程中,能运用数学语言合乎逻辑地进行讨论与质疑	推理能力的发展应贯穿于整个数学学习过程中,推理是数学的基本思维方式,也是人们学习和生活中经常使用的思维方式。推理一般包括合情推理和演绎推理,合情推理是从已有的事实出发,凭借经验和直觉,通过归纳和类比等推断某些结果;演绎推理是从已有的事实(包括定义、公理、定理等)和确定的规则(包括运算的定义、法则、顺序等)出发,按照逻辑推理的法则证明和计算。在解决问题的过程中,两种推理功能不同,相辅相成:合情推理用于探索思路,发现结论;演绎推理用于证明结论

合情推理是数学家乔治·波利亚对归纳推理、类比推理等或然性推理(即推理的结

论不一定成立的推理)的特称。归纳推理是以个别(或特殊)的知识为前提,推出一般性知识为结论的推理。它的思维进程是从特殊到一般。按照它考虑的对象是否完全而又分为完全归纳推理和不完全归纳推理。由于完全归纳推理考查了推理前提中所有的对象或类,所以若前提成立,结论就一定成立,因此完全归纳推理不是或然的推理而是必然的推理。合情推理中的归纳推理一般指不完全归纳推理。

类比推理是由两个或两类思考对象在某些属性上的相同或相似,推出它所在另一属性也相同或相似的一种推理。它是从特殊到特殊的推理。如由分数类比分式,由分数基本性质得到分式基本性质;由二维空间的三角形类比三维空间的四面体,由二维空间的勾股定理得到三维空间的毕达哥拉斯定理等。类比推理也是一种或然性的推理。

而演绎推理是从已有的事实(包括定义、公理、定理等)确定的规则出发,得到某个具体结论的推理,它是必然性推理(即只要推理前提真,得到的结论一定真)。它的思维进程是从一般到特殊。它的基本形式是三段论。

用合情推理获得猜想,发现结论;用演绎推理验证猜想,证明结论。正如《课程标准(2011年版)》所指出的:"两种推理功能不同,相辅相成。"

在数学学习活动中,我们经常会遇到同时采用两种推理方式来求得问题解决的情形。

培养学生的推理能力应贯穿在整个数学的学习过程中。可以通过"在观察、操作等活动中,能提出一些简单的猜想""在观察、实验、猜想、验证等活动中,发展合情推理能力""在多种形式的数学活动中,发展合情推理与演绎推理的能力"等多样化的活动,使学生多经历"猜想—证明"的问题探索过程,来发展学生的推理能力。

8. 模型思想

"模型思想"是新增加的核心概念。《课程标准(2011年版)》指出:"模型思想的建立是学生体会和理解数学与外部世界联系的基本途径。建立和求解模型的过程包括:从现实生活或具体情境中抽象出数学问题,用数学符号建立方程、不等式、函数等表示数学问题中的数量关系和变化规律,求出结果并讨论结果的意义。这些内容的学习有助于学生初步形成模型思想,提高学习数学的兴趣和应用意识。"

《课程标准(2011年版)》首先说明了模型思想的价值,即建立了数学与外部世界的联系。

所谓数学模型,就是根据特定的研究目的,采用形式化的数学语言,去抽象地、概括地表征所研究对象的主要特征、关系所形成的一种数学结构。在义务教育阶段的数学中,用字母、数字及其他数学符号建立起来的代数式、关系式、方程、函数、不等式,及各种图表、图形等都是数学模型。

这种结构有两个主要特点:其一,它是经过抽象、舍去对象的一些非本质属性以后所形成的一种纯数学关系结构;其二,这种结构是借助数学符号来表示,并能进行数学推演的结构。对数学模型可以从两个层次去理解:广义的理解是把那些凡是针对客观对象加以一级或多级抽象所得到的形式结构都视为客观对象的模型;狭义的理解是指针对特定现实问题或具体实物对象进行数学抽象所得到的数学模型。在中小学阶段数学中的数学模型一般指后者。

数学建模就是通过建立模型的方法来求得问题解决的数学活动过程。这一过程的步骤可用如图 2-4 所示框图来体现。

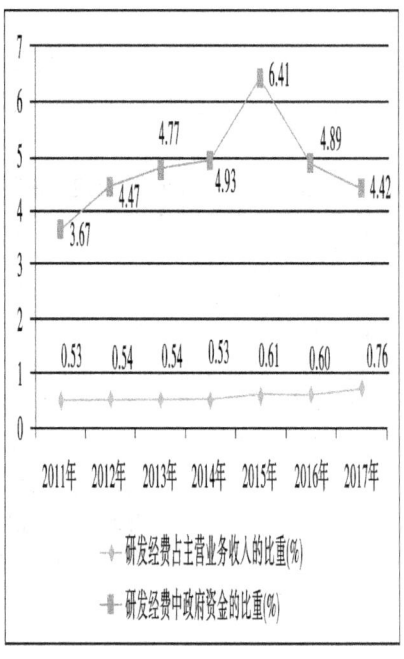

图 2-4　数学建模步骤

上述步骤中最重要的是抽象成数学模型这一步骤。这些步骤反映的是一个相对严格的数学建模过程，义务教育阶段特别是小学的数学建模应视具体课程内容要求，不一定完全经历所有的环节，这里有一个逐步提高的过程。

模型思想是一种数学的基本思想。史宁中教授在《数学思想概论》中提出："数学发展所依赖的思想在本质上有三个：抽象、推理、模型……通过抽象，在现实生活中得到数学的概念和运算法则，通过推理得到数学的发展，然后通过模型建立数学与外部世界的联系。"[①]从数学产生、数学内部发展、数学外部关联三个维度上概括了对数学发展影响最大的三个重要思想。

例 2-13　一个房间里有 4 条腿的椅子和 3 条腿的凳子共 16 个，如果椅子腿和凳子腿数加起来共有 60 条，那么有几个椅子和几个凳子？

事实上，这个问题可以用三种方法建立模型。在第二学段讨论过的方法是基于四则运算，还可以用一元一次方程的方法或二元一次方程组的方法解决。启发学生从不同的角度思考同一个问题，有利于学生进行比较，加深对于模型的理解。

培养学生的模型思想是一个循序渐进的过程，需要教师在教学中逐步渗透和引导学生不断感悟；使学生经历"问题情境—建立模型—求解验证"的数学活动过程；通过数学

---

① 史宁中. 数学思想概论——数量与数量关系的抽象[M]. 长春：东北师范大学出版社, 2008.

建模改善学习方式,在数学建模中尝试小课题学习、协作式学习、开放式学习、信息技术环境中的学习等学习方式。

9. 应用意识

从表 2-7 可看出,《课程标准(2011 年版)》和《课程标准(实验稿)》一样,都强调了用数学的眼光观察现实世界,主动地运用数学解释现象和解决实际问题的心理倾向。

表 2-7 不同版本的课程标准对"应用意识"的表述

《课程标准(实验稿)》	《课程标准(2011 年版)》
应用意识主要表现在:认识到现实生活中蕴含着大量的数学信息,数学在现实世界中有着广泛的应用;面对实际问题时,能主动尝试着从数学的角度运用所学知识和方法寻求解决问题的策略;面对新的数学知识时,能主动地寻找其实际背景,并探索其应用价值	应用意识有两个方面的含义:一方面,有意识利用数学的概念、原理和方法解释现实世界中的现象,解决现实世界中的问题;另一方面,认识到现实生活中蕴含着大量与数量和图形有关的问题,这些问题可以抽象成数学问题,用数学的方法予以解决,在整个数学教育的过程中都应该培养学生的应用意识,综合实践活动是培养应用意识很好的载体

要发展学生的应用意识,以下几个方面是重要的:

第一,展示数学知识的来龙去脉。教学中要尽量揭示知识产生的实际背景和知识的实际应用,使学生经历知识的形成过程和应用过程。

第二,鼓励学生主动地运用数学解决问题、主动寻求数学知识的实际背景。教师要鼓励学生从生活中寻找数学问题,规划解决问题的方案,寻求合理地解决问题的策略。有意识地利用数学的概念、原理和方法解释现实世界中的现象,解决现实世界中的问题。对于数学知识,教师也要鼓励学生主动寻求其实际背景,比如生活中的正比例关系、反比例关系有哪些。

例如,电视台播放某大奖赛实况,总要去掉一个最高分,去掉一个最低分,然后求其他分数的平均数,这是为什么呢?学生学了统计中的平均数、中位数等知识后,他就能有意识地去运用这些知识去分析这一现象,并能给出合理的解释:"去掉最高分、最低分,求其他分数的平均数,这样既可以降低极端分数的影响,又可以避免给中间几个数据太大的权重,合理地分解所有评分者的评分误差。"

再如,《课程标准(2011 年版)》第二学段的一个例子:阅读在报纸或者杂志上发表的有统计图的文章,用自己的语言说明统计图所表达的意思。这事实上也体现了数学应用意识培养的要求,要有意识地运用数学知识去解决现实生活中的问题。学生学习了某一数学知识后,应主动思考应用这一数学知识能解决现实生活中什么样的问题,这样就可以把理论与实际相联系了。例如,学生学习了"两点之间线段最短"这一数学知识后,善于思考的学生就能解决"在两个汽车站之间,怎样设加油站的位置,使得到两个汽车站的距离最小"这一实际问题。学数学的目的就是用数学,这一点很重要。

认识到现实生活中蕴含着大量与数量和图形有关的问题,这些问题可以抽象成数学问题,用数学的方法予以解决。

一方面是要让学生认识到现实生活中处处有数学,数学就在我们的身边;现实生活中蕴含着大量与数量和图形有关的问题,如储蓄、保险、选举、股票、打折销售等。另一方面是认识到现实生活中的大量问题都可以抽象成数学问题,用数学方法予以解决。这也是数学建模的思想。例如,某商场搞打折销售活动,有两种活动方案:一种是满200元省50元;另一种是直接打8折。如果你想买一种商品,请你制订你的购买方案。对于这一打折销售问题,学生能意识到可以抽象为数学中的函数问题,然后用函数的相关知识予以解决。这样,可以让学生从认识上建立对数学应用的正确理解,这是很有必要的。

第三,综合与实践是发展学生应用意识的良好载体。

第四,向学生介绍或提供丰富的阅读材料,拓展学生的视野,展示数学的应用价值。

培养学生的应用意识,应贯穿在整个数学教育的过程中,要注重知识的来龙去脉,注重应用"综合实践"活动这个培养应用意识的重要载体。

如"多项式与多项式相乘"的教学,可设置如下情境:学校操场的长、宽分别为 m 米、a 米,由于教学需要,长、宽分别增加 n 米、b 米,你能用两种方法表示扩大后的操场面积吗?学生画图后可得出 $(m+n)(a+b)$ 和 $ma+mb+na+nb$ 两种表示形式。教师再引导学生得出公式 $(m+n)(a+b)=ma+mb+na+nb$。如此,在提高学生学习数学的兴趣的同时,也会让学生感觉到多项式乘法的应用价值。

例如,让学生用乘方的概念探索细胞分裂1个,分裂成2个,再逐步分裂成4,8,16个……的次数与个数之间的关系,使学生真正体会到"数学有用、要用数学。"

10. 创新意识

《课程标准(2011年版)》指出:"创新意识的培养是现代数学教育的基本任务,应体现在数学教与学的过程之中。学生自己发现和提出问题是创新的基础;独立思考、学会思考是创新的核心;归纳概括得到猜想和规律,并加以验证,是创新的重要方法。创新意识的培养应该从义务教育阶段做起,贯穿数学教育的始终。"

在义务教育阶段,《课程标准(2011年版)》强调的是发展学生的创新意识,即学生愿意并主动地去提出一些对于自己来说是"新"的事情,这对于培养创新人才是首要的。要注意创新意识的培养应贯穿于数学教育始终;不仅强调"分析与解决问题",更强调"发现与提出问题";要根据学生的年龄特点,在日常教与学中不断积累经验;要重视"综合与实践"活动这个培养创新意识的重要载体。

培养学生的创新意识,首先就要激发并呵护学生的好奇心,使学生愿意不断地去质疑——发现和提出问题,所以"学生自己发现和提出问题是创新的基础"。要能提出自己的新想法,就要愿意思考,并且会思考,所以"独立思考、学会思考是创新的核心"。在思考的过程中,离不开不断猜想并加以验证,正所谓"大胆猜想、小心求证",所以"归纳概括得到猜想和规律,并加以验证,是创新的重要方法"。鼓励学生"在做中积累经验",凡是要求学生做的,教师要带头做,并通过提问引导教学不断深入。

第二节 义务教育数学课程目标

《课程标准(2011年版)》对课程目标的表述是具有层次结构的,即把"课程目标"分成"总目标""总目标的四个具体方面"以及"学段目标"三个部分展开。"总目标"带有全局性、方向性、指导性;"总目标的四个具体方面",即知识技能、数学思考、问题解决、情感态度这四个方面,也可以称为数学课程的四个具体目标;"学段目标"分三个学段叙述,每个学段也按照知识技能、数学思考、问题解决、情感态度这四个具体目标展开。教师教学、学生学习,以及对教师和学生的评价,都要围绕课程目标来进行。

数学课程的具体目标按照知识技能、数学思考、问题解决、情感态度这四个方面展开,它们也是《课程改革纲要》中"知识与技能""过程与方法""情感态度与价值观"三维目标在数学课程中的具体体现。

《课程标准(2011年版)》刻画的是义务教育阶级学生经过数学课程学习之后应该达成的目标,其行为主体是学生。

一、义务教育数学课程总目标

课程标准对于"总目标"的表述见表2-8。

表2-8 不同版本的课程标准对"总目标"的表述

《课程标准(实验稿)》	《课程标准(2011年版)》
获得适应未来社会生活和进一步发展所必需的重要数学知识(包括数学事实、数学活动经验)以及基本的数学思想方法和必要的应用技能	获得适应社会生活和进一步发展所必需的数学的基础知识、基本技能、基本思想、基本活动经验
初步学会运用数学的思维方式去观察、分析现实社会,去解决日常生活中和其他学科学习中的问题,增强应用数学的意识	体会数学知识之间、数学与其他学科之间、数学与生活之间的联系,运用数学的思维方式进行思考,增强发现和提出问题的能力、分析和解决问题的能力
体会数学与自然及人类社会的密切联系,了解数学的价值,增进对数学的理解和学好数学的信心	了解数学的价值,提高学习数学的兴趣,增强学好数学的信心,养成良好的学习习惯,具有初步的创新意识和科学态度
具有初步的创新精神和实践能力,在情感态度和一般能力方面都能得到充分发展	

从表2-8可知,《课程标准(2011年版)》将《课程标准(实验稿)》总目标的第3条整合进第2、第4条,对数学课程的"总目标"表述为三点:获得"四基"、增强解决问题能力、培养创新意识和科学态度。总目标突出"培养学生创新精神和实践能力",将过程性目标

与结果性目标并重。

(一) 获得"四基"①

"双基"发展为"四基",在《课程标准(2011年版)》中的表述为:"通过义务教育阶段的数学学习,学生能获得适应社会生活和进一步发展所必需的数学的基础知识、基本技能、基本思想、基本活动经验。"

1. "双基"发展为"四基"

明确提出"四基"是数学教育改革的必然要求,是时代发展的必然趋势。从"双基"到"四基"是多维数学教育目标的要求。只有知识、技能是不够的,必须同时发展学生数学素养的其他方面,基本思想和基本活动经验正是学生数学素养的重要组成部分②。

过去提到数学的"双基"时,通常是指数学的基本概念、基本公式、基本运算、基本性质、基本法则、基本程式、基本定理、基本作图、基本推理、基本语言、基本方法、基本操作、基本技巧等。

"双基"的历史贡献应该肯定。但是,对于"双基"的内容,即对于什么是学生应该掌握的"基础知识"和"基本技能",在"知识爆炸"的时代,在现代信息技术突飞猛进的时代,在获取知识、技能的渠道大大增加的时代,应该与时俱进。

许多年来,"双基"概念一直在发展中深化。至2000年,中华人民共和国教育部制定的《九年义务教育全日制初级中学数学教学大纲(试验修订版)》中的表述为数学"基础知识是指数学中的概念、法则、性质、公式、公理、定理以及由其内容所反映出来的数学思想和方法。基本技能是指能够按照一定的程序与步骤进行运算、作图或画图、进行简单的推理。"并且,"双基"在此已经是与思维能力、运算能力、空间观念等相互联系表述的。

对于过去数学"双基"的某些内容,如繁杂的计算、细枝末节的证明技巧等,要有所删减;而对于估算、算法、数感、符号意识、收集和处理数据、概率初步、统计初步、数学建模初步等,又要有所增加。这就是数学"双基"内容的与时俱进。

为什么有了"双基"还不够,现在还要增加两条,成为"四基"?

第一,因为"双基"仅仅涉及上述三维目标中的一个目标——"知识与技能",而新增加的两条还涉及三维目标的另外两个目标——"过程与方法"和"情感态度与价值观"。

第二,因为某些教师有时片面地理解"双基",往往在实施中"以本为本",见物不见人,而教育必须以人为本,新增加的"数学思想"和"活动经验"就直接与人相关,也符合"素质教育"的理念。

第三,因为仅有"双基"还难以培养创新型人才,"双基"只是培养创新型人才的一个基础,但创新型人才不能仅靠熟练掌握已有的知识和技能来培养,获得数学思想和数学活动经验等也十分重要,这就是新增加的两条。

---

① 顾沛.数学基础教育中的"双基"如何发展为"四基"[J].数学教育学报,2012,21(1):14-16.
② 马云鹏.数学:"四基"明确数学素养——《义务教育数学课程标准(2011年版)》热点问题访谈[J].人民教育,2012(6):43-44.

2. 关于数学的"基本思想"

数学课程固然应该教会学生许多必要的结论,但绝不仅仅以教会这些定理、公式和计算程序、解题方法为目标,更重要的是让学生在学习这些结论的过程中获得数学思想。数学思想是数学科学发生、发展的根本,也是数学课程教学的精髓。

数学的基本思想主要有数学抽象的思想、数学推理的思想、数学模型的思想、数学审美的思想。

人类通过数学抽象,从客观世界中得到数学的概念和法则,建立了数学学科及其众多的分支;通过数学推理,进一步得到大量结论,数学学科得以丰富和发展;通过数学模型,把数学应用到客观世界中,产生了巨大的社会效益,又反过来促进了数学学科的发展①;通过数学审美,看到数学"透过现象看本质""和谐统一众多事物"中美的成分,感受到数学"以简驭繁""天衣无缝"给我们带来的愉悦,并且从"美"的角度发现和创造新的数学。

当然,由上述数学的"基本思想"演变、派生、发展出来的数学思想还有很多。由"数学抽象的思想"派生出来的有分类的思想、集合的思想、"变中有不变"的思想、符号表示的思想、对应的思想、有限与无限的思想,等等;由"数学推理的思想"派生出来的有归纳的思想、演绎的思想、公理化思想、数形结合的思想、转换化归的思想、联想类比的思想、逐步逼近的思想、运筹的思想、代换的思想、特殊与一般的思想,等等;由"数学建模的思想"派生出来的有简化的思想、量化的思想、函数的思想、方程的思想、优化的思想、随机的思想、统计的思想,等等;由"数学审美的思想"派生出来的有简洁的思想、对称的思想、统一的思想、和谐的思想、以简驭繁的思想、"透过现象看本质"的思想,等等。"分类的思想"和"集合的思想"可以是这样由"数学抽象的思想"派生出来的:人们对客观世界进行观察时,常常从研究需要的某个角度分析联想,排除那些次要的、非本质的因素,保留那些主要的、本质的因素,一种有效的做法就是对事物按照其某种本质进行分类,分类的结果就产生了"集合"。把它们上升到思想的层面上,就形成了"分类的思想"和"集合的思想"。

在用数学思想解决具体问题时,对某一类问题反复推敲,会逐渐形成某一类程序化的操作,就构成了"数学方法"。数学方法也是具有层次的。处于较高层次的,例如有逻辑推理的方法、合情推理的方法、变量替换的方法、等价变形的方法、分情况讨论的方法,等等。低一些层次的数学方法,还有很多,例如有分析法、综合法、穷举法、反证法、抽样法、构造法、待定系数法、数学归纳法、递推法、消元法、降幂法、换元法、坐标法、配方法、列表法、图像法,等等。

数学方法不同于数学思想。"数学思想"往往是观念的、全面的、普遍的、深刻的、一般的、内在的、概括的;而"数学方法"往往是操作的、局部的、特殊的、表象的、具体的、程序的、技巧的。数学思想常常通过数学方法去体现;数学方法又常常反映了某种数学思想。数学思想是数学教学的核心和精髓,教师在讲授数学方法时应该努力反映和体现数

---

① 史宁中.漫谈数学的基本思想[J].数学教育学报,2011,20(4):8.

学思想,让学生体会和领悟数学思想,提高学生的数学素养。

3. 关于数学的"基本活动经验"

数学教学,本质上是师生共同进行数学活动的教学,所以学生获得相关的活动经验当然应该是数学课程的一个目标。特别是,其中有些精神"只能意会,难以言传",必须要学生自己在亲身经历的过程中获得经验;有些内容虽能言传,但是如果没有学生在数学活动中亲身体会,理解也难以深刻。

"活动经验"与"活动"密不可分,所说的"活动",当然要有"动",手动、口动和脑动。它们既包括学生在课堂上学习数学时的探究性学习活动,也包括与数学课程相联系的学生实践活动;既包括生活、生产中实际进行的数学活动,也包括数学课程教学中特意设计的活动。"活动"是一个过程,因此也体现出,不但学习结果是课程目标,而且学习过程也是课程目标。

其次,"活动经验"还与"经验"密不可分,当然就与"人"密不可分。学生本人要把在活动中的经历、体会总结上升为"经验"。这既可以是活动当时的经验,也可以是延时反思的经验;既可以是学生自己摸索出的经验,也可以是受别人启发得出的经验;既可以是从一次活动中得到的经验,也可以是从多次活动中互相比较得到的经验。特别关键的是,这些"经验"必须转化和建构为属于学生本人的东西,才可以认为学生获得了"活动经验"。

应该注意的是,所说的"活动"都必须有明确的数学内涵和数学目的,体现数学的本质,才能称得上是"数学活动",它们是数学教学的有机组成部分。教师的课堂讲授、学生的课堂学习,是最主要的"数学活动",这种讲授和学习,应该是渐进式的、启发式的、探究式的、互动式的。此外,还有其他形式的"数学活动",例如学生的自主学习、调查研究、独立思考、合作交流、小组讨论、探讨分析、参观实践,以及作业练习和操作计算工具,等等。

还应该强调的是,学生在进行"数学活动"的过程中,除了能够获得逻辑推理的经验,还能够获得合情推理的经验。例如,根据条件"预测结果"的经验和根据结果"探究成因"的经验。这两种经验对于培养创新型人才也是非常重要的。

数学活动的教育意义在于,学生主体通过亲身经历数学活动过程,能够获得具有个性特征的感性认识、情感体验,以及数学意识、数学能力和数学素养。让学生获得"数学活动经验",还能够培养学生在活动中从数学的角度思考问题,直观地、合情地获得一些结果,这些是数学创造的根本,是得到新结果的主要途径。数学活动经验并不仅仅是实践的经验,也不仅仅是解题的经验,更加重要的是思维的经验,是在数学活动中思考的经验。因为,创新依赖的是思考,是数学活动中创造性的思维。而思维方法是依靠长期活动经验积累获得的,思维品质是依靠有效的、多方面的数学活动改善的,并不是仅仅依靠接受教师的传授获得的。爱因斯坦说:"独立思考是创新的基础。"

获得数学活动经验,最重要的是积累"发现问题、提出问题"的经验,以及"分析问题、解决问题"的经验,总之,是"从头"想问题、思考问题、做问题全过程的经验。学生形成智慧,不可能仅依靠掌握丰富的知识,一定还需要经历实践及在实践中取得经验。数学思想也不仅在探索推演中形成,还需要在数学活动经验积累的基础上形成。

数学的基本活动经验可以按不同的标准分成若干类型。比如,有的学者把它分为如下四种:直接的活动经验、间接的活动经验、设计的活动经验和思考的活动经验。直接的活动经验是与学生日常生活直接联系的数学活动中所获得的经验,如购买物品、校园设计等。间接的活动经验是学生在教师创设的情景、构建的模型中所获得的数学经验,如鸡兔同笼、顺水行舟等。设计的活动经验是学生从教师特意设计的数学活动中所获得的经验,如随机摸球、地面拼图等。思考的活动经验是通过分析、归纳等思考获得的数学经验,如预测结果、探究成因等[1]。学生只有积极参与数学课程的教学过程,经过独立思考,经过探索实践,经过合作交流,才有可能积累数学活动经验。

《课程标准(2011年版)》中还专门设计了"综合与实践"的课程内容,强调以问题为载体,让学生在综合运用知识、技能解决问题的实践中获得数学活动经验。在学生积累和获得数学的基本活动经验的过程中,就必然有情感态度与价值观的提升。这样,"四基"就全面体现了《纲要》中"三维目标"的要求。

数学基本活动经验包括"实践的经验"和"思维的经验";积淀数学基本活动经验,需要亲身经历和感悟归纳推理和演绎推理的过程;数学基本活动经验是感悟归纳推理和演绎推理过程中积淀形成的思维模式;表现在中小学生身上的数学基本活动经验主要为"特例入手,尝试性归纳探索一般规律或结论"[2]。

4. "四基"是一个有机的整体

"四基"虽然是由四个部分构成的,但"四基"不应仅仅看作是四个事物简单的叠加或混合,而应是一个有机的整体,是互相联系、互相促进的。基础知识和基本技能是数学教学的主要载体,需要花费较多的课堂时间;数学思想则是数学教学的精髓,是统领课堂教学的主线;数学活动是不可或缺的教学形式与过程。

"四基"既然比原来增加了两条,那么教师在课堂教学的安排上就应该有意识地给数学思想的教学预留适当的时间;但是数学思想的教学不能空洞地进行,一定要以数学知识为载体进行,并且应该注意将数学知识与数学思想融为一体,因势利导,水到渠成,画龙点睛;教师在讲解数学思想时,应该避免"两层皮",避免生硬牵强,避免长篇大论。在课堂数学活动的时间安排上,大量的应该是教师启发式传授和学生在教师指导下独立思考、自主探究的时间;其他形式的数学活动也应安排适当的时间。此外,"四基"既然比原来增加了两条,那么,在教学评价上也应该给数学思想和数学活动以适当的位置和空间。

《课程标准(2011年版)》在"四基"的表述前用了"获得适应社会生活和进一步发展所必需的"这样一个限制性定语,这样,一方面避免了在"四基"的名义下不适当地扩大教学内容,一方面也强调了学生获得数学"四基"的现实意义和长远意义。其现实意义是学生适应社会生活所必需的;其长远意义是学生进一步发展所必需的。

如果数学课程能够使我们的学生获得适应社会生活和进一步发展所必需的数学的基础知识、基本技能、基本思想、基本活动经验,那么培养全面发展的创新型人才就具备

---

[1] 张奠宙,竺士芬,林永伟."基本数学经验"的界定与分类[J].数学通报,2008(5):1-4.
[2] 郭玉峰,史宁中."数学基本活动经验"研究:内涵与维度划分[J].教育学报,2012,8(5):23-28.

(二)增强问题解决能力

总目标的第二点,表述了学生通过数学学习在体会数学联系、学会数学思考、增强问题解决能力等方面的目标。

1. 在普遍联系中学习数学

世界上的一切事物都是互相联系的。《课程标准(2011年版)》虽然着重阐述对数学的学习,但是学生不应该就事论事地学习数学,不应该孤立地学习数学,不应该局限地学习数学,而应该在普遍联系中学习数学。

这里说到学生要体会三个方面的联系:数学知识之间的联系;数学与其他学科之间的联系;数学与生活之间的联系。一堂课可能重点学习一个数学知识,但是数学是一个整体,任何数学知识都不是孤立的,总有它的来龙去脉,一段时间以后,教师应该引导学生把这些知识点连接成线,再把这些线进一步连接成网,在自己的头脑中形成网状的知识体系。这样的教学活动多次进行,不仅有利于学生全面认识和准确理解相关的数学知识,而且有利于学生养成良好的习惯,增强能力,逐渐善于把学到的数学知识建构成网状的知识体系,从而提高学生对于数学的整体认识和宏观把握,提高学生的数学素养。此外,数学学科与其他学科也是广泛联系的。许多数学知识来源于其他学科,所有数学知识都将应用于其他学科。所以学生不应该孤立地学习数学,而应该注意数学与其他学科之间的联系。教师也不应该封闭地讲授数学,而应该经常提及其他学科中的数学背景和应用。

此次课程改革,加强了课程内容的综合性,淡化了学科界限,教材的编写者和教师都应该注意到这一特点。至于"数学与生活之间的联系",其实也可以表述为"数学与实践之间的联系";由于《课程标准(2011年版)》是针对义务教育阶段的课程,所以表述为"数学与生活之间的联系"可能更加贴近这一年龄段的学生。数学来源于实践,又应用于实践,与实践的关系非常密切。千万不要让学生误以为数学是数学家用符号编造出来的"天书",误以为学数学仅仅是为了解题和应付考试。为了让学生充分体会这三个方面的联系,数学课程的教学中应该列举大量的相关实例,使学生反复加强印象。第一学段的数学教学,可以更多地创设学生生活中的情境,加强课程内容与现实生活和学生经验的联系。"综合与实践"类型的数学课程中,教师更应该有意识地强调上述三个方面的联系。

2. 运用数学的思维方式进行思考

在学生学会知识的过程中也要学会思考,学会思考的重要性不亚于学会知识,它将使学生终身受益。这种思考是"运用数学的思维方式进行"的思考,也可以称为"数学方式的理性思维"。它有丰富的内涵,包括形象思维、逻辑思维和辩证思维,包括合情推理和演绎推理(也称"逻辑推理"),等等。

义务教育阶段数学课程进行的全过程,都应该注意培养学生的数学思维。其中的第一学段和第二学段,学生较多接触和学习的是合情推理,第三学段则必须加强演绎推理的教学。

推理,是从一个或者几个命题推论得出一个新命题的过程。合情推理是从范围较小的命题得到范围较大的命题,是"从特殊到一般"的推理;演绎推理则是从范围较大的命题得到范围较小的命题,是"从一般到特殊"的推理。

合情推理包含的范围相当广泛,如分类、归纳、类比、联想、猜测,等等。它们常常是得到新结论的方法和途径。

但是,合情推理的结论可能是正确的,也可能是错误的,还需要依靠演绎推理去证明或者证否。这一点,在第一学段和第二学段,可以逐渐渗透给学生知道,在第三学段则应该明确地告诉学生,让学生对此有清醒的认识。

演绎推理的高级形式是公理化体系。它们应该是"数学思想"的一部分,只不过这里是从学生学会思考、获得能力的角度表述的。"思考"或者"思维"是一个过程,所以又一次说明了"过程也是目标"。一般的自然科学是从观察和实验出发,当"猜想"与大量的新的观察和实验结果相符时,"猜想"就成了大家公认的"理论";数学则是从事先约定、不证自明的一组公理出发,再加上定义和符号,经过"三段论"式的逻辑推理得到"定理"。要让学生逐步深入体会到,所有数学结论都是需要经过证明的。义务教育阶段不必出现"公理化体系"的说法,可以在潜移默化中使学生体会这样一种思维方式。

当然,"数学思维"中也包含以"归纳"为特征的"合情推理",例如,前面提到过的分类、归纳、类比、猜测,还有解读"四基"那一段里提到的"预测结果"的思维和"探究成因"的思维,虽然其结论未必总是正确的,但它是得出新结论的一些途径,这对于培养创新型人才是不可或缺的。

数学课程中的"统计"部分则有自己的思维规则,不同于数学的逻辑推理。统计是从数据出发的,不像数学是从公理和定义出发的;统计的思维规则是以"归纳"为特征的,不像数学是以"演绎"为特征的;统计的结论只有"好"与"差"的区别,不像数学是"对"与"错"的区别。教师对于"统计"与"数学"在思维方式上的这些区别应有清醒的认识,并且要以恰当的方式渗透给学生。

人们常说,"数学是思维的体操"。数学课程在培养学生逻辑推理和理性思维方面的作用,是其他课程难以替代的。教数学一定要教思维,但是不能空洞地、形式地教思维,而要以数学知识为载体教思维。学数学也一定要学思维,学生学会了"数学方式的理性思维",将受用无穷。这也是"授人以渔"比"授人以鱼"更加高明的原因。

3. 增强发现和提出问题的能力、分析和解决问题的能力

《课程标准(2011年版)》这里围绕关键词——"问题",表述"增强能力"的课程目标,一组是"发现问题和提出问题的能力",另一组是"分析问题和解决问题的能力"。

过去教育界说得比较多的是"分析问题和解决问题的能力",近年来增加了"提出问题的能力"。此次修订更加完整地表述为"发现问题和提出问题的能力";这是从培养学生的创新意识和创新能力考虑的。别人提出的问题固然重要,但是能够发现新的问题,提出新的问题却更加重要,因为这是对创新型人才的基本要求。

所谓"发现问题",是经过多方面、多角度的数学思维,从表面上看来没有关系的一些现象中找到数量或空间方面的某些联系,或者找到数量或空间方面的某些矛盾,并把这些联系或者矛盾提炼出来。所谓"提出问题",是在已经发现问题的基础上,把找到的联系或者矛盾用数学语言、数学符号集中地以"问题"的形态表述出来。对于"分析问题和解决问题"而言,其中的"已知"和"未知"都是清楚的,需要的是利用已有的概念、性质、定理、公式、模型,采用恰当的思路和方法得到问题的答案。但是对于"发现问题和提出问题"而言,其中的"已知"和"未知"都是不清楚的,所以难度更大,要求更高。可是对于培养学生的创新意识和创新精神,"发现问题和提出问题"的能力是必需的。因为创新往往始于问题。提出这一点,体现了数学课程对时代、对人才培养要求的主动适应性,当然对于数学教学也提出了新的要求。

这些也可以概括地表述为,培养学生从数学角度出发的"问题意识"。为此,在数学教学中教师就要努力创设适当的情境,让学生用数学的眼光来看待和分析这些情境,经常采用探究式的教学方法,引导学生发现问题和提出问题,也引导学生分析问题和解决问题,从而培养学生的相应能力。这里,其实与前面阐述的"思考"能力是一致的。善于思维才能够发现问题和提出问题,善于思考才能够分析问题和解决问题。学生在思考中发现问题直至解决问题,就又可以获得一些数学活动经验。

(三)培养科学态度

总目标的第三点,集中表述了学生通过数学学习在情感、态度与价值观方面的发展目标。

1. 了解数学的价值,提高学习兴趣

为了让学生了解数学的价值,在数学教学中就要注意说明数学在日常生活中的应用,数学在工程技术中的应用,数学在其他学科中的应用,数学在实践中的应用。对于低年级学生,还特别要注意大量举例,说明数学在他们这个年龄段的人群中的应用。

数学的价值,除了应用方面的价值以外,还有教育方面的价值。这是指学生在学会数学知识作为今后应用的工具的同时,还学到了从数学角度看问题的出发点,学到了数学方式的理性思维,使自己思考更有条理,表达更加清晰,提高了自己的数学素养。数学教学在培养学生的抽象能力、推理能力和创新能力上,发挥着独特的作用。

学生了解了数学的价值,并在学习实践中体会到数学的价值,就自然会提高学习数学的兴趣。兴趣是最好的老师,有兴趣的学习活动,一定会大大提高学生学习数学的效率。

学生原本就对客观世界有浓厚的好奇心,数学教学应该努力把学生的这种好奇心引导到探索事物的数量关系上来,把这种好奇心转化为学习数学的兴趣。为此,除了让学生了解数学的价值以外,教师还要讲究教学方法。恰当的引题和启发式教学,带领学生解决某些带有挑战性的问题,让学生看到数学内在的本质和自身的魅力,都能够激发学生学习数学的兴趣。特别要注意用数学内在的本质,如简洁、明确、强烈的规律性和对客观事物的准确刻画,去引发学生的兴趣,而不能仅仅依靠数学在生活中的简单应用来引起兴趣,更不能以不适当地降低难度来保护学生的学习兴趣。

在不同的学习阶段,由于各种各样的原因,都会有一些学生对数学学习感到不同程度的困难,这种困难如果时间较长得不到解决,就会影响学生学好数学的自信心。所以一方面,教师应该及时发现那些遇到困难的学生,并且帮助他们找到原因,尽快解决困难;另一方面,学生遇到困难、战胜困难的经历也是必要的经验积累,稍微遇到困难就退缩躲避或者转向回避的学生,不是我们希望看到的,教师应该引导学生增强克服困难的勇气和毅力,培养锲而不舍的刻苦钻研精神。

学习内容的平均难度应该尽量符合学生的知识储备、认知规律和年龄心理特点,这样也能够提高学生学习数学的兴趣。过难或者过易,都是不可取的,这也是让学生"增强学好数学的信心"所必须注意的。还要注意考试、评价的方式和方法,这也是影响学生学习信心的关键环节。

要尊重和爱护学生,教学中要注意调动学生的积极因素和发现学生的正确成分,宜采用正面的表扬和鼓励,少采用批评,绝不能有讽刺、挖苦。批评要具体,要分寸得当,要体现出善意。对于学得较差的学生,教师要及早发现并给予适当的个别辅导,要更多地与他们接触,多设计一些启发的层次,让他们真正学懂学会,迅速赶上来。这样,才能做到使"人人都能获得良好的数学教育"。

2. 养成良好的学习习惯和科学态度

良好的学习习惯是从小养成的,所以学习习惯必须从一年级抓起。良好的学习习惯包括:认真对待学习,勤奋刻苦,积极参与探究,勇于坚持真理和纠正错误,及时完成作业,有饱满的学习热情,有强烈的求知欲,不畏惧困难,愿意提问、咨询、反思和质疑,乐于与人交流、合作,会合理安排时间,等等。习惯成自然,当教师指导学生把上述良好的学习习惯养成后,不但对他们今后的学习有益,而且对学生的终生成长都有益。

创新意识也需要从小培养。例如,学会发现问题和提出问题,不盲从书本和教师,有自己的独立见解,愿意讨论,敢于质疑。《课程标准(2011年版)》重点提及"创新意识",因为创新意识是创新能力的基础,对于义务教育阶段的学生,首先需要关注他们创新意识的培养。其实在发现问题直至解决问题的教学活动中,学生不但会有创新意识的提高,也一定会有"创新能力"的提高,只不过对于不同年龄的学生,这种"能力"的含义有所不同。教师如果在教学中发现特别优秀的学生,则应该给予特殊的培养,因材施教,增加难度,对他们进行个性化教学,他们也许是创新人才的苗子。

让学生具有良好的科学态度,也是数学教学贯穿始终的目标。"良好的科学态度"有许多内涵,例如,坚持真理、修正错误、严谨周密、实事求是,等等。"实事求是"可以看作是科学态度的核心。数学的结论(不包括数学课程中的统计部分)是通过严格的逻辑推理得到的,对就是对,错就是错,来不得半点含糊,所以数学教学特别适合培养学生实事求是的科学态度。教师在课堂讨论中应该利用一切机会,让学生在方法上、逻辑上和结论上明辨是非。有不同意见是正常的,真理越辩越明,在课堂讨论中应该鼓励学生争论,教师不要过早表态影响学生的争论,但可以点拨和引导,使争论更加涉及问题的本质,使争辩的是非越来越分明。

以上这些"情感态度与价值观"方面的课程目标,不能脱离"知识与技能"的载体单独地传授,空洞地讲解。教师应该善于把这些课程目标融入教学过程中去实现。这也再次体现了"过程也是目标"。学生在"情感态度与价值观"方面的这些发展,不仅对学习数学会产生积极的效应,而且对学习其他学科也会产生积极的效应;不仅在学习方面会产生积极的效应,而且在做人方面也会产生积极的效应;不仅在义务教育阶段会产生积极的效应,而且对学生的终生成长都会产生积极的效应。

总之,《课程标准(2011年版)》在表述数学课程"总目标"中的这段表述,言简意赅,结合数学教学的特点,分别从获得"四基"、增强能力、培养科学态度的角度,用明确区分又相互联系的三句话,不但体现了《课程改革纲要》中规定的三维目标,也体现了素质教育和全面育人的思想。

二、义务教育数学课程具体目标

具体目标是对总目标的具体化,让读者认识到具体目标的四个方面及四个方面的相互关系,就可以更好地理解总目标。

(一)具体目标的四个方面

义务教育阶段数学课程的具体目标,包括"知识技能""数学思考""问题解决""情感态度"四个方面。在义务教育阶段,不但让学生掌握知识技能是重要的,而且让学生学会数学思考和经历问题解决的全过程也是重要的,在这个全过程中让学生发展良好的情感态度也是重要的。在数学思考、问题解决中,学生将能够积累数学活动经验,感悟数学思想,提高发现和提出问题、分析和解决问题的能力,实现义务教育阶段数学课程的总目标。这四个方面既是三维目标在数学课程中的体现,也是总目标的三点内容的具体化。

1. 知识技能方面

《课程标准(2011年版)》在这里分以下四点表述:

(1)经历数与代数的抽象、运算与建模等过程,掌握数与代数的基础知识和基本技能。

(2)经历图形的抽象、分类、性质探讨、运动、位置确定等过程,掌握图形与几何的基础知识和基本技能。

(3)经历在实际问题中收集和处理数据、利用数据分析问题、获取信息的过程,掌握统计与概率的基础知识和基本技能。

(4)参与综合实践活动,积累综合运用数学知识、技能和方法等解决简单问题的数学活动经验。

知识技能就是我们长期以来所说的"双基",即基础知识和基本技能,其内容应随科学技术的发展与时俱进,又应有相对的稳定性。学生对于基础知识和基本技能的掌握,应该尽量达到扎实和熟练的程度,不应排斥模仿、记忆、适当重复和变式练习等行之有效的学习方式,但是要在理解的基础上模仿和记忆,而不是机械地模仿,也不是死记硬背。《课程标准(2011年版)》这里分别从数与代数、图形与几何、统计与概率、综合与实践四个领域来阐述数学课程在"知识技能"上应该达到的目标。前三个领域是数学课程的三个分支,所以表述的句式是一样的,都是"经历……过程,掌握……的基础知识和基本技能。"第四个领域有特殊性,表述的句式也与前三个领域不同,为"参与……活动,积累……经验。"这里的"经历""参与"两个行为动词,都是表述"过程"的,说明《课程标准

(2011年版)》强调了在达成知识技能目标时应该关注教学过程。

《课程标准(2011年版)》的这种表述,是希望学生经历学习知识技能的过程,让学生在感悟、理解的基础上,掌握知识技能,同时积累数学活动经验,感悟数学思想。

这里涉及的前三个领域,对于基础知识和基本技能的表述,都用了"掌握"一词,这表明"双基"仍然是课程的重要目标。但是《课程标准(2011年版)》在这里没有用"扎实""熟练"这两个修饰词,与传统的表述有一些区别。这也可以提醒教师在"双基"教学中要防止题海战术,特别是防止大量的机械记忆类、重复操练型习题。创新人才的培养不是仅仅简单地靠"扎实""熟练"能够奏效的。

此外,对于什么是学生应该掌握的"基础知识"和"基本技能",在"知识爆炸"的时代,在现代信息技术突飞猛进的时代,必须与时俱进。那么,选择和确定数学"双基"的原则是什么呢?我们认为,该原则应该围绕"基础"二字来表述:数学"双基"是学生数学学习的基础;是数学应用的基础;是学生后继学习的基础;是创新人才培养的基础;是一个人终身学习的基础。同时符合上述条件的数学知识和技能,就是数学的"基础知识"和"基本技能",它们将分别出现在不同阶段的数学课程中。

关于学生如何才算掌握了数学的基础知识和基本技能,我们提出以下几点:①对于重要的数学概念、性质、定理、公式、方法、技能,学生应该在理解的基础上记住其结论的本质,并且会运用;②学生应该了解这些数学概念、结论产生的背景,要通过不同形式的探究活动,体验数学发现和创造的历程;③学生应该感悟、体会、理解其中所蕴含的数学思想,并且能够与后续学习中有关的部分相联系。

对于前三个领域的"知识技能"目标,《课程标准(2011年版)》关于具体经历什么过程的表述,不同领域并不一样,这反映了《课程标准(2011年版)》认为该领域(数学分支)的教学中学生分别应该"经历"的重点所在。"数与代数"领域的重点是"经历数与代数的抽象、运算与建模等过程";"图形与几何"领域的重点是"经历图形的抽象、分类、性质探讨、运动、位置确定等过程";"统计与概率"领域的重点是"经历在实际问题中收集和处理数据、利用数据分析问题、获取信息的过程。"

对于"综合与实践"领域中学生在"知识技能"上应该达到的目标,《课程标准(2011年版)》这里用的行为动词是"参与"和"积累"。"参与"应该比"经历"的要求较高,"经历"只需要学生在场,而"参与"则不但要求学生必须"在场",还应该在其中动手动脑,实际操作。这样,才体现了"实践"活动。这里的"参与",实际上既包括学生认知的参与,也包括行为的参与,还包括情感的参与。"积累"这一动词后则表述为"积累综合运用数学知识、技能和方法等解决简单问题的数学活动经验",这里有三点值得注意:①"知识、技能和方法"这种多角度的阐述,体现了实践活动的"综合"性;②解决"简单"问题的阐述,体现了义务教育阶段要求的适当分寸;③"数学"活动经验的阐述,体现了这些活动必须围绕"数学"来展开。

2. 数学思考方面

《课程标准(2011年版)》在这里分以下四点表述:

(1)建立数感、符号意识和空间观念,初步形成几何直观和运算能力,发展形象思维与抽象思维。

(2)体会统计方法的意义,发展数据分析观念,感受随机现象。

(3)在参与观察、实验、猜想、证明、综合实践等数学活动中,发展合情推理和演绎推理能力,清晰地表达自己的想法。

(4)学会独立思考,体会数学的基本思想和思维方式。

数学思考是指运用"数学方式的理性思维"进行的思考,它培养学生以数学的眼光看世界、从数学角度去分析问题的素养。无论他们将来从事什么职业,将会使学生终身受益。《课程标准(2011年版)》这里分上述四点来阐述数学课程在"数学思考"上应该达到的目标。前三点从数与代数、图形与几何、统计与概率、综合与实践四个领域来阐述(其中第一点涉及两个领域),后一点则是概括的阐述。该概括阐述,指出了"数学思考"这一方面课程目标希望达到的三个目的:让学生学会独立思考,体会数学思想,体会数学思维方式。让学生学会思考,特别是学会独立思考,是数学课程培养学生创新能力的核心,而学会思考的重要方面是学会数学抽象,学会数学推理,学会数学思维。这些,又正是重要的数学思想。

前三点是联系四个领域对这三个目的的具体说明。第一点中"建立数感、符号意识""初步形成运算能力"是针对数与代数领域的;"建立空间观念""初步形成几何直观"主要是针对图形与几何领域的,也包含数形的结合;而"发展形象思维与抽象思维"则是同时针对这两个领域的。第二点从统计与概率领域来阐述,应注意其中"体会意义""发展观念""感受现象"的表述,它们是用来表达"数学思考"的。第三点从综合与实践领域来阐述,应注意"发展合情推理和演绎推理能力"的短语,它们也是用来表达"数学思考"的。

从培养创新型人才考虑,关于数学思考有两个"关系"需要特别注意:①合作探索与独立思考的关系;②演绎推理与归纳推理的关系。

《课程标准(2011年版)》不但强调学生的合作探索,也强调学生的独立思考。并且,合作探索应该在学生独立思考的基础上进行。一个人,如果只会理解和接受别人的观点,只会人云亦云,没有自己的独立思考,或者不善于进行独立思考,那么,他是不可能成为创新型人才的。对于数学创新而言,与人交流和独立思考都是需要的,但是独立思考更加基本,是创新的基础。所以,教师在教学活动中,既要表扬那些经过合作探索取得成功的学生,也要表扬那些经过独立思考取得成功的学生。

《课程标准(2011年版)》不但强调培养学生的演绎推理能力,也强调培养学生的归纳推理能力。演绎推理的主要功能是验证结论,而不是发现结论。借助归纳推理来"预测结果"或者"探究成因",则是发现新结论的有效途径。虽然这些新结论常常还要靠演绎推理去证明;但是,通过归纳推理得到的结论即便暂时不能被演绎推理证明,那些结果也可能是具有一般性的,因为许多结论往往不在于说明"对、错",而在于说明"好、坏"。

3. 问题解决方面

《课程标准(2011年版)》在这里分以下四点表述:

(1)初步学会从数学的角度发现问题和提出问题,综合运用数学知识解决简单的实际问题,增强应用意识,提高实践能力。

(2)获得分析问题和解决问题的一些基本方法,体验解决问题方法的多样性,发展创新意识。

(3)学会与他人合作交流。

(4)初步形成评价与反思的意识。

"问题解决"这一短语与"解决问题"不完全相同,它不但是一种教学方式,是展开课程内容的一种有效形式,也是学生应该掌握的学习形式和应该具备的能力,也是课程目标。它包括从数学角度发现、提出、分析和解决问题四个方面。"从数学的角度"很重要,它要求一种数学的眼光,因此,课程应该创设各种情境,让学生去观察、去思考,使他们面对各种现象时都有机会"从数学的角度发现问题和提出问题。"

这里提及的"问题",并不是数学习题那类专门为复习和训练设计的问题,也不是仅仅依靠记忆题型和套用程式去解决的问题,而是展开数学课程的"问题"和应用数学去解决的"问题",这些问题应该是新颖的,有较高的思维含量,并有一定的普遍性、典型性和规律性。"问题"又往往会与生活、生产实际相联系,所以这里还强调了"实践"和"应用",表述为"增强应用意识,提高实践能力"。"应用意识"可以有三个方面的含义:一方面是在接受数学知识时,主观上有探索这些知识的实用价值的意识;另一方面是在遇到实际问题时,自然地产生利用数学观点、数学理论解释现实现象和解决实际问题的意识;第三方面是认识到现实生产、生活和其他学科中蕴含着许多与数量和图形有关的事物,这些事物可以抽象成数学内容,用数学的方法给出普遍的结论。

解决问题的策略、方法和途径可以是多种多样的,《课程标准(2011年版)》强调了这种"多样性",并且希望学生由此发展创新意识。学生独立思考,自己发现和提出问题,是对创新意识的一种培养。因此,课程应该鼓励学生思考和交流,形成自己对问题的理解。当课堂探究时如果对于同一问题出现不同的解决方法,教师不应轻易地否定某一种方法,而应该因势利导,让学生在讨论和对比中自己去认识不同方法的优劣,同时也体验了"解决问题方法的多样性"。解决问题的探究中,找到一种解决方法就是对创新意识的一种培养;在别人已经找到一种解决方法时某位学生如果还能找到另一种方法,就更加有利于发展创新意识。但是,在没有出现多种解决问题的策略、方法时,课堂上也不必强求。《课程标准(2011年版)》这里说到的"学会与他人合作交流",则是在学习方式、学习习惯,乃至"情感态度"方面的目标,在"问题解决"的过程中教师应该注意引导学生学会交流,学会合作,既包括学会倾听,也包括学会表达,还包括共同分析问题、解决问题。一方面要听懂别人的思路,补充或者修正别人的思路;另一方面要准确、简明地表述自己的思路,以及从别人对自己思路的评论中吸取正确的成分,改善自己的思路。在"问题解决"的过程中,教师应该引导学生独立思考、主动探索、合作交流,这是使学生理解和掌握基本的数学知识与技能、数学思想和方法,获得基本的数学活动经验和实践能力的主要途径。《课程标准(2011年版)》还希望在"问题解决"中,有"评价与反思"的环节,去关注问题解决的过程,回顾问题解决的过程,总结问题解决的过程,而不是仅仅关注问题解决的结果。这样,可以锻炼学生挖掘和抓住事物本质的能力,以及培养学生解决问题中"优化"的思想。从数学学习心理学的角度看,"评价与反思"本质上是一种元认知能力,它体现的是对自我思维的一种监控和调整,这在问题解决中尤其重要,教师对此要求要给予重视。当然,在义务教育阶段,只要求学生"初步形成评价与反思的意识",即了解评价与反思的含义,经历这样的活动,认识其作用和好处。

实现"问题解决"的课程目标,能够让学生学会数学思考,还能够让学生积累思维的经验,并且能够培养学生应用意识和实践能力。

4. 情感态度方面

《课程标准(2011年版)》在这里分以下五点表述:
(1)积极参与数学活动,对数学有好奇心和求知欲。
(2)在数学学习过程中,体验获得成功的乐趣,锻炼克服困难的意志,建立自信心。
(3)体会数学的特点,了解数学的价值。
(4)养成认真勤奋、独立思考、合作交流、反思质疑等学习习惯。
(5)形成坚持真理、修正错误、严谨求实的科学态度。

第一点是学生对于数学活动有积极的态度,"对数学有好奇心和求知欲",因为学习兴趣是学生主动学习的根本动力,而好奇心和求知欲是发展兴趣的基础。数学课程首先应该能够吸引学生的注意,这是在"情感态度"方面起码的课程目标;如果课程还能够普遍引起学生的"好奇心和求知欲",就不简单了,这不但需要课程内容的合适,更需要教师的教学艺术。

第二点要让学生"体验获得成功的乐趣",因为这是培养学生求知欲的重要途径,也有利于学生建立自信心。这需要教材的难易适当,也需要在学生获得点滴成功时教师恰如其分的肯定和鼓励。但是未必所有学生在每一次都能有成功的体验,数学学习对许多学生还是一个艰苦的过程,所以又要让学生在遇到困难和战胜困难的过程中"锻炼克服困难的意志",这需要教师适当的引导,特别是在学生遇到不同程度的困难时用不同的方法引导。如果学生在不顺利时不仅有"克服困难的意志",而且能够找出克服困难的办法,体验到克服困难的乐趣,便会逐渐"建立自信心"。

第三点表述的是价值观方面的课程目标,让学生"体会数学的特点,了解数学的价值。"这需要教材得当的表述,也需要教师得当的教学。数学的价值是多方面的,了解了数学的价值,才有利于巩固对数学的求知欲。

第四点表述的是养成良好习惯方面的课程目标,要让学生"养成认真勤奋、独立思考、合作交流、反思质疑等学习习惯",这与课程"总目标"第三点的表述相呼应,并将学习习惯具体化。"认真勤奋"的本质是集中精力,这是发展其他习惯的基础;"独立思考"的重点在于思考要独立,这是积累数学经验的基础;"合作交流"则是对于独立思考的补充,可以培养与他人合作的意识;"反思质疑"可以使学生学会深入思考,养成批判思维的习惯。"认真勤奋"是对待一切工作的良好态度和习惯;"独立思考"是对待问题时的良好习惯;"合作交流"是与他人共同工作时的良好习惯;"反思质疑"是对待结论时的良好习惯。这些良好习惯的养成有一个长期过程,教师针对这些目标的落实要结合教学采取一些适当措施。比如,"反思"是学生对于自身活动的过程和结果进行思考和总结;"质疑"是学生对于书本或者他人的推理、结论进行思考、表示怀疑。两者都需要学生自己独立地"再思考"。当学生进行"质疑"时,教师需要注意两点:①鼓励学生为自己的疑问寻找证据,以否定、修正或证实他人的结论;②当事实表明学生的怀疑是错误的时候,应指导学生理智地放弃怀疑,实事求是地尊重科学,同时对其敢于质疑的精神给予恰当的肯定。学生的质疑即使是错误的,经历该过程也会给他们带来收获,他们会在这一过程中逐渐学会有依据地质疑。这正是"过程也是目标"一语的一个例子。

第五点表述的是科学态度方面的课程目标,要让学生"形成坚持真理、修正错误、严谨求实的科学态度。"在课堂探索中或者合作交流中,常常会有不同观点、不同方法的碰撞,这时,在达成"知识技能""数学思考""问题解决"等目标的同时,也应该关注达成"严谨求实的科学态度"方面的目标。在思考问题时应该严格、谨慎,在对待自己或者他人的错误时应该敢于和善于"坚持真理、修正错误。"

总之,"情感态度价值观"方面的课程目标,希望可以使学生喜爱数学,进而喜爱学习,使学生了解数学的价值,使学生有好奇心、求知欲、意志力和责任感,使学生建立自信心,使学生养成良好的学习习惯和科学态度,等等。这些是在达成知识技能、数学思考、问题解决目标的过程中获得的,它们在促进学生的全面成长和可持续发展中意义重大。可是由于这一方面课程目标的隐性性质,以及提出"情感态度价值观"方面的课程目标时间还不长,往往不被教师熟悉和重视,许多教师也不善于在教学活动中贯彻这一目标。所以在谈及课程目标时我们有必要特别强调"情感态度价值观"方面的目标,教材编写、教师备课和实施教学活动时也都应该主动关注这一目标。但是同时也需要避免两个误区。一个误区是为了保持学生积极的态度,教师过多地使用表扬,特别是反复地使用同样的语句表扬不同的学生,或者不恰当地进行表扬,甚至对于学生明显的错误也不做纠正。其实,只有当表扬的词语恰当,针对性较强时,才能让全班学生感觉到老师表扬的正确和真诚,才能加强受表扬学生的成就感,而纠正错误是课堂上明辨是非必需的程序,也能够由此培养学生实事求是的科学态度,只是应该注意纠正错误时机的选择和语言的恰当。另一个误区是以保护学生的学习积极性和自信心为借口,不适当地降低知识技能的广度和难度。其实,《课程标准(2011年版)》已经考虑到各学段学生的特点,原则上给出了各部分内容的难度要求;问题的难度适宜,才更加能够引起学生的兴趣,而解决了有一定难度的问题也更加有利于建立学生的自信心;过分降低难度会使许多学生"吃不饱",也不符合《课程标准(2011年版)》让"不同的人在数学上得到不同的发展"的理念。

(二)具体目标四个方面的关系

《课程标准(2011年版)》中叙述了数学课程在知识技能、数学思考、问题解决、情感态度四个方面的具体目标以后,用下面一段精练的语言表述了这四个方面的关系:以上这四个方面,不是相互独立和割裂的,而是一个密切联系、相互交融的有机整体。在课程设计和教学活动组织中,应同时兼顾这四个方面的目标。这些目标的整体实现,是学生受到良好数学教育的标志,它对学生的全面、持续、和谐发展有着重要的意义。数学思考、问题解决、情感态度的发展离不开知识技能的学习,知识技能的学习必须有利于其他三个目标的实现。

这一段落的文字不多,却非常重要,它从四个角度阐述了具体目标四个方面的关系。

1.四个方面是密切联系的整体

《课程标准(2011年版)》对于具体目标四个方面的分别表述,可能会使读者产生这四个方面是相互独立的错觉,《课程标准(2011年版)》特别用"不是……而是"的句型,从正反两个方面进行解释,以防止这种错觉。这里实际有三层意思:这四个方面,不但不是

"割裂"的,而且也不是"相互独立"的;这四个方面,不仅是"密切联系"的,而且是"相互交融"的;它们实际上是一个"有机整体"。

2. 教学中应同时兼顾四个方面

既然这四个方面是一个"有机整体",那么,"同时兼顾这四个方面的目标"就是自然的结论了。但是在实践上,"同时兼顾"并不是容易做到的,这不但需要教师思想上时时处处有"同时兼顾"这样一根弦,而且需要有高超的统筹兼顾的能力。《课程标准(2011年版)》这里特别提出"在课程设计和教学活动组织中",应该做到这种"同时兼顾"。"教学活动组织中"的主体是教师,"在课程设计中"的主体则包括三部分人员:《课程标准(2011年版)》修订人员自身;教材编写人员;教学研究和备课中的教师。他们都需要随时想着"同时兼顾",而且在实践上需要有较高的统筹兼顾的能力。备课设计中"同时兼顾"四个方面的课程目标是非常重要的,甚至可以说,兼顾知识技能、数学思考、问题解决、情感态度四个方面,几乎是备课内容的全部;在教学方法和教学手段的准备中,也应该考虑这四个方面的课程目标。教师在备课设计中预先准备了这些内容,教学活动中才能有效地实施;而且备课设计时一般有比较充裕的时间,便于全面、周到、充分地进行思考,以做到统筹兼顾。

3. 四个方面的整体实现是"学生受到良好数学教育的标志"

《课程标准(实验版)》在"课程基本理念"中有"使得:人人都能获得良好的数学教育,不同的人在数学上得到不同的发展"的表述,但此处并没有解释什么是"良好的数学教育"。《课程标准(2011年版)》就给出了解释:"这些目标的整体实现,是学生受到良好数学教育的标志。"这样,就把知识技能、数学思考、问题解决、情感态度四个方面具体目标的整体实现,提高到一个新的高度去认识,更加体现出它们的重要意义。而且这种整体实现,不仅有重大的现实意义,还有重大的长远意义,它不但有利于学生学习数学课程当时的成长,还能够促进学生未来的发展,并且还能使学生的发展不是片面的,而是全面的,不是阶段性的,而是持续的。所说的四个方面不是各自独立的,而是和谐融合的。这也进一步诠释了什么是"良好的数学教育"。这里"和谐"一词,与"全面"一词并不重复,"全面"是指从知识技能一个方面扩展为现在的四个方面,"和谐"则与前面"相互交融"的表述相呼应,学生在这四个方面的发展,不是各自分离的四维发展,而是"密切联系""相互交融"的四个维度的发展。换句话说,课程目标的这四个方面,不是四者简单地堆砌或总和,而是有机地融合。

4. 四个方面是互相促进的

"数学思考、问题解决、情感态度的发展离不开知识技能的学习,知识技能的学习必须有利于其他三个目标的实现。"《课程标准(2011年版)》在这里强调具体目标的四个方面是互相促进的,同时也阐述了结果目标与过程目标的关系。知识技能、数学思考、问题解决、情感态度这四个方面的具体目标,表面上似乎是并列的,其实可以分为两组:知识技能的目标往往是通过学生学习的结果体现和达成的,简称为"结果目标";数学思考、问题解决、情感态度的目标往往是通过学生学习的过程体现和达成的,简称为"过程目标"。但是,知识技能的目标表述中也有"经历""参与"这些行为动词,所以其中也包含过程目标;数学思考、问题解决、情感态度的目标表述中也有关于运算能力、推理能力、解决问题能力方面的内容,所以其中也包含结果目标。即"结果目标"与"过程目标"不能截然分开。

过去很长时期以来,教育界主要关注知识技能的课程目标,即主要关注"结果目标";21世纪以来我国的课程改革,从《课程改革纲要》开始提出"过程也是目标",此后,人们逐渐体会到该提法对于实施素质教育的重要性,并因此不但关注"结果目标",也同样关注"过程目标"。也就是说,数学课程不仅要向学生提供数学的知识技能,而且也要促进他们在数学思考、问题解决、情感态度方面的成长。这里,两者不能偏废,但知识技能的目标是基础,数学思考、问题解决、情感态度的目标不能离开知识技能凭空地实现。

这就是说,在强调"过程目标"的时候要避免一个误区,以为数学思考、问题解决、情感态度这些目标可以分别地单独传授,单独实现;其实,它们是不能空洞地传授的,知识技能一定是其必要的载体和基础。我们不可想象,一个学生数学思考、问题解决、情感态度方面发展得都很好,而知识却不多,技能也较少。知识技能是学生学习中花费时间和精力的重点。事实上,数学思考、问题解决、情感态度这些"过程目标"的得当实现,一定会使知识技能的目标更好地实现;但是"经历过程"并不仅仅是为了"结果目标"的实现,这些过程本身也是目标。

当然,在强调"结果目标"的时候也要避免一个误区,以为"过程目标"只是"结果目标"的副产品,以为关注了知识技能的目标就能自然而然地实现数学思考、问题解决、情感态度的目标。其实,没有教育者的主观努力,受教育者是不可能从接受知识技能的过程中自动达成上述"过程目标"的。所以《课程标准(2011年版)》强调,"知识技能的学习必须有利于其他三个目标的实现",要求教育者在这方面必须进行主观努力,在实施知识技能目标的过程中,有利于其他三个目标的实现。这种教育者的主观努力,主要指在知识技能的教学中千方百计地融入和渗透数学思考、问题解决、情感态度的课程目标。如前所述,要达到这种统筹兼顾的理想效果,除了认识上的到位外,还要求教师有较高的教学艺术。

三、义务教育数学课程学段目标

"学段目标"分三个学段来阐述课程在知识技能、数学思考、问题解决、情感态度四个方面的具体目标。这种具体阐述,结合了每个学段的学习内容,也考虑了每个学段学生的年龄心理特点。在阐述知识技能和数学思考的目标时,又会兼顾到课程的"数与代数""图形与几何""统计与概率"三个领域;而对于"综合与实践"领域,在"学段目标"中没有做单独地表述。

读者在阅读《课程标准(2011年版)》时,往往更多地关注课程内容方面的表述。《课程标准(2011年版)》在"课程内容"部分,虽然是分学段详细表述的,但是限于篇幅和分工,主要表述的是课程"知识技能"方面的内容。我们希望读者也能够同样关注课程在数学思考、问题解决、情感态度方面的具体目标,为此,读者可以参照"学段目标"三个学段中相应的部分,并且在课程设计时把四个方面的具体目标融会贯通。

下面分别对于《课程标准(2011年版)》中知识技能、数学思考、问题解决、情感态度四个方面的"学段目标",每个方面都举一个例子,纵向地将三个学段的表述作简要的对比和解读,从而清晰地看出这些表述是如何层层深入的。这种"层层深入"包含两个方面的意思:每后一个学段的要求应该比前一个学段更加深入,这样才体现出循序渐进;不应把过高的要求放在较低的学段,那样会欲速则不达。

(一)知识技能方面

应该再次注意到,《课程标准(2011年版)》的学段目标在"知识技能"这一结果目标的表述中,大量使用了"经历""体会""感受""体验""探索"等表达过程目标的行为动词。这进一步表明,课程的结果目标与过程目标是密不可分的,教师在教学活动中一定要统筹兼顾。

下面以"数与代数"领域为例,说明学段目标的表述在知识技能方面是如何层层深入的。

在"数与代数"领域中,学段目标关于知识技能方面的表述,可以分为"数学抽象""数与式""数学运算"三个部分。

学段目标关于数学抽象的表述,第一学段为"经历从日常生活中抽象出数的过程";第二学段为"体验从具体情境中抽象出数的过程";第三学段为"体验从具体情境中抽象出数学符号的过程"。第一学段的行为动词为"经历",第二、第三学段的行为动词上升为"体验";第一学段涉及的范围仅仅是"从日常生活中",第二学段的范围上升为一般的"从具体情境中";第一、第二学段的中心短语是"抽象出数",第三学段的中心短语是"抽象出数学符号"。这些表述,都体现出逐渐深化的过程。

关于数与式的表述,第一学段为"理解万以内数的意义,初步认识分数和小数"。第二学段为"认识万以上的数;理解分数、小数、百分数的意义,了解负数的意义"。第三学段为"理解有理数、实数、代数式、方程、不等式、函数"。这些表述在逐渐扩大数的范围,至第三学段不但扩大到"有理数、实数",还扩大到"代数式、方程、不等式、函数",也体现出逐渐深化的过程。

关于数学运算的表述,第一学段为"体会四则运算的意义,掌握必要的运算技能,能准确进行运算;在具体情境中,能选择适当的单位进行简单的估算"。第二学段为"掌握必要的运算技能;理解估算的意义;能用方程表示简单的数量关系,能解简单的方程"。第三学段为"掌握必要的运算(包括估算)技能;探索具体问题中的数量关系和变化规律,掌握用代数式、方程、不等式、函数进行表述的方法"。虽然三个学段都使用了"掌握必要的运算技能"的短语,但是第一学段是针对"万以内的数"和简单的"分数和小数"。第二学段是针对"万以上的数"和"分数、小数、百分数"。第三学段则是进一步针对"有理数、实数、代数式、方程、不等式、函数"。关于估算,第一学段只要求"在具体情境中,能选择适当的单位进行简单的估算",第二学段则要求"理解估算的意义",第三学段进一步要求"掌握必要的估算技能"。关于方程,第一学段没有要求,第二学段只要求"能用方程表示简单的数量关系,能解简单的方程",第三学段则进一步要求"探索具体问题中的数量关系和变化规律,掌握用代数式、方程、不等式、函数进行表述的方法"。这些表述也都体现出逐渐深化的过程。

(二)数学思考方面

下面先以"图形与几何"领域为例解读,再就思维和推理的方面进行解读。

在"图形与几何"领域,学段目标关于数学思考方面的表述,第一学段为"在从物体中抽象出几何图形、想象图形的运动和位置的过程中,发展空间观念"。第二学段为"初步形成空间观念""感受几何直观的作用"。第三学段为"在研究图形性质和运动、确定物体位置等过程中,进一步发展空间观念;经历借助图形思考问题的过程,初步建立几何直观"。这里从"发展空间观念"到"初步形成空间观念",再到"进一步发展空间观念";从"感受几何直观的作用"到"初步建立几何直观",也体现出逐渐深化的过程。

在思维和推理方面,学段目标关于数学思考方面的表述,第一学段为"在观察、操作等活动中,能提出一些简单的猜想""会独立思考问题,表达自己的想法"。第二学段为"在观察、实验、猜想、验证等活动中,发展合情推理能力,能进行有条理的思考,能比较清楚地表达自己的思考过程与结果"。第三学段为"体会通过合情推理探索数学结论,运用演绎推理加以证明的过程,在多种形式的数学活动中,发展合情推理与演绎推理的能力""能独立思考,体会数学的基本思想和思维方式"。这里关于思维的表述,从"会独立思考问题"到"能进行有条理的思考,能比较清楚地表达自己的思考过程与结果",再到"能独立思考,体会数学的基本思想和思维方式",体现出逐渐深化的过程。关于推理的表述,从"能提出一些简单的猜想"到"发展合情推理能力",再到"发展合情推理与演绎推理的能力",也体现出逐渐深化的过程。

(三)问题解决方面

下面仅以发现问题、提出问题和初步地解决问题方面为例进行解读。

这方面学段目标的表述,第一学段为"能在教师的指导下,从日常生活中发现和提出简单的数学问题,并尝试解决";第二学段为"尝试从日常生活中发现并提出简单的数学问题,并运用一些知识加以解决";第三学段为"初步学会在具体的情境中从数学的角度发现问题和提出问题,并综合运用数学知识和方法等解决简单的实际问题,增强应用意识,提高实践能力"。这里关于发现问题、提出问题,第一学段中的表述为"能在教师的指导下",意味着还不够主动,第二学段的表述改为"尝试",就多少有了一点主动性,第三学段发展为"初步学会",体现出逐渐深化的过程。第一、第二学段的表述为局部的"从日常生活中",第三学段的表述为一般的"在具体的情境中",也体现出逐渐深化的过程。关于初步地解决问题,第一学段中的表述为"尝试解决",第二学段中的表述为"运用一些知识加以解决",第三学段发展为"综合运用数学知识和方法等解决简单的实际问题",也体现出逐渐深化的过程。

(四)情感态度方面

下面仅以引起好奇心和求知欲的方面为例进行解读。

在引起好奇心和求知欲的方面,学段目标的表述,第一学段为"对身边与数学有关的事物有好奇心,能参与数学活动"。第二学段为"愿意了解社会生活中与数学相关的信息,主动参与数学学习活动"。第三学段为"积极参与数学活动,对数学有好奇心和求知欲"。这里的中心短语,从"有好奇心,能参与"到"愿意了解""主动参与",再到"积极参与数学活动,对数学有好奇心和求知欲";范围也从"身边与数学有关的事物"到"社会生活中与数学相关的信息",都体现出逐渐深化的过程。

综上所述,《课程标准(2011年版)》在关于三个学段的学段目标中,对于具体目标的每一方面的表述,都照顾到各个学段学生的年龄心理特点,体现了层层深入、步步提高的意图,也反映了课程内容螺旋上升的思路。这是符合人的认识规律的。

第三节 义务教育数学课程内容分析

义务教育阶段数学课程内容分为"数与代数""图形与几何""统计与概率"和"综合与实践"四个方面。

一、数与代数

(一) 内容主线和关键点

数与代数部分是义务教育阶段数学课程的重要内容。这部分的内容包括数的概念、数的运算、数量的估计;字母表示数,代数式及其运算;方程、方程组、不等式、函数等。数的概念是学生认识和理解数的开始,从自然数逐步扩充到有理数、实数,学生将不断增加对数的理解和运用。数的运算伴随着数的形成与发展不断丰富,从最基本的自然数的四则运算,扩展到有理数的乘方、开方运算等。字母的引入,代数式和方程的出现,是数及其运算的进一步抽象。用函数表达数量之间的关系,可以在更高的水平上理解数量及其关系。在义务教育阶段,从一年级到九年级,数与代数的内容逐渐扩充,由自然数,到分数、小数,再到有理数、实数;由数的运算,到代数式及其运算;由算术运算的关系,到代数运算,再到函数。抽象的程度越来越高,解决的问题越来越复杂。了解数与代数内容的本质与发展,从整体上认识相关概念、方法的发展脉络,有利于把握义务教育各学段的内容,理解有关内容的本质及关系,有助于数与代数内容的教学设计和目标的实现。

数与代数学习内容的主线是从数及数的运算到代数式及其运算,再到方程和解方程、函数……在数的认识中,要理解从数量抽象出数,数的扩充;在数的运算中,从整数、小数、分数的四则运算到有理数的运算,乘方和开方的运算等。体现了两个抽象:表示方法的抽象和运算的逐步抽象。总体上是这条主线,但在学生学习的过程中,几部分不是线性排列的,不是割裂的。比如,小学是以数的运算为主,但在第二学段中也有正反比例的初步学习。

本质上从两个角度理解:第一,从数的扩充角度,从常量到变量;第二,从关系的角度,从数量关系的等量关系到不等关系、变化关系。

重视数与代数内容的教育价值,认识到数、符号是刻画数量关系的重要语言,方程、不等式与函数是刻画数量关系的数学模型,数学是解决实际问题和进行交流的重要工具;通过对数量关系及其变化规律的探索,建立数和数集的概念,推导数学公式,布列方程并求解,揭示变量间的函数关系等数学的思维活动,逐步提高提出问题和发现问题、分析问题和解决问题的能力;认识到在数与代数的知识中所存在的大量的对立和统一的素材(例如正数与负数、加法与减法、乘法与除法、乘方与开方、常量与变量、精确与近似等),以及在数与代数的研究过程中充满的对立和统一(例如已知与未知、特殊与一般、具体与抽象、实践与理论等),在研究变量与函数的过程中,运用联系、运动和变化的思维方法考察研究的对象,有助于培养学生的辩证唯物主义观点以及科学发展的观点。

1. 数的形成与发展、数的运算

在义务教育阶段数学课程中,数的概念包括自然数、整数、有理数等。数的概念的形成过程是一个数的概念外延的过程。数系(含运算)的扩充有两条主要的途径[①]:第一,元素添加。在自然数集合中添加"负整数"就得到了整数;在整数集合中添加"分数"就得到了有理数;在有理数集合中添加"无限不循环小数"就得到了实数,等等。第二,等势抽象。为了实现加法运算的对称化(可以实施减法运算),必须把自然数扩充为整数;为了实现乘法运算的对称化(可以实施除法运算),必须把整数扩充为有理数;为了实现乘方运算的对称化(可以实施开方运算),必须把有理数扩充为实数,等等。数学课程遵循数的概念扩充的顺序,考虑学生学习的特点,将数的形成与发展,数的运算安排在不同学段学习。

(1)数的形成　从量到数的抽象(自然数)。自然数形成包括两个方面:一是与生活密切相关的数字(0~9)的形成;二是计数单位(十、百、千等)的建立。

自然数具有基数和序数的性质,基数是表示数量的多少,从一些动物具备多少的概念,可以判定人具备这种先天的"多与少"的概念,只是这种先天的概念比较薄弱。人的这种"多与少"的概念需要在活动中得到培育并逐渐增强。自然数表示的是事物数量。在人类的生活过程中,人们会根据事物数量的变化,逐一地创造出数字,从1开始,每次增加1个,便形成不同的数。人们用符号1,2,3,4,5,6,7,8,9等数字表示数,是一个重要的抽象过程。人们依据先天的"多与少"概念,以及经过活动得到培育、提升的感知"多与少"的能力,就将各个数字进行有序的排列,形成从小到大的排列,而且相邻两个数之间可以通过添去"1"的方法进行转换。

计数单位的产生应该有两个阶段。首先是自然形成阶段,"很多事情要从原本思考,想法要自然,要符合逻辑"[②]。计数单位的产生不是人类的主观臆造,而是与人类活动密切相关的。随着人类活动能力的不断增强,产生表示更多数量的需求,计数的方式就由"个的计数"进入到"群与个相结合的计数"。人们自然就会对事物的"群体数量"进行约定。而在诸多的记数方法中,将10作为一个表示数的单位"十",成为被人们普遍采用的方法。"十进制"记数方法是在"十"为单位的基础上,再形成"百""千""万"等单位,可以表示任意大的数。

---

① 鲍建生,周超.数学学习的心理基础与过程[M].上海:上海教育出版社,2009.
② 史宁中.教育与数学教育[M].长春:东北师范大学出版社,2006.

(2)数的表示　数位与记数法。在计数单位"十"的基础上,形成更大的计数单位。99 添加 1 个就是"百",999 添加 1 个就是"千",9 999 再添加 1 就是"万"。在我国记数方法中,把"万"又当作一个新的"单位",就可以获得一组新的计数单位"个(万)、十(万)、百(万)、千(万)"……

记数法主要是指提取与刻画事物数量信息的方法。一般情况下,一种记数法应该包含提取数量信息的法则(俗称二进制、十进制等),以及分别用语言与符号刻画数量信息的法则(俗称读法与写法)。

自然数的符号刻画方式有两种:一是位值原则记数法(罗马数字是加减法则),即利用数位表进行计数,一个数字不仅有本身的值还有位置的值,平时见到的自然数都默认其对应于隐性的数位表;二是科学记数法,将"位置值与自身值"以捆绑的形式来刻画数量信息,即写成不同的计数单位的数的和的形式。

(3)数的扩充(一)

1)分数　分数一般由两种需要而产生:一是分东西的过程中,需要对一个物体进行切割与分配时,整体中的"部分"无法用自然数来表示,就需要有刻画"部分"的方法;二是计算过程中,无法用自然数表示计算的得数,就需要有刻画这类除法运算结构的方法。

2)小数　小数产生的两个前提:一是十进制记数法的使用;二是分数概念的完善。小数的产生有两个动因:一是十进制记数法扩展完善的需要;二是分数书写形式的优化改进。小数的出现标志着十进制记数法从整数扩展到了分数,使分数与整数在形式上获得了统一。我们现在的小数定义就是根据这种形式变换过程来定义的,将十进分数改写成不带分母形式的数就叫作小数。

小数与百分数,在形式上不同于分数,但是它们都是从分数中分离出来的。

(4)数的扩充(二)

1)负数的产生　"负数"是一个与"正数"的意义相反的数学概念,它的形成源于对生活中完全相反的事物数量的刻画。我国数学家刘徽在两千多年前就给出了负数的定义及刻画方法,他说:"今两算得失相反,要令正负以名之""正算赤,负算黑,否则以斜正为异。"

2)有理数的含义　有理数与无理数统称为实数,有理数是一切形如 $\frac{n}{m}(m,n\in \mathbf{Z},m\neq 0)$ 的分数。一切分数都可以化为有限小数或无限循环小数,因此,我们可以基于小数来定义有理数:"有理数是有限小数或者无限循环小数(无理数是无限非循环小数)。"[①]

有理数的扩充过程,一般经历了两个过程:自然数(零与正整数)集合($\mathbf{N}$)中添加负数形成整数集($\mathbf{Z}$),在整数集中添加分数形成有理数集($\mathbf{Q}$)。

有理数英文为 rational number,意思是"理性的数",翻译成中文就成了"有理数"。事实上,"rational"来源于古希腊,词根"ratio",是比率的意思,因此,"有理数"的原意就是"整数的比",这与我们把分数看作"部分与整体之间的关系"是一致的。

---

① 史宁中.教育与数学教育[M].长春:东北师范大学出版社,2006.

(5) 数的运算　四则运算的含义与运算律①。数(自然数)是刻画一个集合中事物数量信息的符号,运算(整数四则运算)是刻画多个集合中事物数量信息之间关系的符号(组合)。

从数学发展的逻辑体系来看,加法运算是四则运算的基础,减法是加法的逆运算,乘法是一种特殊的加法,除法是乘法的逆运算。

加减乘除运算定律是指在运算过程中被事实所证明的四则运算变化发展的基本规律。加法运算定律有加法交换律和加法结合律,乘法运算定律有乘法交换律、乘法结合律和乘法分配律。

2. 代数式及其运算

学习代数式及其运算的基本要求可以概括为借助现实情境和简单问题中数量关系的分析,进一步理解用字母表示数的意义,先后形成代数式、整式、分式和根式的一系列概念,并重点讨论整式、分式和根式的运算法则、运算律和相关的运算性质,能熟练并准确地实施各种运算,提升运算能力,建立数感与符号意识。

(1) 用字母表示数　用字母表示数是建立数感与符号意识的重要过程,是学习和认识数学的一次飞跃,是形成代数式、整式、分式和根式的一系列概念,是学会各类运算的基础。应贯穿于学习数与代数的始终。

(2) 代数式　用加、减、乘、除、乘方和开方等运算符号连接数和字母而成的式子称为代数式;如果代数式里的字母用指定的数去代替,再依据代数式所表示的运算进行计算,所得的结果称为代数式的值。

(3) 代数式的运算　与代数式的运算有关的一些内容,如代数式的化简与求值,整式的加法、减法、乘法运算,乘法公式和因式分解,分式与二次根式的加、减、乘、除运算,其本质是恒等变形,从式的一种形态变为另一种形态的恒等变形绝非一种字母的游戏,它是研究数学的基本方法,对于数感与符号意识的形成具有重要的作用,也是提高运算能力的重要途径和必经之路,是第三学段数与代数的主要内容和教学的重点。但是,这并不意味这样的训练越多越难越好。必须明确目的,适度训练。

因式分解是整式的一种恒等变形,将整式变换成乘积的形式,对今后研究整式方程是一种重要的理论依据和求解的有效方法。提取公因式法和公式法是实施因式分解的基本方法,是通法;十字相乘法固然也是完成因式分解的一种方法,但不是通法,教学中可以介绍给学生,不宜做过多的训练。

3. 方程与不等式

方程与不等式是刻画数量关系的重要数学模型,方程用以表示数量间的等量关系,是含有未知数的等式。不等式用以表示数量间的不等关系,是含有未知数的不等关系式。

方程与不等式相互联系,相互渗透,相互为用,相辅相成,既要通过类比方程与不等式的异同,引入新的知识和方法,又要通过类比方程与不等式的异同,揭示知识和方法之

---

① 史宁中.教育与数学教育[M].长春:东北师范大学出版社,2006.

间的内在联系,有助于构建知识网络,有助于把握实质,探究和发现规律。

4. 函数

函数是一种具有普遍意义的数学模型,在分析和解决一些实际问题中有着广泛的应用。

(二)具体内容分析

1. 第一、第二学段的内容分析

数与代数内容是第一、第二学段学习的主要内容,内容的数量在几个领域内容中所占比例最大,更重要的是这部分内容是学习其他内容的重要基础,与整个数学学习有密切关系。从第一学段开始,学生就系统地认识数及数量关系,虽然学生在学前时期已经接触过一些数和数的运算,但更多的是在活动中对数的感知。

第一学段的学生思维形式以具体形象为主,具有一定的生活经验,比较关注周围有趣的事物。这一学段的数与代数内容比较重视数字的现实意义,强调紧密联系学生身边具体、有趣的事物,使学生体会数字用来表示和交流的作用;注重使学生通过观察、操作、解决问题等丰富的活动初步建立数感;重视口算、估算与笔算的结合;结合现实的问题认识常见的量;初步学习在简单情境下探索数量方面的规律。

第二学段在第一学段的基础上,继续学习相关的数与代数内容。随着年龄的增长,学生的思维水平和理解能力有所提高。学生处在由具体形象思维向抽象逻辑思维过渡阶段。在第一学段的基础上,第二学段扩大了数的认识和运算的范围,同时在较为抽象的水平上初步认识代数知识和渗透函数思想。

第一、第二学段数与代数内容有密切联系,许多内容是螺旋上升、逐步加深的,如数的认识和数的运算。因此,整体把握第一、第二学段的内容结构和特征,有利于在教学中突出重点、前后照应,使学生更好地理解和掌握这些内容,进而整体上实现课程目标。

2. 第三学段的内容分析

第三学段,数与代数的内容分为三部分:数与式、方程与不等式、函数。

(1)数与式 引入负数,既是实际的需要,用以刻画现实世界中具有相反意义的量;又是数学自身将数集扩充为有理数集的需要,用以解决数集与运算封闭性的矛盾。尽管在第二学段,结合熟悉的生活情境,学生了解了负数的意义,能用负数表示日常生活中的一些量,讨论了负数的实际意义,但是并未实施负数的运算,也就难以在数与数集的层面上,引入负数和有理数的相关概念以及相应的运算法则,形成数学意义上数集的扩充。

在实际中经常遇到开平方和开立方的运算,引入无理数,将数的范围从有理数集扩充到实数集,同样既是实际的需要,又是数学自身将数集扩充的需要。

(2)方程与不等式 在第二学段已经对方程进行了初步的研究:能用方程表示简单情境中的等量关系,了解方程的作用;能解简单的方程。但尚未形成方程的概念,更未系统研究各类方程的解法。在第三学段,《课程标准(2011年版)》对方程与方程组规定了比较系统和全面的学习内容。

"相等"与"不等"是数学中两种基本的数量关系,二者相辅相成,形成对数量关系的完整认识,是进一步学习数学不可缺少的基础知识和有效工具,也是分析和解决一些实际问题的重要方法。解数字系数的一元一次不等式与解数字系数的一元一次方程的关系十分密切,具有知识和方法"迁移"的特点,既有助于解数字系数的一元一次不等式的知识和方法的理解和掌握,又有助于认识知识与方法之间的内在联系、构建知识网络、体会数学思维的特点,提高学生独立思考的水平和推理能力。

(3) 函数 函数在第三学段"数与代数"部分占有重要的地位,原因有以下几点:

1) 由常量数学过渡到变量数学,在数学思维上是一个飞跃,对培养学生的逻辑思维能力和辩证唯物主义观点具有重要的意义和作用。

2) 很多常量数学不能解决的问题,运用变量数学能够得到很好的解决。

3) 变量数学是学习物理、化学等其他学科的有力工具。

4) 很多常量数学的问题,用变量数学的观点加以解释或解决,更能突显理性思维的特点和作用。

5) 函数是一种具有普遍意义的数学模型,在分析和解决一些实际问题中有着广泛的应用。

同时,函数与方程、不等式又有着密切的联系,作为一条主线它是初中阶段数与代数内容的核心。因此,对函数内容应给予足够重视。

函数的内容主要包括:常量和变量;函数的概念和三种表示法;正比例函数的概念、图像和性质;反比例函数的概念、图像和性质;一次函数的概念、图像和性质;二次函数的概念、图像和性质等。

尽管在义务教育阶段的数学课程中,没有提出映射、函数的三要素、函数的性质(如单调性、奇偶性)等有关函数的理论问题以及相关概念,但结合具体的函数,要有效地渗透,并逐步揭示函数的本质特征——联系和变化,以及基本思想和方法。

(三) 需要处理好的几个问题

1. 把握好核心概念

(1) 在数的认识、估算等内容中体现数感 《课程标准(2011年版)》中提出的一个重要的核心概念是数感。"数感主要是指关于数与数量、数量关系、运算结果估计等方面的感悟。建立数感有助于学生理解现实生活中数的意义,理解或表述具体情境中的数量关系。"从《课程标准(2011年版)》中对数感的理解,不难看出数与代数领域内容的学习是学生建立数感的主要途径。教学中应当有意识地通过相关内容的学习,帮助学生建立数感,进而促进学生对相关内容的理解和掌握。

(2) 用字母代替数字进行运算和推理——从算术到代数 与小学数学不同,初中的代数内容主要包括了数与式、方程、函数等内容。在这些内容中,一个重要的思想是用字母代替数字进行运算和推理,这是数学的一个基本思想,为数学的进一步发展奠定了基础。从数字运算到字母运算也是学生符号意识形成的过程。

(3) 数域的扩充——从自然数到实数 在整个义务教育阶段的数学学习中,我们经历了从整数到有理数再到实数,这一数系的扩充过程。

(4) 方程(模型思想、推理证明) 数学的发展来源于人们对自然界的认识,为了研究自然界的一些演化规律,自然人们要建立相应的数学模型,通过对这些模型的研究,总结出自然界的一些演化规律。方程就是人们认识自然界的好的数学模型。在义务教育阶段的数学学习中,将要学习的方程有一元一次方程、二元一次方程、三元一次方程和一元二次方程。

（5）变量与函数（模型思想）　在小学阶段,学生主要学习的是数的四则运算。然而,进入中学之后,要学习函数。

2. 整体把握内容之间的联系

揭示内在联系、构建知识网络是数学教学的重要原则,是提高数学教学质量的重要举措,必须认真应对和贯彻落实。整体把握知识之间的内在联系,构建知识网络,不仅能深化对每部分知识的理解和应用,而且能从中提炼数学思想、提升能力水平。

数与代数的内容分为三个部分:数与式、方程与不等式、函数。知识之间的内在联系,既表现在每一个部分的前后之间,更存在于不同部分之间。

（1）数与数系　数的概念是人类在长期实践中逐渐认识、发展和形成的,历史上数的概念的发展是紧密地与计数及测量联系在一起的,学习数的概念,建立数感的过程同样要与计数及测量紧密联系。

数的系统的完成,更是经过了漫长和艰巨的历程。在义务教育阶段,数系的发展同样是一个漫长和复杂的过程,不是一气呵成的,而是螺旋上升、逐步发展的。其过程大致如下：

$$\text{正整数集} \xrightarrow{\text{添零}} \text{自然数集} \xrightarrow{\text{添正分数}} \text{非负有理数集} \xrightarrow{\text{添负整(分)数}} \text{有理数集} \xrightarrow{\text{添无理数}} \text{实数集}$$

数系扩张的根本原因是实践的需要,而反映在数系的理论上则是发现并解决数集与数的某种运算封闭性的矛盾。

（2）数与式　式的概念是通过字母表示数,在数及数的运算的基础上建立起来的。式的运算既要依赖数的运算,又要扩展数的运算,既能巩固数的运算,又能提升数的运算,说明数与式的联系十分紧密。例如,求代数式的值、合并同类项等,实际上就是把式的运算转化为数的运算。处理好各类代数式的运算中,字母的运算与数的运算的关系,就是掌握式的运算的关键所在。

（3）式与方程　数、式与方程、不等式的内在联系十分紧密,数与式既是理解方程与不等式的概念的基础,又是方程与不等式求解的基础。反之,理解方程与不等式的概念,掌握方程与不等式的求解,又会加深对数与式的理解,巩固和提高数与式的运算技能。

（4）方程与不等式　在学习和研究方程（组）的基础上,无论是从实际问题中抽象出不等关系,建立不等式（组）的概念,还是学会布列不等式（组）和解不等式（组）的方法与步骤,类比和迁移都是主要的思维方式,应贯穿于学习过程的始终。

（5）方程、不等式与函数　《课程标准（2011年版）》将"体会一次函数与二元一次方程、二元一次方程组的关系"列入学习内容,意在揭示函数与方程之间的内在联系。

二、图形与几何

(一)内容主线和关键点

"图形与几何"的课程内容,以发展学生的空间观念、几何直观、推理能力为核心展开,主要包括:空间和平面基本图形的认识,图形的性质、分类和度量;图形的平移、旋转、轴对称,相似和投影;平面图形基本性质的证明;物体和图形的位置及运动的描述,运用坐标描述图形的位置和运动。

1. 图形的认识

(1)明确认识的对象 《课程标准(2011年版)》关于"图形的认识"内容的安排,体现了从生活到数学、从直观到抽象、从整体到局部的特点,且三维、二维、一维图形交替出现,目标要求逐渐提高。

(2)明确图形认识的要求 图形认识的要求主要包括两个方面:一是对图形自身特征的认识;二是对图形各元素之间、图形与图形之间关系的认识。对图形自身的特征认识,是进一步研究图形的基础。对图形的各元素之间、图形与图形之间的关系的认识,主要包括大小、位置、形状之间关系的认识。

(3)明确认识图形的方式与途径 《课程标准(2011年版)》中较多地使用"通过观察、操作,认识……""结合实例(生活情境)了解……""通过实物和具体模型,了解……"的表述,这实际上明确了认识图形的过程和方式。

2. 图形的测量

对于图形,人们往往首先关注它的大小。一般地,一维图形的大小是长度,二维图形的大小是面积,三维图形的大小是体积。图形的大小是可以度量的,度量的关键是设立单位,而度量的实际操作就是测量。

图形测量的相关知识对每个学生的学习和适应未来的生活都是有用的,测量过程中蕴含的方法和思想有助于学生提高分析问题和解决问题的能力。

《课程标准(2011年版)》中"图形的测量"的课程内容主要安排在第一、第二学段,其要求主要包括:体会测量的意义,体会并认识度量的单位及其实际意义,了解测量的一些基本方法,掌握一些基本图形的长度(包括周长)、面积和体积的测量方法和公式,在具体问题中进行恰当的估测。

3. 图形的运动或变化

《课程标准(2011年版)》第一、第二学段中"图形的运动",涉及的主要内容是图形的平移、旋转和轴对称,第三学段中"图形的变化"除图形的平移、旋转和轴对称外,还包括图形的相似、位似,以及投影。

在第三学段中,要求学生了解轴对称、旋转、平移的概念,探索它们的性质。图形的轴对称、旋转、平移不改变图形的形状和大小,利用这个特性可以探索线段、角、等腰三角形、平行四边形、矩形、菱形、正多边形、圆的一些性质。

4. 图形的性质及其证明

（1）图形性质的探索　图形的性质是对图形中各种元素之间的关系，以及图形之间关系的认识。为了更好地研究这些关系，就需要给出一些定义和基本事实，然后从定义和基本事实出发，去探索研究图形的其他性质。

《课程标准（2011 年版）》在"图形的性质"中，比较多地使用了"探索并证明……"的表述。在一定的情境中，引导学生借助已有的知识和经验，借助图形的直观，通过操作、度量，运用合情推理或图形运动等方法，探索发现图形可能具有的性质，这与给出"已知、求证、证明"的方式研究图形性质是有区别的。两者相比，前者更加有利于学生在获取有关知识的过程中，不断提高研究几何图形性质的能力，发展创新意识和创新能力。

（2）图形性质的证明　推理，是从一个命题判断到另一个命题判断的思维过程，而证明是由一系列推理构成的。证明首先需要有大家公认的出发点，其次，推理过程要正确。

5. 图形的位置

第一学段要求用两种方法定性地刻画物体的位置：一种是用"上、下、左、右、前、后"描述物体的相对位置；一种是用"东、南、西、北"等描述物体的绝对位置。第二学段则在此基础上定量刻画物体的位置，即用数对表示物体的位置。

在此基础上，第三学段通过建立直角坐标系，要求在直角坐标系中确定图形的位置，如用坐标描述点的位置、刻画一个简单图形的位置等。进而在直角坐标系中进行图形的运动，并描述运动后图形的位置及其对应顶点坐标之间的关系，如把一个多边形沿坐标轴平移，或以坐标轴为对称轴进行轴对称变换后，能用坐标描述图形的位置，并体会对应顶点坐标之间的关系；能在直角坐标系中把一个多边形放大或缩小等。

（二）具体内容分析

1. 第一、第二学段的内容分析

第一、第二学段"图形与几何"课程内容，分为图形的认识、测量、图形的运动、图形与位置四个部分。

（1）图形的认识　在第一、第二学段中，学生将在日常生活中积累的有关图形认识经验的基础上，通过观察、想象、操作、比较、归纳、概括、推理等方式，认识常见的立体图形和平面图形，探索它们的性质；在观察、想象、推理和图形的相互转换过程中发展空间观念，逐步学会用数学的眼光看待丰富的图形世界，体会图形在现实生活中的广泛应用。

（2）测量　在"图形与几何"的主线分析中，已讨论了有关测量的几个核心问题，这里仅就一些具体的问题再进行分析。

在第一学段中测量的内容可以分成三部分：一是关于度量单位及其统一性的意义的理解；二是关于长度的测量问题；三是关于面积的测量问题。

在第二学段中的内容包括了角的度量、部分图形的面积公式，以及体积的意义、度量单位和一些常见立体图形的体积的探索，还有"通过操作，了解圆的周长与直径的比为定值，掌握圆的周长公式；探索并掌握圆的面积公式，并能解决简单的实际问题"。

（3）图形的运动　运动是世间万物的基本特征，是物质存在的基本形式。所谓图形的运动,在义务教育数学课程中最基本的形式有两种:一是形状和大小不变,仅仅位置发生变化(合同运动);二是形状不变而大小变化(相似运动)。

(4)图形的位置　日常生活中常常需要确定物体的位置,学习"图形的位置",可以使学生更好地把握生活的空间。通过学习确定图形位置的方法,运用不同的方法确定物体的位置,可以发展学生的空间观念和推理能力。

2. 第三学段的内容分析

第三学段"图形与几何"的课程内容,分为图形的性质、图形的变化、图形与坐标三个部分。

(1)图形的性质　包括"点、线、面、角""相交线与平行线""三角形""四边形""圆""尺规作图""定义、命题、定理"等9个基本事实,探索并证明一些基本图形的性质,以及基本作图和定义、命题、定理等内容。

(2)图形的变化　图形的变化主要包括图形的轴对称、旋转、平移、相似和投影。

(3)图形与坐标　图形与坐标主要包括坐标与图形位置、坐标与图形运动。

(三)应注意的几个问题

1. 注重把握空间观念、几何直观、推理能力、应用意识等核心概念

(1)空间观念　空间观念主要是指:根据物体特征抽象出几何图形,根据几何图形想象出所描述的实际物体;想象出物体的方位和相互之间的位置关系;描述图形的运动和变化;依据语言的描述画出图形等。

发展学生的空间观念,要重视从实物到图形的抽象、二维平面与三维空间的转化;要重视"视图""图形的投影""直棱柱、圆锥的侧面展开图"等课程内容的教学;要开展形式多样的教学活动(比如,交流生活经验、观察实物、动手操作、描述和表示图形、想象等);要循序渐进、螺旋上升。

(2)几何直观　几何直观主要是指利用图形描述和分析问题。借助几何直观可以把复杂的数学问题变得简明、形象,有助于探索解决问题的思路,预测结果。几何直观可以帮助学生直观地理解数学,在整个数学学习过程中都发挥着重要作用。

借助图形直观研究问题,通常先把研究的"对象"抽象成为"图形",再把"对象之间的关系"转化为"图形之间的关系",从而把所研究的问题转化为关于"图形的数量或位置关系"的问题,然后借助图形直观进行思考、分析并解决。

(3)推理能力　"推理能力的发展应贯穿在整个数学学习过程中。"推理能力的形成不同于知识和技能的掌握,需要一个长期、缓慢的过程,教学活动必须提供学生探索交流的空间,组织、引导学生经历观察、实验、猜想、证明的过程,把发展学生的推理能力融合在"过程"之中。

要拓宽发展学生推理能力的领域和空间。除"图形与几何"外,"数与代数""统计与概率""综合与实践"等课程内容,也都为发展学生的推理能力提供了丰富的素材。数学教学应当把发展学生的推理能力贯穿在课程内容的各个领域中。

(4)应用意识　应用意识有两个方面的含义:一方面是利用数学的概念、原理、方法解释现实世界中的现象,解决现实世界中的问题;另一方面,认识到现实生活中蕴含着大量与数量和图形有关的问题,这些问题可以抽象成数学问题。

数学教学中,应当注重引导学生经历"从生活到数学"的建模过程,运用数学的知识、方法、思想分析和解决实际问题的应用过程,发展学生的应用意识。

2. 运用多种方法探索图形的性质

(1)探索图形的性质有多种方法　通过操作、观察、实验等活动,对现象进行归纳或类比,运用合情推理发现图形的性质;通过图形的运动,观察图形运动过程中变与不变的关系,从而发现图形的性质;通过演绎推理,发现图形的性质。

(2)适当加强运用图形运动探索图形性质的方法　在义务教育阶段,图形之间最重要的关系是全等,全等可以用图形能够重合来直观理解。图形的重合需要通过运动来实现,这种运动是刚体运动(平移、旋转、轴对称),刚体运动的特征是保距、保角,即图形的形状和大小都不变。事实上,《课程标准(2011年版)》中列出的许多图形性质,都可以运用图形运动的方法去发现。

3. 注重探索和证明的有机结合

探索活动是进行合情推理的过程,不仅有助于理清思路、发现结论,而且有助于发展学生的创新意识和创新精神。探索发现的结论必须通过演绎推理才能证明其正确性,证明的过程有助于发展学生的逻辑思维能力。数学教学中,注重"探索发现"和"演绎证明"的有机结合,有利于实现"增强(学生)发现和提出问题的能力、分析和解决问题的能力"的课程总目标。

"图形的性质"中许多定理的教学,都可以体现探索发现与演绎证明的有机结合。

4. 把握好证明的依据和要求

证明需要做到两点:第一,出发点正确;第二,推理过程正确。在出发点正确的前提下,"证明要合乎逻辑",即由因得果必须有依据。在"图形与几何"中,证明的依据是《课程标准(2011年版)》列出的"基本事实"和定义、定理、推论、性质等。

几何命题的证明,大都采用以三段论为主要形式的演绎推理的方法。三段论的逻辑顺序是"大前提,小前提,结论";"图形与几何"中证明命题通常采用的是"小前提,结论(大前提)"的表达形式。对此,教学中应当注意两点:一是大前提被后移到括号里,作为由"因(小前提)"得"果(结论)"的依据,应当十分关注学生是否搞清"因、果、由因得果的依据"这三者之间的逻辑关系。二是用简化的三段论表述证明过程时,前一个三段论的"果"常常又作为下一个三段论的"因",且这样的"因"省略不写,一些初学证明的学生由于搞不清"省略不写"的内容,致使思维缺乏条理甚至逻辑混乱。因此,课堂教学中要考查学生能否把省略了的"因"补出来,从而使每一个三段论都完整地呈现"因、果、由因得果的依据"三个部分,提高学生思维的条理性和推理的逻辑性。

学生推理能力的发展是一个长期的过程,教学中必须充分考虑不同阶段学生的身心特点和认知水平,注意教学要求的层次性。

5. 考试中可以作为证明命题依据的定理

《课程标准(2011年版)》在"评价建议"中明确指出:"对于学生基础知识和基本技能

达成情况的评价,必须准确把握课程内容中的要求""课程内容中的选学内容,不得列入考查(考试)范围""几何命题的证明应以'图形的性质'中所列出的基本事实和定理作为依据,不要求运用有关圆、相似形的定理证明其他命题"。

考试(特别像"中考"这样的考试)所涉及的知识范围必须有明确的规定,才能体现考试的公平性。任意增加定理并允许在考试中直接运用这些定理证明其他命题,就无法保证考试评价的公平性。

三、统计与概率

"统计与概率"的内容在新课程中得到了较大重视,成为和"数与代数""图形与几何""综合与实践"并列的四部分内容之一,而统计则成为这一部分内容的重点。统计的核心是数据分析,"数据是信息的载体,这个载体包括数,也包括言语、信号、图像,凡是能够承载事物信息的东西都构成数据。而统计学就是通过这些载体来提取信息进行分析的科学和艺术。"[①]

(一)内容主线

如前所述,核心概念是理解数学课程的基本线索,《课程标准(2011 年版)》中将数据分析观念作为核心概念,为理解这部分内容的主线提供了重要指导。在《课程标准(2011 年版)》中,将数据分析观念解释为:"了解在现实生活中有许多问题应当先做调查研究,收集数据,通过分析做出判断,体会数据中蕴含着信息;了解对于同样的数据可以有多种分析的方法,需要根据问题的背景选择合适的方法;通过数据分析体验随机性,一方面对于同样的事情每次收集到的数据可能不同,另一方面只要有足够的数据就可能从中发现规律。数据分析是统计的核心。"基于这些阐述,可以将"统计与概率"课程的内容主线确定为如下几个方面。

1. 数据分析过程

使学生树立数据分析的观念,最有效的方法是让他们投入到数据分析的全过程中去。在此过程中,学生将不仅仅学习一些必要的知识和方法,同时还将体会数据中蕴含着信息,提高自己运用数据分析问题、解决问题的能力。

2. 数据分析方法

掌握必要的收集数据、整理数据、描述数据和分析数据的方法,无疑是统计课程内容的第二条主线。

(1)收集数据的方法 在收集数据方面,所涉及的数据可能是全体的数据(总体数据),也可能是通过抽样获得的数据(抽样数据)。

数据的来源有两种,一种是现成的数据,另一种是需要自己收集的数据。在义务教育阶段两种来源都应该让学生有所体验,特别是自己收集的数据。常用的收集数据方法

---

① 史宁中.数学思想概论——数量与数量关系的抽象[M].长春:东北师范大学出版社,2008.

包括调查、试验、测量、查阅资料等。学生应该对收集数据的方法有比较丰富的体验。

（2）整理、描述、分析数据的方法　当人们收集了一堆数据以后,这些数据往往看起来比较杂乱,需要整理数据,在不损失信息的前提下,对看起来杂乱无章的数据进行必要的归纳和整理,然后把整理后的数据运用统计图表等直观地表示出来,并加以适当的分析,为人们做出决策和推断提供依据。

需要指出的是,教学中应鼓励学生运用所学习的方法,尽可能多地从数据中提取有用的数据,并且能够根据问题的背景选择合适的方法,而不是单纯地学习名词、计算方法等。

3. 数据的随机性

我们知道,推断性数据分析的目的是要通过数据来推测产生这些数据的背景,称这个背景为总体。假定总体是未知的,我们的目的是通过样本来推断总体。而在调查或者试验之前,我们不可能知道数据的具体取值。也就是说,数据可以取不同的值,并且取不同值的概率可以是不一样的,这就是数据随机性的由来。

《课程标准（2011 年版）》将数据随机作为数据分析观念的内涵之一。数据随机主要有两层含义：一方面对于同样的事情每次收集到的数据可能会是不同的；另一方面只要有足够的数据就可能从中发现规律。

4. 随机现象及简单随机事件发生的概率

在这次课程标准修订中,学生在第一学段不再学习概率,基础教育阶段统计的重要性是大于概率的,发展学生的数据分析观念是这部分内容的核心。对于随机的学习,《课程标准（2011 年版）》中也提出运用数据分析来体会随机性。从第二学段开始,《课程标准（2011 年版）》安排了概率的学习,并且根据学生年龄特点,第二学段称为"随机现象发生的可能性",第三学段称为"事件的概率"。

在概率学习中,帮助学生了解随机现象是重要的。在义务教育阶段,所涉及的随机现象都基于简单随机事件：所有可能发生的结果是有限的,每个结果发生的可能性是相同的。在第二学段,要求学生"通过实例感受简单的随机现象；能列出简单的随机现象中所有可能发生的结果",并"能对一些简单的随机现象发生的可能性大小做出定性描述"。在第三学段,要求"能通过列表、画树状图等方法列出简单随机事件所有可能的结果,以及指定事件发生的所有可能结果,从而了解并获得事件的概率"。同时,知道"通过大量的重复试验,可以用频率来估计概率"。

（二）具体内容分析

统计与概率的主要内容：收集、整理和描述数据,包括简单抽样、整理调查数据、绘制统计图表等；处理数据,包括计算平均数、中位数、众数、极差、方差等；从数据中提取信息并进行简单的推断；简单随机事件及其发生的概率。

实际上,数据分析可以分为描述性统计分析和推断性统计分析。描述性统计分析是通过集中趋势、离散程度、图形表示等来刻画数据；而推断性统计分析是利用样本的数据去推测总体的情况。由此可见,第一、第二学段学生主要学习的是描述性统计分析,第三学段开始接触推断性统计分析。

1. 抽样和简单随机抽样

抽样是第三学段统计课程的一个重要内容。如前所述,推断性统计分析是利用样本的数据去推测总体的情况,在第三学段学生将对此进行初步感受。

首先,学生需要在实际问题中体会抽样的必要性。进一步,如何抽样获取"好"的数据呢?所谓"好"的数据是指那些能够更加客观地反映实际背景的数据。为了获取好的数据,我们需要尽可能多地利用对于实际背景已有的了解。如果对于实际背景一无所知,那么,一定要随意抽取样本,保证每个个体被抽到的概率相同,这便是"简单随机抽样"。对于简单随机抽样,《课程标准(2011年版)》要求通过实例加以了解,并在下面的案例中给出了具体要求。

2. 图形表示

统计图是描述数据的重要手段,可以直观地表示数据。在第二学段学生学习的是条形统计图、折线统计图、扇形统计图(在第二学段要求会看,第三学段要求会画);在第三学段学生学习的是频数直方图。其中,条形统计图有利于直观了解不同"条"所代表的数量及其差异;扇形统计图有利于直观了解不同部分占整体的百分比及其差异;折线统计图有利于直观了解变化情况,预测未来趋势。频数直方图和条形统计图都可以直观地表示出具体数量,区别主要体现在:①条形图是用条形的长度表示各类别频数的多少,其宽度(表示类别)则是固定的;直方图是用面积表示各组频数的多少,矩形的高度表示每一组的频数,宽度则表示各组的组距,因此其高度与宽度均有意义。②频数直方图表示的是连续分组数据,直方图中的各矩形通常是连续排列的;而条形统计图表示的是离散数据,各矩形通常是分开排列的。③条形图是直观地显出具体数据,直方图是表现频数的分布情况。

对于统计图的学习,需要注意几点:①不要急于引入正规统计图的学习,在第一学段《课程标准(2011年版)》要求鼓励学生用自己的方式来描述数据。②在描述数据的过程中,让学生不断体会各种统计图的特点,能根据实际问题选择合适的统计图来描述数据。③鼓励学生读懂媒体中的一些统计图表。④鼓励学生从统计图中获取尽可能多的有用信息。

Curcio(1987)把学生对数据的"读取"分为三个水平:①数据本身的读取(reading the data),包括用能够得到的信息来回答具体的问题,这些问题在图表中有明显的答案。②数据之间的读取(reading between the data),包括插入和找到图表中数据的关系。这包括做比较(例如,比较好、最好、最高、最小等)和对数据进行操作(例如,加、减、乘、除)。③超越数据本身的读取(reading beyond the data),包括通过数据来进行推断、预测、推理,并回答具体的问题。

3. 集中趋势和离散程度

目前《课程标准(2011年版)》要求的平均数、中位数、众数,都是刻画一组数据集中趋势的统计量。有了这些量,不仅可以表述调查对象的集中趋势,还可以用来对不同的总体进行比较,如可以比较同一年级不同地区学生的平均身高。对于平均数、中位数、众数的学习,不仅仅要学习如何计算,而且要设计合适的情境,使学生"了解它们是数据集中趋势的描述"。

这三个量之间到底有什么区别?什么时候该用什么统计量?其实,我们现在处理的数据,大部分是对称的数据,数据符合或者近似符合正态分布。这时候,均值(平均数)、中位数和众数是一致的(图2-5)。

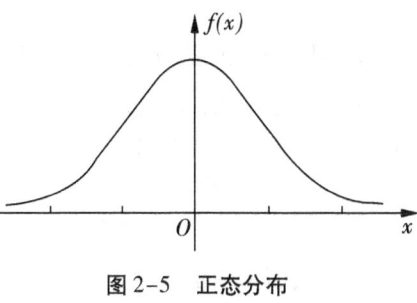

图 2-5　正态分布

只有在数据分布偏态(不对称)的情况下,才会出现均值、中位数和众数的区别。所以说,如果是正态的话,用哪个统计量都行。如果偏态的情况特别严重的话,可以用中位数。这也就是我们常说的平均数容易受极端数据的影响。

4. 随机事件及其发生的概率

(1)随机现象的特点及概率的古典定义　概率是研究随机现象的科学。在义务教育阶段,所涉及的随机现象都基于简单随机事件:所有可能发生的结果是有限的,每个结果发生的可能性是相同的。

这里需要强调的是,义务教育阶段概率课程更重要的目标是体会概率的意义和作用,而不仅仅是计算一些事件发生的概率。因此,不能将这部分内容处理成单纯计算的内容,而应关注在实际问题中学生对概率意义的理解。至于概率的古典定义,学生在具体实例中了解即可,不用一般地给出。

(2)频率估计概率　在第三学段中,《课程标准(2011年版)》还提出了"知道通过大量地重复试验,可以用频率来估计概率"的要求。实际上,随机现象表面看无规律可循,出现哪一个结果事先无法预料,但当大量重复试验时,试验的每一个结果都会呈现出其频率的稳定性。学生在具体的试验活动中,才能对频率与概率之间的这种关系有所体会,知道大量重复试验时频率可作为事件发生概率的估计值。

(三)需要处理好的几个问题

统计与概率的研究对象是数据和随机现象,这和数与代数是不同的。因此,教学中应该注重这部分内容独特的思想方法和教育价值。

1. 把握核心概念进行教学

如前所述,数据分析观念是"统计与概率"内容的核心概念。由于这部分内容与实际生活有着密切的联系,因此发展学生应用意识也是重要的目标。因此,教学应紧紧围绕数据分析观念、应用意识展开。

(1)发展学生的数据分析观念　在《课程标准(2011年版)》中,数据分析观念包含着三层意思:①经历数据分析的过程,体会数据中蕴含着信息;②掌握数据分析的基本方法,根据问题的背景选择合适的方法;③通过数据分析,感受数据的随机性。

(2)发展学生的应用意识　教学中应注重设计贴近学生生活的情境,使他们经历收集数据、整理数据和分析数据的过程,逐步发展应用意识。在教师新课程实践中,已经积累了在统计教学中发展学生应用意识的教学策略,主要体现在设计问题情境,使学生体会需要收集数据、分析数据能帮助人们做什么,收集和积累统计应用的例子,开展一些实践活动等方面。

2. 切忌将统计的学习处理成单纯数字计算和绘图技能

统计的核心是数据分析,统计教学的重要目标是鼓励学生从数据中提取尽可能多的有效信息,体会数据中蕴含着信息。

为了更好地提取信息,学生需要学习一些整理、描述、分析数据的方法。对此应注重对它们的理解及在实际问题中的应用,而不只是单纯地计算或绘图。

3. 注重结果判断原则的不同

"统计学是通过数据来推断数据产生的背景,即便是同样的数据,也允许人们根据自己的理解提出不同的推断方法,给出不同的推断结果。……因此,统计学对结果的判断标准是'好坏',从这个意义上说,统计学不仅是一门科学,也是一门艺术。"[①]

因此,教学中教师应把握这个判断原则,防止简单地给出"对错"判断。

4. 注重对于试验的合理设计

《课程标准(2011年版)》中提出了"体会数据随机"的要求,如何在课堂中设计合理的试验落实"体会数据随机"呢?一个好的切入点是对目前课堂教学中的试验加以分析,看看哪些试验的设计是合理的,哪些还需要进一步的思考和改进。

四、综合与实践

《课程标准(2011年版)》在教学内容中设置了四个部分,"综合与实践"是其中一个重要内容,这也是《课程标准(2011年版)》的一大特色。这个部分反映数学课程与数学教学改革的要求,也为学生提供了一种通过综合、实践的过程去做数学、学数学、理解数学的机会。"综合与实践"是数学课程中的一个较新的内容,理解和把握这个领域,对于数学课程的发展和数学教学的改革是非常重要的。

(一)背景、价值和课程目标

《课程标准(2011年版)》指出:"综合与实践"是指一类以问题为载体、以学生自主参与为主的学习活动。在学习活动中,学生将综合运用"数与代数""图形与几何""统计与概率"等知识和方法解决问题。"综合与实践"的教学活动应当保证每学期至少一次,可以在课堂上完成,也可以课内外相结合。希望教师能把这种教学形式体现在日常教学活动中。

1. 为什么要设置综合与实践

(1)综合与实践的背景　综合与实践也可以理解为"数学探究"和"数学建模或数学实际应用"。"数学探究"就是综合运用所学习的数学思想、方法、知识、技能解决一些数

---

① 史宁中.数学思想概论——数量与数量关系的抽象[M].长春:东北师范大学出版社,2008.

学问题。"数学建模"就是综合所学习的数学思想、方法、知识、技能解决一些生活和社会中的问题。"数学建模或数学实际应用"也可以看成数学教育发展中的新事物,是数学"综合与实践"的重要组成部分。

数学"综合与实践"不但可以提高学生学习数学的兴趣、信心和能力,改变学生的学习方式,加深对数学本质的认识,还能提高教师自身的专业素养、开阔教师的视野、改变教师的教学方式。

(2)综合与实践的教育价值 综合与实践有助于学生的发展,有助于学生对数学的全面理解,有助于教师的发展,有助于课程的建设。

(3)综合与实践的数学教育价值 综合与实践是培养学生应用意识很好的载体,有助于培养学生的创新意识,有助于培养学生的模型思想。

2. 综合与实践的课程目标

作为教师,有必要整体理解和把握课程总目标,认识学段目标与总体目标之间的联系,又能把学段目标分解到单元和每一节课的教学目标中,这是做好教学设计的前提和基础。综合与实践的教学目标的设定,也要围绕落实课程总目标这个根本,它是实现综合与实践教育价值的载体。

(1)《课程标准(2011年版)》的总目标中与"综合与实践"相关的要求。"综合与实践"内容应成为实现目标的重要载体。

(2)针对不同学段,《课程标准(2011年版)》也设定了"综合与实戏"不同的教学要求。在"综合与实践"教学过程中,应特别关注以下三个方面:

1)问题。在综合与实践活动中,一定要明确需要解决的问题。

2)过程。在综合与实践活动中,关注学生经历活动的整个过程是非常重要的,在活动过程中学生会有丰富的表现,可以积累数学活动的经验,也可以提升学生的应用意识与创新意识。实际上,过程比结果更重要。

3)综合。在综合与实践中,综合是不容忽视的主要方面。这里的综合是指数学内部各分支之间的综合(如几何和代数的综合),数学和其他学科之间的综合,数学与学生生活实际的综合。学生通过数学学习得到综合的发展。

(二)活动内容和形式

综合与实践活动内容的选择,既要服务于义务教育阶段数学课程的整体目标,又要彰显"综合与实践"课程的特殊功能和特殊目标。

1. "综合与实践"活动内容的基本特征

(1)综合与实践活动内容要特别突出"综合"。这种综合不仅表现为数学内部各分支(如几何、代数、三角)之间的综合、数学与其他学科的综合、数学与学生日常生活实际的综合,而且还表现为解决问题的过程要求学生的各种能力、各种方法、各种工具的综合。它不应该是一个具体知识点的直接应用,不应该是已有数学知识、方法反射式的套用,它应该给学生一个综合应用以往学过的所有数学知识、方法(甚至可以是跨学科的知识),去实际解决一个数学内部或生活实际问题的机会,条件未必可丁可卯,线索未必清晰可见,问题本身和结果可能还需要另外的解读。当然,"综合"的结果也应该是"综合"的,它应该提升学生的综合素质,为学生的发展奠基。

(2)综合与实践活动要特别突出"做"和体现"过程"。"综合与实践"的实施是以问题为载体、以学生自主参与为主的学习活动,它有别于学习具体知识的探索活动,更有别于课堂上教师的直接讲授。教师通过问题引领,让学生全程参与实践过程,经历相对完整的学习活动,它的核心是学生在教师的引导和帮助下有目标的、自主的实践活动。它不是仅由例题、习题组成的为讲练模式定做的简单"套餐"。

2. 第一、第二学段综合与实践的内容

小学阶段设置的综合与实践问题要适合小学生的年龄特征。教师设计的问题应立足小学生的知识经验、生活经验、思维经验。综合与实践的内容主要目的是综合运用"数与代数""图形与几何""统计与概率"等知识和方法解决问题。问题的综合性体现为数学知识的综合或方法的综合。数学知识的综合可以是把学生学习过的几个内容综合起来,也可以是把几个领域的内容综合起来。方法的综合可以体现为在解决问题的过程中,学生综合运用多种方法。小学阶段的综合与实践的内容选取要注意以下问题。

(1)关注数学知识的综合运用　学生的数学学习是以知识为载体的,在学习了一些数学知识后,可以设置综合性强的数学问题。学生不论对概念的深入理解还是对技能的掌握都需要一定的过程,学生积累了数学学习经验之后,可以水到渠成地通过综合运用知识的活动提升对概念的理解和技能的掌握。

(2)关注方法的综合运用　方法要通过活动获得,通过数学活动。学生综合运用方法,对方法有更好的把握。

(3)关注取自生活实践的真实问题　让学生用数学的眼光观察身边的现象,在平凡的事件中运用数学。生活实践中数学无处不在,问题可以来自学生个人成长、家庭生活、学校生活、社会生活等领域。

3. 第三学段综合与实践的内容

在综合与实践中,初中阶段的问题选择要适合初中学生的年龄特征。初中学生通过六年以上的学习,有了一定的数学知识和应用数学方法的实践经验,也具有一些数学活动经验,综合与实践有较大的实施空间。比如,问题的提出不一定都是由教师给出,可以由学生自己先提出。问题的求解方法也不一定仅仅是数学的方法,甚至可以运用其他学科的知识和方法。教师设计的问题或求解路径应注意立足中学生的知识经验、生活经验、思维经验,给他们留出自主思考和创新的空间。

要使学生能充分、自主地参与综合与实践活动,选择恰当的综合与实践的课题是很关键的。课题的选取既可来源于教材、来源于数学本身,也可以来源于生产实际,还可以由师生生成、积累和开发。教学形式可活泼多样,既可以在课堂上进行综合与实践活动,也可以课堂内外相结合进行综合与实践活动,还可以在课堂外进行综合与实践活动。

(三)教学环节

小学教师在教学设计和实施时应特别关注的四个环节:选一选、问一问(选题),想一

想、议一议、说一说（开题），试一试、做一做（做题），讲一讲、评一评（结题）。要通过问题载体和活动设计，直接影响学生的学习数学的方式，努力表现通过活动去实际解决一个问题的过程。教师应该根据不同学段学生的年龄特征和认知水平，根据学段目标，做好问题的选择、问题的展开过程、学生参与的方式、学生的合作交流、活动过程、结果的展示与评价等要素的设计，并把它有效地落实到实施过程中。

初中开展综合与实践学习活动，可以在小学的四个环节的基础上，把它提升成为包含选题、开题、做题、结题这四个环节的一个模拟的"微科研"过程。

（1）选题——问题引领　由教师，更希望是学生提出一些有价值的且学生可以实际参与的问题或问题串。

（2）开题——探寻解径　在教师引导下，让学生通过分析、讲解、观察、讨论进一步明确题意，知晓相关数学知识或模型，提出比较合理、可行、有效地解决问题的思路或方案。

（3）做题——实践操作　学生通过自主探究、合作学习、实验操作、观察分享、推证演算等实际操作环节，真实具体地解决问题。

（4）结题——交流评价　在教师的组织下，学生将自己或小组的解题的结果、求解过程的说明、求解过程中的学习体会和发现等报告或介绍给大家，使大家能分享成果和收获。同时，可以方便教师和学生通过报告的过程展示，了解学生在解题过程中的思考、能力和作用、学习态度和水平，最终通过自评、互评，给出评价。

这四个环节，很像一个"微型的科研过程"，不妨把它称为中学生的"微科研"。综合与实践就是要让学生能有"微科研"的体验，增长"微科研"的能力，在"微科研"中提升问题意识，培养创新精神。

初中生随着年龄的增长，生活经验、学习科目、知识储备都更丰富了，独立思考、自主探索以及解决问题的能力、手段、方式、方法等都比小学生有了较大程度的提高，初中生更能有意识地体会到数学与他们的生活经验、现实社会和其他学科的联系以及数学知识内部的联系。因此第三学段的综合与实践活动的内容来源更广泛了，综合与实践活动的开展有了更广阔的空间。

第 三 章

高中数学课程标准

第一节 高中数学课程目标

一、高中数学课程总目标和具体目标

(一)普通高中数学课程总目标

《普通高中数学课程标准(实验)》(以下简称《标准》)中,普通高中数学课程的总目标是:使学生在九年义务教育数学课程的基础上,进一步提高作为未来公民所必要的数学素养,以满足个人发展与社会进步的需要。

(二)普通高中数学课程具体目标

《标准》中普通高中数学课程具体目标为:

(1)获得必要的数学基础知识和基本技能,理解基本的数学概念、数学结论的本质,了解概念、结论等产生的背景、应用,体会其中所蕴含的数学思想和方法,以及它们在后续学习中的作用。通过不同形式的自主学习、探究活动,体验数学发现和创造的历程。

(2)提高空间想象、抽象概括、推理论证、运算求解、数据处理等基本能力。

(3)提高数学地提出、分析和解决问题(包括简单的实际问题)的能力,数学表达和交流的能力,发展独立获取数学知识的能力。

(4)发展数学应用意识和创新意识,力求对现实世界中蕴含的一些数学模式进行思考和做出判断。

(5)提高学习数学的兴趣,树立学好数学的信心,形成锲而不舍的钻研精神和科学态度。

(6)具有一定的数学视野,逐步认识数学的科学价值、应用价值和文化价值,形成批判性的思维习惯,崇尚数学的理性精神,体会数学的美学意义,从而进一步树立辩证唯物

主义和历史唯物主义世界观。

二、高中数学课程目标体系

《标准》将课程目标分为总体目标和六条具体目标两部分,总体目标明确了数学教育进展的方向,六条具体目标明确提出了对教师的教和学生的学的要求,包括知识与技能、过程与方法、情感态度与价值观三个层次。其中,总体目标和具体目标将上述三个层次糅合在一起进行表述,使课程目标所蕴含的知识、技能、情感等目标通过"过程与方法"整合成一个相互支持的有机整体,并且也使知识、技能、情感等目标的达成有了一个可供操作的平台。

三、高中数学课程目标的总体分析

(一) 对数学课程总目标的分析

数学课程目标反映了社会、数学、教育的发展对数学教育的要求,体现的是不同性质、不同阶段的教育价值。《标准》把数学课程的总目标定位在提高学生的数学素养上,这既是教育的本质在数学课程目标上的具体体现,也是社会发展的客观需要,是推进素质教育的必然选择。

《标准》正是根据高中阶段的教育价值和数学课程的基础性,考虑到社会、数学与教育的发展对人才培养的要求,对数学教育的要求,来确定数学课程目标的。《标准》指出:高中阶段是学生成长和个性发展的重要时期,高中数学应为优秀人才的培养提供发展空间。高中数学课程是以提高公民数学素养为基础的数学课程。什么是数学素养?数学素养,就是人们通过数学教育以及个体自身的实践和认识活动,所获得的数学知识、数学技能、数学能力、数学观念和数学思维品质等方面的素质和修养。数学素养是一个复合概念,它包含了数学知识、数学探究以及情感态度和价值观等几个方面。因此,《标准》在确定数学课程的总目标下,具体目标包括知识与技能,过程与方法,在过程中形成能力和意识,情感、态度与价值观等的内容。

以往的课程目标主要体现的是实用的目的,如就业、升学;或者主要体现的是数学学科的要求。《标准》提出的这个总目标不仅包含对个人在九年义务教育数学课程的基础上,对个人素养的再提高,而且把"提高数学素养"与"满足个人发展与社会进步需要"统一了起来,认为这两者是一致的,即通过提高数学素养就可以为人的发展和社会的进步创造必要的条件。由于不论是"个人发展"还是"社会进步",其内涵远比"升学"和"就业"丰富,因此,《标准》制定的这一总目标不仅抓住了问题的实质,而且起点更高。这就从教育的本质上明确了数学教育的目标,揭示了数学教育的本质。因为教育的最终目的是育人,是发展人,进而促进社会发展,那么数学教育的最终目的就是利用数学学科的特点,发展人,发展社会。自然,高中阶段的数学课程目标就应为实现这一最终目的而努力,体现目标到目的之间的这种有机联系,也是充分体现了《标准》的基本理念。

(二)对数学课程具体目标及其关系的分析

如果说高中数学课程总目标是从宏观上对高中数学课程提出了要求,那么具体目标则是在微观上对高中数学课程提出要求。

1. 发展了对数学基础知识和基本技能的认识

以前的数学教学大纲所说的"基础知识"是指高中数学的概念、性质、法则、公式、公理、定理以及由其内容反映出来的数学思想和方法;"基本技能"是指按照一定的程序与步骤进行运算、处理数据(包括使用计算器)、简单的推理、画图以及绘制图表等技能。《标准》对基础知识和基本技能的内涵和维度进行了广义的界说,基础知识不再局限于数学中的概念、性质、法则、公式、公理、定理,将"理解基本的数学概念、数学结论的本质,了解概念、结论等的产生背景、应用,体会其中所蕴含的数学思想方法以及它们在后续学习中的作用"[①]融入到了基本知识的行列;基本技能不再局限于逻辑思维能力、空间想象能力和运算能力,还包括抽象概括能力,推理论证能力,数据处理能力,提出、分析和解决问题的能力,数学表达能力,交流能力和独立获取数学知识的能力。赋予了"双基"新的内涵。

上述的这些变化说明,《标准》在关注数学知识本身的同时,更关注其产生、发展和应用的过程,重视对数学结论的本质以及数学思想和方法的作用的认识。实际上,这些正是学习的本意。因为只有在对数学知识的来龙去脉有所了解时,才能从整体上把握数学,才能认识到数学的价值,才会产生学习数学的兴趣;只有理解了概念和结论的本质,才能加深对数学知识的理解,才能灵活地应用知识解决问题,知识也才能真正转化为他们自己的东西,否则,所谓"掌握'双基'",其实只是一句空话。

对"双基"的发展,另外还要求体会概念和结论中所蕴含的数学思想方法,而且要体会它们在后续学习中的作用。尽管在我们以往的教学中,教师其实也是重视这个问题的,不过,现在把其作为一个要求清晰地提出来,给以明确,这是对数学整体认识的需要,也是新的课程结构中模块和专题设计的需要。

此外,还增加了"双基"的内容等。在《标准》的具体内容中,也正是按照这一目标来设计和安排的。

2. 提出了过程性目标

人们经过多年的数学学习,若干年后它还给我们留下什么?也许对一些概念、公式、定理等数学结论我们记忆不清了,但它教给我们的思考问题、解决问题、处理问题的方法却一直伴随着我们。

《标准》把"过程与方法"作为目标是本次课程改革的最大变化之一,过程性目标就是对学习过程本身提出的要求。根据新的课程理念和课程改革的要求,《标准》提出:"通过不同形式的自主学习、探究活动,体验数学发现和创造过程;对现实世界中蕴含的一些

---

① 中华人民共和国教育部.普通高中数学课程标准(实验)[M].北京:人民教育出版社,2003.

数学模式进行思考和做出判断"[①]等。在掌握知识技能的时候,要特别关注掌握知识技能的过程,包括知识的来龙去脉,结论的背景、产生过程的意义,获取知识的能力和方法,等等。比如,在数学知识技能中,蕴含着一些重要的数学思想和方法。学习的目的,不仅在于掌握数学知识和技能的结果,更重要的是经历形成这些数学知识和技能的过程,体会其中所蕴含的数学思想和方法,学会运用这些思想和方法去学习其他知识,并能从中感悟数学的作用和价值,提高学生学习数学的兴趣,树立学好数学的信心。

3. 发展了对数学基本能力的认识

提高空间想象、抽象概括、推理论证、运算求解、数据处理等基本能力,是《标准》对基本能力认识的一个发展,是课程目标对数学能力的基本要求。

(1)空间想象能力 几何学能够给我们提供一种直观的形象,通过对图形的把握,发展我们的空间想象能力。这种能力是非常重要的,无论是在数学研究、数学学习方面,还是其他方面,都是一种基本能力。从事艺术工作的人就经常说,这种空间想象能力和他们艺术上的想象能力、艺术创作能力有一种殊途同归的感觉。

《标准》对空间想象能力在以下方面进行了发展:更加关注通过空间图形的把握去培养和发展空间想象能力;关注在空间想象能力培养中人的认识规律,概括了人们认识和探索几何图形的位置关系和有关性质的规律,建议通过"直观感知、操作确认、思辨论证、度量计算"等学习过程,培养和发展空间想象能力,这对几何课程的学习应该是有帮助的。例如在立体几何的学习中建议从对空间几何体的整体观察入手,认识整体图形,再以长方体为载体,直观入手空间点、线、面的位置关系,抽象出有关概念,用数学语言表述有关性质与判定。事实上,相关研究表明,对个体的认识是先从对整体的认识开始的。大家知道在立体几何的学习中,异面直线和异面直线的距离是比较难理解的两个概念,如果先讲平行平面,那么,异面直线就是两个平行平面中的两条不平行的直线,而异面直线的距离问题,也会因为平行平面间距离的确定性而变得容易理解了。而且从几何学的发展来看,对整体微分几何的研究也受到越来越大的关注。在日常生活中,我们做事情也一样,你首先要有一个整体的安排,才能把握各个方面在其中的作用和地位。

(2)抽象概括能力 抽象概括能力是这次《标准》中新加的一个基本能力,这不仅是数学本身与数学学习的需要,也是现代社会对未来公民素养的要求。

数学具有抽象的特点,要求我们能从具体事物中区分、抽取研究对象的本质特征,即抽象概括。通过抽象概括的过程,认识和理解研究对象。没有抽象概括的过程,就不会很好地认识和理解数学概念和结论。例如,在这次课程内容的系列3中,有一个专题是"对称与群"。以往在大学学习"群"的时候,是从运算角度直接提出"群"的概念的,如果在中学也从这个角度去讲,中学生就不容易理解。但是,如果从中学生熟悉的图形入手,提出问题:(非等边的)等腰三角形和等边三角形都是对称图形,它们有什么区别呢?又怎样把它们的区别用数学语言表达呢?引导学生们一步步抽象概括出"群"的概念。这样,从具体的、生动的实例出发,加上恰当的问题,让学生在经历抽象概括的过程中,去感知发现对象本质的东西,不仅能使学生较好地认识和理解数学,更重要的是学会了怎样

[①] 中华人民共和国教育部. 普通高中数学课程标准(实验)[M]. 北京:人民教育出版社,2003.

进行抽象概括,怎样学习数学,进而还可以促进其他方面的学习。

抽象概括能力不仅在数学学习中,在对数学概念和结论的认识和理解中也是必需的,而且在现代社会里,由于人与人之间广泛的交流和交往,加上多种多样的传媒途径,我们会获得很多的信息,这就需要我们能从大量的信息里,概括出一些观点性的东西、结论性的东西,帮助我们去思考问题,做出判断。因此,抽象概括能力也是作为一个公民所应具有的一种基本素养。

(3)推理论证能力 《标准》对推理论证能力的要求既包括了原来的演绎推理(或逻辑推理),又包括了合情推理。合情推理是在数学发现、创造过程中重要的推理形式,如归纳、类比等,这是数学的基本思考方式,也是数学学习的基本功。过去说到推理论证,关注的是已建立的公理体系,想到的只是逻辑推理,但是,忽视了公理体系的来源,它的形成过程,从特殊到一般的归纳过程,或者从特殊到特殊的类比过程,这些是形成命题和猜想的过程,也是数学发现、创造的过程。数学正是运用演绎推理、合情推理这两种推理不断发展前进的。细想一下我们自己的解答、证明问题的过程,也正是在想想、猜猜、证证的过程中完成的。很多时候是先猜后证,运用合情推理去猜想,再运用逻辑推理来证明。《标准》对教师教学和学生学习提出的这样一个要求是一种进步,不仅体现了数学产生、发展的本来面目,体现了数学学习的客观过程,而且对于培养学生的创新意识和创新能力等都是十分重要的。

(4)运算求解能力 《标准》对运算求解能力赋予了更为丰富的内涵。除了原先对运算求解能力的一些要求之外(但是要避免繁杂的运算和过于人为化、技巧性过强的运算),还包括对估算能力、使用计算器和计算机的能力、求近似解的能力等方面的要求。此外,我们更加关注对运算求解过程中的算理能不能搞清楚,算法能不能搞清楚。因为面对一些实际问题,有时并不需要你求出精确的值,很多时候也求不出精确的值。事实上,在中学所学的解方程内容中,只有一些很特殊的方程才能求出精确解。就拿方程 $x^3+x-1=0$ 来说,看起来很简单,实际上要求出三个解也是不容易的,这时就需要你去作一些估计,需要你利用计算器或计算机去求出近似值,有时还需要有算法的帮助。《标准》在"函数与方程"中就安排了借助信息技术用二分法求方程近似解的内容,在"导数及其应用"的阅读材料中也建议安排用切线法求方程近似解的内容。此外,一些繁杂的计算可以让计算器或计算机去做,这时我们的重点应该是搞清算法和算理,还应特别注意的是,我们应认识到运算过程也是一个推理过程,这样的认识会有助于我们去分析和解决学生在运算中所产生的一些问题。

(5)数据处理能力 它是《标准》新提出来的一个基本能力。在信息社会、数字化时代中,人们经常需要和数字打交道。例如,产品的合格率、商品的销售量、电视台的收视率、就业状况、能源状况等,都需要我们具有收集数据、处理数据、从数据中提取信息做出判断的能力,进而具有对大量数据的感觉能力,这是现代社会公民应具备的一种基本素养。为此《标准》加强了这方面的学习和训练,在"统计"和"统计案例"的内容中,都强调必须通过典型案例的处理,让学生收集数据、处理数据、分析数据、从数据中提取信息做出判断的全过程,并在经历过程中学会运用所学知识、方法去解决实际问题。

总之,我们需要从《标准》的理念和课程的总目标出发,去认识上述几个基本的数学能力,认识它们的方法内涵、新的发展和进步,并且努力在教学中贯彻实施。

4. 对数学能力做了现代化推进

提高数学地提出、分析和解决问题的能力,数学表达和交流能力,以及独立获取数学知识的能力,是《标准》对数学能力的现代化推进。

对这方面能力内涵的深化是在培养数学地提出、分析和解决问题能力的同时,还要求培养和发展学生的数学表达和交流能力。

我们知道,所谓数学交流是指用数学语言来传递信息和情感的过程。交流需要表达,交流与表达是密不可分的。交流可以加强对数学的认识和理解起到重要作用,这是因为,在交流的过程中,可以更好地理解和使用数学语言和符号,可以组织和强化学生的数学思维,同时通过思考他人的想法和策略来丰富和扩展自己的知识和思维。

无论是在通常的数学学习中,还是在数学探究、数学建模等数学活动中,数学表达和交流都是必不可少的能力。在过去的教学中,我们也是注意这一点的,现在明确地提出来,进一步强调这一能力的培养和发展,不仅要认识到这是数学学习本身的需要,而且还要认识到清晰的表述是交流能力的有机组成部分,表达和交流是现代社会对人才培养的需要。因此,我们在教学中要通过多种方式培养和发展这一能力,例如,让学生尝试着提出问题;让学生陈述某个定理、结论的发现过程或证明过程;做一个读书报告;写一篇小论文;在小组讨论、交流的基础上,各组对某个问题展开辩论。

我们还要认识到:"提出问题"是我国数学教育中的一个薄弱环节,我们的学生会做题,会做现成的题,但是不会提问题、不善于提问题。事实上在中学数学教育中,让学生学习提出问题、学会提问题可以说就是对创造性思维的培养,从而是创新意识和创造能力的一个非常重要的方面。《标准》在内容中将"数学探究、数学建模、数学文化"作为贯彻整个高中数学课程的这样活动,渗透或安排在每个模块或专题中,正是呼应这方面能力的培养,就是希望强调如何引导学生去发现问题、提出问题。在教学中,我们可以按照不同的层次进行,例如,可以改变命题的条件或结论,或是对结论的推广;可以在不同的维度进行类比,比如对平面几何与立体几何之间的类比,或者从一维到多维的推广;可以是带着任务的实验操作;也可以是针对某个问题进行数学建模活动等。在教材的编写中,也要关注问题的提出,为学生发现问题、提出问题留下空间。总之,无论是教材的编写,还是数学课堂教学,都要在这个方面做出努力。

"发展独立获取数学知识的能力",这是《标准》对能力的一个新要求,我们希望培养和发展学生懂得如何学会学习,如何独立思考,如何根据问题的需要去阅读有关书籍选择必要的参考资料,如何通过交流获得信息等方面的能力。提出这一新的要求,一方面针对目前中学数学教育中的问题,同时也是知识经济时代知识更新周期日益缩短对人才培养的一个要求。

在我们中学数学教学中,教师为学生着想得异常仔细,生怕学生哪一点想不到,这有好的一面,但也有不利于学生发展的一面,例如,很多学生到了大学以后,不知道如何学习,即不知道怎样听课、怎样做笔记、怎样复习、怎样安排时间、怎样独立思考,等等。由于教师教的很细,学生就养成了过于依赖教师的习惯,无论是整个知识结构,还是要注意的一些问题,都等着教师来讲解、来安排,他(她)自己不知道怎样去安排自己的学习,怎样通过自己的努力去把所学内容搞清楚,怎样自己去思考和归纳,更不会反思自己的学习,也更难提高到对数学本质的认识和理解了。事实上,从某种意义上来说,发展独立获取数学知识的能力比数学能力本身更为重要。在一个人的成长过程中,毕竟在校时间是有限的,更多的是要通过自己的不断学习、主动的学习去适应迅速发展的社会,即使是在校学习期间,也有上面所说的种种问题。正是基于对"发展独立获取数学知识的能力"的上述认识,以及这一能力在人的发展,进而在社会发展中的重要作用,《标准》增加了这一要求。同时这也是对《标准》中"提倡积极主动、勇于探索的学习方式"这一课程基本理念的回应与具体落实。

5. 对应用意识和创新意识的要求具体化、明确化

发展学生的数学应用意识和创新意识,力求让学生对现实世界中蕴含的一些数学模式进行思考和做出判断,是《标准》对应用意识和创新意识的具体化和明确化。

认识数学的本质、数学的价值、数学的教育价值,是《标准》的一个基本理念,也是对数学教学和数学教育本质的深刻揭示。无论是教材的编写,还是数学课堂教学,《标准》都提倡通过丰富的实例引入相应的概念、结论,引导学生应用数学知识去解决问题,并且尽可能让学生在经历探索、解决问题的过程中去体会数学的应用价值,目的是帮助学生认识到数学与"我"有关,与实际生活有关,产生"我要用数学,我能用数学"的积极情感,逐步形成用数学的意识,并在运用中孕育创新意识。

例如,在函数概念的引入时,应结合实际问题,使学生感受再一次学习函数概念的必要性,以及函数与实际生活的联系,从情感上激活学习的欲望,同时使学生感受函数的广泛应用;对于函数的三种表示方法的教学,重点应是从实际问题的背景中,让学生选择恰当的表示方法,体会不同方法在具体问题中的应用;还要让学生通过函数模型的具体应用问题,进一步体验函数的广泛应用。

又如,在统计中引入几种基本抽样方法时,要结合相应的实际问题,引出相应的抽样方法,使学生在解决实际问题中感受和认识各种抽样方法的特点和适用的对象,培养应用能力和对现实世界中蕴含的一些数学模式进行思考和做出判断的能力。

再如,在导数及其应用中,变化率的问题在社会生活和科学技术中随处可见,因此,无论是导数概念的引入,还是导数的应用,在教材编写和课堂教学中,都应该紧密结合实际问题进行,这部分内容是发展学生应用意识,也是对现实世界中蕴含的一些数学模式进行思考和做出判断的一个很好的载体。

在选修系列3和系列4中,还有许多专题,如信息安全与密码、风险与决策、优选法与试验设计初步等,都是发展学生应用意识、开阔学生视野、孕育创新意识的载体。

此外,《标准》将"数学建模""数学探究""数学文化"等活动渗透、安排在各模块和专题中,其重要的目的之一也正是希望培养和发展学生的应用意识和创新意识,力求让学生对现实世界中蕴含的一些数学模式进行思考和做出判断。

总之,《标准》对于培养和发展学生的应用意识和创新意识有了更为具体和明确的要求和安排。

6. 明确提出"情感、态度与价值观"目标

明确提出"情感、态度与价值观"的目标,并进行了丰富完善,以促进学生全面和谐发展。

以前的数学教学大纲中,没有明确地提出"情感、态度与价值观"的名称,并且涉及面狭窄,主要涉及良好的个性品质和辩证唯物主义观点的培养。而《标准》在具体目标的最后两条中,设定了情感、态度与价值观方面的目标。

作为一个合格公民的基本素质,诸如对自然和社会现象的好奇心、求知欲,锲而不舍的钻研精神,克服困难的自信心,实事求是的科学态度,崇尚科学的理性精神,批判性的思维习惯,等等,都是可以在数学学习过程中得到培养和发展,尤其在某些方面,通过数学学习还能起到独特的作用,因此数学课程应当很好地担当起培育学生积极情感和态度,使其树立起正确价值观的任务。

(1) 注重提高学习数学的兴趣,树立学好数学的信心 学习兴趣是学习动机的主要心理成分,它是推动学生去探求知识并带有情绪体验色彩的意向,随着这种情绪体验的深化,就会进一步产生学习的需要,产生强烈的求知欲。托尔斯泰说过,成功的教学需要的不是强制,而是激发学生的兴趣。由此可见兴趣是学习的动力,成功的先导。一个人获得成功,无一不是在对所研究的问题产生浓厚的兴趣下取得的。

长期以来,受传统教育观念和应试教育思想的束缚,数学教学被视为以教师讲授为主,教师向学生传授知识与技能,致使很多学生认为数学太难、枯燥、与现实毫无联系。新课程的教学应紧密联系学生的生活实际,从学生的生活经验和已有知识出发,创设生动有趣的情境,引导学生观察、操作、交流等,使学生通过数学活动,掌握基本的数学知识、技能,初步学会从数学的角度去观察事物,思考问题,激发对数学的兴趣进而树立学好数学的信心。

对数学产生兴趣,树立学好数学的信心,是学生和未来公民应该具备的一种重要素质。兴趣是最好的老师,自信心则是我们完成任何事情的重要因素之一,自信心会产生力量。兴趣和自信心可以引领一个人不断地学习、不断地得到发展,在知识的海洋中愉快的遨游,产生终身学习的愿望。

数学学习过程中的兴趣是主体性学习的内在动力,也是学好数学的基本保证。数学课程及其教学应尽可能激发学生学习数学的兴趣,帮助他们树立学好数学的自信心,使他们愿意亲近数学、了解数学、谈论数学、应用数学,愿意用数学的眼光观察周围的现象。

提高学生数学学习兴趣的途径是多种多样的,教材编写以及具体教学过程中应很好地体现《标准》的理念和要求。

例如,《标准》中很多内容都要求通过丰富的实例展开,这一方面可以使学生体会数学与现实世界的联系,另一方面,活生生的例子也会增强学生学习数学的兴趣,产生学习数学的积极情感,使他们感受到数学离自己很近,数学有用,我要学数学。《标准》在教材内容的选择和呈现形式上的要求也是为了在反映相应数学内容本质的同时,达到引起学生兴趣的目的。例如,对"数学史选讲"专题在呈现方式上就有图文并茂、丰富多彩的要求。

倡导数学建模和数学探究等新的学习方式,为学生提供了自主探究的学习空间,它将有助于学生体验创造的激情,有助于激发学生学习数学的兴趣。

(2) 形成锲而不舍的钻研精神和科学态度 无论人们未来从事怎样的活动,锲而不舍的钻研精神和科学态度是应具备的重要素质,中华民族历来都具有坚韧不拔、顽强不屈的美德。同其他学科相比,数学课程的学习更需要一点精神,需要锲而不舍的专研精神,需要有克服困难的意志力和决心,因而数学课程也就成为我们培育学生具备这种精神和态度的很好的载体。

在高中数学课程中设置具有一定挑战性的问题,使他们有机会经历克服困难、解决问题的活动过程,在学生遇到问题或困难时,帮助他们树立战胜困难的决心,不轻易放弃对问题的解决,鼓励他们坚持下去,这样可以使学生逐步养成独立专研的习惯、克服困难的意志和毅力,进而形成锲而不舍的专研精神和科学态度。

在数学发展的历史中,有许许多多数学家为追求数学的真理贡献自己毕生经历的故事,反映了他们勇于探索、锲而不舍的钻研精神和科学态度,了解它们,会对青年学生有很大的启发。在《标准》中,设立了"数学史选讲"专题和"数学文化"的内容等,在教材编写和教学时应努力按《标准》的要求,渗透和展现这方面的内容。

(3)开阔数学视野,认识数学的科学价值、应用价值和文化价值,体会数学的美学意义 1992年联合国教科文组织在巴西里约热内卢开会宣布:2000年是世界数学年,其目的是让世界,特别是普通大众了解数学,了解数学与社会的联系。会议宣言指出:纯粹数学与应用数学是理解世界及其发展的主要钥匙。

数学是一个十分丰富的宝库。伴随着人类文明发展,它有着悠久的历史,有着极其丰富的内容和思想,有着极其广泛的应用。著名数学家华罗庚做了精炼的概括——宇宙之大,粒子之微,火箭之速,化工之巧,地球之变,生物之谜,日用之繁,数学无所不在。

《标准》要求学生要"具有一定的数学视野"。"知识"是重要的,"见识"更为重要。选修系列3和系列4的课程目标之一,就是为学生奠定基础、开阔视野而努力。

数学是自然科学、技术科学等科学的基础;在经济科学、社会科学和人文科学的发展中发挥着越来越大的作用,数学的应用也渗透到社会生活的方方面面;数学在形成人类的理性思维和促进个人智力发展的过程中发挥着独特的、别的学科不可替代的作用,数学是人类文化的重要组成部分,数学素质是公民所必备的一种基本素质。对数学的进一步认识和了解,可以使人获得美的感受,数学的美不仅有生活中的美,更有思维领域的美,它体现在数学的简洁性、和谐性、奇异性等方面。

学生对数学价值的认识,对数学美的感受,是提高其自身素质的重要方面。因此,数学课程应通过适当的内容设置,以及适当的教学形式来开阔学生的数学视野,使他们更多地了解数学科学与人类社会发展之间的相互作用。例如,在必修课程和选修系列1和系列2中,可以通过阅读材料、数学探究等途径开阔学生的数学视野;在选修系列3和系列4中,可以通过不同的专题,了解数学对人类文明发展的推动作用,了解近现代数学的基本思想和方法及其在解决生活和生产实际问题中的应用,扩展学生的数学视野。

(4)形成批判性的思维习惯、崇尚科学的理性精神,树立辩证唯物主义和历史唯物主义世界观 科学的基本态度之一是质疑,科学的基本精神之一是批判。养成科学的质疑态度、批判性的思维习惯,具有实事求是、严谨的风格以及崇尚科学的理性精神等,是对公民进行科学教育要达到的目标之一。数学的客观真理性、推理的严谨性,使之成为理性的化身,因而数学课程应责无旁贷地肩负起培养人的理性精神和批判性思维习惯的使命。

然而,这种习惯的形成以及理性精神的培育,需要在数学教学的过程中不断地创造机会,才能促进这一目标的逐步实现。教师应鼓励学生善于对他人的、书本上的甚至权威的观点合理地提出疑问,甚至是批判性的意见。当学生对同伴、教师、教材等的结论、思路、方法有疑问时,应鼓励他们为自己的疑问寻找证据,以否定、修正或证实他人的结论作为思考研究的目标。当事实证明学生的怀疑被否定时,应指导他们理智地放弃怀疑,实事求是地尊重科学,但对他们敢于质疑的精神、敢于挑战权威的勇气应给予充分的肯定。

辩证唯物主义和历史唯物主义世界观是正确认识世界和改造世界的锐利武器,数学中充满着辩证法的数学,因此,数学课程中一直都把培养辩证唯物主义和历史唯物主义世界观作为课程目标之一,新课程更是希望通过《标准》的实施,进一步提高未来公民的整体素养,进一步树立辩证唯物主义和历史唯物主义世界观,以满足个人发展和社会进步的需要。

(三)数学课程总目标与具体目标的关系

《标准》确定的数学课程总目标明确了数学教育进展的方向,即:"进一步提高作为未来公民所必要的数学素养,以满足个人发展与社会进步的需要"[①]。因此,《标准》对课程内容的选择、要求、处理上,都有了较大的变化,增加了算法、统计案例、推论与证明、框图等新的内容,对原有内容作了若干删减,此外,在处理方法、要求和侧重点上也有较大的变化,强调数学课程的数学价值和教育价值,突出学生的发展和社会需要。对教师的教和学生的学明确提出了六条具体目标。

这六条具体目标基本上可以分为三个层次:第一个层次是知识与技能;第二个层次是过程与方法,具体体现就是在这个过程中把握方法、形成能力,在这个过程中发展意识,比如应用意识、创新意识;第三个层次就是情感、态度与价值观,一种对于人的全面和谐发展和社会发展的更高层次的要求。

但是,它们之间又是不可分割、互相联系、互相融合的,是一个整体,体现了过程与结果的有机结合。因为方法的把握、能力的形成必须以知识为载体,以技能作为基础,而知识的学习和技能的形成又依赖于方法的把握和具备的各种能力;在发展能力的过程中,逐渐形成意识,在参与数学活动的过程中,提高学习兴趣,提高学习数学的信心,形成积极的学习态度,认识数学的价值和数学的教育价值,崇尚理性精神,培养良好的个性品质,进一步树立辩证唯物主义和历史唯物主义的世界观。知识与技能,过程与方法,情感、态度与价值观三者的有机结合,是《标准》的基本理念。其中,明确提出对"情感、态度与价值观"方面的要求,以及三者的有机结合是一个发展,是对数学学习和数学教育本质深入研究的体现。

联合国教科文组织的文件中对现代人的基本素养的提法是:思想方法、技能、知识。

---

① 中华人民共和国教育部.普通高中数学课程标准(实验)[M].北京:人民教育出版社,2003.

作为人的素养,最终应该体现在他(她)对世界的认识、推动社会发展的一种能动性,表现为个体的一种思想、精神、观念。而这种思想、精神、观念,这种能动性,表现为处理问题、解决问题的能力和意识,而这能力和意识又与技能、知识密切相关,知识和技能是形成能力和意识的基础。

但是,在教育进程中,在具体的数学教育过程中,我们总是从学习具体的知识、训练具体的技能开始,在具体的数学活动中,逐步形成能力、发展意识,进一步发展为个体的思想、精神、观念。这是个体成长发展的一个自然的过程。《标准》提出的这六个具体目标正是体现了个体成长发展的这个自然过程。因此这六条具体目标既有层次,又是不可分割、互相联系、互相融合的一个整体,它保证了在数学教育进程中数学课程总目标的实现。

基于对未来人才在创新意识、数学应用意识方面的要求,《标准》特别增加了对过程性目标的要求,如"了解概念、结论等产生的背景、应用,体会其中所蕴含的数学思想方法,以及它们在后继学习中的作用"[①],因为只有参与了数学活动的过程,才能去感受一些东西,体验一些东西,发现一些东西,产生积极的情感体验,激发学习兴趣,诱发创新灵感。

总之,我们要在《标准》的基本理念指导下,以实现学生的全面、和谐发展和推动社会进步为目标,来认识课程总目标和六个具体目标及它们之间的关系。六个具体目标是有层次的,更加细化、明确了对教学的要求和学习的要求,因此,加强了可操作性。但它们又是相互联系、相互融合的一个统一的整体,目的在于实现课程的总目标和《标准》的理念。

第二节 高中数学课程内容分析

高中数学课程分为必修课程和选修课程两部分(课程结构参见第五章第一节),这也是我国对高中生学习数学增加选择性的一次最大力度的推进。下面对这两部分内容分别予以介绍、分析。

必修课程是整个高中数学课程的基础,包括5个模块,共10学分,是所有学生都要学习的内容。

5个模块的内容为:

(1)数学1 集合、函数概念与基本初等函数Ⅰ(指数函数、对数函数、幂函数)。
(2)数学2 立体几何初步、平面解析几何初步。
(3)数学3 算法初步、统计、概率。
(4)数学4 基本初等函数Ⅱ(三角函数)、平面上的向量、三角恒等变换。
(5)数学5 解三角形、数列、不等式。

---

① 中华人民共和国教育部.普通高中数学课程标准(实验)[M].北京:人民教育出版社,2003.

以上 5 个模块包含了集合、函数、数列、不等式、解三角形、立体几何初步、平面解析几何初步等高中阶段传统的数学"双基"的主要部分,同时增加了向量、算法、概率、统计等内容。但是根据《标准》跟以往大纲的巨大变化,《标准》在知识的发生、发展过程和实际应用上进行了突出,并且对技巧与难度上的要求进行了降低。

必修课程的呈现力求展现由具体到抽象的过程,努力体现数学知识中蕴含的基本思想方法和内在联系,体现数学知识的发生、发展过程和实际应用。

在完成必修课程学习的基础上,希望进一步学习数学的学生,可以根据自己的兴趣和需求,选择学习选修系列 1,系列 2。

选修系列 1 是为希望在人文、社会科学等方面发展的学生而设置的,包括 2 个模块,共 4 学分。选修系列 2 则是为希望在理工、经济等方面发展的学生设置的,包括 3 个模块,共 6 学分。

选修系列 1 的内容分别为:

(1)选修 1-1　常用逻辑用语、圆锥曲线与方程、导数及其应用。

(2)选修 1-2　统计案例、推理与证明、数系扩充与复数的引入、框图。

选修系列 2 的内容分别为:

(1)选修 2-1　常用逻辑用语、圆锥曲线与方程、空间中的向量与立体几何。

(2)选修 2-2　导数及其应用、推理与证明、数系的扩充与复数的引入。

(3)选修 2-3　计数原理、统计案例、概率。

在选修系列 1、系列 2 的课程中,有一些内容及要求是相同的,例如,常用逻辑用语、统计案例、数系扩充与复数等;有一些内容基本相同,但要求不同,如导数及其应用、圆锥曲线与方程、推理与证明;还有一些内容是不同的,如系列 1 中安排了框图等内容,系列 2 安排了空间中的向量与立体几何、计数原理、离散型随机变量及其分布等内容。

选修系列 3,系列 4 分别由若干专题组成,每个专题 1 学分。

选修系列 3 包括数学史选讲、信息安全与密码、球面上的几何、对称与群、欧拉公式与闭曲面分类、三等分角与数域扩充等 6 个专题。系列 4 包括几何证明选讲、矩阵与变换、数列与差分、坐标系与参数方程、不等式选讲、初等数论初步、优选法与试验设计初步、统筹法与图论初步、风险与决策、开关电路与布尔代数等 10 个专题。

选修系列 3,系列 4 所涉及的内容都是基础性的数学内容,不仅应鼓励那些希望在理工、经济等方面发展的学生积极选修,同时也应鼓励那些希望在人文、社会科学方面发展的学生选修这些课程。

一、数学 1

在数学 1 中,包括集合、函数概念与基本初等函数 I(指数函数、对数函数、幂函数)的内容。必修课程的内容要求每一个学生都要学习,旨在满足未来公民的基本数学要求,同时为学生的进一步学习打好数学基础和知识准备。

(一)《标准》中的内容与要求

1. 集合

(1)集合的含义与表示

1)通过实例,了解集合的含义,体会元素与集合的"属于"关系。

2)能选择自然语言、图形语言、集合语言(列举法或描述法)描述不同的具体问题,感受集合语言的意义和作用。

(2)集合间的基本关系

1)理解集合之间包含与相等的含义,能识别给定集合的子集。

2)在具体情境中,了解全集与空集的含义。

(3)集合的基本运算

1)理解两个集合的并集与交集的含义,会求两个简单集合的并集与交集。

2)理解在给定集合中一个子集的补集的含义,会求给定子集的补集。

3)能使用 Venn 图表示集合的关系及运算,体会直观图示对理解抽象概念的作用。

2. 函数概念与基本初等函数 I

(1)函数

1)通过丰富实例,进一步体会函数是描述变量之间的依赖关系的重要数学模型,在此基础上学习用集合与对应的语言来刻画函数,体会对应关系在刻画函数概念中的作用;了解构成函数的要素,会求一些简单函数的定义域和值域;了解映射的概念。

2)在实际情境中,会根据不同的需要选择恰当的方法(如图像法、列表法、解析法)表示函数。

3)通过具体实例,了解简单的分段函数,并能简单应用。

4)通过已学过的函数特别是二次函数,理解函数的单调性、最大(小)值及其几何意义;结合具体函数,了解奇偶性的含义。

5)学会运用函数图像理解和研究函数的性质。

(2)指数函数

1)通过具体实例(如,细胞的分裂,考古中所用的 ^{14}C 的衰减,药物在人体内残留量的变化等),了解指数函数模型的实际背景。

2)理解有理指数幂的含义,通过具体实例了解实数指数幂的意义,掌握幂的运算。

3)理解指数函数的概念和意义,能借助计算器或计算机画出具体指数函数的图像,探索并理解指数函数的单调性与特殊点。

4)在解决简单实际问题的过程中,体会指数函数是一类重要的函数模型。

(3)对数函数

1)理解对数的概念及其运算性质,知道用换底公式能将一般对数转化成自然对数或常用对数;通过阅读材料,了解对数的发现历史以及对简化运算的作用。

2)通过具体实例,直观了解对数函数模型所刻画的数量关系,初步理解对数函数的概念,体会对数函数是一类重要的函数模型;能借助计算器或计算机画出具体对数函的图像,探索并了解对数函数的单调性与特殊点。

3)知道指数函数 $y=a^x$ 与对数函数 $y=\log_a x$ 互为反函数。($a>0,a\neq 1$)

(4)幂函数 通过实例,了解幂函数的概念;结合函数 $y=x,y=x^2,y=x^3,y=1/x,y=x^{1/2}$ 的图像,了解它们的变化情况。

(5)函数与方程

1)结合二次函数的图像,判断一元二次方程根的存在性及根的个数,从而了解函数的零点与方程根的联系。

2)根据具体函数的图像,能够借助计算器用二分法求相应方程的近似解,了解这种方法是求方程近似解的常用方法。

(6)函数模型及其应用

1)利用计算工具,比较指数函数、对数函数以及幂函数增长差异;结合实例体会直线上升、指数爆炸、对数增长等不同函数类型增长的含义。

2)收集一些社会生活中普遍使用的函数模型(指数函数、对数函数、幂函数、分段函数等)的实例,了解函数模型的广泛应用。

(7)实习作业。根据某个主题,收集17世纪前后发生的一些对数学发展起重大作用的历史事件和人物(开普勒、伽利略、笛卡尔、牛顿、莱布尼兹、欧拉等)的有关资料或现实生活中的函数实例,采取小组合作的方式写一篇有关函数概念的形成、发展或应用的文章,在班级中进行交流。有关要求参见数学文化的要求。

(二)内容与要求的分析

1. 集合

19世纪末,集合论是德国数学家康托创立的。高中数学课程并不要求学生学习集合论的理论,但其中的集合语言是现代数学的基本语言。在此就是把集合作为一种语言来学习,使学生认识到集合语言,可以简洁、准确地表达数学对象,发展学生通过集合语言进行数学交流的能力。

《标准》中要求教学中应结合学生的生活经验和已有数学知识,通过列举丰富的实例,使学生理解集合的含义。用自然语言、集合语言、图形语言来表示相应问题的数学内容,培养学生进行转化交流的能力。

2. 函数

函数是高中数学的核心概念之一,函数的思想方法贯穿了高中数学课程的始终,通过函数可以描述客观世界的万千变化规律,是重要的数学模型,函数知识在各方面有着极其广泛的应用。

对于函数的定义,《标准》中在高中阶段并没有把函数概念限制在用集合与对应的语言刻画,仍然可以看成变量之间的一种依赖关系。学习指数函数、对数函数等具体的基本初等函数,结合实际问题,感受运用函数概念建立模型的过程和方法,体会函数在数学和其他学科中的重要性,初步运用函数思想理解和处理现实生活和社会中的简单问题。还将学习利用函数的性质求方程的近似解,体会函数与方程的有机联系。在这个过程中,学生对函数概念的不断认识、理解,多次反复,不断加深对函数的掌握。

《标准》在如下几方面对内容进行了加强:

(1)函数模型的背景和应用。《标准》中要求,对函数概念的教学要从实际背景和定义两个方面帮助学生理解函数的本质。可以通过具体实例,体会数集之间的一种特殊的对应关系,即函数。从学生已掌握的具体函数和函数的描述性定义入手,引导学生联系自己的生活经历和实际问题,尝试列举各种各样的函数,构建函数的一般概念。

(2)数学知识之间的联系。体现在函数和方程、不等式、算法等内容的横向联系,也在于整体中学数学课程中反复接触出现、螺旋上升地学习理解函数的纵向联系。

(3)对数形结合、几何直观等数学思想方法学习。

(4)与信息技术的整合。让学生利用计算器或计算机进行实际操作,进一步体会"用有理数逼近无理数"的思想,感受"逼近"过程。鼓励学生运用现代教育技术学习、探索和解决问题。例如,利用计算器、计算机画出指数函数、对数函数等的图像,探索、比较它们的变化规律,研究函数的性质,求方程的近似解等。

《标准》在如下几方面对内容进行了削弱:

(1)对定义域、值域的求解。

(2)针对函数性质的技巧训练。

(3)反函数的概念。

二、数学 2

在数学 2 中,包括立体几何和平面解析几何的初步知识,它们是高中阶段传统的内容。

在初中学习平面几何的基础上,学习空间立体几何。三维空间是人类生活的现实空间,研究现实世界中物体的形状、大小与位置关系,培养和发展学生的空间想象能力、推理论证能力、运用图形语言进行交流的能力,这是人类的基本需求,也是高中阶段数学课程在几何方面的基本要求。

17 世纪,笛卡尔创立了解析几何,从此研究几何问题多了一条途径——用代数方法,体现了数形结合的重要数学思想。

(一)《标准》中的内容与要求

1. 立体几何初步

(1)立体几何体

1)利用实物模型、计算机软件观察大量空间图形,认识柱、锥、台、球及其简单组合体的结构特征,并能运用这些特征描述现实生活中简单物体的结构。

2)能画出简单空间图形(长方体、球、圆柱、圆锥、棱柱等的简易组合)的三视图,能识别上述的三视图所表示的立体模型,会使用材料(如纸板)制作模型,会用斜二侧法画出它们的直观图。

3)通过观察用两种方法(平行投影与中心投影)画出的视图与直观图,了解空间图形的不同表示形式。

4）完成实习作业，如画出某些建筑的视图与直观图（在不影响图形特征的基础上，尺寸、线条等不作严格要求）。

5）了解球、棱柱、棱锥、台的表面积和体积的计算公式（不要求记忆公式）。

（2）点、线、面之间的位置关系

1）借助长方体模型，在直观认识和理解空间点、线、面的位置关系的基础上，抽象出空间线、面位置关系的定义，并了解如下可以作为推理依据的公理和定理。

公理1：如果一条直线上的两点在一个平面内，那么这条直线在此平面内。

公理2：过不在一条直线上的三点，有且只有一个平面。

公理3：如果两个不重合的平面有一个公共点，那么它们有且只有一条过该点的公共直线。

公理4：平行于同一条直线的两条直线平行。

定理：空间中如果两个角的两条边分别对应平行，那么这两个角相等或互补。

2）以立体几何的上述定义、公理和定理为出发点，通过直观感知、操作确认、思辨论证，认识和理解空间中线面平行、垂直的有关性质与判定。

通过直观感知、操作确认，归纳出以下判定定理。

定理1：平面外一条直线与此平面内的一条直线平行，则该直线与此平面平行。

定理2：一个平面内的两条相交直线与另一个平面平行，则这两个平面平行。

定理3：一条直线与一个平面内的两条相交直线垂直，则该直线与此平面垂直。

定理4：一个平面过另一个平面的垂线，则两个平面垂直。

通过直观感知、操作确认，归纳出以下性质定理，并加以证明。

定理1：一条直线与一个平面平行，则过该直线的任一个平面与此平面的交线与该直线平行。

定理2：两个平面平行，则任意一个平面与这两个平面相交所得的交线相互平行。

定理3：垂直于同一个平面的两条直线平行。

定理4：两个平面垂直，则一个平面内垂直于交线的直线与另一个平面垂直。

3）能运用已获得的结论证明一些空间位置关系的简单命题。

2. 平面解析几何初步

（1）直线与方程

1）在平面直角坐标系中，结合具体图形，探索确定直线位置的几何要素。

2）理解直线的倾斜角和斜率的概念，经历用代数方法刻画直线斜率的过程，掌握过两点的直线斜率的计算公式。

3）能根据斜率判定两条直线平行或垂直。

4）根据确定直线位置的几何要素，探索并掌握直线方程的几种形式（点斜式、两点式及一般式），体会斜截式与一次函数的关系。

5）能用解方程组的方法求两直线的交点坐标。

6）探索并掌握两点间的距离公式、点到直线的距离公式，会求两条平行直线间的距离。

(2) 圆与方程

1) 回顾确定圆的几何要素,在平面直角坐标系中,探索并掌握圆的标准方程与一般方程。

2) 能根据给定直线、圆的方程,判断直线与圆、圆与圆的位置关系。

3) 能用直线和圆的方程解决一些简单的问题。

(3) 在平面解析几何初步的学习过程中,体会用代数方法处理几何问题的思想。

(4) 空间直角坐标系

1) 通过具体情境,感受建立空间直角坐标系的必要性,了解空间直角坐标系,会用空间直角坐标系刻画点的位置。

2) 通过表示特殊长方体(所有棱分别与坐标轴平行)顶点的坐标,探索并得出空间两点间的距离公式。

(二)内容与要求的分析

1. 立体几何初步

《标准》中立体几何初步的学习目的定位于培养和发展学生空间想象与几何直觉能力、逻辑推理论证能力、运用图形语言进行交流的能力等。与以往按照从点到线到面再到体的顺序,即由局部到整体的顺序不同,《标准》按照由整体到局部的顺序展开内容,并遵循从具体到抽象的原则,教学中要体现几何的本质,通过直观感知、操作确认、思辨论证、度量计算等方法,借助丰富的实物模型或利用计算机软件呈现的空间几何体,让学生经历探索研究问题的过程,帮助学生认识空间几何体的结构特征,并能运用这些特征描述现实生活中简单物体的结构,巩固和提高义务教育阶段有关三视图学习和理解,帮助学生运用平行投影与中心投影,进一步掌握在平面上表示空间图形的方法和技能。

再以长方形为载体,从直观上理解体会空间中的点、线、面之间的位置关系,归纳抽象出空间中的点、线、面位置关系的概念,进一步了解平行、垂直关系的基本性质以及判定方法,学会准确地使用数学语言表述几何对象的位置关系,逐步展开立体几何内容的研究与学习,并能解决一些简单的推理论证及应用问题。

在数学2中对有关位置关系的性质定理要进行证明,对相应的判定定理只要求直观感知、操作确认,并不要求严格的证明,在选修系列2中将用向量方法加以论证。

学生还将了解一些简单几何体的表面积与体积的计算方法。

2. 解析几何初步

本模块只是解析几何内容的一部分,包含了直线与方程、圆与方程、空间直角坐标系的内容。

在解析几何的内容中,从两个方面展现代数与几何的关系:一方面突出了用代数方法来解决几何问题的过程;另一方面,强调了代数关系表示的几何意义。具体教学中可遵循以下顺序:首先将几何问题代数化,用代数的语言描述几何要素及其关系,进而将几何问题转化为代数问题;处理代数问题;分析代数结果的几何含义,最终解决几何问题。这种思想应贯穿于平面解析几何教学的始终,帮助学生不断地体会"数形结合"的思想方法。

这部分将在平面直角坐标系中学习直线和圆的代数方程,运用代数方法研究它们的几何性质及其相互位置关系与度量问题,体会数形结合的思想,初步形成用代数方法解决几何问题的思想。

同时,借助情境感受了解空间直角坐标系,会用空间直角坐标系刻画点的位置,探索出空间两点的距离公式。

《标准》中的理念之一"强调本质,注意适度形式化",在以上两部分的教学中贯彻这一理念的关键就是要注意合情推理与演绎推理的结合。数学离不开形式化,但要让数学归于本真、生动,讲演绎推理,更要讲合情推理,说直白些就是要讲道理。立体几何与解析几何初步两部分的设计就体现了对这两种推理的结合,直观几何与论证几何的结合。在内容的展开中淡化了逻辑演绎的线条,让学生在经历探索体验的过程中,学习掌握数学知识点,感受领悟数学思想的真谛。

三、数学3

在数学 3 模块中,包括算法初步、统计、概率,算法是新增加内容,统计、概率是传统的数学内容。

(一)算法

可结合第五章第二节,七(一)中国古代的算法思想。

1.《标准》中的内容与要求

(1)算法的含义、程序框图

1)通过对解决具体问题过程与步骤的分析(如,二元一次方程组求解等问题),体会算法的思想,了解算法的含义。

2)通过模仿、操作、探索,经历通过设计程序框图表达解决问题的过程。在具体问题的解决过程中(如,三元一次方程组求解等问题),理解程序框图的三种基本逻辑结构:顺序、条件分支、循环。

(2)基本算法语句。经历将具体问题的程序框图转化为程序语句的过程,理解几种基本算法语句——输入语句、输出语句、赋值语句、条件语句、循环语句,进一步体会算法的基本思想。

(3)通过阅读中国古代数学中的算法案例,体会中国古代数学对世界数学发展的贡献。

2. 算法的介绍

算法一词源于算术,即算术方法,指的是由已知推出未知的运算过程。中国古代数学是以算法为主要特征的,是举世公认的对世界数学的重大贡献,是数学及其应用的重要组成部分,是计算科学的重要基础。"我国传统数学在从问题出发以解决问题为主旨的发展过程中,建立了以构造性和机械化为其特色的算法体系,这与西方数学以欧几里得《几何原本》为代表的所谓公理化演绎体系正好遥遥相对。始于我国的这种机械化体系,在经过明代以来几百年的相对消沉后,由于计算机的出现,已越来越为数学家所认识与重视,势将重新登上历史舞台。"[1]由于现代信息技术的飞速发展,算法又焕发了活力,在科学技术、社会发展中发挥着越来越大的作用,与社会生活日益密切联系,算法进入中学数学课程,既是时代的要求,也是对现代社会合格公民的素养提升。

中国古代数学中蕴含了丰富的算法思想。反映在中国古代数学家的一些著作中,其中最具代表性的是《九章算术》,它是战国、秦、汉封建社会创立巩固时期数学发展的总结,其内容按类分章,以数学问题的形式出现,其特点以筹算为中心。在随后的著名数学著作如贾宪的《黄帝九章算法细草》、秦九韶的《数书九章》、杨辉的《详解九章算法》《日用算法》和《杨辉算法》中,算法的特点得到了进一步的强化和发展。

例 3-1 求两个正整数最大公约数的算法。

如何找到一种算法,对任意两个正整数都可以求出它们的最大公约数,下面是我国古代数学家的一种算法,叫作"更相减损术"。以求 16 和 12 两个整数的最大公约数为例,用两数中的大数减去小数,即 16-12=4,用差数 4 和 12 再组成一对新的数,对它们再用大数减去小数,重复以上的步骤,直到出现一对相等的数为止,这个数就是最大公约数。整个操作如下:

$(16,12) \to (4,12) \to (4,8) \to (4,4)$

4 就是 16 和 12 两个整数的最大公约数。

3. 算法的表示

在教学中,通过学生在义务教育阶段初步感受算法思想的基础上,先将解决问题的过程程序化,可以用日常语言和数学公式表示。下面结合具体数学实例进行分析。

例 3-2 解方程 $ax^2+bx+c=0$

可以用日常语言和数学公式表示为:

(1) 若 $a=0$,再看 b;

1) 若 $b=0$,则考察 c;

①若 $c=0$,则方程的解为全体实数;

②若 $c \neq 0$,则方程无解。

2) 若 $b \neq 0$,则方程为一元一次方程,它的解为 $x=-\dfrac{c}{b}$。

(2) 若 $a \neq 0$,则方程为一元二次方程;

1) 若 $b=0$,则方程为 $ax^2+c=0$;

①若 $c=0$,则方程的解为 0;

②若 a 与 c 异号,则方程的解为 $\pm\sqrt{-\dfrac{c}{a}}$;

③若 a 与 c 同号,则方程无实数解。

2) 若 $b \neq 0$

①若 $c=0$,则方程的解为 0 和 $-\dfrac{b}{a}$;

---

[1] 吴文俊.九章算术与刘徽[M].北京:北京师范大学出版社,1982.

②若 $c \neq 0$,若 $b^2-4ac<0$,则方程无解;若 $b^2-4ac=0$,则方程的解为 $-\dfrac{b}{2a}$;若 $b^2-4ac>0$,则方程的解为 $\dfrac{-b\pm\sqrt{b^2-4ac}}{2a}$。

这样我们就把解一元二次方程的过程按照用日常语言和数学公式给程序化地表示出来了,它就是解决此类问题的一个算法。

我们还可以用程序框图表达解决问题的过程,以例3-2中 $a\neq0$ 且 $b=0$ 这部分为例,程序框图如图3-1所示。

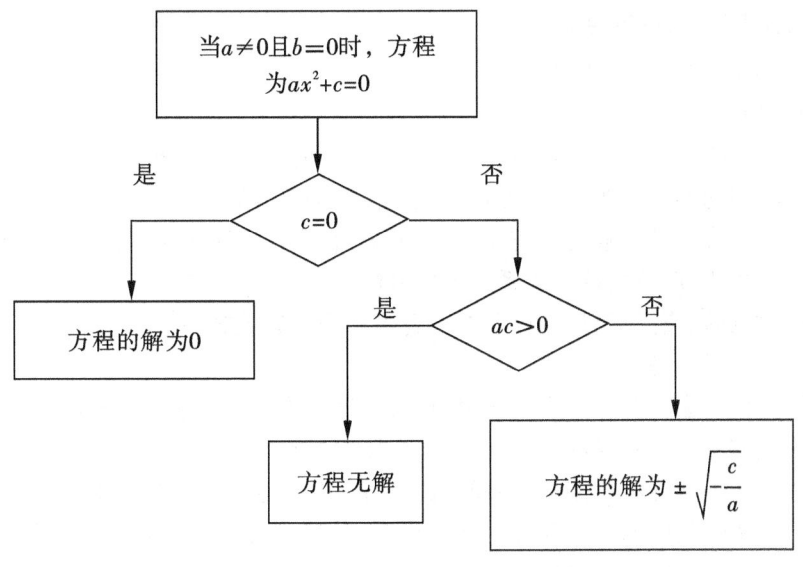

图3-1 程序框图

通过例子体验程序框图在解决问题中的作用。程序框图的教学应贯穿算法教学的始终,通过模仿、操作、探索,学习设计程序框图表达解决问题的过程,通过具体案例循序渐进地讲解程序设计框图的设计。其实解决问题的基本思想并不复杂,很清晰,但是叙述起来可能很烦琐,有的步骤非常多,有的计算量大,有时完全依靠人工来完成这些工作很困难。根据算法用计算机来实现这些程序,这是轻而易举的事情,从中即可以看到算法的威力,这就体现了学习算法的必要性。进一步让学生体会算法的基本思想,体会算法与计算机的联系。

为了能在计算机上实现,还需要将自然语言或程序框图翻译成计算机语言,使其能在计算机上实现。算法教学必须通过实例进行,使学生在解决具体问题的过程中学习一些基本逻辑结构和语句。如果条件允许,可以让学生在计算机上实践应用,进行尝试。

4. 算法与中学数学有关内容的相互渗透

算法除了作为这个模块中的内容之一外,在其他有关数学知识的教学中,应该把算法的思想方法渗透到其中,鼓励学生尽可能地运用算法解决相关问题。过去的数学课程,由于笔算速度的限制,往往人为地制造一些数据,这样就使得教学跟实际的问题和原始数据有距离。渗透算法思想,借助计算机,学生可以进行数值计算,特别是能够解决真实数据的实际问题,这对学生更好地体会数学的应用价值很有好处。对于函数知识的教学,我们可以把函数的概念进行算法化的理解,还可以根据实际问题建立实际关系,利用算法在计算机上求函数值;在数列教学中,我们可以把求数列的前 n 项和、求数列的某一项等问题进行算法化;在统计与概率的教学中,可以把统计量的计算、随机数的产生等问题算法化。

(二)统计与概率

1.《标准》中的内容与要求

(1)统计部分的内容与要求

1)随机抽样

①能从现实生活或其他学科中提出具有一定价值的统计问题。

②结合具体的实际问题情境,理解随机抽样的必要性和重要性。

③在参与解决统计问题的过程中,学会用简单随机抽样方法从总体中抽取样本;通过对实例的分析,了解分层抽样和系统抽样方法。

④能通过试验、查阅资料、设计调查问卷等方法收集数据。

2)用样本估计总体

①通过实例体会分布的意义和作用,在表示样本数据的过程中,学会列频率分布表、画频率分布直方图、频率折线图、茎叶图,体会他们各自的特点。

②通过实例理解样本数据标准差的意义和作用,学会计算数据标准差。

③能根据实际问题的需求合理地选取样本,从样本数据中提取基本的数字特征(如平均数、标准差),并做出合理的解释。

④在解决统计问题的过程中,进一步体会用样本估计总体的思想,会用样本的频率分布估计总体分布,会用样本的基本数字特征估计总体的基本数字特征;初步体会样本频率分布和数字特征的随机性。

⑤会用随机抽样的基本方法和样本估计总体的思想,解决一些简单的实际问题;能通过对数据的分析为合理的决策提供一些依据,认识统计的作用,体会统计思维与确定性思维的差异。

⑥形成对数据处理过程进行初步评价的意识。

3)变量的相关性

①通过收集现实问题中两个有关联变量的数据做出散点图,并利用散点图直观认识变量间的相关关系。

②经历用不同估算方法描述两个变量线性相关的过程。知道最小二乘法的思想,能根据给出的线性回归方程系数公式建立线性回归方程。

(2)概率部分的内容与要求

1)在具体情境中,了解随机事件发生的不确定性和频率的稳定性,进一步了解概率的意义以及频率与概率的区别。

2)通过实例,了解两个互斥事件的概率加法公式。

3）通过实例,理解古典概型及其概率计算公式,会用列举法计算一些随机事件所含的基本事件数及事件发生的概率。

4）了解随机数的意义,能运用模拟方法(包括计算器产生随机数来进行模拟)估计概率,初步体会几何概型的意义。

5）通过阅读材料,了解人类认识随机现象的过程。

2. 内容与要求的分析

统计与概率的内容是为了使学生能够成为一名合格的未来公民,适应现代这个信息化的社会而必须具备的知识组成部分。数据分析是高中数学课程统计部分的主体,现代社会人们常常需要经常收集数据,然后从获得的数据中提取出需要的信息,再做出合理的决策。统计就是研究如何合理地收集、整理、分析数据的学科,它可以为人们制订决策提供依据。随机现象在人们的日常生活中随处可见,概率正是以随机现象为研究对象,研究随机现象规律的学科,它对于人们认识客观世界在思维模式和解决问题的方法方面提供了重要的模式,它也为统计学的科学化和发展提供了理论基础。随着社会的发展,统计观念和随机的思想将成为现代社会一种普遍适用并且强有力的思维方式。因此,在义务教育阶段的有关内容的基础上,统计与概率的内容《标准》要求继续加强,在必修和选修中都把统计与概率作为重要的学习单元,使学生形成尊重事实、用数据说话的态度,能有效地利用统计分析的方法,科学合理地利用数据信息。同时,让学生了解随机现象,将有助于他们形成科学的世界观和方法论。

《标准》与2002年《全日制普通高级中学数学教学大纲》(以下简称《大纲》)相比突出了如下几个设计的要求:强调体会统计的作用与基本思想;强调统计的过程与培养理性精神;强调对抽样与样本的理解;强调对随机现象与概率意义的理解;提倡与现代信息技术的结合[①]。

（1）统计部分重难点要求的分析

1）随机抽样　随机抽样的重点:能从现实生活中或其他学科中提出具有一定价值的统计问题。统计问题要求有明确的总体和研究的变量,通过学习统计的这个特点,可以从现实提出的例子,例如,一批蔬菜的农药残留是否合格? 也可以从其他学科中提出问题,例如,本地气温的变化、交叉路口车辆的通过效率等,培养学生发现、提出问题的能力。

理解随机抽样的必要性和重要性。可以结合现实的例子,例如,一批蔬菜的农药残留是否合格? 从中能区别出使用普查还是抽样调查更好,从中理解随机抽样的必要性和重要性。

学会用简单随机抽样方法从总体中抽取样本,了解分层抽样和系统抽样方法。能对一些简单问题,例如,从全班45人中选出12人参加大扫除,可以用抓阄法(抽签法)和随机数法从总体中抽出样本;能根据一些具体问题的抽样,识别出是不是简单随机抽样;在实际问题中,了解分层抽样和系统抽样的操作方法以及三种抽样方法的特点,对分层抽样和系统抽样方法只要求对具体的实例分析,例如,对某地的商店进行每日零售额的抽

---

① 严士健,张奠宙,王尚志.普通高中数学课程标准解读[M].南京:江苏教育出版社,2004.

样调查,商店有大型、中型和小型三类,不同类型的商店之间的每日零售额之间差异较大,这就可以用分层抽样,达到了解的水平即可。

对随机样本的随机性的理解,同时也是难点。

2)用样本估计总体 体会分布的意义和作用,在表示样本数据的过程中,学会列频率分布表、画频率分布直方图、频率折线图、茎叶图,体会它们各自的特点。给出一组用随机抽样得到的数据来学习以上的知识,并进行体会。

理解样本数据标准差的意义和作用,学会计算数据标准差。对样本数据中提取基本的数字特征,如平均数、标准差,做出合理的解释。通过实例,例如,两名射击运动员在一次射击中各射击 10 次的中靶环数分析,了解对数据的刻画一种是集中趋势,另一种是离散趋势的分析,标准差就是刻画数据离散程度的一种好方法。能解释实际问题中样本数据标准差的意义和作用,例如,比较两个班级的成绩时,标准差小的那个班级的成绩是更稳定的;描述产品质量时,标准差小的产品,说明产品质量更稳定。要学会计算标准差,会结合平均数和标准差解决一些实际问题。

体会用样本估计总体的思想,会用样本的频率分布估计总体分布,会用样本的基本数字特征估计总体的数字特征。这些目标要通过具体的实例来实现,对于较简单的实际问题,例如,调查某校高中生的身高状况,会合理选取样本,能从抽取的样本中提取数据信息,能够分析样本的基本数字特征,如平均数、标准差,再对这些数字特征做出合理的解释。另外,要让学生明白样本信息和总体信息存在一定的差异。

初步体会样本频率分布和数字特征的随机性;会用随机抽样的基本方法和样本估计总体的思想,解决一些简单的实际问题;能通过对数据的分析为合理的决策提供一些依据,认识统计的作用,体会统计思维与确定性思维的差异,形成对数据处理过程进行初步评价的意识,这将有助于对统计思维与确定性思维的理解,有助于客观地认识统计的过程、统计分析的方法,有助于理性思维的培养,这是现代公民应具有的一个基本素质。

3)变量的相关性 重点:利用散点图直观认识两个变量间的相关关系;经历用不同的估算方法描述两个变量线性相关的过程,知道最小二乘法的思想;根据给出的线性回归方程的系数公式建立线性回归方程。难点是:回归思想的建立;对回归直线和观测数据关系的理解。

会做散点图,并由此对变量间的正相关或负相关关系做出直观判断,了解变量之间除了函数关系之外还有相关关系,即从总的变化趋势来看变量之间存在着某种关系,但这种关系又不能用函数关系表达出来。散点图在分析两变量之间的关系是有很重要的作用,研究变量之间的关系,判断是用函数模型还是随机模型,可以利用散点图来直观体会两变量之间的关系。

最小二乘法的思想就是用一条直线来拟合两个变量之间的关系的一种思想,即要求所有点相对于该直线的偏差平方和达到最小,要求学生体会最小二乘法的思想,应鼓励学生探索其他用直线拟合变量关系的思想。

(2)概率部分重难点要求的分析

1)随机事件的概率

重点:了解随机事件发生的不确定性和频率的稳定性;概率的正确理解及其在实际

中的应用。

难点：概率与频率的区别；概率的正确理解及其在实际中的应用；随机试验结果的随机性和规律性的关系。

随机事件的不确定性是指在条件 S 下事件 A 可能发生也可能不发生。随机事件可以大量重复地进行试验，每次试验结果不一定相同，并无法预测下一次的结果。例如，抛一枚硬币是正面还是反面朝上，是无法预测的。故事件"抛一枚硬币，正面朝上"是随机事件。随机事件的频率的稳定性是指随着大量重复试验的进行，其结果呈现出规律性。例如，抛硬币 3 000 次正面朝上出现 1 508 次，抛 10 000 次正面朝上出现 5 017 次，抛 72 088 次正面朝上出现 36 124 次等，大量重复试验表明正面朝上的频率稳定在 0.5 左右。

概率与频率的主要区别在于，频率本身是随机的，在试验前是不确定的，做同样次数的重复试验得到的事件的频率可能是不同的。例如，全班每个人都抛 100 次硬币，但各自出现正面朝上的频率可以是不一样的。对概率要正确理解，概率是一个确定的数，它从数量上反映事件发生的可能性大小，跟试验多少次是没有关系的，概率大小跟事件是否一定发生无关。例如，抛硬币出现正面朝上的概率始终是 0.5。

2）古典概型

重点：理解古典概型及其概率计算。

难点：设计和运用模拟方法近似计算概率。

概率论发展的初期，主要研究对象就是古典概型，概率的最初结果许多也是由它得到的，故此就称其为古典概型，它是一类很经典的概率模型，在日常生活和社会生产中有着很广泛地应用。对于古典概型的理解，教学中要着重于古典概型的两个特征：①试验的所有可能结果即基本事件数只有有限个；②每个结果即基本事件出现的可能性相同。满足了以上特征，概率计算公式就是 $P(A)=\dfrac{m}{n}$，其中 m 是 A 包含的基本事件数，n 是总的基本事件数。

另外还需注意：①在抛硬币和掷骰子等试验中，把求频数比和求基本事件比相比较，让学生理解频率的稳定值就是基本事件的比值。在随机模拟试验中，可以让学生先做一些简单的易于操作的试验，若用计算机模拟来体会时，应给学生上机实践的机会。②因为排列组合的内容移到了选修 2—3 中，所以古典概型的例题和习题的难度只限于能用列举法列出全部基本事件的问题。

3）几何概型

重点：体会随机模拟中的统计思想，用样本估计总体。

难点：把求未知量的问题转化为求几何概率的问题。

初步体会几何概型的意义，例如，在图 3—2 所示的图中随机撒一大把豆子，计算落在圆中的豆子数与落在正方形中的豆子数之比。

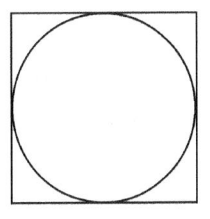

图 3—2　几何概型示例

在几何概型中，事件 A 的概率的计算公式为

$$P(A)=\dfrac{\text{构成事件 } A \text{ 的区域长度（面积或体积）}}{\text{试验的全部结果所构成的区域长度（面积或体积）}}$$

因此,对与简单的几何图形有关的概率问题,只需求相应的区域长度(面积、体积)之比即可,对于几何图形特别复杂的问题不要深究。例如,在边长为1的正方形内一点到正方形中心的距离不大于1的概率,则可直接用公式求圆的面积与正方形面积之比即可。几何概型的重难点在于随机模拟部分,解题时要透彻理解进行等价几何转化或代数转化,构造一个几何图形或能让计算机产生随机数的条件,是解题的关键。具体教学中要注意以下几点:

第一,介绍几何概型主要是为了更广泛地满足随机模拟的需要,但是对几何概型的要求仅限于初步体会几何概型的意义。

第二,随机模拟部分是本节的重点内容。利用古典概型产生的随机数是取整数值的随机数,是离散型随机变量的一个样本;利用几何概型产生的随机数是取值在一个区间的随机数,是连续型随机变量的一个样本。随机模拟中的统计思想是用频率估计概率。应该创造条件让学生实际动手操作,使他们相信模拟结果的真实性,然后再通过计算机或计算器产生均匀随机数进行模拟试验,得到模拟的结果。通过这样的过程,让学生感受结果的随机性和规律性,体会随着试验次数的增加,一般来说,结果的精度会越来越高。

第三,不要讨论概率为0的事件不是不可能事件,概率为1的事件不是必然事件这样细枝末节的问题。

四、数学4

在本模块中,包括三角函数、平面上的向量(简称平面向量)、三角恒等变换。三角函数和三角恒等变换是高中数学课程的传统内容,平面向量是在1996年进入了高中数学课程的内容,《标准》在这方面有些变动,作了新的处理,要求上也有变化。

三角函数是基本初等函数,它是描述周期现象的重要数学模型,在数学和其他领域中具有重要的作用。向量是近代数学中重要和基本的数学概念之一,它是沟通代数、几何与三角函数的一种工具,有着极其丰富的实际背景。三角恒等变换在数学中有一定的应用,同时有利于发展学生的推理能力和运算能力。

(一)《标准》中的内容与要求

1. 三角函数

(1)任意角、弧度　了解任意角的概念和弧度制,能进行弧度与角度的互化。

(2)三角函数

1)借助单位圆理解任意角三角函数(正弦、余弦、正切)的定义。

2)借助单位圆中的三角函数线推导出诱导公式($\frac{\pi}{2}\pm\alpha$,$\pi\pm\alpha$的正弦、余弦、正切),能画出$y=\sin x$,$y=\cos x$,$y=\tan x$的图像,了解三角函数的周期性。

3)借助图像理解正弦函数、余弦函数在$[0,2\pi]$,正切函数在$(-\pi/2,\pi/2)$上的性质(如单调性、最大和最小值、图像与x轴交点等)。

4)理解同角三角函数的基本关系式:$\sin^2 x+\cos^2 x=1$,$\sin x/\cos x=\tan x$。

5)结合具体实例,了解 $y=A\sin(\omega x+\phi)$ 的实际意义;能借助计算器或计算机画出 $y=A\sin(\omega x+\phi)$ 的图像,观察参数 A,ω,ϕ 对函数图像变化的影响。

6)会用三角函数解决一些简单实际问题,体会三角函数是描述周期变化现象的重要函数模型。

2. 平面向量

(1)平面向量的实际背景及基本概念　通过力和力的分析等实例,了解向量的实际背景,理解平面向量和向量相等的含义,理解向量的几何表示。

(2)向量的线性运算

1)通过实例,掌握向量加、减法的运算,并理解其几何意义。

2)通过实例,掌握向量数乘的运算,并理解其几何意义,以及两个向量共线的含义。

3)了解向量的线性运算性质及其几何意义。

(3)平面向量的基本定理及坐标表示

1)了解平面向量的基本定理及其意义。

2)掌握平面向量的正交分解及其坐标表示。

3)会用坐标表示平面向量的加、减与数乘运算。

4)理解用坐标表示的平面向量共线的条件。

(4)平面向量的数量积

1)通过物理中"功"等实例,理解平面向量数量积的含义及其物理意义。

2)体会平面向量的数量积与向量投影的关系。

3)掌握数量积的坐标表达式,会进行平面向量数量积的运算。

4)能运用数量积表示两个向量的夹角,会用数量积判断两个平面向量的垂直关系。

(5)向量的应用　经历用向量方法解决某些简单的平面几何问题、力学问题与其他一些实际问题的过程,体会向量是一种处理几何问题、物理问题等的工具,发展学生的运算能力和解决实际问题的能力。

3. 三角恒等变换

(1)经历用向量的数量积推导出两角差的余弦公式的过程,进一步体会向量方法的作用。

(2)能从两角差的余弦公式导出两角和与差的正弦、余弦、正切公式,二倍角的正弦、余弦、正切公式,了解它们的内在联系。

(3)能运用上述公式进行简单的恒等变换(包括引导导出积化和差、和差化积、半角公式,但不要求记忆)。

(二)内容与要求的分析

1. 课程内容加强的方面

(1)加强了几何直观　学习中增强几何直观对于理解掌握概念和命题的作用,利用单位圆的直观性,认识任意角、任意角的三角函数,理解三角函数的周期性、诱导公式、同角三角函数关系以及三角函数的图形,利用三角函数图像的直观性,理解三角函数的多种性质;平面向量中,强调从向量的几何背景入手,强调理解向量运算及其性质的几何意义,从直观上认识向量及其运算。

(2)鼓励使用信息技术,进行数学探究活动 《标准》鼓励学生使用计算机和计算器探索和解决问题。例如,可以借助计算器或计算机画出 $y=A\sin(\omega x+\phi)$ 的图像,观察参数 A,ω,ϕ 对函数图像变化的影响。通过信息技术的介入,可以把学生从繁杂的计算中解脱出来,为学生去进行更有意义的探索性和创造性的数学活动提供了更多可能,同时,也使得学生能够越过繁杂的计算来解决一些实际问题成为可能。

(3)强调数学知识之间以及数学与其他学科之间的内在联系 这是通过向量来实现的,向量是近代数学中重要和基本的数学概念之一,是沟通代数、几何与三角函数的有力工具,其中用向量的数量积来推导两角差的余弦公式,表示平面内两条直线的平行与垂直的位置关系,展现了向量方法在研究和解决数学问题中的作用。三角函数和向量与物理等学科有密切联系,《标准》要求要突出三角函数和向量的物理背景和他们在物理上的应用。同时,物理背景也是三角函数和向量学习的重要原型。

2. 课程内容削弱的方面

(1)在三角函数方面 《标准》删减了任意角的余切、正割、余割,周期函数与最小正周期,三角函数的奇偶性,已知三角函数值求角与符号 $\arcsin x,\arccos x,\arctan x$;对一些内容降低了要求,对任意角、弧度制的概念、同角三角函数的基本关系式的要求由理解、掌握降低为了解、理解。

(2)在三角恒等变换方面 在原高中课本中,先在单位圆中构造两个全等三角形,利用两点间距离公式推出两角和余弦公式后,再推出两角差的余弦公式的方法,不再要求,改为用向量方法先推导出两角差余弦公式;两角和与差的正余弦、正切公式,二倍角的正余弦、正切公式,由掌握降低为能从两角差的余弦公式导出;对于积化和差、和差化积、半角公式作为探索和讨论交流三角恒等变换的训练,不要求用这些公式做复杂的恒等变形。

(3)平面向量中删减了平面上两点间的距离、线段定比分点、中点坐标、平移等公式。

3. 教学要求分析

在三角函数的教学中,教师应关注两点:①结合具体实例,根据学生的生活经验,创设情境,使学生体会三角函数模型的意义。例如,通过单摆、弹簧振子、圆上一点的运动,以及音乐、波浪、潮汐、四季变化等实例,使学生感受周期现象的广泛存在,认识周期现象的变化规律,体会三角函数是刻画周期现象的重要模型。②《标准》关注三角函数模型的应用,即利用三角函数模型来描述周期变化现象,解决一些简单实际问题。

例3-3 海水受日月的引力,在一定的时候发生涨落的现象叫潮,一般地早潮叫潮,晚潮叫汐。在通常情况下,船在涨潮时驶进航道,靠近船坞;卸货后落潮时返回海洋。表3-1是某港口在某季节每天的时间与水深关系。

(1)选用一个三角函数来近似描述这个港口的水深与时间的函数关系。给出整点时的水深的近似数值。

(2)一条货船的吃水深度(船底与水面的距离)为 4 m,安全条例规定至少要有 1.5 m

的安全间隙(船底与洋底的距离),该船何时能进入港口?在港口能待多久?

表3-1 某港口在某季节每天的时间与水深关系

时刻	水深/m	时刻	水深/m	时刻	水深/m
0:00	5.0	9:00	2.5	18:00	5.0
3:00	7.5	12:00	5.0	21:00	2.5
6:00	5.0	15:00	7.5	24:00	5.0

(3)若某船的吃水深度为4 m,安全间隙为1.5 m,该船在2:00开始卸货,吃水深度以每小时0.3 m的速度减少,那么该船在什么时间必须停止卸货,将船驶向较深的水域?

本题可以根据题目描述的时间和水深的关系,画出水深随时间变化的简图,然后可以看出图像接近于正弦曲线,根据函数 $y=A\sin(\omega x+\phi)$ 的特点以及图像平移的知识求出水深的近似数值,此题即可解决。

周期性是三角函数最主要的性质,通过学习三角函数可以加深对周期性的理解。余弦函数、正切函数都可以转化为正弦函数,因此三角函数的重点是正弦函数,通过对正弦函数性质的透彻理解,可以类比地理解余弦函数、正切函数的性质。理解形如 $y=A\sin(\omega x+\phi)$ 的三角函数以及三角函数的应用,这是三角函数中的难点,可以结合具体实例,借助计算器或计算机来进行。

向量既是代数的对象,又是几何的对象。作为代数对象,向量可以运算,作为几何对象,向量有方向,可以刻画直线、平面、切线等几何对象;向量有长度,可以刻画长度、面积、体积等几何度量问题。向量由大小和方向两个要素确定,大小反映了数量特征,方向反映了向量形上的特征,所以说向量是集数形于一体的综合对象,是数形结合思想的典型体现。

平面向量的概念及其数量积的坐标表示是本部分的重点及难点之一。向量的概念是向量的基础,只有真正理解了概念,才可以在概念的基础上继续学习向量的其他内容。向量的数量积是有极其广泛的应用的,不仅在本模块中,它还可以处理无理函数的最值问题、证明部分不等式,可以很简单地证明选修4-5中的柯西不等式,当然,很多时候可以替代柯西不等式来进行求最值及新不等式的证明,并可以对选修2-1中空间向量的学习具有启发性和类比性。平面向量的教学应该注意,以基础知识内容为主,不要过多地深挖。

三角恒等变换是恒等变换的一种,主要作用是化简,是数学的一种基本功。高中数学课程对这部分的定位主要是:①通过从一些基本公式出发推导出其他公式,体会演绎推理的作用以及三角恒等关系的逻辑体系;②对学生进行恒等变换的训练。用到的恒等变换的基本公式控制在:两角和与差正弦、余弦、正切公式,二倍角的正弦、余弦、正切公式,积化和差、和差化积、半角公式。以此作为三角恒等变换的基本训练,教学中要特别注意避免在三角恒等变换上深挖。

五、数学 5

在本模块中,包括解三角形、数列、不等式。

(一) 解三角形

在已有知识的基础上,通过对任意三角形边角关系的探究,发现并掌握三角形中的边长与角度之间的数量关系,并运用它们解决一些与测量和几何计算有关的实际问题。

1.《标准》中的内容与要求

(1)通过对任意三角形边长和角度关系的探索,掌握正弦定理、余弦定理,并能解决一些简单的三角形度量问题。

(2)能够运用正弦定理、余弦定理等知识和方法解决一些与测量和几何计算有关的实际问题。

2. 内容与要求的分析

《标准》中解三角形内容与以往相比,以前关注三角形边角关系的恒等变换,往往把侧重点放在运算上,而《标准》将解三角形作为几何度量问题来处理,突出几何的作用,为学生理解数学中的量化思想、进一步学习数学奠定基础。

解三角形这部分的重点是正弦定理和余弦定理的探求和应用,教学中应梳理正弦定理、余弦定理以及相关知识之间的联系。解斜三角形问题,是数学以及物理等其他学科中经常用到的问题,学生在初中学习了利用勾股定理解直角三角形,在高中学习解斜三角形问题时,正弦定理和余弦定理反映了三角形边角之间的关系,是解斜三角形的一般方法,勾股定理是余弦定理的特例。

由初中判断三角形全等的条件可知,只要给出三角形中"边边边"或"边边角"或"角边角"("角角边")的条件,就可以确定一个三角形,解三角形时也就只有唯一解;若给出"边边角"的条件解三角形时,就会面临存在不同解的难点问题,学生对此常常理解得不够透彻,解答的不全面,这是教学中的一个难点。可以从运动变化的角度,分析"边边角"存在不同解的难点问题,使学生明确需要根据不同的已知条件,选择边角关系来解三角形。另外,正余弦定理在实际问题中的应用也是一个难点,难在一方面实际问题转化为数学问题之难,另一方面实际问题的求解计算之难。

解三角形的内容在教学形式上可以灵活安排,可以设计一些研究性、开放性题材,让学生自行探索解决,也可以建议学生利用课外时间自己寻找研究性、应用性的题目去探究,写出研究或实验报告,还可以引导学生用向量的知识解决三角形的度量问题。

(二) 数列

数列作为一种特殊的函数,是反映自然规律的基本数学模型。在本模块中,学生将通过对日常生活中大量实际问题的分析,建立等差数列和等比数列这两种数列模型,探索并掌握它们的一些基本数量关系,感受这两种数列模型的广泛应用,并利用它们解决一些实际问题。

1.《标准》中的内容与要求

（1）数列的概念和简单表示法

通过日常生活中的实例，了解数列的概念和几种简单的表示方法（列表、图像、通项公式），了解数列是一种特殊函数。

（2）等差数列、等比数列

1）通过实例，理解等差数列、等比数列的概念。

2）探索并掌握等差数列、等比数列的通项公式与前 n 项和的公式。

3）能在具体的问题情境中，发现数列的等差关系或等比关系，并能用有关知识解决相应的问题。

4）体会等差数列、等比数列与一次函数、指数函数的关系。

2. 内容与要求的分析

《标准》中的数列内容与以往相比，以前关注数列中各变量之间关系的恒等变形，《标准》中突出了数列函数思想、数学模型思想以及离散与连续关系的内容。数列是一种离散函数的重要数学模型，日常生活中很多问题都可以用等差数列、等比数列来刻画，等差数列、等比数列又是一次函数、指数函数的离散化，从函数的观点、模型的观点、离散与连续关系的角度学习数列，突出了数列的本质。

数列的教学中要突出以下三个方面的内容：

第一，突出等差、等比数列的本质。等差数列的本质就是等差，即

$$a_n - a_{n-1} = d(n=2,3,4\cdots)$$

这是理解等差数列的概念、研究等差数列性质的基础，也是理解等差数列问题的基本出发点。教学中要引导学生在思考问题时，经常回到这个出发点来考虑问题。等比数列的本质就是等比，即

$$\frac{a_n}{a_{n-1}} = q(n=2,3,4\cdots)$$

这是理解等比数列的概念、研究等比数列性质的基础，也是理解等比数列问题的基本出发点。教学中也要引导学生在思考问题时，经常回到这个出发点来考虑问题。

第二，突出过程，强调从特殊到一般。对于等差、等比数列的学习，要从具体的等差、等比数列的实例出发，归纳、抽象出一般等差、等比数列的特征、性质。例如，数列 1,2,3,4,…，可以从对这个等差数列的特征、前 n 项和的计算等的归纳中，研究一般等差、等比数列的相应结论。

第三，突出应用，强调数学建模的过程。等差数列和等比数列有着广泛的应用，教学中应通过具体生活中的实例，如存款、贷款、分期付款、保险等，使学生理解这两种数列模型的作用，引导学生经历把实际问题抽象为数学问题，能用等差、等比数列来刻画数学问题中的关系，在利用等差、等比数列的性质解决问题的过程中，培养学生从实际问题中抽象出数列模型的能力。当然，这也是数列内容的难点。

（三）不等式

不等关系与相等关系都是客观事物的基本数量关系，是数学研究的重要内容之一。

建立不等观念、处理不等关系与处理相等问题是同样重要的。在本模块中,学生将通过具体情境,感受在现实世界和日常生活中存在着大量的不等关系,理解不等式(组)对于刻画不等关系的意义和价值;掌握求解一元二次不等式的基本方法,并能解决一些实际问题;能用二元一次不等式组表示平面区域,并尝试解决一些简单的二元线性规划问题;认识基本不等式及其简单应用;体会不等式、方程及函数之间的联系。

1.《标准》中的内容与要求

(1)不等关系　通过具体情境,感受在现实世界和日常生活中存在着大量的不等关系,了解不等式(组)的实际背景。

(2)一元二次不等式

1)经历从实际情境中抽象出一元二次不等式模型的过程。

2)通过函数图像了解一元二次不等式与相应函数、方程的联系。

3)会解一元二次不等式,对给定的一元二次不等式,尝试设计求解的程序框图。

(3)二元一次不等式组与简单线性规划问题

1)从实际情境中抽象出二元一次不等式组。

2)了解二元一次不等式的几何意义,能用平面区域表示二元一次不等式组。

3)从实际情境中抽象出一些简单的二元线性规划问题,并能加以解决。

(4)基本不等式

$$\sqrt{ab} \leq \frac{a+b}{2}(a,b \geq 0)$$

1)探索并了解基本不等式的证明过程。

2)会用基本不等式解决简单的最大(小)问题。

2. 内容与要求的分析

对于不等式,以往比较关注不等式的解法、证明和技巧变形,而《标准》淡化了以往在解不等式技巧性上的要求。《标准》强调不等式是刻画和描述现实世界中事物在量上区别的一种工具,是描述、刻画优化问题的一种数学模型,强调通性通法,即解不等式和简单线性规划问题的算法,突出了不等式的实际背景及其应用,而不是从数学到数学的纯理论的探讨。例如,将现行规划问题作为不等式的应用来处理,突出了不等式的几何意义以及在解决优化问题中的作用,为学生理解不等式的本质、体会优化思想奠定了基础。

《标准》中解不等式仅限于一元二次不等式和二元一次不等式(组),只要求了解基本不等式的证明,对于以往大纲中的绝对值不等式、不等式的性质与证明以及用分析法、综合法、比较法证明不等式等内容不作要求。

一元二次不等式的解法和线性规划问题有通性通法,体现了算法的思想。不等式的应用是培养数学应用意识的载体之一。因此,一元二次不等式的解法和线性规划问题的解法是不等式部分的重点。不等式这部分的难点是函数、方程与不等式的关系、线性规划与不等式的应用。

学生在初中接触到了一元二次函数这类常见的函数,一元二次方程、一元二次不等式、一元二次函数三者有着扯不断理还乱的密切联系。这部分内容丰富、方法多样,特别是在初中的基础上,演绎出的"区间根问题""二次函数在区间上的最值问题"以及"二次不等式在区间上恒成立的问题"等。不过要注意控制这类问题的难度,因为这类问题常常可以涉及含参数的问题,需要进行分类讨论,这一来难度就会上升很多,掌握分类与整合的思想方法是一个循序渐进的过程。

线性规划是数学应用的一个重要的内容之一,蕴含的优化思想是数学中的基本思想方法,可以对学生培养优化的思想。无论学生将来学习文科还是理科,以至将来参加工作,甚至生活中,都有可能遇到线性规划问题或类似的问题。要充分发挥案例的作用,《标准》中的例3(参见《标准》第38页),是一个投入产出模型,教学中可以举一反三,给出若干其他例子,借以体现数学的广泛应用性,也让学生通过一定的训练掌握简单线性规划问题的解法。还应引导学生从社会生产、生活实际中提取可以归结为二元线性规划的问题,并分析解决之。

基本不等式在求解某些最值问题,特别是非一元二次函数的最值问题时,会使得过程变得非常简捷。难点在于应用基本不等式求最值时,有时需要有一定的变形技巧,并且容易忽略讨论等号成立的条件。

六、选修系列1

◆选修1-1

在本模块中,包括常用逻辑用语、圆锥曲线与方程、导数及其应用。

(一)常用逻辑用语

在数学中逻辑用语的作用是很重要的。数学内容的表达,命题间的关系以及命题成立的条件都需要逻辑用语的关联。《标准》对常用逻辑用语这部分内容的定位是:正确地使用逻辑用语是现代社会公民应该具备的基本素质。无论是进行思考、交流,还是从事各项工作,都需要正确地运用逻辑用语表达自己的思想。在本模块中,学生将在义务教育阶段的基础上,学习常用逻辑用语,体会逻辑用语在表述和论证中的作用,利用这些逻辑用语准确地表达数学内容,更好地进行交流。

1.《标准》中的内容与要求

(1)命题及其关系

1)了解命题的逆命题、否命题与逆否命题。

2)理解必要条件、充分条件与充要条件的意义,会分析四种命题的相互关系。

(2)简单的逻辑联结词。通过数学实例,了解"或""且""非"的含义。

(3)全称量词与存在量词

1)通过生活和数学中的丰富实例,理解全称量词与存在量词的意义。

2)能正确地对含有一个量词的命题进行否定。

2. 内容与要求的分析

《标准》中这部分内容是选修,《大纲》安排是必修,但是针对文理科的要求是一样的。对知识的要求《标准》比《大纲》稍低。《标准》新增加了全称量词与存在量词。

教学中,注意引导学生在适应常用逻辑用语的过程中,掌握常用逻辑用语的用法,纠正出现的逻辑错误,体会常用逻辑用语表述数学内容的准确性、简洁性,避免形式化的讨论。本部分目的是学习正确使用逻辑用语来表达数学内容,而不是为逻辑学和数理逻辑奠定基础的。

本模块的重点是四种命题的相互关系和命题的充分条件、必要条件、充要条件,这些内容对于起初学习时,是很困难和难理解的,所以这些内容也是本部分的难点。那么,解决这些问题的关键要结合实例学习,在不断使用的实践中,加深认识和发展能力,而不是形式上的记忆,对于高中生来说,经历一段时间的学习,有了一定具体数学命题的积累后,是能够克服这个难点问题的。

对于全称量词和存在量词的含义以及对含一个量词的命题进行否定是教学的重点,同时对含一个量词的命题进行否定还是难点。教学中要通过具体的案例进行开展,不去追求形式化的定义。因为,形式化的定义对学生来说很难理解,而且还难以找到具体应用的背景。

(二) 圆锥曲线与方程

在必修课程学习平面解析几何初步的基础上,本模块依然属于平面解析几何的内容体系中,学生在此将学习圆锥曲线(椭圆、抛物线、双曲线)与方程。圆锥曲线是一个非常重要的数学模型,有很多非常好的几何性质,这些几何性质在日常生活、社会生产和其他科学中都有重要且广泛地应用。

1.《标准》中的内容与要求

(1) 了解圆锥曲线的实际背景,感受圆锥曲线在刻画现实世界和解决实际问题中的作用。

(2) 经历从具体情境中抽象出椭圆模型的过程,掌握椭圆的定义、标准方程及简单几何性质。

(3) 了解抛物线、双曲线的定义、几何图形和标准方程,知道它们的简单几何性质。

(4) 通过圆锥曲线与方程的学习,进一步体会数形结合的思想。

(5) 了解圆锥曲线的简单应用。

2. 内容与要求的分析

圆锥曲线与方程在《标准》中是选修内容,对文理科学生要求不同;而在《大纲》中是必修内容,对文理科学生要求相同。对抛物线、双曲线的定义、几何图形、标准方程和简单几何性质,《标准》改《大纲》中要求掌握为了解内容。对于希望在人文、社会科学等方面发展的学生而言,对椭圆这个圆锥曲线有一个较全面的认识,而对其他的圆锥曲线只作为一般性的了解即可,体现了分层次的要求,关注学生发展的不同需要。

教学中,对于圆锥曲线的引入,要通过实际背景与应用,使学生更加自然、深刻地理解学习圆锥曲线的重要性和意义。让学生经历椭圆图形的形成过程,使他们对圆锥曲线的定义和几何背景有比较深入的了解。《标准》中设计了如例 3-4 所示的例子来展示平面截圆锥得到椭圆的过程,使学生加深对圆锥曲线的理解。有条件的学校应充分发挥现代教育技术的作用,利用计算机演示平面截圆锥所得的圆锥曲线。

例 3-4 如图 3-3 所示,用一个平面去截圆锥,这个平面与圆锥的交线是一个椭圆。

在圆锥内做大小两个球分别与圆锥和截面相切。那么,截面与两个球的切点恰是椭圆的两个焦点。

《标准》中要求了解圆锥曲线的简单应用。教学中把握好圆锥曲线应用的难度,虽说是了解,但这也是非常重要的教学环节。设计上,努力使从实际问题中抽象出圆锥曲线的过程自然合理,多让学生理解圆锥曲线的几何性质,而不在于解决复杂的运算。

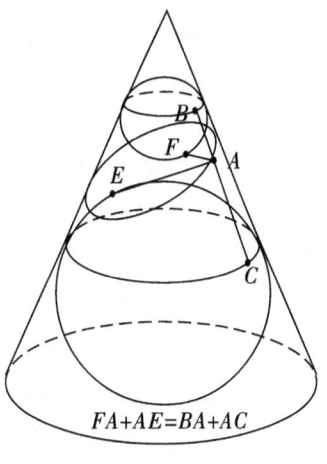

图 3-3　例 3-4 图

(三)导数及其应用

微积分的创立是数学发展的里程碑,它极大地推动了整个科学技术的发展,也为数学的发展打开了更广阔的空间和领域。导数的概念是微积分的核心概念之一,它有着极其丰富的实际背景和广泛地应用。导数及其应用将在必修部分的基础上,为研究变量与函数提供一种重要的方法和手段。

这部分内容分布在选修系列 1-1 和选修系列 2-2 中,两部分的内容与要求一样的是:对导数概念的认识、导数在研究函数性质中的应用,以及生活中的优化问题举例等。不同的是:选修 2-2 中增加了定积分与微积分基本定理的内容,对运算的要求比选修 1-1 要求略高。这里将它们一并分析。

1.《标准》中的内容与要求

(1)导数概念及其几何意义

1)通过对大量实例的分析,经历由平均变化率过渡到瞬时变化率的过程,了解导数概念的实际背景,知道瞬时变化率就是导数,体会导数的思想及其内涵。

2)通过函数图像直观地理解导数的几何意义。

(2)导数的运算

1)能根据导数定义,求函数 $y=c, y=x, y=x^2, y=1/x$(选修系列 2-2 中增加:$y=x^3, y=\sqrt{x}$)的导数。

2)能利用给出的基本初等函数的导数公式和导数的四则运算法则求简单函数的导数。选修系列 2-2 中增加:能求简单的复合函数[仅限于形如 $f(ax+b)$]的导数。

3)会使用导数公式表。

(3)导数在研究函数中的应用

1)结合实例,借助几何直观探索并了解函数的单调性与导数的关系;能利用导数研究函数的单调性,会求不超过三次的多项式函数的单调区间。

2)结合函数的图像,了解函数在某点取得极值的必要条件和充分条件;会用导数求不超过三次的多项式函数的极大值、极小值,以及在给定区间上不超过三次的多项式函数的最大值、最小值(选修系列 2-2 中增加:体会导数方法在研究函数性质中的一般性和有效性)。

(4)生活中的优化问题　例如,使利润最大、用料最省、效率最高等优化问题,体会导数在解决实际问题中的作用。

(5) 数学文化　收集有关微积分创立的时代背景和有关人物的资料,并进行交流;体会微积分的建立在人类文化发展中的意义和价值。

(6) 定积分与微积分基本定理(只在选修系列 2-2 中)

1) 通过实例(如求曲边梯形的面积、变力做功等),从问题情境中了解定积分的实际背景;借助几何直观体会定积分的基本思想,初步了解定积分的概念。

2) 通过实例(如变速运动物体在某段时间内的速度与路程的关系),直观了解微积分基本定理的含义。

2. 内容与要求的分析

首先要明确本部分的定位,高中阶段的导数及其应用是介绍微积分的基本思想,而不是按照压缩版的大学微积分体系来学习。对内容与要求及教学的具体分析如下。

(1) 要通过实际背景,突出导数概念的本质。此处的处理方式,不是把导数作为一种特殊的极限,即增量比的极限,而是通过实际背景和具体应用的实例,例如,速度、增长率、膨胀率、效率、密度等,引导学生经历由平均变化率到瞬时变化率的转化过程,认识和理解导数概念。

例 3-5　我们知道,当运动员从 10 m 高台跳水时,从腾空到进入水面的过程中,不同时刻的速度是不同的。假设 t s 后运动员相对地面的高度为:$H(t) = -4.9 t^2 + 6.5 t + 10$,在 2 s 时运动员的速度(瞬时速度)为多少?

该运动员在 2 s 到 2.1 s(记为[2,2.1])的平均速度为

$$\frac{H(2.1) - H(2)}{2.1 - 2} = \frac{2.041 - 3.4}{0.1} = -13.59 (\text{m/s})。$$

同样,可以计算出[2,2.01],[2,2.001],…,的平均速度,也可以计算出[1.99,2],[1.999,2],…,的平均速度,见表 3-2。

表 3-2　随时间间隔变化而变化的平均速度

时间/s	间隔/s	平均速度/(m/s)	时间/s	间隔/s	平均速度/(m/s)
[2,2.1]	0.1	-13.59	[1.9,2]	0.1	-12.61
[2,2.01]	0.01	-13.149	[1.99,2]	0.01	-13.051
[2,2.001]	0.001	-13.104 9	[1.999,2]	0.001	-13.095 1
[2,2.000 1]	0.000 1	-13.100 49	[1.999 9,2]	0.000 1	-13.099 51
[2,2.000 01]	0.000 01	-13.100 049	[1.999 99,2]	0.000 01	-13.099 951
……	……	……	……	……	……

由表 3-2 可以看出,当时间间隔越来越小时,平均速度趋于一个常数,这一常数(13.1)就可作为该运动员在 2 s 时的速度。

(2) 再结合对导数几何意义的学习,加深对导数的理解,通过图形去认识和感受导数在研究函数性质中的作用。《标准》提高了对导数几何意义以及利用导数几何意义解决

问题的要求,一方面可以加深对导数概念的理解,也体现了数形结合、几何直观这一思想在数学学习中的意义和作用。

例 3-6 如图 3-4 所示,直线 l 和圆 C,当 l 从 l_0 开始在平面上绕点 O 匀速旋转(旋转角度不超过 90°)时,它扫过的圆内阴影部分的面积 S 是时间 t 的函数,它的图像大致是(　　)。

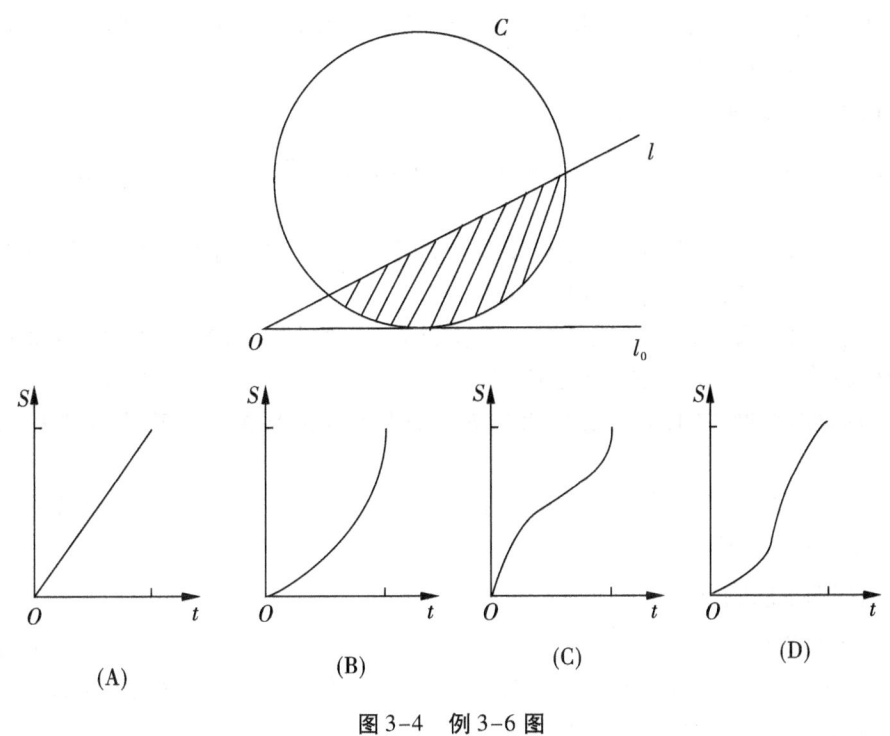

图 3-4　例 3-6 图

(3)计算导数也要突出平均变化率,把平均变化率作为函数在某点处的瞬时变化率的近似逼近,当自变量增量取 0 时由近似达到了精确。对几个常见的函数 $y=c, y=x, y=x^2, y=1/x$(选修系列 2-2 增加了 $y=x^3, y=\sqrt{x}$),用导数定义求出它们的导数,对其他基本初等函数则直接给出它们的导数,导数的运算法则和复合函数的求导法则都是通过具体函数导数运算满足的规律中归纳出来,不要求推导和证明,要避免过量的形式化运算练习。选修系列 2-2 对运算的要求略高,如增加了求简单复合函数的导数,但仅限于形如 $f(ax+b)$ 的复合函数。

(4)对于导数的应用,要关注用导数描述实际问题中的变化率、用导数研究实际问题的函数模型的变化以及最大值、最小值问题两个方面。这也是本部分的难点。

(5)数学文化内容,是《标准》的突破,主要让学生通过自己查阅资料收集、了解微积分产生的时代背景和重要人物,体会微积分对人类文化发展的作用。

(6)对于选修系列 2-2 中的定积分,只要求借助直观体会定积分的基本思想,不必给出定积分的严格定义,对微积分基本定理,也只要求通过概括出微积分基本定理的内容,借助直观了解其含义,在此,不能也不需要给出严格证明。

◆ 选修 1–2

在本模块中,包括统计案例、推理与证明、数系扩充及复数的引入、框图。

(一)统计案例

本部分内容学生将在必修课程学习统计的基础上,通过对典型案例的讨论,了解和使用一些常用的统计方法,进一步体会运用统计方法解决实际问题的基本思想,认识统计方法在决策中的作用。

1.《标准》中的内容与要求

通过典型案例,学习下列一些常见的统计方法,并能初步应用这些方法解决一些实际问题。

(1)通过对典型案例(如"肺癌与吸烟有关吗"等)的探究,了解独立性检验(只要求2×2列联表)的基本思想、方法及初步应用。

(2)通过对典型案例(如"质量控制""新药是否有效"等)的探究,了解实际推断原理和假设检验的基本思想、方法及初步应用。

(3)通过对典型案例(如"昆虫分类"等)的探究,了解聚类分析的基本思想、方法及初步应用。

(4)通过对典型案例(如"人的体重与身高的关系"等)的探究,进一步了解回归的基本思想、方法及初步应用。

2. 内容与要求的分析

统计案例是新增内容,《标准》中提供的一些案例涉及的统计模型都是学生将来面向社会时常见的统计模型,《标准》只要求通过对典型案例的探究,了解几种统计方法的基本思想、方法和初步应用。所以,要关注以下几点。

通过典型案例这个载体,来学习统计的基本思想和方法。由《标准》提供了例子(参见例3–7),告诉我们,此处不是下放大学内容,不是讲假设检验,而是着重其思想。就是说通过案例提出问题,研究案例寻求解决问题的方法,在探究案例、分析解决问题的过程中体会统计的基本思想和方法。

例 3–7 某地区羊患某种病的概率是0.4,且每只羊患病与否是彼此独立的。今研制一种新的预防药,任选5只羊做实验,结果这5只羊服用此药后均未患病。问此药是否有效。

初看起来,会认为这药一定有效,因为服药的羊均未患病。但细想一下,会有问题,因为大部分羊不服药也不会患病,患病的羊只占0.4左右。这5只羊都未患病,未必是药的作用。分析这问题的一个自然想法是:若药无效,随机抽取5只羊都不患病的可能性大不大。若这件事发生的概率很小,几乎不会发生,那么现在我们这几只羊都未患病,应该是药的效果,即药有效。

现假设药无效,5只羊都不生病的概率是

$$(1-0.4)^5 \approx 0.078$$

这个概率很小,该事件几乎不会发生,但现在它确实发生了,说明我们的假设不对,药是有效的。

这里的分析思想有些像反证法,但并不相同。给定假设后,我们发现,一个概率很小几乎不会发生的事件却发生了,从而否定我们的"假设"。

应该指出的是,当我们做出判断"药是有效的"时,是可能犯错误的。犯错误的概率是 0.078。也就是说,我们有近 92% 的把握认为药是有效的。

在实践活动中或解决实际问题的过程中,体会统计方法的基本思想、方法和初步应用。案例中介绍的统计方法,学生容易理解掌握,但背后涉及的统计方法的基本思想,学生并不容易理解。这样,要提供实践活动的机会,结合数学建模活动,选择几个案例,通过学生亲自实践,在这个过程中学习体会统计方法的基本思想、方法和初步应用。

对 2×2 列联表的独立性检验中,关键的是怎样选取一个量,用它的大小来说明独立性成立与否,从方法的直观性上关注合理性。当然对于中间出现超出高中范围的问题,可以告诉学生结果,使操作能进行,而不会影响对问题实质的理解。

对聚类分析,我们关心它的基本思想,通过注意如何刻画点与点、类与类之间的"远近"来进行。调动学生的热情,启发给出多种刻画"远近"的方法,并能认识到不同方法对结果的影响。

必修部分对回归分析已经有所讨论,这里除了能够进一步学习理解之外,还能用配方法导出其回归系数公式,也可以讨论一下可化为线性回归的非线性问题。

对统计案例的内容,只要求理解几种统计方法的基本思想和初步应用,对理论基础不做要求,避免单纯记忆和机械套用公式进行计算。教学中鼓励学生使用计算器、计算机等现代技术手段来处理数据,有条件的学校还可运用一些常见的统计软件解决实际问题。

(二) 推理与证明

进行数学思维活动离不开推理与证明,它是数学的最基本思维过程,同时在人们工作和生活中是经常使用的思维方式。推理包括两种:合情推理和演绎推理。证明通常包括逻辑证明和实验、实践证明,而数学结论的正确性必须要有演绎推理或逻辑证明的保证。

1.《标准》中的内容与要求

(1) 合情推理与演绎推理

1) 结合已学过的数学实例和生活中的实例,了解合情推理的含义,能利用归纳和类比等进行简单的推理,体会并认识合情推理在数学发现中的作用。

2) 结合已学过的数学实例和生活中的实例,体会演绎推理的重要性,掌握演绎推理的基本方法,并能运用它们进行一些简单推理。

3) 通过具体实例,了解合情推理和演绎推理之间的联系和差异。

(2) 直接证明与间接证明

1) 结合已经学过的数学实例,了解直接证明的两种基本方法——分析法和综合法;了解分析法和综合法的思考过程、特点。

2) 结合已经学过的数学实例,了解间接证明的一种基本方法——反证法;了解反证法的思考过程、特点。

(3) 数学文化

1) 通过对实例的介绍(如欧几里得的《几何原本》、马克思的《资本论》、杰弗逊的《独立宣言》、牛顿三定律),体会公理化思想。

2) 介绍计算机在自动推理领域和数学证明中的作用。

在选修 2-2 中与上述内容相比多出的内容与要求是数学归纳法。了解数学归纳法的原理,能用数学归纳法证明一些简单的数学命题。

2. 内容与要求的分析

(1) 合情推理与演绎推理　合情推理是根据已有的事实和正确的结论(包括定义、公理、定理等)、实验和实践的结果,以及个人的经验和直觉等推测某些结果的推理过程。归纳、类比是合情推理常用的主要形式。演绎推理是根据已有的事实和正确的结论(包括定义、公理、定理等),按照严格的逻辑法则得到新结论的推理过程,培养和提高学生的演绎推理或逻辑证明的能力是高中数学课程的重要目标。合情推理和演绎推理之间联系紧密、相辅相成。

合情推理具有猜测和发现新结论、探索和提供解决问题的思路和方法的作用;演绎推理则具有证明结论,整理和构建知识体系的作用,是公理体系中的基本推理方法。波利亚指出,数学家的创造性成果是论证推理(演绎推理),即证明,但这个证明是通过合情推理,通过猜想而发现的。教学中通过具体实例,使学生理解体会合情推理在数学发现中的作用,体会演绎推理的功能和特点及其在数学和生活中的作用。不要追求对概念的抽象表述。

(2) 数学证明　证明通常包括逻辑证明和实验、实践证明,要确定数学结论的正确性必须要有演绎推理或逻辑证明的保证,即在前提正确的基础上,通过正确使用推理规则得出结论。要求学生了解直接证明的两种基本方法:分析法和综合法;了解分析法和综合法的思考过程、特点,要通过实例,让学生对已学过的基本证明方法的思考过程和特点进行总结概括,引导学生认识各种证明方法的特点,即综合法是由因导果,分析法是执果索因。要求学生了解间接证明的一种基本方法——反证法;了解反证法的思考过程、特点,要让学生明白反证法的适用情形和使用的逻辑规则,特别是明确应用逆向思维,推出与已知条件或假设或定义、公理、定理、事实等的矛盾是反证法思考问题的特点。从中体会证明的必要性,感受逻辑证明在数学以及日常生活中的作用,养成言之有理、论证有据的习惯。对证明的技巧性不宜作过高的要求。

(3) 数学归纳法　对于《标准》要求了解数学归纳法的原理,能用数学归纳法证明一些简单的数学命题,要了解数学归纳法的适用范围,明确数学归纳法的两个步骤的作用,并清楚两个步骤缺一不可,只有结合起来,才能得出对所有自然数都成立的结论。要正确使用数学归纳法证明数学命题,特别是第二步证明时必须要使用到归纳假设,这样才能架起递推的桥梁,得出对一切自然数都成立的结论来。

(4) 数学文化　让学生感受演绎推理,初步体会公理化方法。中学数学教材基本是以演绎推理作为主要的推理形式,运用最普遍的是三段论结构。通过演绎推理,尽可能少地用原始概念和一组不加证明的原始命题——公理或公设,推出尽可能多的结论的方法,就是公理化方法。初步体会公理化方法,通过实例,如欧几里得《几何原本》是成功运用公理化方法的典范、牛顿三定律是用公理化体现构建的、马克思《资本论》和杰弗逊《独立宣言》是受到公理化方法的影响等,让学生认识到数学知识的产生发展历程,体会公理化方法对科学发展、社会进步的作用。

(三) 数系的扩充与复数的引入

数的概念的发展与数系的扩充是数学发展的一条重要线索,数系扩充的过程体现了数学的不断发现和创造过程,也体现了数学发生、发展的客观需求,《标准》在选修 1-2 和选修 2-2 中安排了数系的扩充与复数的引入的内容,复数的引入是中学阶段数系的最后一次扩充。在这两部分中,学生将在问题情境中了解数系扩充的过程以及引入复数的必要性,学习复数的一些基本知识,体会人类理性思维在数系扩充中的作用。

1.《标准》中的内容与要求

(1) 在问题情境中了解数系的扩充过程,体会实际需求与数学内部的矛盾(数的运算规则、方程求根)在数系扩充过程中的作用,感受人类理性思维的作用以及数与现实世界的联系。

(2) 理解复数的基本概念以及复数相等的充要条件。

(3) 了解复数的代数表示法及其几何意义。

(4) 能进行复数代数形式的四则运算,了解复数代数形式的加、减运算的几何意义。

2. 内容与要求的分析

《标准》中数系的扩充与复数的引入和《大纲》相比,删去了复数的三角形式,复数三角形式的乘法、除法、乘方等内容;突出了数系的扩充过程,复数的代数表示法及代数形式的加减运算的几何意义。选修 1-2 和选修 2-2 中的要求是一样的。

在复数概念与运算的教学中,复数概念及其表示方法是这部分内容的出发点,复数的代数形式的四则运算法则是中心内容,两个复数相等的充要条件是实现复数问题向实数问题转化的重要性质,有许多问题通过此性质加以处理。教学中,要注意体现实际需求与数学内部矛盾在数系扩充过程中的作用,以及数系扩充过程中数系结构与运算性质的变化。注意避免烦琐的计算与技巧训练。对于感兴趣的学生,可以安排一些引申的内容,如求 $x^3=1$ 的根、介绍代数学基本定理等。

(四) 框图

框图是表示一个系统各部分和各环节之间关系的图示,能够清晰地表达比较复杂系统的各部分之间的关系。框图已经广泛应用于算法、计算机程序设计、工序流程的表述、设计方案的比较、项目管理等方面,也是表示数学计算与证明过程中主要逻辑步骤的工具,并将成为日常生活和各门学科中进行交流的一种常用表达方式。框图供希望在人文、社会科学方面发展的学生学习,通过学习使学生的思维条理清晰,提高抽象概括能力和逻辑思维能力,能清晰地表达和交流思想。

1.《标准》中的内容与要求

(1) 流程图

1) 通过具体实例,进一步认识程序框图。

2)通过具体实例,了解工序流程图(即统筹图)。
3)能绘制简单实际问题的流程图,体会流程图在解决实际问题中的作用。
（2）结构图
1)通过实例,了解结构图;运用结构图梳理已学过的知识、整理收集到的资料信息。
2)结合做出的结构图与他人进行交流,体会结构图在揭示事物联系中的作用。

2. 内容与要求的分析

框图是《标准》中新增加的内容。框图的内容主要包括"流程图""结构图"。框图的教学,应从分析实例入手,引导学生运用框图表示数学计算与证明过程中的主要思路与步骤、实际问题中的工序流程、某一数学知识系统的结构关系等。使学生在运用框图的过程中理解流程图和结构图的特征,掌握框图的用法,体验用框图表示解决问题过程的优越性。

七、选修系列2

◆选修2-1

在本模块中,包括常用逻辑用语、圆锥曲线与方程、空间中的向量(简称空间向量)与立体几何。

（一）常用逻辑用语

这里与选修系列1-1的常用逻辑用语相同,参见选修系列1-1常用逻辑用语。

（二）圆锥曲线与方程

1.《标准》中的内容与要求

（1）圆锥曲线
1)了解圆锥曲线的实际背景,感受圆锥曲线在刻画现实世界和解决实际问题中的作用。
2)经历从具体情境中抽象出椭圆、抛物线模型的过程,掌握它们的定义、标准方程、几何图形及简单性质。
3)了解双曲线的定义、几何图形和标准方程,知道双曲线的有关性质。
4)能用坐标法解决一些与圆锥曲线有关的简单几何问题(直线与圆锥曲线的位置关系)和实际问题。
5)通过圆锥曲线的学习,进一步体会数形结合的思想。
（2）曲线与方程　结合已学过的曲线及其方程的实例,了解曲线与方程的对应关系,进一步感受数形结合的基本思想。

2. 内容与要求的分析

本部分与选修1-1中的"圆锥曲线与方程"相比,对于抛物线的学习要求提高到与椭圆的学习要求一致;增加了"能用坐标法解决一些与圆锥曲线有关的简单几何问题(直线与圆锥曲线的位置关系)和实际问题"与"曲线与方程"的内容。此处仅就以上内容与要求作以分析,其余参见选修系列1-1圆锥曲线与方程。

经历从具体情境,如光学性质、运动轨迹等,从中抽象出抛物线模型的过程,掌握抛物线的定义、标准方程、几何图形及简单性质。

曲线与方程的关系,即在直角坐标系中,如果某曲线上的点与一个二元方程 $f(x,y)=0$ 的实数解满足条件:第一,曲线上的点坐标都是这个方程的解;第二,以这个方程的解为坐标的点都在这条曲线上,那么,这个方程称为曲线的方程,这条曲线称为方程的曲线。对于学生理解曲线上的点与方程的解之间的一一对应关系是有难度的,教学中应避免抽象地讨论,要通过具体的实例来讨论曲线上的点与方程的解之间的一一对应关系,逐步渗透一一对应的思想,进一步体会数形结合的思想。

(三)空间向量与立体几何

在本模块中,学生将在学习平面向量的基础上,把平面向量及其运算推广到空间。空间向量的引入,为解决三维空间中的图形位置关系和度量问题提供了新的视角,用空间向量处理立体几何问题,为解决立体几何问题提供了新的工具。向量是一个代数对象,引入向量运算,使数学的运算对象发生了一个重大跳跃:从数、字母与代数式到向量,运算也从一元到多元。向量又是一个几何对象,它本身有方向,有方向就有角度与长度,能够刻画直线、平面、切线的有关性质。点乘、叉乘与图形的面积和体积有直接的关系。向量成了沟通代数与几何的桥梁。

1.《标准》中的内容与要求

(1)空间向量及其运算

1)经历向量及其运算由平面向空间推广的过程。

2)了解空间向量的概念,了解空间向量的基本定理及其意义,掌握空间向量的正交分解及其坐标表示。

3)掌握空间向量的线性运算及其坐标表示。

4)掌握空间向量的数量积及其坐标表示,能运用向量的数量积判断向量的共线与垂直。

(2)空间向量的应用

1)理解直线的方向向量与平面的法向量。

2)能用向量语言表述线线、线面、面面的垂直、平行关系。

3)能用向量方法证明有关线、面位置关系的一些定理(包括三垂线定理)。

4)能用向量方法解决线线、线面、面面的夹角的计算问题,体会向量方法在研究几何问题中的作用。

2. 内容与要求的分析

《标准》中立体几何内容的定位作了三个方面的调整:强调把握图形能力的培养,强调空间想象与几何直观能力的培养,强调逻辑思维能力的培养。对几何学的处理,《大纲》是把它作为一套演绎体系,《标准》是把几何由一个视角变为两个视角,即从局部到整体与从整体到局部来认识。从小学即开始渗透立体几何知识。

空间向量及其运算,要让学生经历向量及其运算由平面向空间推广的过程,从中让学生体会类比与归纳的数学思想方法,体会数学在结构上的和谐扩展过程,从扩展过程中学习解决问题的能力。在这个过程中,发现一个数学概念的扩展同时会带来很多更好的结论与性质。但是也要注意因为维数的增加对学生的理解所带来的困难。

掌握空间向量的概念、性质、线性运算和数量积以及坐标表示是基本要求,对向量运算的教学,要引导学生思考向量运算与熟悉的数的运算的联系与区别。

从向量的角度解决几何问题是本部分的重点也是难点,难点在于几何问题的向量表示,突破了这个难点,几何问题就可以通过向量的运算解决。当然可以让学生灵活选择用向量方法和综合方法,从不同的角度解决问题。

◆选修2-2

在本模块中,包括导数及其应用、推理与证明、数系的扩充与复数的引入。

(一)导数及其应用

参见选修1-1导数及其应用。

(二)推理与证明

参见选修1-2推理与证明。

(三)数系的扩充与复数的引入

参见选修1-2数系的扩充与复数的引入。

◆选修2-3

在本模块中,包括计数原理、统计案例、概率。

(一)计数原理

计数问题是人类最早面对的数学问题,也是人们最熟悉的数学问题。计数问题是数学的重要研究对象之一,包括分类加法计数原理和分步乘法计数原理,是解决计数问题的最基本、最重要的方法,也称为基本计数原理,为解决很多实际问题提供了思想和工具。

1.《标准》中的内容与要求

(1)分类加法计数原理、分步乘法计数原理 通过实例,总结出分类加法计数原理、分步乘法计数原理;能根据具体问题的特征,选择分类加法计数原理或分步乘法计数原理解决一些简单的实际问题。

(2)排列与组合 通过实例,理解排列、组合的概念;能利用计数原理推导排列数公式、组合数公式,并能解决简单的实际问题。

(3)二项式定理 能用计数原理证明二项式定理;会用二项式定理解决与二项展开式有关的简单问题。

2. 内容与要求的分析

在本模块中，学生将学习计数基本原理、排列、组合、二项式定理及其应用，了解计数与现实生活的联系，会解决简单的计数问题。《大纲》要求文理兼学，而《标准》只对理科学生有要求，内容上没有大的区别。《标准》强调基本的计数原理，将排列、组合作为计数原理的应用实例来处理。

分类加法计数原理、分步乘法计数原理，要通过具体问题情境和实例，分析问题的特征，让学生感悟和总结出两个基本计数原理，明确是分类问题还是分步问题，确定要使用哪种计数原理。

排列、组合概念的学习要通过具体实例，在具体情境中理解。排列数公式和组合数公式的推导是作为两种计数原理的实际应用来进行的，通过这个过程进一步使学生理解两种计数原理的思想。利用排列数公式、组合数公式解决简单的实际问题，要引导学生根据计数原理进行分析、处理。要避免一些烦琐的技巧性高的问题。

二项式定理及其简单应用是本部分的一个难点，二项式定理的证明又是一次计数原理的应用演练，要结合计数原理来进行证明。进一步使学生会用二项式定理解决与二项展开式有关的简单问题。学习二项式定理时可以介绍杨辉三角这个我国古代的数学成就。

（二）统计与概率

学生将在必修课程学习统计与概率的基础上，学习某些离散型随机变量分布列及其均值、方差等内容，初步学会利用离散型随机变量思想描述和分析某些随机现象的方法，并能用所学知识解决一些简单的实际问题，进一步体会概率模型的作用及运用概率思考问题的特点，初步形成用随机观念观察、分析问题的意识。

1.《标准》中的内容与要求

（1）概率

1）在对具体问题的分析中，理解取有限值的离散型随机变量及其分布列的概念，认识分布列对于刻画随机现象的重要性。

2）通过实例（如彩票抽奖），理解超几何分布及其导出过程，并能进行简单的应用。

3）在具体情境中，了解条件概率和两个事件相互独立的概念，理解 n 次独立重复试验的模型及二项分布，并能解决一些简单的实际问题。

4）通过实例，理解取有限值的离散型随机变量均值、方差的概念，能计算简单离散型随机变量的均值、方差，并能解决一些实际问题。

5）通过实际问题，借助直观（如实际问题的直方图），认识正态分布曲线的特点及曲线所表示的意义。

（2）统计案例　参见选修1-2统计案例。

2. 内容与要求的分析

《标准》与《大纲》的这部分内容均是对理科生的选修内容。《标准》要求学习超几何分布、二项分布、正态分布和条件概率，《大纲》只要求几何分布，不要求条件概率。

研究一个随机现象,就是要了解它所有可能出现的结果和每一个结果出现的概率,分布列正是描述了离散型随机变量取值的概率规律,二项分布和超几何分布是两个应用广泛的概率模型,要求通过实例引入这两个概率模型,不追求形式化的描述。教学中,应引导学生利用所学知识解决一些实际问题。

教学中,应鼓励学生使用计算器、计算机等现代技术手段来处理数据,有条件的学校还可运用一些常见的统计软件解决实际问题。

统计案例,参见选修1-2统计案例。

八、选修系列3、系列4

(一)选修系列3、系列4 的组成内容

1. 选修系列3 由6 个专题组成

(1)选修3-1　数学史选讲。
(2)选修3-2　信息安全与密码。
(3)选修3-3　球面上的几何。
(4)选修3-4　对称与群。
(5)选修3-5　欧拉公式与闭曲面分类。
(6)选修3-6　三等分角与数域扩充。

2. 选修系列4 由10 个专题组成

(1)选修4-1　几何证明选讲。
(2)选修4-2　矩阵与变换。
(3)选修4-3　数列与差分。
(4)选修4-4　坐标系与参数方程。
(5)选修4-5　不等式选讲。
(6)选修4-6　初等数论初步。
(7)选修4-7　优选法与试验设计初步。
(8)选修4-8　统筹法与图论初步。
(9)选修4-9　风险与决策。
(10)选修4-10　开关电路与布尔代数。

3. 选修系列3、系列4 的各个专题的具体内容与要求(略)

(二)选修系列3、系列4 的总体定位说明

选修系列3、系列4 的内容大体上可以分为有关代数、几何、分析、文化和应用等几类,这些涉及的内容都是数学的基础性内容,不仅应鼓励那些希望在理工、经济等方面发展的学生积极选修,同时也应鼓励那些希望在人文、社会科学方面发展的学生选修这些课程。

选修系列3 和系列4 是为对数学有兴趣和希望进一步提高数学素养的学生而设置

的,包含的内容都是数学的基础性内容,反映了某些重要的数学思想。有些专题是中学课程某些内容的延伸,有些专题是通过典型实例介绍数学的一些应用方法。这些专题的学习有利于学生的终身发展,有利于扩展学生的数学视野,有利于提高学生对数学的科学价值、应用价值、文化价值的认识,有助于学生进一步打好数学基础,提高应用意识。系列3、系列4提供的选择性及其内容对高中生学习数学有非常积极的意义。

通过系列3、系列4的学习,可以激发学生学习数学的兴趣,开阔学生的知识视野,提高学生的数学素质和分析、解决数学问题的能力,培养数学应用意识和应用能力。结合各自学校和学生的实际情况选择要开设的专题。教学中要清楚,系列3、系列4的内容是基础,有些内容看起来很深奥,觉得以前只有在大学才学的,甚至有些在大学都没有学过,但它们并不是大学数学的预备课程,也不是特意为将来进入数学系学习的学生准备的,要通过借助具体、直观的材料,深入浅出地介绍,重点放在对基本数学思想的学习上,比如,信息安全与密码是思想性很强的内容,其中涉及的单向函数,学生难以设计出来,但是了解"有单向函数就能够有公开密钥"这一思想是很重要的。在学生学习过的内容中也有单向函数,例如指数函数,就比较容易理解,但要求它的反函数,求对数就难了些,这其实都是渗透单向函数思想的内容。

系列3的课程内容,在数学文化的意义上可能更重些。根据系列3内容的特点,系列3不作为高校选拔考试的内容,对这部分内容学习的评价适宜采用定量与定性相结合的方式,由学校进行评价,评价结果可作为高校录取的参考。系列4的内容更适合专门想学数学、想学物理、非常爱好数学的学生学习,它的内容是高考可选择性的考试内容,所以,就此来说,不仅要介绍各个专题的内容及其基本思想,而且要求学生能够运用其中的数学知识,计算、证明或处理一些简单问题。

九、课程内容的变化及其确定的原则

新课程的内容与之前相比有较大的变化,不仅增加了一些为了适应社会发展、数学发展和教育发展需要的新内容,而且对某些原有内容也做了一定的调整。

(一) 必修课程内容的确定原则

必修课程内容确定的原则是满足未来公民的基本数学需求;为学生进一步的学习提供必要的数学准备。包括五个模块的内容:数学1、数学2、数学3、数学4、数学5。

必修课程的上述内容是每一个高中学生都要学习的。除了算法是新增加的,向量、统计和概率是近些年来不断加强的内容之外,其他内容基本上都是以往高中数学课程的传统基础内容,覆盖了高中阶段传统的数学基础知识和基本技能的主要部分,包括集合、函数、数列、不等式、解三角形、立体几何初步、平面解析几何初步等。不同的是在保证打好基础的同时,进一步强调了这些知识的发展过程和实际应用,而不在技巧与难度上做过高的要求,有些内容在目标、重点、处理方式上发生了变化。必修课程的这些内容对于所有的高中学生来说,无论是毕业后直接进入社会,还是进一步学习有关的职业技术,或是继续升入大学深造,都是不可缺少的必要的基础。

必修课程力求展现由具体到抽象的过程,体现数学知识中蕴含的基本思想方法和内

在联系,体现数学知识的发生、发展过程和实际应用。在教学中特别应处理好过程与结果、直观与抽象、演绎推理与合情推理、生活化情境化与数学化等几个基本关系。

模块的逻辑顺序:必修课程是选修课程中系列1、系列2课程的基础。选修课程中系列3、系列4基本上不依赖其他系列的课程,可以与其他系列课程同时开设,这些专题的开设可以不考虑先后顺序。必修课程中,数学1是数学2、数学3、数学4和数学5的基础,数学2、数学3、数学4和数学5的顺序可以根据情况进行安排。

(二)选修课程内容的确定原则

在完成必修课程的基础上,希望进一步学习数学的学生,可以根据自己的兴趣和需求,选择学习选修系列1、系列2。

其中系列1是为希望在人文、社科方面发展的学生设置的,由2个模块组成,系列2是为希望在理工、经济等方面发展的学生设置的,由3个模块组成。

从整体上看,选修系列1、系列2中的内容覆盖了除前面必修课程内容外的其他高中阶段传统的数学基础知识,包括常用逻辑用语、圆锥曲线与方程、导数及其应用、数系的扩充与复数的引入、空间向量、立体几何、计数原理、二项式定理等。此外,增加了推理与证明、框图、统计案例等内容,加强了概率的内容。

对于选修系列1、系列2中的内容,有一些内容和要求是相同的,例如,常用逻辑用语、统计案例、数系扩充与复数等,其他内容在课时和要求上会有所区别。有一些内容基本相同,但要求不同,如导数及其应用,在系列1中,该内容安排了16个课时,而在系列2中,该内容则安排了24个课时,增加了定积分概念和微积分基本定理;此外,在导数计算中,增加了对线性复合函数的求导要求,如求形如 e^{3x-2},$\log(ax+b)$ 等线性复合函数的导数。

关于圆锥曲线与方程的内容,在系列1中,该内容安排了12个课时,而在系列2中,该内容则安排了16个课时,主要区别在于对抛物线的要求不同,系列1是了解抛物线的定义、几何图形和标准方程,知道它们的简单几何性质。而系列2是要求经历从具体情境中抽象出抛物线模型的过程,掌握它的定义、标准方程、几何图形及简单性质。

推理与证明的内容在课时上,系列1中安排了10个课时,而在系列2中则安排了8个课时;系列2在内容上多了数学归纳法,而系列1则希望在相同的内容中多一些实例的分析。

还有一些内容是不同的,如在系列1中安排了框图的内容,系列2安排了空间中的向量与立体几何、计数原理、离散型随机变量及其分布等内容。

与必修课程一样,要求在学习知识、在保证打好基础的同时,学到更多的数学思想和方法,学到数学思考的一般方式。希望当我们的学生继续深造时,当我们的学生步入社会忘却数学知识时,还能给他们在思维方式上,在处事的态度和方式上,在精神上,在意志品质上,留下更多的东西。一句话——为学生的终身学习和终身发展打下良好的基础。

选修系列3和系列4是为对数学有兴趣和希望进一步提高数学素养的学生设置的。系列3由6个专题组成,系列4由10个专题组成。

选修系列3和系列4中专题的学习重在提高数学素养,拓宽视野。大致分为三类:

(1)一类是在学生已学数学内容基础上进一步加深对已学知识和相关知识的了解和认识,是在学生已学数学内容基础上的延伸和拓广。例如数学史选讲、几何证明选讲、坐标系与参数方程、不等式选讲、初等数论初步等。

(2)一类是对近现代数学中一些重要数学思想方法的介绍,但不是把大学有关内容的简化下放。例如对称与群、矩阵与变换、欧拉公式与闭曲面分类、三等分角与数域扩充等。

(3)还有一类是反映数学与现实世界紧密联系与广泛应用的内容,通过这些专题的学习,可以加深学生对数学的力量、数学应用价值的认识。例如信息安全与密码、优选法与实验设计初步、统筹法与图论初步、风险与决策、开关电路与布尔代数等。

希望通过专题的学习有利于扩展学生的数学视野,有利于提高学生对数学的科学价值、应用价值、文化价值的认识,有利于学生的终身学习和终身发展。

其中的专题将随着课程的发展逐步予以扩充,学生可根据自己的兴趣、志向进行选择。

学校应在保证必修课程,选修系列1、系列2开设的基础上,根据自身的情况,开设系列3和系列4中的某些专题,以满足学生的基本选择需求。学校可根据自身的情况逐步丰富和完善,并积极开发、利用校外课程资源(包括远程教育资源)。对于课程的开设,教师也需要根据自身条件制订个人发展计划。

(三)设置了数学探究、数学建模、数学文化内容

新课程的又一变化是要求把数学探究、数学建模的思想以不同的形式渗透在各模块和专题内容之中,并在高中阶段至少安排一次较为完整的数学探究、一次数学建模活动。高中数学课程还要求把数学文化内容与各模块的内容有机结合。

数学探究即数学探究性课题学习,是指学生围绕某个数学问题,自主探究、学习的过程。这个过程包括:观察分析数学事实,提出有意义的数学问题,猜测、探求适当的数学结论或规律,给出解释或证明。

数学探究这一学习方式有助于学生初步了解数学概念和结论产生的过程,初步理解直观和严谨的关系,初步尝试数学研究的过程,体验创造的激情,建立严谨的科学态度和不怕困难的科学精神;有助于培养学生发现、提出、解决数学问题的能力和创新意识。

数学探究课题的选择是完成探究学习的关键。课题的选择要有助于学生对数学的理解,有助于学生体验数学研究的过程,有助于学生形成发现、探究问题的意识,有助于鼓励学生发挥自己的想象力和创造性。课题要有一定的开放性,但课题的预备知识最好不超出学生现有的知识范围。

数学探究课题可以从教材提供的案例和背景材料中选择,也可以从教师提供的案例和背景材料中选择,还可鼓励学生在学习数学知识、技能、方法、思想的过程中发现和提出自己的问题并加以研究。

高中阶段至少应为学生安排一次数学探究活动,学校和教师可根据各自的实际情况,统筹安排数学探究活动的内容和时间。例如,可以结合方程的近似求解、导数的应用等内容安排数学探究活动。

数学建模是运用数学思想、方法和知识寻求建立数学模型解决实际问题的过程,已经成为不同层次数学教育重要和基本的内容。数学建模可以看成是问题解决的一部分,它的作用对象更侧重于非数学领域,但需用数学工具来解决的问题。如来自日常生活、经济、工程、理、化、生、医等学科中的应用数学问题。

数学建模是数学学习的一种方式,它为学生提供了自主学习的空间,有助于学生体验数学在解决实际问题中的价值和作用,体验数学与日常生活和其他学科的联系,体验综合运用知识和方法解决实际问题的过程,增强应用意识;有助于激发学生学习数学的兴趣,发展学生的创新意识和实践能力。

《标准》没有对数学建模的课时和内容做具体安排,学校和教师可根据各自的实际情况,统筹安排数学建模活动的内容和时间。例如,可以结合统计、线性规划、数列等内容安排数学建模活动。可以针对学生的不同发展水平,分层次开展多样的数学应用与建模活动。形式可以是多种多样的,常见的主要有以下三种:

(1)结合正常的课堂教学,在部分环节上"切入"应用和建模的内容。
(2)以数学应用和数学建模为主题的课外的活动。
(3)数学建模选修课程。

数学文化具有十分丰富的内涵。一般来说,数学文化表现为在数学的起源、发展、完善和应用的过程中体现出的对于人类发展具有重大影响的方面。它既包括对于人的观念、思想和思维方式的一种潜移默化的作用,人的思维的训练功能和发展人的创造性思维的功能,也包括在人类认识和发展数学的过程中体现出来的探索和进取的精神和所能达到的崇高境界等。

认识数学文化的价值是理解数学文化的重要方面。这种价值体现在数学对于人的观念、精神以及思维方式具有十分重要的影响,特别是数学的理性精神。事实上,在我们以往的教材和数学教学中一直在体现客观地存在于数学中的无形的数学文化,数学文化与数学同在,只要有数学,就一定有数学文化。

《标准》教材通过阅读与思考、探究与发现等栏目,体现《标准》对数学探究、数学建模、数学文化的要求。如在模块1中的"函数概念的发展历程""互为反函数的两个函数图像之间的关系""对数的发明""中外历史上的方程求解";模块2中的"祖暅原理与柱体、锥体、球体的体积""笛卡尔与解析几何""欧几里得《原本》与公理化方法"等。

第三节 普通高中数学课程标准的修订

2011—2013年教育部组织了对高中数学课程标准实验稿实施情况的调查研究。

2014年3月30日,教育部发布了《关于全面深化课程改革,落实立德树人根本任务的意见》,指出:

"教育部将组织研究提出各学段学生发展核心素养体系,明确学生应具备的适应终身发展和社会发展需要的必备品格和关键能力,突出强调个人修养、社会关爱、家国情怀,更加注重自主发展、合作参与、创新实践。"

"依据学生发展核心素养体系,进一步明确各学段、各学科具体的育人目标和任务,完善高校和中小学课程教学有关标准。"

"教育部将在总体设计的基础上,先行启动普通高中课程修订工作。合理确定必修、选修课时比例,打牢学生终身发展的基础,增加学生选择学习的机会,满足持续发展、个性发展需要。坚持知行统一原则,加强职业体验、社会实践等方面的课程。进一步精选课程内容,科学确定课程容量和难度。"

2014年11月教育部党组织批复《普通高中课程方案(修订稿)》。2014年12月8~9日教育部普通高中课程标准修订工作启动会议召开,至今仍未正式发布。

在教育部出台的《关于全面深化课程改革 落实立德树人根本任务的意见》首次提出了"核心素养体系"这个概念,并且将核心素养定义为"适应终身发展和社会发展需要的必备品格和关键能力"。当下,普通高中各个学科课程标准的修订均以此为依据,分别确定本学科的"学科核心素养"。为了适应新高考的变化,基于数学核心素养,以史宁中和王尚志教授为组长的教育部高中数学课程标准修订组对高中数学课程标准的修订正在推进中。

王尚志教授介绍高中数学课程修订的三大背景:即科学技术迅猛发展,21世纪对人才基本能力的要求,教育的深入发展逐步建立法制化、制度化的标志。高中课程修订的思路,切入点为国家教育立德树人工程;这一工程要求落实到从幼儿园到研究生的所有课程中。而且,以高中课程的修订作为突破口。

高中数学新课标进行了全面的修订,对很多内容进行了较大的调整、删减。

在修订中,对十年课改的经验与问题进行了总结。十年课改的基本经验有:①一维目标:结果→三维目标:结果、过程、情感态度价值观;②突出五大能力:空间想象、推理论证、运算求解、抽象概括、数据处理;③课程内容增加了数学建模和统计;④课程结构增加了选择性;⑤教科书实现了特色与多样性。十年课改的突出问题有:①课程标准与高考不衔接;②内容主线不突出;③必修内容过多;④初高中内容不衔接;⑤选修与大学内容不接轨。并提出了修订与改正。对课程标准中的内容进行了调整:必修部分减少36学时,选修内容与文科内容对比增加了36学时,都有减少与增加的内容。

关于核心素养,有不同的观点。北师大研究小组定义为:学生应具备的、能够适应终身发展和社会发展需要的必备品格和关键能力。参照世纪之交(1997—),经济合作与发展组织(OECD)、联合国教科文组织欧盟以及美国等国家提出的"key competences",史宁中教授认为可以把核心素养理解为:后天习得的、与特定情境有关的、通过人的行为所表现出来的、知识能力和态度(学识特征、能力特征、品质特征),涉及人与社会、人与自己、人与工具。[1]

石志群认为,将数学核心素养定位于数学的重要思维方式、思想方法比较恰当。高中数学课程标准修订组将数学核心素养分解为"数学抽象、逻辑推理、数学建模、直观想象、数学运算和数据分析"六个方面是比较恰当的:它们都处于数学思维、思想与能力的层面。比如,"数学抽象"素养是指在解决问题的过程中,既有将具体对象进行抽象的"数

---

[1] 史宁中.高中数学课程标准修订与教材编写[R].数学通报,2016.

学化"意识，又会将具体对象用数学的符号、语言进行表征；又如，"数学运算"素养是指在面对现实或科学的问题时，既有用"数"或"量"来表示研究对象的状态、水平、指标等的意识，又会通过数学运算具体地解决问题；再如，"逻辑推理"素养表现为无论做什么事，都要有理有据，就是要有理性精神，同时，还要能够运用推理方法进行逻辑论证，通过因果关系、条件目标寻求证明的路径。

高中数学课程标准研制组将数学核心素养定义为：学生应具备的、能够适应终身发展和社会发展需要的、与数学有关的关键能力和思维品质。

《普通高中数学课程标准（征求意见稿）》指出："数学核心素养是数学课程目标的集中体现，是在数学学习的过程中逐渐形成的。数学核心素养是具有数学基本特征的、适应个人终身发展和社会发展需要的人的思维品质与关键能力。高中阶段数学核心素养包括：数学抽象、逻辑推理、数学建模、直观想象、数学运算和数据分析。这些数学核心素养既有独立性，又相互交融，形成一个有机整体。"面对未来，教育应该赋予学生的到底是什么？从20世纪下半叶开始，联合国教科文组织、欧盟、国际经合组织等机构即开展了对此问题的相关研究，美国、日本等国家相继跟进，并提出了各自的"核心素养"结构模型，虽然素养的具体指标不尽相同，但都是在回答相同的问题：21世纪培养的学生究竟应该从学校教育中获得哪些最为重要的知识、能力以及情感态度，才能成功地融入不可预知的未来社会，才能在满足个人自我实现需要的同时，成为社会发展的推动者？我国在借鉴国际经验的同时，结合本国实际，建构了中国学生发展核心素养指标体系，"核心素养"被定义为"学生应具备的适应终身发展和社会发展需要的必备品格和关键能力"。从价值取向上看，它反映了"学生终身学习所必需的素养与国家、社会公认的价值观"；从指标选取上看，它既注重学科基础，也关注个体适应未来社会生活和个人终身发展所必备的素养。

和"四基"相比，核心素养的课程逻辑超越了知识本位的课程观，力图改变现有课程过于强调学科体系逻辑、课程标准过于重视内容标准、学科教学过于强调知识传授的倾向，从"课程育人"的角度回答"育人为本"的问题。按照这一逻辑，在回答"学什么"之前，更应该思考的是，学生在学习了各学科课程后，到底留下了什么？因此，在新一轮高中课程标准修订的时候，每门课程必须厘清"本学科对学生成长的特殊贡献是什么、具体内涵如何解构"等问题。正是在此背景下，数学核心素养应运而生。

追求数学的严谨性，使现代数学逐渐走向了符号化、形式化和公理化，但数学的教学过程却应当反其道而行之，给学生创造直观思维的机会，给学生的"悟"留有充分的时间和空间；虽然概念的表达是符号的，但对概念的认识应当是有具体背景的；虽然证明的过程是形式的，但对证明的理解应当是直观的；虽然逻辑的基础是基于公理的，但思维的过程应当是归纳的。为了实现这样的教学过程，就要求教师在数学教学活动中，更多地关心学生的思维过程，抓住数学的本质，创设合适的教学情境、提出合适的问题，启发学生独立思考或与他人进行有价值的讨论，让学生在掌握知识技能的同时，感悟数学的思想，积累数学思维的经验，形成和发展数学核心素养。①

---

① 刘祖希.访史宁中教授：谈数学基本思想、数学核心素养等问题[J].数学通报,2017(5):1-5.

第 四 章

义务教育数学教材与教学研究

第一节 义务教育数学教材研究

一、义务教育数学教材的结构与特点

整个义务教育数学教材结构体系分为"数与代数、图形与几何、概率与统计、综合与实践"四大模块。

第一学段(1~3年级)

"数与代数"模块主要包括:数的认识(万以内的数),数的运算,常见的量和探索规律。

"图形与几何"模块主要包括:图形的认识,测量,图形的运动和图形的位置。

"统计与概率"模块主要包括:进行简单的分类,数据收集与整理,调查与记录,统计与可能性。

第二学段(4~6年级)

"数与代数"模块主要包括:数的认识,数的运算,式与方程,正比例与反比例和探索规律。

"图形与几何"模块主要包括:图形的认识,测量,图形的运动和图形的位置。

"统计与概率"模块主要包括:简单数据统计过程,随机现象发生的可能性。

"综合与实践"模块主要以"数学好玩"的形式,通过学生身边的数学,引导学生参与探究,体验数学的乐趣。

第三学段(7~9年级)

"数与代数"模块主要包括数(有理数与实数)、式(整式、分式和二次根式)、方程(一元一次方程、二元一次方程组和一元二次方程)、函数(一次函数、二次函数、反比例函数和锐角三角函数)、不等式(不等式的性质与求解一元一次不等式和一元一次不等式组)。

"图形与几何"模块包括相交线与平行线、三角形与四边形、圆、几何变换、平面直角坐标系和投影与视图。

"概率与统计"模块包括数据的收集、整理与分析和概率初步。

全书以螺旋上升的方式呈现各知识内容与重要概念和思想,综合与实践模块以"课题学习"、"数学活动"和"拓广探索"类习题等多种形式呈现,分散于全书各章之中,与相关的主要数学内容精密结合,以培养综合运用有关知识和方法解决实际问题的能力,培养问题意识、应用意识、创新意识、积累活动经验。体现问题的来龙去脉,突出建模思想;回归现实生活、注重直观经验;加强知识联系、强调情感激发、侧重思想渗透。具体地说,新版教材有如下一些特点。

1. 新教材栏目设置新颖灵活、图文并茂,具有启迪性、探究性

新教材在栏目设置上以学生喜闻乐见的形式:图文搭配、风趣活泼、生动有趣,根据教学需要设置了大量的"观察""思考""讨论""归纳""复习巩固""综合运用""拓广探索""阅读与思考""数学活动"等栏目,适当设问、引导、留白,加大了探索空间,激发了学生的学习兴趣。

教材的每章章头大都以生活中精美的图片引入;又以风趣贴切的语言引导,向学生展示身边现实的、富有挑战性的数学素材;引用真实的数据、图片或卡通形象,提出富有启发性的数学问题;在学生已有知识背景和生活经验的基础上,提供了大量的操作、思考与交流的机会。例如,七年级上册第三章"图形的认识初步"中,以北京2008年奥运会奥运村的模型为章前图,从丰富多彩、形态各异的图形中让学生找出自己熟悉的几何图形,激发了学生观察、思考的兴趣。接着教材继续向学生展示一张张精美的、学生熟悉的平面图形和立体图形及其展开图,以贴图、设问、"观察""探究"、实验等方式,让学生体验立体图形与平面图形的相互转化,建立空间观念。

2. 回归现实生活,注重直接经验

数学的价值只有通过与现实世界相联系才能体现出来,数学知识虽然有抽象的一面,但它的产生和发展不是臆造的,是人们在漫长的生活实践过程中,逐渐形成了图形意识、记数意识和度量意识。新教材关注社会生活和实践应用,时代感更强。无论是作为教学引入,还是作为背景介绍,都引用了大量的社会生活素材,创设了无数个来源于火热生活的问题情境。同时,在中学生这样一个年龄阶段,学生的数学思维力正逐步由低层次向高层次转化,即由直观形象思维发展到具体形象思维。这个发展需要一定的过程,学生对直观的内容印象最深,最容易引起内心的共鸣。所以,新教材中知识体系的出现总是从学生最直观、最熟悉的事物开始。

例如,《走进图形世界》这一章,通过感受天坛、水面、地球仪、高楼大厦等各种学生身边的事物的介绍,来让学生感受球、柱、锥、面、线、点,让他们觉察到几何就在身边,让他们感受到美的世界。通过美丽画面的欣赏,了解到几何是美妙的音乐。这样的设计符合学生的认知特点与顺序,因为学生的认知总是从立体图形开始的。这就是从直观中感受知识,从经验中引出知识,从活动中探索知识,从游戏中享受知识。

再比如,新教材以天上的星星比作"点",以夜空中的流星划过留下的光线比作"线",以太阳比作"圆",以太阳从海平面上升起说明直线与圆的位置关系,非常形象。

介绍了大量的数学文明史:以中国古代算经《九章算术》记数法——算筹来介绍有理数的运算;以世界最精确的钟——原子钟的误差来介绍正负数;以尼罗河的泛滥谈几何学的起源。关注社会生活:以"建筑工人砌砖拉线""木工师傅锯木板弹墨线"来介绍直线,非常生动;"从算式到方程"中的"数字1与字母x的对话"说明字母表示数,非常有趣;"概率与中奖"引导学生正确认识"买彩票与中奖"的关系。

在代数方面,新教材引入了市场营销、通信收费、银行贷款、出租车费、统筹运输等创设教学情景,让学生充分体会到数学知识来源于生活,又为社会生活服务,拉近了数学与生活的距离,激发了学生学习数学的兴趣。在几何方面,新教材通过图形的观察、展开、折叠、平移、对称、翻折等动手实践活动,以形象、直观的方式呈现知识,容易为学生所理解、接受,有利于引导学生观察社会和生活,学会合情推理,大大降低了学习的难度。

3. 新教材倡导合作与探究性学习方式

改进学生的学习方法是《标准》所提倡的一个改革目标,有效的数学学习活动不能单纯地依赖模仿与记忆,动手实践、自主探索与合作交流也是学习数学的重要方法。因此,新版教材根据学生已有的知识背景和活动经验,提供了大量操作、活动、思考、交流的机会,让学生经历观察、实验、猜测、推理、与同伴交流、反思等活动,加深对知识的理解。

教材设置了"数学实验室""数学活动"" 课题学习"等栏目,引导学生通过"做"感受数学、探索知识和结论、应用所学知识解决简单问题,为学生提供了大量"做数学"的机会。另外,在各节教学内容的安排上,较多采用了"学生'做'——在'做'中感受和体验——主动获取数学知识"的呈现方式,让学生在"做"的基础上,揭示具体"事例"的数学本质,然后再明晰有关知识。

例如,北师大版八(上)第一章第一节勾股定理的探索,首先通过提出问题,让学生带着问题去学习,然后通过三个"做一做"问题,让学生通过测量、计算、观察、归纳等方法探索出勾股定理。

再比如,苏教版八(上)第一章第一节《轴对称与轴对称图形》是以剪纸贯穿始终。

操作1:折纸印墨迹——将一滴墨水滴在质地柔软的纸上,并将纸对折、压平,然后张开,观察折痕两边的墨迹形状,你有什么发现?

操作2:切藕制作轴对称的两个截面——把一节藕切成两段,怎样将它们放在一块玻璃的下方,这样看到的两个截面就成轴对称? 你能找到两个截面的对称轴并找出一些对称点吗?

操作3:剪飞鸟图案。

通过操作探究,交流合作,使学生充分明白了什么是轴对称图形的概念与性质,体验了数学活动的乐趣。

4. 新教材的内容编排以螺旋上升的方式呈现

以螺旋上升的方式呈现数学内容和重要的概念与思想,有利于学科之间的知识渗透,密切了知识之间的联系,增强了互补性及递进性。

新教材改变了过去"先集中出方程,后集中出函数"的做法,按照数量关系,安排方程和函数交替出现,即按一次方程(组)和一次函数、二次方程和二次函数的顺序关系,螺旋上升,强化方程和函数之间的联系,从函数角度提高对方程的认识。

例如,人教版方程与函数的呈现顺序为:

方程——七(上)第3章一元一次方程,七(下)第8章二元一次方程组,九(上)第21章一元二次方程。

函数——八(下)第19章一次函数,九(上)第22章反比例函数,九(下)第26章二次函数。

北师大版方程与函数的呈现顺序为:

方程——七(上)第5章一元一次方程,八(上)第7章二元一次方程组,九(上)第2章一元二次方程。

函数——八(上)第6章一次函数,八(下)第5章反比例函数,九(下)第2章二次函数。

新版教材淡化了几何、代数的分界线,融几何、代数、统计于一体,相互交错、螺旋上升、逐步递进,既复习了旧知识,又学习了新内容。新教材还关注了相关学科的知识渗透,为其他学科的教学提供了相应的知识准备,有利于其他学科的教学,体现了数学的基础性。

5. 注重知识间的相互联系

数学的美就美在其简单性与统一性。统一是简单的基础,简单是数学的魅力。以初中为例,方程、不等式、函数、图像之间是统一的,整数与整式、分数与分式之间是统一的,它们是特殊与一般的关系。加与减、乘与除、乘与乘方之间是统一的。在圆中,角与弦与弧之间是统一的。三角形与四边形是统一的,三角形是四边形的基础,四边形是两个三角形的组合。相似和全等是统一的,全等是相似的特例。平移、旋转、反射(对称)是统一的,它们都是合同(全等)变换。数与形是统一的,代数与几何是统一的,一个式子可能有其几何意义,一个几何体可能蕴含着数量之间的关系。而且新教材在设计中还十分注意初中与小学知识的连续性和代数、几何知识的糅杂,即数形结合。例如在给出完全平方公式时或前或后利用图形的面积进行探究或解释。

6. 注意合情推理与演绎推理的结合

新版教材十分注意合情推理与演绎推理的结合。传统的数学教材,大都是按演绎体系编写的,讲授一开始就给出抽象的定义或定理,要求学生作为既定的结论接受下来,然后运用定义定理去展开内容,解决问题。不论教师对这种教学方法如何驾轻就熟,运用自如,但从学生的反映来看,效果并不尽如人意。究其原因,在于运用演绎法讲授,会使大多数学生认为数学抽象、枯燥,从而对数学产生厌烦情绪,以至讨厌数学,害怕数学。而新版数学教材,均采用了归纳体系编写。通过具体问题,使学生通过观察、实验、归纳、类比等合情推理猜想概括出概念或定理(实验定理),而后再用演绎推理给出证明。这样一方面有利于提高学生学习数学的兴趣,另一方面又有利于激发学生的创新潜能,培养其创新能力。

例如:通过几个特殊多项式乘多项式的运算,归纳概括出完全平方公式;通过几个特殊一元二次方程的解决,概括出一般一元二次方程的求根公式等。几何部分更是合情推理与演绎推理结合的典范。如在探讨三角形、四边形性质时设置了一根主线,那就是"对称"。由"轴对称"得到等腰三角形、等边三角形、直角三角形、角平分线、中垂线性质,由"中心对称"得到平行四边形、矩形、菱形、正方形、中位线性质。这样做有这样几个好处:一是性质的得到都以图形的反射、旋转等操作实验得到,学生理解透彻,印象深刻;二是抓住了图形的共性,像平行四边形、矩形、菱形、正方形等都是中心对称图形,具有中心对称图形的一切性质;三是有了"对称"这样一根主线,纲举而目张,使得知识更显统一。

总之,新教材内容的编排尽可能地展现知识的形成与应用过程,即以"观察与思考"、"做一做、谈一谈"一起探究规律的模式,展开所要学习的数学主题,使学生在了解知识来龙去脉的基础上掌握知识。注重知识的发生、发展也是新课程"过程性目标"在教材上的反映,其目的是加深学生对数学本质的理解和合情推理的培养。

7. 注重数学思想的渗透

思想方法是数学的精髓,虽然教材中没有专门的章节介绍,但却渗透在教材的全过程之中,它是以数学知识为载体的更高层次的数学。初中阶段需要掌握的数学思想主要有:数形结合、分类讨论、方程与函数、一般与特殊、统计以及转化思想等。

例如,在完全平方公式的导出与解释中渗透了特殊与一般化思想和数形结合思想;《圆周角》在探讨性质"同圆或等圆中,同弧或等弧所对的圆周角等于圆心角的一半"时,就渗透了分类的思想;求多边形的内角和时渗透了化归思想等等。教材在"阅读"栏目中对渗透在过程中的基本思想方法都进行了简要的介绍,并且内容多取材于现实的情境,文字轻松活泼,娓娓述来,可读性强,常使我们会心的一笑。

8. 新教材促进了教师的思想观念和教学行为的变化

新教材要求教师转换角色,尊重和承认每个学生的个性和价值及每位学生都是生动活泼的、有尊严的人,要关注每位学生,相信每个学生都能在数学上得到不同的发展,给所有学生提供公平的数学学习机会。新教材要求教师教学转变方式,帮助学生在合作交流、自主探索的过程中,理解和掌握基本的数学知识和技能,向学生提供充分的数学活动的机会。新教材要求教师要不断地学习,掌握更多的教育教学理论和学科专业知识,提高自己驾驭和整合教材的能力。从这个意义上讲,实施新课程,对每位教师来说都是种挑战。现在,教师们普遍感到以往的知识不够用了,学生们思维空前活跃,敢想、敢说、敢问,特别是在探究性的数学活动中,学生提出的问题常常是我们事先难以设想的。这就要求我们教师具有广博的知识、娴熟的技能,才能更好地引导学生理解教材、探究知识和适应新教材、新时代发展的需要。

二、义务教育数学教材内容分析

教材分析是教师在教学活动中的一项基本功,课堂教学本身就是一个教学实践探索活动,经常说"教学是一门遗憾的艺术",教学活动必须得有科学思想的支撑。教材是教与学的中介,教师教学活动的有效完成首先要从教材分析入手。数学教材是数学课程的载体,教学活动不可以抛开它而完成。那么作为数学教师完成教学活动首先要分析教材,将教材这一静态的文本赋予生命力,然后创造性地开展教学。

教材分析不仅存在于课前的备课中,还贯穿于整个教学活动之中。课堂是在真正地实施对教材分析之后的处理预设,通过分析教材,才能把握住教材的灵魂,在课堂上游刃有余而不至于偏离主线。课后对教学效果的反思更是教材分析结果的反馈,可以结合教学实际对教材做出一定的评价和改进意见。

驾驭好教材是教师有效教学的一项重要能力,从中可以体现教学创造性,用教材教而不是教教材。教材是教学的材料,并非课程的全部,教材的优点是标准规范,但教师不能受此束缚,死板地照本宣科,而应创造性地使用教材,认真研究教材的教学价值。

成功的教材分析处理,可使教师心中有"标准"(课程标准),胸中有"本"(教学目标),行动有"据"(班级学情),教学有"法"(选择最佳方法)。"教材是课程的载体,能否准确而深刻地理解教材,高屋建瓴地驾驭教材,合乎实际地处理教材,科学合理地组织教材,是备好课、上好课的前提"[①]。教师只有认真做好教材分析,才能吃透教材,才能依据学生的实际情况来处理教材,达到因材施教的目的。教师既要从宏观上分析教材,从整体上把握教材,还要从微观上细致钻研教材,从局部细节上去掌握教材,才能有效提高教学效果。

教师需要通过教材分析来明确教学目标,选择恰当的教学手段和方法去开辟第二课堂,才能保证教学质量。所以说做好教材分析是教师教学的首要环节,重视教材分析,提高教材分析的能力是促进教师专业成长的一个重要方面,且能有效提升教师的教学基本功。

有效地做好教材分析,才能更好地指导课堂教学,把教材中所蕴含的数学精髓、精华思想方法渗透到教学实践当中,真正地贯彻落实新课改的理念,在这个纲领性精神的指导下提升自己的教学能力。经常说培养学生的创造性思维,那么教师对于教材也需要发挥自己富有创造思维的大脑的作用,灵活有效地处理教材,实现教材与教学这一静与动之间的有效转化。

1. 深刻理解课程标准,提升教育理念

《义务教育数学课程标准》中对数学的课程性质、基本理念、设计总体思路、数学课程目标、数学内容标准都做了说明,给出了实施建议。通过分析课程内容标准,可以使教师明确教材具体内容在学习水平上应达到怎样的要求,进而利用好教材提供的素材,有针对性地实施教学,指导学生达到内容标准规定的目标要求。

课程标准提出了新课程改革的十大理念:构建共同基础,提供发展平台;提供多样课程,适应个性选择;倡导积极主动、勇于探索的学习方式;注重提高学生的数学思维能力;发展学生的数学应用意识;与时俱进地认识"四基";强调本质,注意适度形式化;体现数学的文化价值;注重信息技术与数学课程的整合;建立合理、科学的评价体系。只有真正理解这些课程理念,才能更好地明白新教材的安排用意。要将新课程理念从教材分析中解读出来,使之再现于数学教师的大脑中,然后转化到富有生命力的数学课堂中,真正达成《课标》中的目标要求。并从如下五个方面去体现新课程理念:

---

① 戴优强.教材处理方法谈[J].成都大学学报:教育科学版,2008,22(10):95-97.

(1)为不同学生的发展提供了不同的课程内容。
(2)倡导积极主动、勇于探索的学习方式。
(3)注重数学知识与实际的联系,发展学生的应用意识和能力。
(4)关注数学的文化价值,促进学生科学观的形成。
(5)注重信息技术与数学课程的整合。

2. 分析教材知识产生的历史背景

就是从知识发生发展的社会、历史背景和生长的历程为出发点,对教材进行分析的方法。

一是分析数学史对数学课程内容的影响。作为学科的中小学数学,是随着作为科学的数学的发展而不断沿革、发展而来的。在现行数学教材中,也有这方面的体现,需要数学教学工作者,参考、运用数学史料对其加以分析、处理,以致运用于教学中。譬如,数的概念的产生和发展的历史,对于理解数的概念方面的教学内容是很有帮助的;函数概念在历史上经过多次的变化,目前我国初中教材采用的是其第二阶段的定义,然而许多初中生总把函数理解为表达式,实际上他是按函数定义的第一阶段来理解的。由此可知,在中学函数知识的安排上,借鉴了数学史料,适应了中学生认知发展进程,逐步地加深,并使课程螺旋式地上升。

二是分析还原知识产生的过程与背景,创造性地运用本原性数学问题,让学生经历概念、定理的产生过程,体现返璞归真教学,实现既教猜想,又教证明的教学原则,以培养学生的创新思维。

三是分析知识产生过程中的社会历史故事,数学典故,名人轶事。青少年学生有着强烈的好奇心和求知欲,充满想象力和自信心。教师在课堂教学中,以这些材料为基础创设课堂情境,恰如其分地介绍一些生动形象的数学典故,数学家传记,奇闻逸事和名人轶事,能有效激发学生的数学学习兴趣,产生求知欲。但一定要注意它与教学内容、教学目的的和谐性,不可一味地牵强附会,把一些与教学内容无关的奇闻逸事强搬到教学中来。这样将会喧宾夺主,转移学生的注意力。

3. 分析教材知识的广泛应用

我们知道教学是一个发现问题、分析问题、解决问题的过程,所以数学课堂教学要围绕问题展开,即以问题为驱动。从而要认真分析教材知识在社会生产和现实生活中的广泛应用。

一是利用这些应用创设问题情境,化知识的学术形态为教育形态,让学生经历掌握实际问题的"数学化"与"再创造",体现数学建模思想。

二是课堂教学中要尽量选取学生身边的哪些源于生产、生活中的实际问题,使学生对问题有亲切感,感到数学有用,以培养学生的数学应用意识。

进行这种分析,同时注意区别以下情况:有的知识可直接应用于实际(如三角形方面的知识、数概念的知识、方程与函数方面的知识等),有的则可间接应用于实际(如恒等变形、方程同解性定理等)等情况。

这种分析方法的作用、意义和价值,还在于它有利于数学教学面向社会、面向现实和未来,有利于数学教学培养学生科学的世界观和把数学应用于实际的能力。

4. 分析数学教材的知识结构体系

就是分析教材知识系统各知识点间的纵横向联系,这种关联的性质和特点;每个知识点在该系统或它的某个子系统中的作用、意义和重要性;确定各知识点应掌握的程度和训练上的要求;分析教材知识的本质和内在规律性;分析挖掘教材知识中所蕴含的精神、思想、方法、原理、规则、模式等的一种分析方法。

第一,分析构造知识系统纵向结构图表,探究知识的本质及其规律性,捋顺知识产生的来龙去脉,搞清复习回顾哪些已有知识,明确各知识点在整个知识系统或它的子系统中的作用和学习它的意义、价值,重点讲解哪些知识,确定各知识点应掌握的程度和训练上的要求,确定教材中例、习题在掌握、巩固知识、技能方面的一般性作用,反思巩固知识。

第二,分析知识系统的横向结构图表,探究与其他学科知识的变通及联系,进行几何解释。目的使在课堂教学中能合理地进行一题多解、一题多变和一法多用,以培养学生数学思维的灵活性和广阔性。

第三,分析挖掘教材知识中所蕴含科学研究的基本方法(如观察、实验、分析、综合、归纳、类比等)、数学的逻辑组织化方法和数学文化价值。适时地概括提炼数学思想与方法,培养学生的科学素养,学会数学地思考问题,进行美学教育,提升数学品质。

5. 数学教材的学情分析

《课程标准(2011年版)》指出:"课程内容要反映社会的需要、数学的特点,要符合学生的认知规律。它不仅包括数学的结果,也包括数学结果的形成过程和蕴含的数学思想方法。课程内容的选择要贴近学生的实际,有利于学生体验与理解、思考与探索"。"教师教学应该以学生的认知发展水平和已有的经验为基础,面向全体学生,注重启发式和因材施教"[①]。数学课堂教学要尊重学生的人格,关注学生个体的差异,满足不同学生的学习需要,真正能做到"以学生发展为本",使新课程理念真正落实到每堂课上来。因此,备课时必须进行学情分析,了解学生的年龄特点、学习基础、学习兴趣和学习态度等情况,既了解一般情况,又了解个别差异。

(1)学段年龄特点分析 分析所在年龄阶段的学生是长于形象思维还是抽象思维;乐于发言还是开始羞涩保守;喜欢跟老师合作还是开始抵触老师;不同年龄学生注意的深度、广度和持久性也不同。这些特点可以通过学习一些发展心理学的简单知识来分析,也可以凭借经验和观察来灵活把握。还有不同年龄段的学生感兴趣特的话题不同。如一、二学段的学生喜欢小动物,而第三学段的学生可能就喜欢体育。因此,教师要根据学生的年龄特点选择恰当的问题,开展兴趣教学。

(2)学生的性格特点和人格特征分析 不同的学生有着不同的特点,不同的特点在课堂上就会有不同的表现。而在面对个体时,针对不同表现的个体就要施以不同的方式。比如,有的学生特别敏感,内向,不善交流,在班级中属于角落中的学生,那么作为老师,就要多关注他,多鼓励他,多了解他。

---

① 教育部. 义务教育数学课程标准(2011年版)[S]. 北京:北京师范大学出版社,2012.

（3）学生已有知识经验分析　针对本节课或本单元的教学内容,确定学生需要掌握哪些知识、具备哪些生活经验,然后分析学生是否具备这些知识经验。可以通过批改作业、单元测验、摸底考察、问卷等较为正式的方式,也可以采取抽查或提问等非正式的方式分析了解。如通过分析学生的差异来进行合理分组,使各组水平均衡,每个学生都能在合作学习中发挥自己的作用,增强每个学生的合作意识;通过分析学生的差异来进行分层布置作业,使人人都能获得良好的数学教育,不同的人在数学上得到不同的发展。

（4）对教师自身的分析　分析教师自己对教材知识是否非常熟悉,对课堂教育技术是否熟练,自己须作哪些补充与提高。同时还要了解自己有哪些特点,哪些特点是适合于课堂发挥的,哪些特点是不利于在课堂上表现的。比如自己比较情绪化,就要在课前将自己的情绪调到最佳,并时刻提醒自己,无论发生什么事,都要尽量稳定自己的情绪。

6. 数学教材的潜在教育功能的分析

根据系统科学的结构决定功能的基本原理,数学教材中的知识系统的内容、结构和特点,决定了该教材具有一定的潜在的教育功能。也即数学教师只要遵循它、正常地运用它,就能使教学发挥出一定的教育功能。为了明确教学目的,更好地发挥教材中的知识所蕴含的种种教育因素的作用,数学教师有必要对教材进行潜在教育功能的分析。

（1）提升智力因素功能分析　分析教材知识中蕴含的数学思想、方法、意义和价值,有利于发展学生的何种智力(如数学活动中的分析综合能力、抽象概括能力、逻辑推理能力、运算能力、空间想象能力、解决问题的能力、数学语言表达能力、创造能力等),教材提供了哪些具体途径。特别在数学教学过程中,充分利用教材中的经典例题,采用多层次、多角度分析处理,深挖隐藏于例题背后的丰富内容,发挥潜在的教学功能,对沟通知识体系,构建知识网络,走出题海,减轻课业负担,拓展思维空间,提升学生数学素养和数学能力,有着至关重要的作用。

（2）非智力因素功能分析　分析教材知识有利于培养学生哪些哲学观、科学观和美学观,促进何种心理发展(兴趣、意志、动机、态度和习惯等),进行德育教育。

第二节　数与代数教学研究

"数与代数"的主要内容有:数的认识,数的表示,数的大小,数的运算,数量的估计;字母表示数,代数式及其运算;方程、方程组、不等式、函数等。

一、义务教育学段数与代数的内容结构及分析

1. 小学阶段数与代数的的内容结构与分析

数与代数的内容:数的认识,数的运算,常见的量,式与方程,正比例、反比例和探索规律。

小学数学第一学段重要的是"数的认识"和"数的运算"内容,要求学生具有迅速正确的数的运算能力。到第二学段,在具有迅速正确的数的运算能力的基础上,初步学会

运用观察、归纳与类比方法探索规律,体验数学发现的乐趣,并会进行简单的推理。

2. 初中学段数与代数分量

(1)初中数学十大主干知识,数与代数占5个。

(2)初中数学知识点共计241个,其中数与代数共计80个知识点。

(3)初中数学新授课共360课时,数与代数占135课时。

3. 数与代数的内容分布(以北师大版为例)

(1)七上　第二章 有理数及其运算;第三章 字母表示数;第五章 一元一次方程。

(2)七下　第一章 整式运算;第六章 变量之间的关系。

(3)八上　第二章 实数;第六章 一次函数;第七章 二元一次方程组。

(4)八下　第一章 一元一次不等式和一元一次不等式组;第二章 分解因式;第三章 分式。

(5)九上　第二章 一元二次方程;第五章 反比例函数。

(6)九下　第二章 二次函数。

4. 数与代数中考要点分析

(1)数与式　直接考查相关概念;考查学生的基本运算能力;利用"半开放题"考查相关知识。

(2)方程与不等式　直接考查解方程或不等式;联合考查方程(组)和不等式;解决"方案型"问题。

(3)函数　直接考查函数的概念和性质;和其他知识相结合考查函数性质;综合考查函数思想方法;动点问题和二次函数结合(常为压轴题)。

5. 数与代数应突破的几个难点问题

(1)关于开学第一课的教学　培养兴趣,激发热情;明确目标,了解要求;信任老师,相信自己。

(2)关于数的扩展及其教学　初中阶段数的两次扩展:正数→负数;有理数→无理数。数的扩张,要注意:前后衔接,引入自然;客观存在,定义简洁。

(3)关于运算及其教学　准确计算是数学的生命线。从运算的对象入手,重视运算背景材料的选取,运算法则的归纳总结,运算的应用价值的探究;关于有理数运算的思维过程,注意先判断,再计算。

关于"-"的含义——数的性质符号,数运算符号;"-"可直接减;"-"当性质做判断;"-"号脱括号变号;"-"参与移项变号;"-"在不等号两边乘除,不等号要改变方向。

(4)关于方程的教学——从算术到代数　已知到未知的飞跃,合理设置未知数。算术与代数的共同点:算。算术与代数的不同点:算术——算数,从已知数开始一个一个地解决问题;代数——建立已知与未知的联系,引入字母一类一类地解决问题。

(5)关于函数的教学　函数是研究变量之间关系的科学,变量之间的关系呈现方式多样:图形的、表格的和解析式的,其中以图形最能反映函数的本质,是学生理解函数不可或缺的方面;函数是数与代数的高度综合。

二、深刻理解教学目标,提升教学立意

第一学段:经历从日常生活中抽象出数的过程,理解万以内数的意义,初步认识分数和小数;理解常见的量;体会四则运算的意义,掌握必要的运算技能,能准确进行运算;在具体情境中,能选择适当的单位,进行简单的估算。

第二学段:体验从具体情境中抽象出数的过程,认识万以上的数;理解分数、小数、百分数的意义,了解负数的意义;掌握必要的运算技能;理解估算的意义;能用方程表示简单的数量关系,能解简单的方程。

第三学段:体验从具体情境中抽象出数学符号的过程,理解有理数、实数、代数式、方程、不等式、函数;掌握必要的运算(包括估算)技能;探索具体问题中的数量关系和变化规律,掌握用代数式、方程、不等式、函数进行表述的方法。

例 4-1 1 200 张纸大约有多厚?你的 1 200 步大约有多长?1 200 名学生站成做广播操的队形需要多大的场地?

[说明]针对问题"1 200 张纸大约有多厚",教学中可以做如下设计:

(1)一本数学教科书大约由 50 张纸装订而成。可以请学生先观察自己的教科书,感受一本书的厚度。

(2)将 10 本教科书依次叠在一起,每增加一本都请学生感受一次纸张的数量,感受数量由小增大的过程,建立大数的表象。

(3)想一想,1 200 张纸大约有多厚?(如果 10 本书是 500 张纸,学生可以想象 20 本书是 1 000 张纸,1 200 张纸比 20 本书还要厚)。请学生描述"这 1 200 张纸叠在一起有多高",鼓励学生从不同的角度进行描述。

例 4-2 如果一个人的寿命是 76 岁,这个人一生的心跳大约有多少次?光速大约每秒 30 万千米/s,光从太阳到达地球大约需要多长时间?如果把 100 万张纸叠加起来,会有珠穆朗玛峰那么高吗?

[说明]在计算的过程中,要合理利用数的单位和度量单位来减少位数。有些问题需要学生自己查找资料,如太阳到地球的距离、珠穆朗玛峰的海拔高度,这样的查找资料活动有利于学生养成调查研究的习惯。

例 4-1 和例 4-2 都是在感受身边的数,但由于目标不同,从而问题的深浅、难度、要求也就不同。

例 4-3 在下列横线上填上合适的数字、字母或图形,并说明埋由。

1, 1, 2;1, 1, 2;_____,_____,_____;
A, A, B;A, A, B;_____,_____,_____;
□,□,△;□,□,△;_____,_____,_____。

例 4-4 利用计算器计算 15×15,25×25,…,95×95,并探索规律。

例 4-5 利用公式证明例 4-4 所发现的运算规律。

[说明]例 4-3 和例 4-4 都是利用合情推理,启发学生探索规律。但例 4-3 是希望学生感悟:对于有规律性的事物,无论是用数字还是字母或图形都可以反映相同的规律,只是表达形式不同。例 4-4 是运用计算器进行计算,从中发现一些有趣的规律,以培养

学生实验、观察、归纳能力。而例4-5是在第二学段探索发现如下的运算规律：
$$15 \times 15 = 1 \times 2 \times 100 + 25 = 225$$
$$25 \times 25 = 2 \times 3 \times 100 + 25 = 625$$
$$35 \times 35 = 3 \times 4 \times 100 + 25 = 1\ 225$$

的基础上，进一步观察实验，并用字母代替数，抽象概括出一般规律：
$$(a \times 10 + 5)^2 = a(a+1) \times 100 + 25$$

但这样的猜测是正确的吗？需要给出证明：
$$(a \times 10 + 5)^2 = a^2 \times 100 + 2a \times 10 \times 5 + 25 = a(a+1) \times 100 + 25$$

这是一个由具体数值计算到符号公式表达的过程，即由特殊到一般的过程。可以让学生感悟，有些问题是可以通过一般性的证明来验证自己所发现的规律，感悟数学的严谨性，增加学习数学的兴趣。

例 4-6 （鸡兔同笼问题）鸡和兔同在一个笼中，数头有 20，数腿有 70，问有鸡、兔各多少只？

[说明] 对于第二学段，可以引导学生运用尝试的办法探索规律，得出结果，使学生感受这是数学探索的一种有效途径。比如，可以有规律地给出下面的计算过程，见表4-1。

表 4-1 计算过程

兔子数/只	鸡数/只	腿的总数/条
20	0	$4 \times 20 + 2 \times 0 = 80$
19	1	$4 \times 19 + 2 \times 1 = 78$
18	2	$4 \times 18 + 2 \times 2 = 76$

继续计算下去，可以得到兔子数为 15、鸡数为 5 时，腿数恰好为 70。

通过表 4-1 可以启发学生思考：每减少 1 只兔子，就要增加 1 只鸡，腿的总数就要减少 4-2=2（条）。腿的总数为 70 时，需要减少的兔子数是 (80-70)÷2=5 只，于是兔子数是 20-5=15（只），鸡数为 0+5=5（只）。最后验证一下：4×15+2×5=70 是正确的。

当然，也可以从鸡数的变化进行思考：每减少 1 只鸡就要增加 1 只兔子，腿的总数就要增加 4-2=2（条）。

进一步，可设想鸡和兔子都是 2 条腿，那么 2×20=40 条腿，这样少了 70-40=30 条腿，这 30 条腿是具有 4 条腿的兔子看作 2 条腿的鸡产生的，从而兔子有 30÷2=15（只），鸡有 20-15=5（只）。

同理，该问题也可设想鸡和兔子都是 4 条腿而得出结论。

如果时间充足，还可以向学生介绍如下有趣的方法：假设鸡和兔都训练有素，吹一声哨，抬起一只腿，70-20=50。再吹哨，又抬起一只腿，50-20=30，这时鸡都一屁股坐地上了，兔子还两只脚立着。所以，兔子有 30÷2=15 只，鸡有 20-15=5 只。这样，可有效激发学生对数学的兴趣。

对于该问题，到了第三学段，还可以用一元一次方程的方法或二元一次方程组的方法解决。启发学生从不同的角度思考同一个问题,有利于学生进行比较,加深对于模型的理解。

利用一元一次方程解决此问题时,可以引导学生通过具体列表的方式找出规律、建立方程,这样有利于学生理解方程的意义,体会建模的过程。假设兔子数为 a,则鸡数为 $20-a$,把例 4-6 中的表移过来并用字母代替,见表 4-2。

表 4-2　计算过程

兔子数/只	鸡数/只	腿的总数/条
$a=20$	$20-a=0$	$4a+2(20-a)=80$
$a=19$	$20-a=1$	$4a+2(20-a)=78$
$a=18$	$20-a=2$	$4a+2(20-a)=76$

这样,合题意的方程为 $4a+2(20-a)=70$,可以通过尝试的方法,解得 $a=15$,也可以解方程求解。

利用二元一次方程组可以直接列出方程组。假设兔子数为 a,鸡数为 b,可以得到方程组 $\begin{cases} a+b=20 \\ 4a+2b=70 \end{cases}$

用代入消元法或加减消元法求解得:$a=15$ 和 $b=5$。

从上面的讨论可以看到,用四则运算方法,思考最困难,但是结果最直接;用二元一次方程组的方法,思考最简洁,但是计算较烦琐。

在教学过程中,可以结合具体的教学内容使用这个例子,最后进行比较,启发学生思考。

三、教学中发现的问题

1. 认识的封闭现象

例 4-7　(2003 年,陕西中考)星期天晚饭后,小红从家里出去散步,如图 4-1 描述了她散步过程中离家的距离 $s(\text{m})$ 与散步所用的时间 $t(\text{min})$ 之间的函数关系。依据图像,下面描述符合小红散步情境的是(　　)。

(A)从家出发,到了一个公共阅读栏,看了一会儿报,就回家了

(B)从家出发,到了一个公共阅读栏,看了一会儿报,继续向前走了一段,然后回家了

(C)从家出发,一直散步(没有停留),然后回家

(D)从家出发,散了一会儿步,就找同学去了,18 min 后才开始返回

该试题源于《课标》与教材,设计了生活情境,考察了数学的核心知识——函数,题目的预设答案为(B),然而怎样否定(A)和(C)呢?

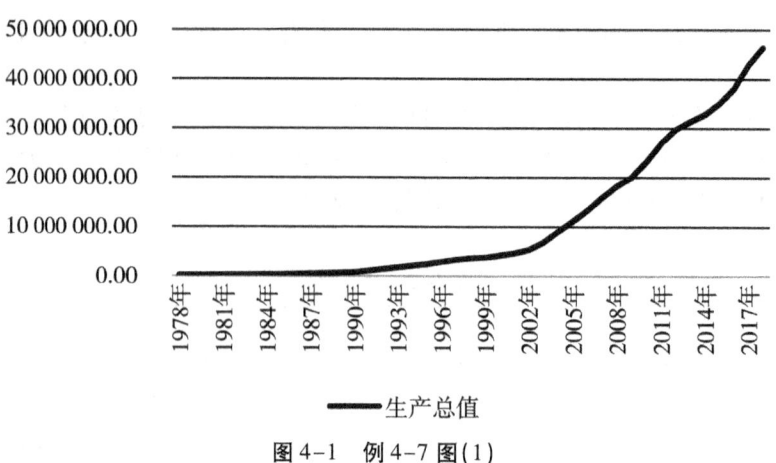

图 4-1　例 4-7 图(1)

如图 4-2,前 4 min 匀速走到 A(报栏),看了 6 min"公共阅读栏",然后又沿 AB 向前匀速走 2 min 到 B,然后沿 BO 匀速走 6 min 回到家。这样一来,(A)否定不了!

如图 4-3,前 4 min 沿 OA 直路匀速向前散步,然后拐弯沿圆弧 AB 走 6 min,再转弯沿 BC 向前走 2 min,最后沿 CO 走 6 min 直路匀速回到家。这个散步过程是"没有停留"的。可见(C)也不能否定。

由此可见,该考题是道病题,与选择题"有且只有一个选项正确"矛盾,但当年数以万计的师生却没有提出异议(也许有深入思考的学生反而被判为扣分)。该例说明这是"一个很普遍的认识封闭现象"。

＊反思 1　题目自然涉及"圆"的概念和逻辑"或",触及"明确知识的认识封闭现象",并且在 PQ 上有明显的 3 个层次。

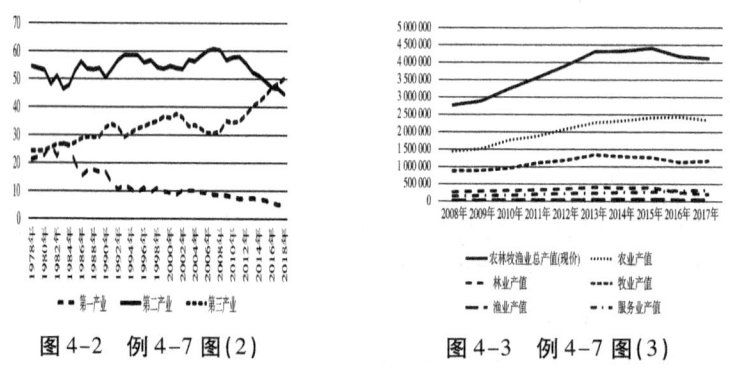

图 4-2　例 4-7 图(2)　　　　图 4-3　例 4-7 图(3)

(1)一种情况:在 PQ 上静止。有静无动,能背熟圆的定义,面临圆(或球)的情境时看不见圆(或球)。

(2)两种情况:看到 PQ 静止时全静止,看到 PQ 运动时全运动。有进无退,逻辑"或"对 PQ 的全程。

(3)无数种情况:看到 PQ 静止或圆周运动,可以前进也可以后退。有静有动,有进有退,逻辑"或"对 PQ 上的每一点。

*反思 2　考察了数学的核心知识——函数,广泛涉及以下几点:

(1)函数的概念,包括定义域、值域、对应关系。

(2)函数的表示方法,突出了一次函数的解析式与图像这两种表示法。

(3)一次函数的增减性与图像形状的关系。

(4)通过生活情境和图像很自然地出现分段定义函数。

(5)考查学生分析实际情景,认识函数变化规律的基本能力。

*反思 3　设计为开放题。

(1)需要学生将一次函数的图像和性质赋予实际意义,而学生根据自己的生活体验和对数学知识的理解,编拟出来的实际情节将是不唯一的。

(2)每个学生都可以回答问题,但不同的水平到达不同的层次。

*反思 4　对本案例研究的启示如下:

(1)"根据图像编一个故事"呈现了一个有启发性的故事,这个故事就是一个案例,数学教育界习惯称数学案例为课例。

(2)我们现在介绍这个故事是想导出这样一个话题:数学教育中是否存在"明确知识的认识封闭现象",并认识数学教育研究的微型过程[①]。

2. 情境创设的误区——去数学化

(1)小学乘法交换律教学的情境创设　有一个教学设计,用一个柄特别长的勺子喝水,勺子太长自己喝不到,学生经过讨论找到"交换喝水"的办法:你拿勺子喂给我喝,我拿勺子喂给你喝,喝水问题圆满解决。这个"活动"固然有趣,办法也很好,但与"乘法"没有关系,亦离开了"数量不变"的交换率本身。交换律的本质是变化中的不变性,学生在这里学到的不是数学更不是"乘法交换律"(地狱与天堂的寓言)。

这个教学设计,是为情境创设而创设,情境与数学模式严重分离。教学中如何防止"去数学化",既是教学的挑战,又是数学的挑战[②]。

解释:数学并不只是一种有趣的活动,仅仅使数学变得有趣起来并不能保证数学学习一定能够获得成功(数学上的成功还需要艰苦的工作)。有效的情境应该起始于精细的数学认知分析,使情境具有数学对象的必要因素和必要形式(这是一个创作与创造的过程),只注意情境的形式,缺失了数学及其本质(去数学化),会好心办坏事。如何防止"去数学化",既是教学的挑战,又是数学的挑战。

(2)"倒数"的负情境　在讲解"倒数"时,某教师作了这样的设计,引导学生"杯子可以倒过来,数可以倒过来吗?""上海自来水来自海上,可以倒过来念还是'上海自来水来自海上'……"结果学生出现了 26 的倒数是 62[③]。

解释:"倒数"对于分数而言确有颠倒分子分母的形式,但这不是概念的本质特征(相乘等于 1),句子倒过来念更与"倒数"概念毫不相干,于是,所引入的情境不具有"倒数"

[①]　罗增儒.教育叙事:圆的遭遇[J].中学数学教学参考(初中版),2007(3):23-26.
[②]　张奠宙.教育数学是具有教育形态的数学[J].数学教育学报,2005(8):1-4.
[③]　金小君.创设有效情境,让课堂焕发活力[J].成才之路,2008(2):4-5.

的必要因素与必要形式,对学生的学习产生了负面效应。如同数学上负数比零更小,教学中负情境不会比零情境更好。

(3)"用字母表示数"的导入情境(老师想通过兰州拉面引入$2n$)

老师:同学们,早餐吃过了吗?

学生:吃过了。

老师:你们都吃了什么早餐?

学生:面包,稀饭,饼干……

老师(感觉不太好):有吃过拉面吗?

学生:没有。

老师:拉面怎么做的?

学生用手比画。

老师:做拉面,你能发现什么规律吗?

学生:拉面越拉越长。

老师:还有其他规律吗?

学生茫然,老师无奈。

老师:拉面拉长后条数怎样变化?

学生:越来越多。

……

老师(不得已):任意多次后,拉面条数可以表示为$2n$,这就是今天学习的用字母表示数,引出课题①。

解释:情境太发散,徒然浪费了时间。形式主义与烦琐哲学的情境实际上是一种"负情境",它既增加教学夹生的风险,又进行了生命的奢侈消费。

3. 学会观察、归纳与类比

新编义务教育数学教材,众多结论(定理性质)都是通过特殊化(议一议或想一想)而归纳得到的。对这些看似简单明白的问题,恰恰需要教师的正确点拨引导。

例如北师大版七年级数学上"有理数的乘法"一节中有这样一段"议一议"。

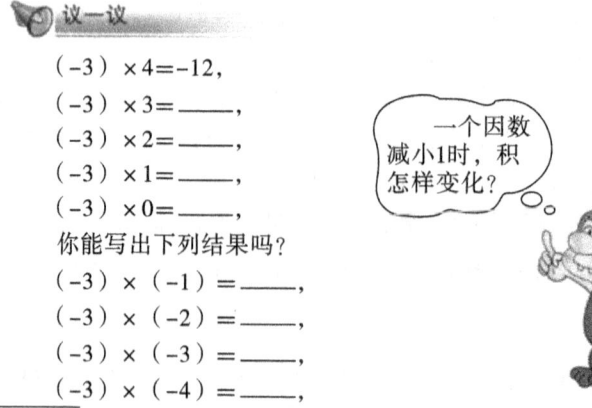

---

① 金小君.创设有效情景,让课堂焕发活力[J].成才之路,2008(2):4-5.

引导学生仔细观察上面五个式子的运算结果,发现被乘数减少1,右边的积增加3。由此归纳类比得出下面五个式子的正确结果。再引导学生仔细观察式子,发现负数乘以正数,其积为负数;负数乘以负数,其积为正数。并由此归纳得出有理数乘法的运算规律。

对上述问题,如果教师不能正确引导,学生很难从中观察发现规律,并进一步得出有理数乘法的运算规律。

四、教学案例分析研究

案例1 "完全平方公式"的几种教学设计的思考

在《2011课程标准》的课程基本理念中要求,数学教学活动,特别是课堂教学应激发学生兴趣,调动学生积极性,引发学生的数学思考,鼓励学生的创造性思维;要注重培养学生良好的数学学习习惯,使学生掌握恰当的数学学习方法。

下面我们依据"完全平方公式"的几种教学设计理念,探索在数学教学中,如何有效培养提高学生的"基础知识、基本技能、基本思想方法和基本活动经验"。

(一)知识立意,授之以鱼

1. 探索活动

(1) 如何计算图4-4中大小正方形的面积?你有什么发现?

(2) 你能用多项式乘法运算法则推导出公式"$(a+b)^2 = a^2+2ab+b^2$"吗?

(3) 尝试运用公式。由公式"$(a+b)^2 = a^2+2ab+b^2$"你能计算出$(a-b)^2$吗?(引导学生感受转化的思想以及知识之间的内在联系)

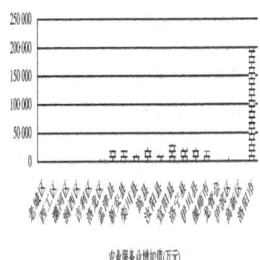

图4-4 探索活动(1)

(4) 观察完全平方公式,那么你能说出这两个公式的结构特点吗?

2. 公式应用

例4-8 用完全平方公式计算:
①$(5+3p)^2$;②$(2x-7y)^2$;③$(-2a-5)^2$
(第③小题引导学生用不同的方法计算,深刻理解,灵活运用两个公式)。

练习4-1 与例4-8类似的模仿性练习。

例4-9 简便计算:① 98^2;②$(100\frac{1}{2})^2$

练习4-2 与例4-9类似的模仿性练习。

3. 课堂小结

完全平方公式的特征及语言描述。

4. 课堂检测

当堂训练,当堂反馈。

评:该教学设计也安排有"探究"活动,教师通过引导学生计算正方形的面积"探究发现"完全平方公式。但学生会有疑问,这样的正方形哪里来的?为什么只计算它的面积而不计算它的周长或其他量?老师你是怎么知道通过计算这样的正方形面积就能得到完全平方公式的?正如波利亚所说:像从帽子里跑出一只兔子,不知所以然。从教学的实施情况看,通过计算正方形面积能快速引导学生"发现"完全平方公式,但这样的探究是名义上的探究,学生没有丰富的探究空间,而是一步步钻进教师预设的"圈套",被教师牵着鼻子去快速发现"新知识",其实这是一种假探究。

教学中公式应用按题型分类,及时巩固反馈,有利于学生模仿应用并熟练掌握完全平方公式,形成相应的计算能力。

这样的教学设计,对学生掌握"基本知识、基本技能"效果尚好,达到了授之以鱼的教学效果。但缺乏对学生合情推理能力与创新意识的培养,课堂教学立意是知识立意的层次。

(二)能力立意,授之以渔

1. 探索活动

(1)计算下列各式,你能发现什么规律?

1) $(m+2)^2 = (m+2)(m+2) =$ _____;

2) $(2x+3y)^2 =$ _____;

3) $(m-2)^2 = (m-2)(m-2) =$ _____;

4) $(2x-3y)^2 =$ _____。

(2)推广到一般,你能归纳得到什么运算公式?你能推导它吗?

(3)完全平方公式有什么特征?如何用语言描述?

2. 公式应用

与设计一的例 4-8 和练习 4-1 类似,略。

3. 几何解释

你能根据图 4-5 和图 4-6 两个正方形的面积分别说明两个完全平方公式吗?

4. 应用拓展

尝试计算 $(a+b+c)^2$,并结合图 4-7 给出解释。

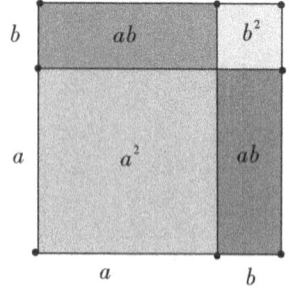

图 4-5 几何解释(1)

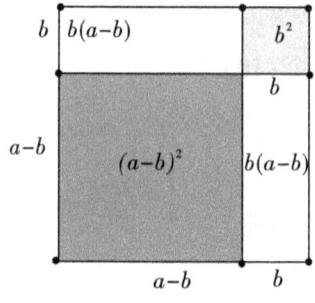

图 4-6 几何解释(2)

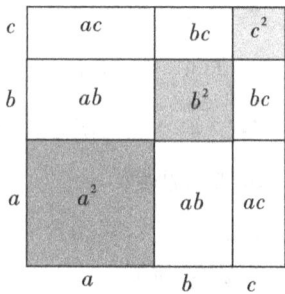

图 4-7 几何解释(3)

5. 课堂小结

完全平方公式的特征及语言描述。

6. 课堂检测

当堂训练,当堂反馈。

评:数学思维中,演绎推理在于验证结论,归纳推理在于发现结论。归纳类比等合情推理能力是创新能力的基础。中国过去的双基教学缺乏对合情推理能力的培养,而概念、定理、公式、法则教学的核心就是"归纳"与"类比"。学生在学习公式之前已经学过了多项式的乘法运算,两个完全相同的多项式相乘在计算和实际应用中较为常见。设计二让学生自己进行两个完全相同的多项式相乘的运算,从而总结发现规律,最后推广为一般结论——完全平方公式。公式的来龙去脉清楚,学生真正经历了知识的发现过程:"由特殊到一般"的发现和归纳过程,有利于创新意识和能力的培养。

应用拓展中,让学生尝试计算$(a+b+c)^2$。学生或把$b+c$看作一个整体,化归为刚刚学习过的公式计算;或类比前面的图形,运用数形结合的方法得到。

该问题能较好地向学生渗透化归、转化、整体与划分、类比及数形结合等数学思想,有利于培养学生在新情境下应用所学过的知识分析问题和解决问题的能力。

设计二重视在掌握双基的基础上培养学生的各种能力,达到了授之以渔的教学效果,其课堂教学立意是能力立意。

(三) 生本立意,授之以育

1. 探索活动

(1) 复习回顾多项式乘法运算法则、运算的依据并计算:

$$(a+b)(c+d) = \underline{ac+ad+bc+bd} \quad ①$$

(2) 利用上述公式直接写出$(x+b)(x+d)$的结果:

$$(x+b)(x+d) = \underline{x^2+xd+bx+bd} \quad ②$$

观察②与①的区别与联系:②是①中$a=c=x$时的特例。

进一步,你认为①还有哪些特殊情形?你能得到什么?(完全放手让学生探究,学生的结论多种多样,包括完全平方公式和平方差公式)。

(3) 完全平方公式有哪些特征?请你用自己的语言表述公式。

2. 公式应用

与设计一例4-8和练习4-1类似,略。

3. 几何解释

如果a、b表示线段的长,a^2、b^2表示正方形的面积,你能根据公式的形式,自己构造图形表示完全平方公式吗?

4. 课堂小结

(1) 请你说说公式的结构特点及应用时应注意的问题。

(2) 请你总结一下这节课讨论问题的基本过程(从一般到特殊,考察特例),深刻体会这种数学思想方法。

(3) 你能循着上述思路，再提出一些值得研究的问题吗？如后面将要学习的平方差公式：$(a+b)(a-b)=a^2-b^2$。

评：完全平方公式是多项式乘法$(a+b)(c+d)$在$c=a,d=b$时的特例，多项式乘法是完全平方公式的知识生长点。设计三充分发挥"先行组织者"(引导者)的作用，引导学生在多项式乘法的基础上探究特例，切合知识的发生发展过程和内在的逻辑线索，符合学生的认知规律。课堂小结时引导学生反思本课公式的探索过程，有利于积累数学基本活动经验；鼓励学生继续探索特例和进行推广，有利于培养学生的发现问题和提出问题的能力。整个教学过程较好地渗透了"由一般到特殊及归纳"的基本数学思想方法，使学生初步领略了研究数学的一个重要方法——考察特例。

探索公式时学生自己寻找特例，对公式进行几何解释时通过联想数式的几何意义，自己构造图形验证解释，课堂小结要求学生进一步探究问题。虽然探索教学耗时多，学生练习的时间有所减少，但学生探究空间大，是真探究，学生通过自己的努力发现提出公式，使学生体验到了研究数学的乐趣，有利于培养学生对数学的情感。

设计三充分挖掘知识内容所蕴含的发展价值，成功实现了课堂教学的育人价值，充分体现了以学生为本的教学理念，达到了授之以育的教学效果，课堂教学立意是生本立意。

教学立意的高低直接影响着数学教学的有效性，特别是对过程与方法、情感态度与价值观两个维度的目标达成与否有重要影响。教学立意，从知识立意到能力立意，再到生本立意，教学立意由低到高，对应着课堂教学的思想性由肤浅到深刻，对应着课堂教学的关注点由关注学生眼前利益到关注学生的长远利益。

(四) 教学立意的提升

教师设计每一节课都有自己的教学立意。或明确或模糊，有意识或下意识，模糊或下意识的教学立意一般难以至高远。教学立意提升的前提是教师应有明确的追求高远立意的意识。古人云："取法乎上仅得乎中；取法乎中仅得其下"。教师在教学设计时应有追求高立意的意识，只有这样，在教学实施时才有可能有高质量、高效益的课堂。没有教学设计时的高立意教学追求而奢望教学实施时精彩的生成，那是教学中的机会主义。教学实施中的"灵机一动"是教学设计中精心谋划的顿悟而已。

数学教学立意提升的关键在于教师"理解数学"的能力，即教师的数学素养。理解数学知识的背景，能准确地把握概念、定理、公式、法则的逻辑的意义，能深刻领悟内容所反应的数学思想方法，具有挖掘知识所蕴含的科学方法、理性思维过程和价值观资源的能力和技术，善于区分核心知识和非核心知识等。

教学设计立意不高，主要表现在老师"匠气"太浓，"功利主义"盛行，缺少思想和精神的追求。提升教学立意就要加强"先行组织者"的使用，充分挖掘数学知识蕴含的价值资源，在教学中将知识教学与价值观融为一体，提高数学课堂教学的思想性[1]。

---

[1] 石树伟.数学课堂教学立意的"层次""关系"及"提升"[J].数学教育学报,2013,22(1):74-75.

案例2　因式分解教学研究

因式分解在中学数学中占有极其重要的位置。它不但是初中数学的重点与难点,而且也是后继学习数学的基础。它在解方程、解不等式、证明恒等式与不等式及微积分中都有应用。

定义:在给定的数域上,把一个多项式分解为若干个不可约多项式的积的形式,叫作多项式的因式分解。

多项式的因式分解是重要的一种恒等变形,将整式变化成乘积形式,对今后研究整式方程是一种重要的理论依据和求解的有效方法。它在初等代数中占有十分重要的地位。中学教材中主要介绍了提取公因式法、公式法、十字相乘法和分组分解法。下面,我们再介绍几种常用的分解方法。

1. 拆项、添项分组分解法

拆项:把某项拆成若干项。

添项:添上两个或若干多个符号相反的项。

由于因式分解是多项式乘法的逆运算,因此,在进行因式分解时,就需要通过拆项、添项,把某些被合并了的同类项恢复原状,使在各项或各组之间制造出公式,然后进行分组分解或利用公式分解。

例 4-10　分解因式 $x^3 - 3x^2 + 4$

解1　拆二次项,有

原式 $= x^3 + x^2 - 4x^2 + 4 = x^2(x + 1) - 4(x^2 - 1)$

$\quad\quad = x^2(x + 1) - 4(x + 1)(x - 1)$

$\quad\quad = (x + 1)(x^2 - 4x + 4)$

$\quad\quad = (x + 1)(x - 2)^2$

解2　拆二次项,有

原式 $= x^3 - 2x^2 - x^2 + 4 = x^2(x - 2) - (x^2 - 4)$

$\quad\quad = x^2(x - 2) - (x - 2)(x + 2)$

$\quad\quad = (x - 2)(x^2 - x - 2)$

$\quad\quad = (x - 2)(x + 1)(x - 2)$

$\quad\quad = (x + 1)(x - 2)^2$

解3　拆常数项,有

原式 $= x^3 + 1 - 3x^2 + 3$

$\quad\quad = (x + 1)(x^2 - x + 1) - 3(x^2 - 1)$

$\quad\quad = (x + 1)(x^2 - x + 1) - 3(x + 1)(x - 1)$

$\quad\quad = (x + 1)(x^2 - x + 1 - 3x + 3)$

$\quad\quad = (x + 1)(x - 2)^2$

解4　拆二次项,添一次项,有

原式 $= x^3 + x^2 - 4x^2 - 4x + 4x + 4$

$\quad\quad = x^2(x + 1) - 4x(x + 1) + 4(x + 1)$

$\quad\quad = (x + 1)(x^2 - 4x + 4)$

$= (x+1)(x-2)^2$

解 5 拆二次项,添一次项,有

原式 $= x^3 - 2x^2 - x^2 + 2x - 2x + 4$

$\quad = x^2(x-2) - x(x-2) - 2(x-2)$

$\quad = (x-2)(x^2 - x - 2)$

$\quad = (x+1)(x-2)^2$

解 6 拆二次项,添一次项,有

原式 $= x^3 - 4x^2 + 4x + x^2 - 4x + 4$

$\quad = x(x-2)^2 + (x-2)^2$

$\quad = (x-2)^2(x+1)$

解 7 拆二次项,拆常数项,添一次项,有

原式 $= x^3 - 6x^2 + 12x - 8 + 3x^2 - 12x + 12$

$\quad = (x-2)^3 + 3(x-2)^2$

$\quad = (x-2)^2(x-2+3)$

$\quad = (x-2)^2(x+1)$

由此看到,面对一个题目,一定要认真分析,观察题目的特点,寻找解决问题的突破口。分析不同,观察的角度不同,就会有不同的解法。

2. 换元法

对于一个复杂的多项式,根据式子的特征,把其中的某些部分看成一个整体,并用一个新的文字代替,使式子得到简化,各项的系数容易看清,便于分解。这种方法称为换元法。

例 4-11 分解因式(1) $(x^2 + 2x - 3)(x^2 + 2x - 24) + 90$;

(2) $(x+1)^4 + (x+3)^4 - 82$

解（1）令 $x^2 + 2x - 3 = y$

原式 $= y(y-21) + 90$

$\quad = y^2 - 21y + 90$

$\quad = (y-6)(y-15)$

$\quad = (x^2 + 2x - 9)(y^2 + 2x - 18)$

(2) 令 $\frac{1}{2}(x+1+x+3) = x+2 = t$

原式 $= (t-1)^4 + (t+1)^4 - 82$

$\quad = (t^4 - 4t^3 + 6t^2 - 4t + 1) + (t^4 + 4t^3 + 6t^2 + 4t + 1) - 82$

$\quad = 2(t^4 + 6t^2 - 40)$

$\quad = 2(t^2 + 10)(t^2 - 4)$

$\quad = 2[(x+2)^2 + 10][(x+2)^2 - 4]$

$\quad = 2x(x^2 + 4x + 14)(x+4)$

换元法的基本思想是通过变量代换,化繁为简,化难为易,使问题向有利于解决的方向转化,从而达到解决问题的目的。

3. 待定系数法

有时经过分析可以断定或由题设条件知道多项式能分解成某几个因式,只是这几个因式中的系数尚待确定。由于这几个因式的连乘积恒等于原式,因此两边对应项的系数相等,由此得出关于这些系数的方程组,解之,求得待定系数的值,从而完成因式分解。这种方法称为待定系数法。

例 4-12 在有理数域 Q 上分解因式 $x^4 + x^3 - 5x - 3$

解 ∵ $x^4 + x^3 - 5x - 3$ 是 4 次多项式,且首项系数为 1

∴ 可令 $x^4 + x^3 - 5x - 3 = (x^2 + ax + b)(x^2 + cx + d) = x^4 + (a+c)x^3 + (b+d+ac)x^2 + (ad+bc)x + bd$

比较系数,得 $\begin{cases} a+c=1 \\ b+d+ac=0 \\ ad+bc=-5 \\ bd=-3 \end{cases}$,解之得 $\begin{cases} a=-1 \\ b=-1 \\ c=2 \\ d=3 \end{cases}$

∴ $x^4 + x^3 - 5x - 3 = (x^2 - x - 1)(x^2 + 2x + 3)$

4. 用因式定理和综合除法分解因式

定理(因式定理):若 a 是 $f(x)$ 的根,即 $f(a) = 0$,则,$(x-a) | f(x)$。

用综合除法求出 $f(x) = 0$ 的有理根,就能得到 $f(x)$ 的一个因式。

定理:如果整系数多项式 $f(x) = a_n x^n + a_{n-1} x^{n-1} + \cdots + a_1 x + a_0$ 有有理根 $x = \dfrac{q}{p}$,$(p, q$ 互质$)$,则 $p | a_n$,$q | a_0$,即有理根只可能是常数项的约数与首项系数的约数的比值。

例 4-13 分解因式 $f(x) = 3x^3 - 2x^2 + 9x - 6$

解 $f(x)$ 的有理根只可能为:± 1,± 2,± 3,± 6,$\pm \dfrac{1}{3}$,$\pm \dfrac{2}{3}$

首先由于偶次项的系数均为负,奇次项的系数均为正,从而 $f(x) = 0$ 不可能有负根。

又 $f(1) = 3 - 2 + 9 - 6 = 4$,所以 1 排除

用综合除法:

$$\begin{array}{rrrr|l} 3 & -2 & 9 & -6 & 2 \\ & 6 & 8 & 34 & \\ \hline 3 & 4 & 17 & 28 \neq 0 & \end{array}, \therefore 2 \text{ 排除}$$

$$\begin{array}{rrrr|l} 3 & -2 & 9 & -6 & 2/3 \\ & 2 & 0 & 6 & \\ \hline 3 & 0 & 9 & 0 & \end{array}, \therefore \dfrac{2}{3} \text{ 是 } f(x) = 0 \text{ 的根}$$

∴ $f(x) = \left(x - \dfrac{2}{3}\right)(3x^2 + 9) = (3x - 2)(x^2 + 3)$

5. 对称式与轮换式的因式分解

对于轮换对称多项式的因式分解,常用的方法是选定其中一个字母,将其余的看作常数,利用因式定理来确定出它的一个因式,再根据轮换对称多项式的性质定出相应的

因式,然后利用待定系数法分解。

例 4-14 分解因式 $(x-y)^3 + (y-z)^3 + (z-x)^3$

解 将原多项式看作关于 x 的多项式 $f(x)$,则有 $f(y) = 0$

∴ $f(x)$ 含有因式 $x-y$,由对称性知多项式也含有因式 $y-z$ 与 $z-x$

∴ 可令 $(x-y)^3 + (y-z)^3 + (z-x)^3 = k(x-y)(y-z)(z-x)$

取 $x=1, y=2, z=3$,则有 $6 = 2k$,∴ $k = 3$

∴ $(x-y)^3 + (y-z)^3 + (z-x)^3 = 3(x-y)(y-z)(z-x)$

案例 3 一元二次方程的求根公式教学案例分析

新课标在过去的双基基础上又增加了"基本思想方法和基本活动经验",要求在数学教学中适时地向学生渗透数学思想方法。下面我们就通过"一元二次方程的求根公式"这节课来体会教学中如何渗透数学思想方法。

1. 复习回顾

(1) 一元二次方程的概念

(2) 根的概念

(3) 我们已学过简单一元二次方程的求解,下面我们再做一些练习

1) $x^2 = 5$

2) $x^2 = 9$

3) $(x+2)^2 = 6$

4) $(x-3)^2 = 5$

当学生解答完后,马上再举如下方程让学生求解。

2. 利用化归解决新方程

例 4-15 解下列一元二次方程

(1) $x^2 + 4x - 5 = 0$

(2) $2x^2 + 3x - 1 = 0$

(3) $\frac{1}{2}x^2 - 3x + 3 = 0$

老师:这几个方程我们会解吗?能化归为前面学过的题目吗?如何化归为前面的题目呢?

学生 1:(1) 配方化归为前面的问题

$x^2 + 4x + 4 = 9, (x+2)^2 = 3^2$

∴ $x + 2 = \pm 3$,∴ $x_1 = 1, x_2 = -5$

学生 2:(2) 化 x^2 的系数为 1, $x^2 + \frac{3}{2}x = \frac{1}{2}$

配方化归为前面的问题: $x^2 + 2 \cdot \frac{3}{4}x + \frac{9}{16} = \frac{1}{2} + \frac{9}{16} = \frac{17}{16}$

$(x + \frac{3}{4})^2 = \frac{17}{16}$,

∴ $x + \frac{3}{4} = \pm \frac{\sqrt{17}}{4}$, $x_{1,2} = \frac{-3 \pm \sqrt{17}}{4}$

学生 3：(2)也可两边同乘以 2 后再配方,这样可尽量避免分数

$4x^2 + 6x = 2$，$(2x + \frac{3}{2})^2 = 2 + \frac{9}{4} = \frac{17}{4}$

$\therefore 2x + \frac{3}{2} = \pm \frac{\sqrt{17}}{2}$，$x_{1,2} = \frac{-3 \pm \sqrt{17}}{4}$

学生 4：(3)两边同乘以 2，使首项系数化为整数，再配方。

$x^2 - 6x = -6$，$(x-3)^2 = 9 - 6 = 3$

$\therefore x - 3 = \pm\sqrt{3}$，$x_{1,2} = 3 \pm \sqrt{3}$

老师：好，同学们都采用配方的方法，化归为前面学习过的问题，从而得到了问题的解决。

化归，是解决数学问题的一种重要思想。

解决问题的基本思想——复杂问题化为简单问题，未知问题化为已知问题。

3. 类比求解一般方程

老师：那么对于一般一元二次方程"$ax^2 + bx + c = 0$"，我们能求解吗？

学生 5：类似于前面的例题，也采用配方法，化为标准型。

学生 6：两边同除以 a，$x^2 + \frac{b}{a}x = -\frac{c}{a}$

$(x + \frac{b}{2a})^2 = \frac{b^2}{4a^2} - \frac{c}{a} = \frac{b^2 - 4ac}{b^2}$

$\therefore x + \frac{b}{2a} = \pm\sqrt{\frac{b^2-4ac}{4a^2}} = \pm\frac{\sqrt{b^2-4ac}}{2a}$

$x_{1,2} = -\frac{b}{2a} \pm \frac{\sqrt{b^2-4ac}}{2a} = \frac{-b \pm \sqrt{b^2-4ac}}{2a}$

老师：他的解法对吗？$\frac{b^2-4ac}{4a^2}$ 一定非负吗？

学生 7：不一定，需要对分子 $b^2 - 4ac$ 进行讨论！

当 $b^2 - 4ac \geq 0$ 时，生 6 的解法是正确的，但当 $b^2 - 4ac < 0$ 时，左边是完全平方式，非负，右边为负数，从而式子没有意义。

老师：谁还有不同的解法吗？

学生 8：方程两边同乘以 a 后再配方，$(ax)^2 + abx = -ac$

$(ax + \frac{b}{2})^2 = \frac{b^2}{4} - ac = \frac{b^2 - 4ac}{4}$

当 $b^2 - 4ac \geq 0$ 时，$ax + \frac{b}{2} = \pm\frac{\sqrt{b^2-4ac}}{2}$

$\therefore x_{1,2} = \frac{-b \pm \sqrt{b^2-4ac}}{2a}$

老师：还有别的解法吗？

学生 9：两边同乘以 $4a$ 后再配方。

$4a^2x^2 + 4ab = -4ac$，$(2ax+b)^2 = b^2 - 4ac$

∴ 当 $b^2 - 4ac \geq 0$ 时，$2ax + b = \pm\sqrt{b^2 - 4ac}$，$x_{1,2} = \dfrac{-b \pm \sqrt{b^2 - 4ac}}{2a}$

老师：学生 6 的解法是课本上的解法，学生 8、学生 9 两位同学的解法是他们创新的解法，这三种解法哪个更好一些呢？

我觉得学生 9 的方法更好一些，一是运算过程中减少了分式运算，二是避免了开方中对 a 移出根号外等号是否仍相等的怀疑，三是得到判别式 $\Delta = b^2 - 4ac$ 的实质："它是完全平方式"。

4. 总结概括，得出公式

对于一元二次方程 $ax^2 + bx + c = 0$，我们称 $\Delta = b^2 - 4ac$ 为一元二次方程的判别式，并且由学生 9 的解法知道，判别式 Δ 是一个完全平方式。

当 $\Delta = b^2 - 4ac > 0$ 时，有求根公式：$x_{1,2} = \dfrac{-b \pm \sqrt{b^2 - 4ac}}{2a}$

当 $\Delta = b^2 - 4ac = 0$ 时，只有一个解：$x = -\dfrac{b}{2a}$

当 $\Delta = b^2 - 4ac < 0$ 时，方程没有实数解。

老师：同学们再用心观察，求根公式美吗？它包含了我们初中所学的加、减、乘、除、乘方、开方六种运算，是多么的和谐！

由此得到求解一元二次方程的一般步骤：

(1) 计算判别式，判断根的情况。

(2) 当 $\Delta \geq 0$ 时，代入公式求解。

5. 应用公式，解决问题

例 4-16 解方程 (1) $x^2 - 5x + 3 = 0$，(2) $3x^2 + 7x - 2 = 0$

评：配方法是公式法的基础，利用配方，不仅导出了一元二次方程求根公式，提供了解一元二次方程的一般性的直接法，便于记忆，便于操作，便于使用。更重要的是在这一过程中体现了由特殊到一般，由具体到抽象等具有数学思维特征的通法，可以有效地提高学生的推理能力和运算能力。

案例 4　布列方程解应用题教学研究

布列方程解应用题，是初中数学的一个重点、难点内容。但也为培养学生的数学思想方法带来了机遇。罗增儒教授深入地研究了应用题的解法，给出了怎样"解应用题表"。

怎样解应用题表

(1) 已知是什么？求解是什么？

用字母 $(x, y, z\cdots)$ 表示未知数，并把它(们)看作已知数参加运算，写出有关代数式。

(2) 找出所有等量关系。

基本关系是什么？（决定题目性质的关系）

相等关系是什么？哪些是通过关键词语明显给出的？哪些是条件之间的关系隐蔽

限定的？哪些是由数学公式、物理定律提供的？哪些是变动中的不变量或不变性质所暗示的？

列个表，画张图。

(3)把题目中的已知数、未知数代入等量关系中去，整理出方程（组）。

单位统一了吗？

(4)解方程（组），写出解题过程，检验是否有实际意义。

想一想，还有其他解法吗？哪个是最好的解法？哪个是最简洁的解法？

注：行程问题的基本关系为：路程＝速度×时间

浓度问题的基本关系为：浓度 ＝ $\dfrac{溶质的量}{溶液的量}$

工程问题的基本关系为：工作量＝工作效率×工作时间

这张表集解题思想、解题过程、解题思路、解题方法于一身，融理论与实践于一体，反映了"解题过程是积极的思维活动"的实质，也抓住了思维活动中最富有创造性的成分——提出问题，并为不断提出问题，不断解决问题的积极思维提供了一个合理的框架。在教学中，经常利用解题表分析题目，有利于培养学生的解题能力和思维能力。

例 4-17 已知 A、B 两地相距 36 千米，甲从 A 地出发，乙从 B 地同时出发相向而行。二人相遇后，甲再走 2 小时 30 分到达 B 地，乙再走 1 小时 36 分到达甲地。求二人的速度。

分析：(1)已知是什么？A、B 两地间的距离及甲、乙从相遇后分别到达 B、A 地的时间。

(2)求解是什么？甲、乙二人的速度

设甲、乙的速度分别为每小时 x 千米、y 千米。

(3)基本关系式是什么？路程＝速度×时间

(4)相等关系是什么？相遇时二人所用的时间相等（$\dfrac{36}{x+y}$），到达目的地后所走路程相等（36 千米）

画个图帮助分析

```
           ←——— 36千米 ———→
    A ├─────────────┼─────────┤ B
           ← 乙走1.6小时 ←   C   → 甲走2.5小时 →
```

(5)相等关系(1)由相遇所提供

1)甲、乙所走时间相等 $\quad \dfrac{36}{x} - 2.5 = \dfrac{36}{y} - 1.6 \qquad\qquad ①$

2)甲、乙所走路程之和为全程 36 千米

$$2.5x + 1.6y = 36 \qquad\qquad ②$$

相等关系(2)由甲、乙的路程共同提供。

1)甲相遇前所走的路程等于乙相遇后所走的路程。

2)乙相遇前所走的路程等于甲相遇后所走的路程。

$$\begin{cases} 2.5x = yt_0 = \dfrac{36}{x+y}y & \text{①} \\ 1.6y = xt_0 = \dfrac{36}{x+y}x & \text{②} \end{cases}$$

两式相除、相乘可得两个隐蔽较深的相等关系 $\begin{cases} y = \dfrac{5}{4}x \\ x + y = 18 \end{cases}$

相等关系(3)分别由甲、乙的路程提供。
1)甲相遇前所走的路程+甲相遇后所走的路程=全程。
2)乙相遇前所走的路程+乙相遇后所走的路程=全程。

$$\begin{cases} \dfrac{36x}{x+y} + 2.5x = 36 & \text{①} \\ \dfrac{36y}{x+y} + 1.6y = 36 & \text{②} \end{cases}$$

相等关系(4)分别由甲、乙所走的时间提供。
1)甲相遇前所走的时间+甲相遇后所走的时间=甲走全程的时间。
2)乙相遇前所走的时间+乙相遇后所走的时间=乙走全程的时间。

$$\begin{cases} \dfrac{36}{x+y} + 2.5 = \dfrac{36}{x} & \text{①} \\ \dfrac{36}{x+y} + 1.6 = \dfrac{36}{y} & \text{②} \end{cases}$$

(6)解方程组(略)。

(7)回顾:哪一种方法是最好的方法?哪一种方法是最基本的方法?通过该题,你掌握了哪些知识点[①]?

第三节 图形与几何教学研究

图形与几何的课程内容,以发展学生的空间概念、几何直观、推理能力为核心展开,主要包括:空间和平面图形的认识,图形的性质、分类和度量;图形的平移、旋转、轴对称,相似和投影;平面图形基本性质的证明;物体和图形的位置及其运动描述,运用坐标描述图形的位置运动。

一、义务教育学段图形几何内容结构及分析

1. 小学阶段图形与几何内容分布(以北师大版为例)

一上　第六章 认识图形。

[①] 罗增儒.数学的领悟[M].郑州:河南科学技术出版社,1997.

一下　第二章 观察物体;第四章 有趣的图形。
二上　第四章 变化的图形;第六章 测量。
二下　第二章 方向与位置;第六章 认识图形。
三上　第二章 观察物体;第五章 周长。
三下　第二章 对称、平移和旋转;第四章 面积。
四上　第二章 线与角;第五章 方向与位置。
四下　第二章 认识三角形和四边形;第四章 观察物体。
五上　第二章 轴对称和平移;第四章 多边形的面积;第六章 组合图形的面积。
五下　第二章 长方形(一);第四章 长方形(二)。
六上　第一章 圆;第三章 观察物体。
六下　第一章 圆柱与圆锥。

2. 初中阶段图形与几何的内容分布(以北师大版为例)

(1)七上　第一章 丰富的图形世界;第四章 平面图形及其位置关系。
(2)七下　第二章 平行线与相交线;第五章 三角形;第七章 生活中的轴对称。
(3)八上　第一章 勾股定理;第三章 图形的平移与旋转;第四章 四边形性质探索;第五章 位置的确定。
(4)八下　第四章 相似图形;第六章 证明(一)。
(5)九上　第一章 证明(二);第三章 证明(三);第四章 视图与投影。
(6)九下　第一章 直角三角形的边角关系;第三章 圆。

3. 中考要点分析

(1)相交线与平行线　直接考查概念性质。
(2)三角形　直接考查三角形基本概念和定理;考查和"中位线"相关的题目;利用测量问题考查锐角三角函数;考查典型三角形及应用(如等边三角形、黄金三角形、含30°角的直角三角形、等腰直角三角形、两直角边长比为 3∶4,5∶12,1∶2,1∶3 的直角三角形)。
(3)四边形　和动点问题结合考查四边形的性质;考查探究和推理能力,注重思想与方法。
(4)圆　直接考查圆的相关概念;灵活考查圆的相关定理。
(5)视图与投影　直接考查三视图概念。
(6)图形的轴对称、平移、旋转　结合相关知识综合考查轴对称和旋转;以旋转问题为背景考查探究能力。

二、深刻理解教学目标,提升教学立意

第一学段:经历从实际物体中抽象出简单几何体和平面图形的过程,了解一些简单几何体和常见的平面图形;感受平移、旋转、轴对称现象;认识物体的相对位置。掌握初步的测量、识图和画图的技能。

第二学段:探索一些图形的形状、大小和位置关系,了解一些几何体和平面图形的基

本特征；体验简单图形的运动过程，能在方格纸上画出简单图形运动后的图形，了解确定物体位置的一些基本方法；掌握测量、识图和画图的基本方法。

第三学段：探索并掌握相交线、平行线、三角形、四边形和圆的基本性质与判定，掌握基本的证明方法和基本的作图技能；探索并理解平面图形的平移、旋转、轴对称；认识投影与视图；探索并理解平面直角坐标系及其应用。

例 4-18 探索并了解：过圆外一点所画的圆的两条切线长相等。

[说明] 通过探索和了解此结论的证明，帮助学生体验发现结论到验证结论的过程。

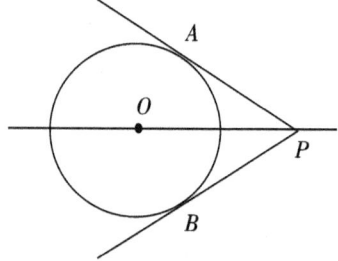

图 4-8　例 4-18 图(1)

教学中可以参考安排如下的过程：

(1) 发现结论　在透明纸上画出如图 4-8 的图：设 PA, PB 是 $\odot O$ 的两条切线，A, B 是切点。让学生操作：沿直线 OP 将图形对折，启发学生思考，或者组织学生交流。学生可以发现：$PA=PB, \angle APO = \angle BPO$。

这是通过实例发现图形性质的过程。启发学生由特殊到一般，通过合情推理推测出切线长定理的结论。

(2) 证明结论的正确性　如图 4-9，连接 OA 和 OB。因为 PA 和 PB 是 $\odot O$ 的切线，所以 $\angle PAO = \angle PBO = 90°$，即 $\triangle POA$ 和 $\triangle POB$ 均为直角三角形。又因为 $OA=OB$ 和 $OP=OP$，所以 $\triangle POA$ 和 $\triangle POB$ 全等。于是有

$$PA=PB, \angle APO = \angle BPO$$

这是通过演绎推理证明图形性质的过程。

由此可见，合情推理与演绎推理是相辅相成的两种推理形式，都是研究图形性质的有效工具。

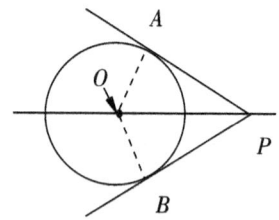

图 4-9　例 4-18 图(2)

上述证明过程没有采用形式化的三段论，但有利于初学者把握证明的条理和说理的逻辑。

例 4-19　如何用方向和距离描述图 4-10 中小红家相对于学校的位置？反过来，学校相对于小红家的位置又怎样描述呢①？

[说明] 首先利用各种方式度量小红家到学校的图中距离，然后换算为实际距离；再注意描述小红家相对于学校的方向。如在学校东边偏北 30°或学校北边偏东 60°。

归纳、类比、尝试、转化、推广等数学思想方法，在数学学习和研究中经常用到。

例 4-20　如图 4-11 在平行四边形 $ABCD$ 中，点 E 是 BC 的中点，点 F 是线段 AE 上一点，BF 交 CD 或其延长线于 G，若

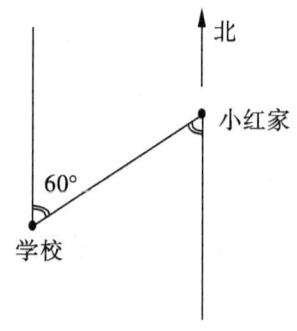

图 4-10　例 4-19 图

---

① 教育部. 义务教育数学课程标准(2011 年版)[S]. 北京：北京师范大学出版社，2012.

$\dfrac{AF}{EF}=3$,求 $\dfrac{CD}{CG}$ 的值。

(1)尝试探究　在图 4-11 中,过点 E 作 $EH \parallel AB$ 交 BG 于 H,则 AB 和 EH 的数量关系是_____,CG 和 EH 的数量关系是_____,$\dfrac{CD}{CG}$ 的值是_____。

由 $EH \parallel AB$,得:$\dfrac{AB}{EH}=\dfrac{AF}{EF}=3$,∴$AB=3EH$

又 E 为 BC 的中点,∴$CG=2EH$

∴$\dfrac{CD}{CG}=\dfrac{AB}{2EH}=\dfrac{3}{2}$

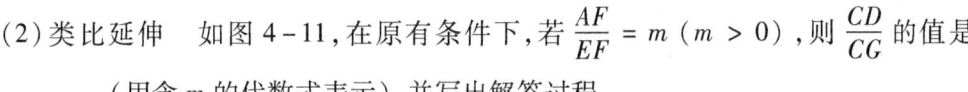

图 4-11　例 4-20 图(1)

(2)类比延伸　如图 4-11,在原有条件下,若 $\dfrac{AF}{EF}=m\,(m>0)$,则 $\dfrac{CD}{CG}$ 的值是

_____(用含 m 的代数式表示),并写出解答过程。

类似地,有:$\dfrac{AB}{EH}=\dfrac{AF}{EF}=m$,$CG=2EH$,∴$\dfrac{CD}{CG}=\dfrac{AB}{2EH}=\dfrac{m}{2}$

(3)拓展迁移　如图 4-12,梯形 $ABCD$ 中,点 E 是 BC 的延长线上一点,AE 和 BD 相交于点 F,若 $\dfrac{AB}{CD}=a$,$\dfrac{BC}{BE}=b\,(a>0,\,b>0)$,则 $\dfrac{AF}{EF}$ 的值是_____(用含有 a,b 的代数式表示)。

过 E 作 $EG \parallel AB$ 交 BD 的延长线于 G,则有

$\dfrac{CD}{EG}=\dfrac{BC}{BE}=b$,∴$\dfrac{AF}{EF}=\dfrac{AB}{EG}=\dfrac{AB}{CD}\cdot\dfrac{CD}{EG}=ab$

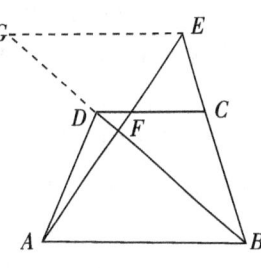

图 4-12　例 4-20 图(2)

三、教学中存在的问题

例 4-21　"证法"合乎逻辑吗?

《中小学数学》2004 年第 9 期对"等腰三角形的两个底角相等"的下述证明提出了质疑。

证明:如图 4-13,考虑△ABC 与△ACB,

$AB=AC$(已知),$AC=AB$(已知),

∠$A=$∠A(或 $BC=CB$)(公共),

得△$ABC \cong$△ACB(SAS,或 SSS)

所以对应角相等,即∠$B=$∠C。

质疑的理由是,把△ABC 看成两个三角形不妥。因为在平面几何内,不共线三点唯一确定一个三角形,也就是说△ACB 是△ABC 另一种表示方式,是指同一个三角形,考虑△ABC 和△ACB 的先决条件已经是两个全等三角形了,即把一个三角形偷换成两个全等三角形,以下证明已多余。错误的性质是违反了同一律,"偷换论题"。

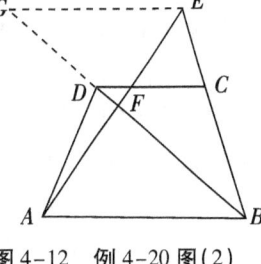

图 4-13　例 4-21 图

这个质疑有道理吗?如果是在课堂上由学生提出来的,你将如何回答?是从教学上回答还是从数学上回答。

那么该质疑错在哪里?

(1)对三角形全等存在两种方式(直接合同与镜面合同)认识不足;

(2)对"一个图形可以看成两个重合图形"的认识封闭;

(3)对书写全等三角形,有"对应字母写在对应位置上"的要求认识不到位;

(4)对原证法的实质步骤没有看透。[1]

例 4-22 教材中的题目就一定正确吗?

(人教版八年级数学下册 110 页第 7 题)四边形 $ABCD$ 中,点 M 是 AD 的中点,且 $MB=MC$,如图 4-14。求证:四边形 $ABCD$ 是等腰梯形。

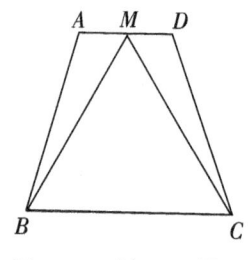

图 4-14 例 4-22 图

问题:AD 一定平行于 BC 吗?不平行时结论还成立吗?

例 4-23 图形默认,导致错误

问题:在四边形 $ABCD$ 中,AB 大于其余三边,BC 小于其余三边,则 $\angle BAD$,$\angle BCD$ 的关系为(   )。

(A)$\angle BAD < \angle BCD$, (B)$\angle BAD = \angle BCD$,

(C)$\angle BAD > \angle BCD$, (D)不能确定。

解法 1 如图 4-15,联结 BD,在 BD 的同侧作 $\triangle BC_1D \cong \triangle DCB$,则 $\angle BC_1D = \angle BCD$,$C_1D = BC$,$C_1B = CD$,且 C_1D 是四边形 ABC_1D 中的最短边,AB 是四边形 ABC_1D 中的最长边,连 AC_1,在 $\triangle ABC_1$ 中,由 AB 为四边形的最长边,有

$$AB > C_1B \Rightarrow \angle BAC_1 < \angle BC_1A \quad ①$$

在 $\triangle AC_1D$ 中,由 C_1D 为四边形的最短边,有

$$AD > C_1D \Rightarrow \angle DAC_1 < \angle DC_1A \quad ②$$

①+②得 $\angle BAD < \angle BC_1D = \angle BCD$,选(A)。

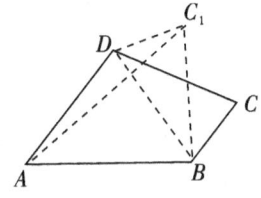

图 4-15 例 4-23 图(1)

评析 对照图,反复检查也找不到任何知识上的问题,但是,这个解法默认了四边形 ABC_1D 为凸四边形,因而①、②式相加,得出 $\angle BAD$ 小于 $\angle BC_1D$。若 ABC_1D 为凹四边形(如图 4-16),便会出现①、②式相减,得 $\angle BAD$ 与 $\angle BC_1D$ 无法确定。

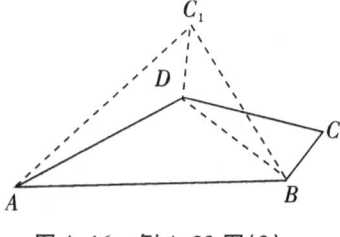

图 4-16 例 4-23 图(2)

解法 2 如图 4-17,取一个平行四边形 $ABCD$,使 $\triangle CBD$ 为等腰直角三角形,作 $\triangle CBD$ 的外接圆 O,以 D 为圆心,以 DC 为半径,画弧交 AB 延长线于 E,连 DE 交 $\odot O$ 于 C_1,交 BC 于 C_2,又在线段 C_1E 内取点 C_3,连 BC_1,BC_3,则在四边形 $ABC_iD(i=1,2,3)$ 中,AB 大于其余三边,BC_i 小于其余三边,有

$$\angle BAD < \angle BC_2D$$
$$\angle BAD = \angle BC_1D$$

---

[1] 罗增儒.案例分析:"证法"合理性的说明[J].中学教研(数学),2006(6):18-20.

$\angle BAD > \angle BC_3D$,选(D)。

评析解法 1"默认四边形 ABC_1D 为凸四边形",得出了一个假命题,有知识性错误,对四边形分类不全又有逻辑性错误,而"默认"本身还可能有心理原因,但从错误的基本位置上看,主要还是对四边形分类不全造成的,所找出的反例主要是考虑了四边形的多种情况。

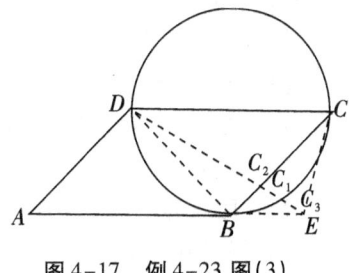

图 4-17 例 4-23 图(3)

四、教学案例分析研究

本教学内容的难点是图形性质的探索和证明。探索活动是进行合情推理的过程,不仅有助于理清思路、发现结论,而且有助于发展学生的创新意识和创新精神。探索发现的结论必须通过演绎推理才能证明其正确性,证明过程有助于发展学生的逻辑思维能力。在这章内容的教学中要注意合理运用"教学、学习和研究同步协调与既教猜想又教证明"的教学原则。

(一)几何题证明教学研究

几何题证明是初中数学的一个难点。如何探寻证明思路,如何想到哪样添加辅助线? 都要系统地传授给学生。不能像是魔术师的"帽子里跑出一只兔子"那样,无来历,无家史。证明虽巧,但难于学习领会。罗增儒教授在波利亚"怎样解题表"的基础上,集数十年的研究心得,给出了证明几何题表。

第一,审题。

已知是什么? 结论(求证、求解)是什么? 把它们表示在图形上。图形具有一般性吗? (不要被特殊图形所迷惑!)

题意中出现了哪些名词和概念? 它们的定义是什么?

从图形中能够看出题目叙述中没有直接写出的条件吗?

试将图形分解为一些基本图形,部分图形。

第二,探索。

哪些定理(或公理、公式)的结论与这里的结论相同? 利用这些定理需要什么条件? 条件具备了吗? 还需要创造什么样的条件? 试作一条辅助线。

你是否已运用了所有的已知条件? 这些条件可以引出哪些结论?

第三,表述。

写出证明,每一步的理由充分吗?

第四,回顾。

还有别的证法(解法)吗? 命题能推广吗? 由命题的条件、结论、证法你能联想到什么?[①]

例 4-24 已知等腰 $Rt\triangle ABC$,D 为腰 BC 延长线上一点,$BF \perp AD$ 交 AC 于 E。如图

---

① 罗增儒.数学的领悟[M].郑州:河南科学技术出版社,1997.

4-18,求证:$BE=AD$。

分析:第一,审题。

(1)已知是什么?

$\triangle ABC$ 是等腰直角三角形,$BF \perp AD$。

(2)求证是什么?

两线段长相等 $BE=AD$。

(3)题目中出现了哪些名词概念?它们的定义是什么?

等腰直角三角形:$AC=BC$,$\angle ACB=90°$

$BF \perp AD$:$\angle AFB = \angle BFD = 90°$

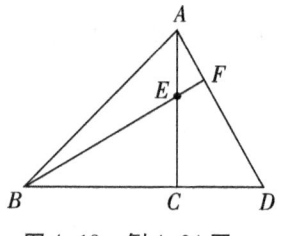

图 4-18　例 4-24 图

第二,探索。

(1)哪些定理的结论与这里的结论相同或相似?

全等三角形的性质定理,等腰三角形的判定定理等。

(2)应用全等三角形的性质定理需要哪些条件?

1)BE 与 AD 在两个不同的三角形中。

2)$\triangle BCE$ 与 $\triangle ACD$ 应满足三角形全等的判定条件。"SAS"或"ASA"或"AAS"或"SSS"。

(3)$\triangle BCE \cong \triangle ACD$ 的条件具备了吗?

由题设知:$BC=AC$,$\angle BCE = \angle ACD = 90°$,所以还差一组对角相等或一组对应边相等。

(4)你是否已利用了所有的已知条件?这些条件可引出哪些结论?

$BF \perp AD$ 还没用上。由 $BF \perp AD$ 可得 $\angle AFE = 90°$

∴ $\angle FAE + \angle AFE = \angle EBC + \angle BEC = 90°$,

且 $\angle BEC = \angle AEF$(对顶角)

∴ $\angle EBC = \angle EAF = \angle DAC$

(5)应用等腰三角形判定定理需要哪些条件?

1)BE 与 AD 在同一个三角形中。

2)BE 与 AD 所对的角相等。

由于 BE 与 AD 不可能在同一个三角形中,所以不能应用该定理。

第三,表述(实施计划)略。

第四,回顾。

(1)还有别的或更好的证法吗?(请同学们思考)

(2)由题设条件还能得到其他结论吗?

∵ $\triangle BCE \cong \triangle ACD$,∴ $CD=CE$

∴ 在题设条件下,求证:$CD=CE$。

(3)条件与结论是充分必要的吗?若是,则条件与结论可以互相转化。

转化 1　已知等腰 $Rt\triangle ABC$,D 为腰 BC 延长线上一点,E 为 AC 上一点,且 $CD=CE$,求证:$BE \perp AD$,$BE=AD$。

转化 2　已知 $Rt\triangle ABC$,D 为直角边 BC 的延长线上一点,E 为 AC 上一点,且 $CD=CE$,$BE=AD$(或 $BE \perp AD$),求证:$AC=BC$。

(4) 联想与推广

1) 由命题中 $AC \perp BC, BF \perp AD$, 联想到 AC、BF 为 $\triangle ABD$ 的高, 由此得到: 已知 $\triangle ABC$ 中 $\angle ABC = 45°$, H 是高 AD 与 BE 的交点, 求证: $BH = AC(DH = DC)$。

2) 由 $BC \perp AC, BF \perp AD$, 联想到四点 A、B、C、F 共圆, 可得:

①已知四点 A、B、C、F 共圆, 且 AB 过该圆之圆心, $AC = BC$, AF 与 BC 的延长线交于 D, BF 与 AC 交于 E, 求证: $BE = AD, CD = CE$。

②已知 F 为等腰直角 $\triangle ABC$ 的外接圆上任一点, AF 与 BC 的延长线交于 D, BF 与 AC 交于 E, 求证: $BE \perp AD, CD = CE, BE = AD$。

3) 考虑命题中的某些特殊线段。如: 中线; 角平分线等。

(5) 利用几何变换 (旋转、平移、对称变换)

注意到命题中 $\text{Rt}\triangle ACD$ 绕顶点 C 旋转 $90°$ 得到 $\text{Rt}\triangle BCE$, 从而, $\text{Rt}\triangle BCE$ 与 $\text{Rt}\triangle ACD$ 的三条对应边分别相等且垂直。故利用旋转变换又可得命题:

在正方形 $ABFC$ 的边 FB 和 FC 上, 分别取点 P 和 E, 使 $\angle EAP = 45°$, 在 FC 的延长线上截取 $CD = BE$, 连接 AD、PE, 求证: $PE = PC + BE$。

(二) 深入研究, 回顾反思

对待一个数学问题, 首先考虑的是探索它的解法, 或给出严格的证明。一旦完成这一任务就束之高阁, 匆匆合上作业本, 将会失去做这道题本来应该得到的更多更宝贵的东西, 无疑如华罗庚先生所说: "进入宝山而空还"。著名数学教育家乔治·波利亚在他的怎样解题表中也一再强调, 解题后还有重要的一步, 那就是"回顾", 探索问题是否还有其他解法或证法, 那个是最简单的方法, 哪个是最本质的方法? 问题产生的背景是什么? 题目是否还有其他结论? 问题能否推广?

由此可见: 解答或证明之后, 还应该继续深入思考, 并作多方面的探索。寻求多种证法, 以广开思路, 增强分析问题和解决问题的能力; 溯源探幽, 以弄清问题产生的"来龙"; 推广问题以看出问题发展的"去脉"。进而适当变换问题的形式, 为灵活应用奠定基础, 再广泛联想, 横向对比挖掘各知识点之间的联系。

例 4-25 如果 AB 和 BC 组成一条 $\odot O$ 的折弦 ($BC > AB$), 如图 4-19, M 为 $\overset{\frown}{ABC}$ 的中点, 则从点 M 向 BC 作垂线的垂足 D 是折弦 ABC 的中点。

1. 广开思路, 探究问题的多种证法

这个定理叫折弦定理或阿基米德折弦定理。本问题就是证明: $AB + BD = DC$。而证明线段的和差相等的基本思路是: ①截取或延长; ②直接运用相应的定理、例题; ③计算。

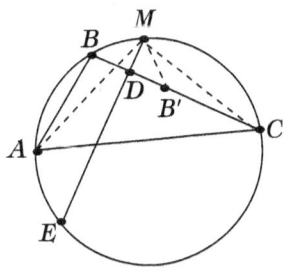

图 4-19　例 4-25 图 (1)

证明 1 如图 4-19, 在 DC 上截取 $DB' = BD$, 则只需证明 $AB = B'C$。

由于 $MD \perp BC, BD = B'D, M$ 为 $\overset{\frown}{ABC}$ 的中点, 所以有 $BM = B'M, AM = CM, \angle BMA = \angle BCA = \angle MCA - \angle MCB$

$\angle B'MC = \angle MB'B - \angle MCB' = \angle MBB' - \angle MCB$
$= \angle MAC - \angle MCB = \angle MCA - \angle MCB = \angle BMA$
$\therefore \triangle ABM \cong \triangle CB'M, \therefore AB = CB'$，从而有 $AB + BD = DC$。

反思 $MD \perp BC, BD = B'D$ 的实质就是 B' 为 B 关于 MD 的对称点，因此，也可利用对称性来做出点 B'。

证明 2 如图 4-20，延长 CB 至 F，使得 $BF = BA$，连接 MF

$\because M$ 是 $\overset{\frown}{ABC}$ 的中点，

$\therefore \angle MBC = \angle MAC = \angle MCA, MA = MC$

又 $\angle MBF + \angle MBC = \pi, \angle MBA + \angle MCA = \pi$

$\therefore \angle MBF = \angle MBA$，

又 $BF = BA, BM = BM$，

$\therefore \triangle BMF \cong \triangle BMA, \therefore MF = MA = MC$

又 $\because MD \perp FC$

$\therefore FD = DC$，即 $AB + BD = DC$

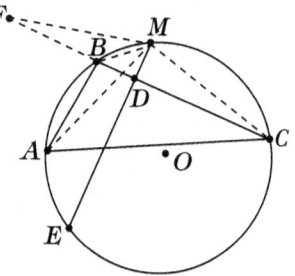

图 4-20 例 4-25 图(2)

反思 本题也可延长 CB 至 F，使得 $DF = DC$，而后证明 $BF = BA$。我们还可以延长 AB 至 F，使得 $BF = BD$，而后证明 $AF = DC$。

证明 3 如图 4-21，延长 AB 至 F，使得 $BF = BD$，连接 MF，则

$\angle FBM = \angle MCA = \angle MAC = \angle MBC = \angle MBD$，

又 $BF = BD, BM = BM$

$\therefore \triangle BMF \cong \triangle BMD$

$\therefore \angle BFM = \angle BDM = 90°$

$\therefore \angle AFM = \angle BFM = \angle BDM = \angle CDM = 90°$

又 $\angle MAF = \angle MAB = \angle MCB = \angle MCD, AM = CM$

$\therefore \triangle AFM \cong \triangle CDM$，

$\therefore AF = CD$，即 $\therefore AB + BD = DC$

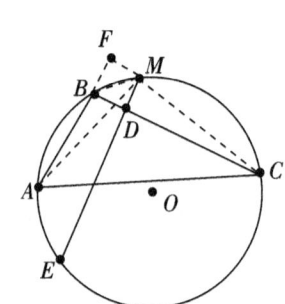

图 4-21 例 4-25 图(3)

反思 由于 $\angle AFM = \angle CDM = 90°, MF = MD$ $AM = CM$
$\therefore \triangle AFM \cong \triangle CDM$.

另外几何证明还有一个重要思路——计算。

证明 4 利用计算

如图 4-21，令 $\angle MBC = MAC = \alpha, \angle MCB = \beta$，则由正弦定理得

$AB = 2R\sin(\alpha - \beta), BM = 2R\sin\beta$，

$BD = BM\cos\alpha = 2R\sin\beta\cos\alpha$

$CM = 2R\sin\alpha, CD = CM\cos\beta = 2R\sin\alpha\cos\beta$

$\therefore AB + BD = 2R\sin(\alpha - \beta) + 2R\sin\beta\cos\alpha = 2R\sin\alpha\cos\beta = CD$

2. 深入研究，变形推广

(1) 探究逆命题 我们知道，任何一个命题都有逆命题，但一个命题的逆命题却不一定是真命题。这就启发我们把一些命题作为原命题，然后去探究它的逆命题，如果逆命

题成立,那么就得到一个新的命题。

由于条件与结论都是唯一的,所以逆命题是成立的,由此得如下逆命题

命题 1 如果 AB 和 BC 组成一条 $\odot O$ 的折弦($BC>AB$),D 为 BC 上一点,M 为 $\overset{\frown}{ABC}$ 的中点,且 $AB+BD=DC$,如图 4-19,则 $MD\perp BC$。

命题 2 如果 AB 和 BC 组成一条 $\odot O$ 的折弦($BC>AB$),D 为 BC 上一点,且 $AB+BD=DC$,过 D 作 $MD\perp BC$ 交 $\odot O$ 于 M,求证 M 为 $\overset{\frown}{ABC}$ 的中点。

(2)探究命题结论的多样性 如果根据题设条件,可以得到几个不同的结论,那么,每个结论都是一个新的命题。

由 $AB+BD=DC$,得 $BD=DC-AB$,或 $2BD=BC-AB$,由此得以下命题

命题 3 如果 AB 和 BC 组成一条 $\odot O$ 的折弦($BC>AB$),M 为的 $\overset{\frown}{ABC}$ 的中点,过 M 作 $MD\perp BC$ 于 D,则 $BC-AB=2BD$。

又由于 $CD-BD=AB, CD+BD=BC$

∴ $CD^2 - BD^2 = AB \cdot BC$

$BD^2 = MB^2 - MD^2, CD^2 = MC^2 - MD^2$

∴ $MC^2 - MB^2 = AB \cdot BC$,故有如下命题

命题 4 如果 AB 和 BC 组成一条 $\odot O$ 的折弦($BC>AB$),M 为的 $\overset{\frown}{ABC}$ 的中点,过 M 作 $MD\perp BC$ 于 D,求证:$MC^2-MB^2=AB \cdot BC$。

(3)探究改变命题 对一些数学命题,认真分析其条件与结论中的本质特征,然后以命题条件或结论中的本质特征为龙头,对原命题中的一些非本质的条件进行修正、移植,也可得到一些有益的命题。

M 是 $\overset{\frown}{ABC}$ 的中点,实质就是 $MA=MC$,或 $\triangle MAC$ 为等腰三角形,为此可改编为:

命题 5 已知等腰 $\triangle MAC, MA=MC, B$ 为 $\triangle ABC$ 外接圆 $\overset{\frown}{MA}$ 上任意一点,$MD\perp BC$ 于 D,则 $AB+BD=DC$。

连接 MO 并延长交 $\odot O$ 于 N,则 BN 平分 $\angle ABC, BM\perp BN$,从而 BM 为 $\angle ABC$ 的外角平分线,由此又得命题 6

命题 6 已知 $\triangle ABC, AB<BC$,角 B 的外角平分线交 $\triangle ABC$ 的外接圆于 M,过 M 作 $MD\perp BC$ 于 D,求证:$AB+BD=DC$,或 $BC-AB=2BD$(1989 年全国高中联赛试题)。

因为 N 为 $\overset{\frown}{AC}$ 的中点,$MB^2=MN^2-NB^2, MC^2=MN^2-NC^2$,代入命题 4 结论,即得命题 7

命题 7 如果 AB 和 BC 组成一条 $\odot O$ 的折弦($BC>AB$),N 为的 $\overset{\frown}{AC}$ 的中点,求证:$NB^2-NC^2=AB \cdot BC$。

由于 BN 平分 $\angle ABC$,所以命题 7 可修正为

命题 8 已知 $\angle ABC$ 的平分线交 $\triangle ABC$ 的外接圆于 N,且 $AB<BC$,求证:$NB^2-NC^2=AB \cdot BC$。

(4)探究命题的特殊情形 对某些数学命题,可观察其极端情形、特殊情形而构造新的命题。

将等腰△MAC 或△NAC 特殊化为正三角形,可得命题9：

命题9 已知 P 为正$\triangle ABC$ 的外接圆$\overset{\frown}{BC}$上一点,求证：$PB \cdot PC = PA^2 - BC^2$。

3. 反思计算,意外收获

反思第四种计算方法,你能从证明中得到什么呢？若已证明 $AB+BD=CD$,则有 $AB=DC-BD$

即 $\qquad 2R\sin(\alpha-\beta) = 2R\sin\alpha\cos\beta - 2R\cos\alpha\sin\beta$

或 $\qquad \sin(\alpha-\beta) = \sin\alpha\cos\beta - \cos\alpha\sin\beta$ ①

这是两角差的正弦三角函数公式！由一个几何问题推出来了！由图 4-19 中的几何线段相等,还能推出其他公式吗？为了方便,且不失一般性,设⊙O 的直径为1,即$2R=1$,则根据正弦定理与锐角三角函数,有

(1) 由 $BD+DC=BC$, $BD=\sin\beta\cos\alpha$, $DC=\sin\alpha\cos\beta$,
$BC=\sin\angle BMC = \sin(\pi-\alpha-\beta) = \sin(\alpha+\beta)$,得

$\sin(\alpha+\beta) = \sin\alpha\cos\beta + \cos\alpha\sin\beta$ ②

(2) 设 AC 的中点为 G,则有 $AC=2AG$, $AG=AM\cos\alpha = \sin\alpha\cos\alpha$,
$AC=\sin\angle AMC = \sin(\pi-2\alpha) = \sin 2\alpha$

∴ $\sin 2\alpha = 2\sin\alpha\cos\alpha$ ③

(3) 如图 4-22,连接 MO 并延长交⊙O 于 N,
则 $MN=1$, $MG=AM\sin\alpha = \sin^2\alpha$

$AN=\sin\angle AMN = \sin\dfrac{\pi-2\alpha}{2} = \cos\alpha$,

$NG=AN\cos\angle ANG = \cos^2\alpha$,

∴ $\sin^2\alpha + \cos^2\alpha = 1$

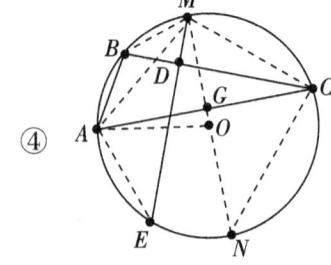

图 4-22 例 4-25 图(4)

(4) 由 $GO=MO-MG$,

$GO=AO\cos\angle AOG = \dfrac{1}{2}\cos 2\angle ANM = \dfrac{1}{2}\cos 2\alpha$

$MO=\dfrac{1}{2}$, $MG=\sin^2\alpha$,得

$\dfrac{1}{2}\cos 2\alpha = \dfrac{1}{2} - \sin^2\alpha$,即 $\cos 2\alpha = 1-2\sin^2\alpha$ ⑤

(5) 由 $GO+ON=GN$, $GN=AN\cos\angle ANG = \cos\alpha \cdot \cos\angle ANM = \cos^2\alpha$,得

$\dfrac{1}{2}\cos 2\alpha + \dfrac{1}{2} = \cos^2\alpha$,即 $\cos 2\alpha = 2\cos^2\alpha - 1$ ⑥

(6) 由 $AB+BD=DC$ 得
$2BD=BC-AB$
∴ $2\cos\alpha\sin\beta = \sin(\alpha+\beta) - \sin(\alpha-\beta)$
即 $\cos\alpha\sin\beta = \dfrac{1}{2}[\sin(\alpha+\beta) - \sin(\alpha-\beta)]$ ⑦

(7) 由 $DC=AB+BD$ 得
$2DC=AB+BD+DC=AB+BC$

∴ $2\sin\alpha\cos\beta = \sin(\alpha+\beta) + \sin(\alpha-\beta)$

即 $\sin\alpha\cos\beta = \dfrac{1}{2}[\sin(\alpha+\beta) + \sin(\alpha-\beta)]$ ⑧

至此,我们已得到8个三角函数公式,继续观察图形,进行深入反思探究,发现图中条件 $ME=MD+DE$ 还没有用到,为此有(8)。

(8)由于 $\angle MAE = \angle MAC + \angle CAE = \alpha + \angle CME = \alpha + 90° - \beta$

∴ $ME = \sin(90°+\alpha-\beta) = \cos(\alpha-\beta)$,$MD = MC\sin\beta = \sin\alpha\sin\beta$

$EC = \sin\angle CME = \sin\angle CMD = \sin(90°-\beta) = \cos\beta$

∴ $DE = CE\cos\alpha = \cos\alpha\cos\beta$,

再由 $ME=MD+DE$,得

$\cos(\alpha-\beta) = \cos\alpha\cos\beta + \sin\alpha\sin\beta$ ⑨

对于常用的三角函数基本公式,只剩下了两角和的余弦公式,为了求 $\cos(\alpha+\beta)$,继续深入反思:由于我们已知 $\cos(\alpha+\beta) = \cos\alpha\cos\beta - \sin\alpha\sin\beta$ 及 $MD = \sin\alpha\sin\beta$,$DE = \cos\alpha\cos\beta$,为此只需验证 $DE - MD = \cos(\alpha+\beta)$。

(9)如图4-23,作 M 关于 BC 的对称点 M',连接 CE、CM',则 $MD = M'D$,$\angle CM'D = \angle CMD = 90°-\beta$,

$\angle ECM' = \angle CM'D - \angle E = 90°-\beta-\alpha$

$EM' = \dfrac{CM'\sin\angle ECM'}{\sin\angle E} = \sin(90°-\alpha-\beta) = \cos(\alpha+\beta)$

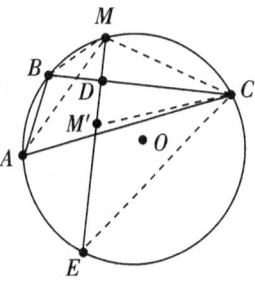

图4-23 例4-25图(5)

由 $EM' = ED - DM'$ 得

$\cos(\alpha+\beta) = \cos\alpha\cos\beta - \sin\alpha\sin\beta$ ⑩

(10)由 $EM - EM' = MM' = 2MD$ 得

$\cos(\alpha-\beta) - \cos(\alpha+\beta) = 2\sin\alpha\sin\beta$ ⑪

由 $DE = EM' + M'D$,得 $2DE = EM' + M'D + DE = EM' + ME$ 得

$2\cos\alpha\cos\beta = \cos(\alpha-\beta) + \cos(\alpha+\beta)$ ⑫

至此,推出了12个三角函数公式。这使我们深深体会到,反思——便于拓宽解题思路;反思——对知识会有更深刻的理解;只要深入反思探究,或多或少都会得到一些意外的收获,尝到发现公式(新知识)的乐趣。而且对自己的发现或许终生难忘,或许由此便喜欢上了数学[①]。

第四节 统计与概率教学研究

统计与概率的重要内容有:收集、整理和描述数据,包括简单抽样、整理调查数据、绘制统计图表;处理数据,包括计算平均数、众数、中位数、极差、方差等。从数据中提取信息并进行简单的推断;简单随机事件及其发生的概率。

---

① 杨宪立,杨之.折弦定理——研究性学习的一个好课题[J].数学通报,2011,50(4):19-20.

一、义务教育学段统计与概率内容结构及中考要点分析

1. 小学阶段统计与概率的内容分布（以北师大版为例）

在小学阶段，统计与概率所占比例较小，整个小学阶段仅有八章内容介绍统计与概率。

（1）一上　第四章 分类。
（2）二下　第八章 调查与记录。
（3）三上　第六章 统计与可能性。
（4）四上　第八章 可能性。
（5）四下　第六章 数据的表示和分析。
（6）五下　第七章 统计。
（7）五上　第七章 可能性。
（8）六上　第五章 数据处理。

2. 初中阶段统计与概率的内容分布（以北师大版为例）

（1）七上　第六章 生活中的数据；第七章 可能性。
（2）七下　第三章 生活中的数据；第四章 概率。
（3）八上　第八章 数据的代表。
（4）八下　第五章 数据的收集与处理。
（5）九上　第六章 频率与概率。
（6）九下　第四章 统计与概率。

3. 统计与概率中考要点分析

（1）统计考法分析　直接考查统计概念；综合考查学生读图和用图能力。
（2）概率考法分析　直接考查用列举法求概率；综合考查统计和概率相关知识。

二、深刻理解教学目标，提升教学立意

1. 深刻理解教学目标

（1）经历实验、统计等活动过程，在活动中进一步发展学生的合作交流的意识与能力。
（2）通过实验等活动，理解事件发生的频率与概率之间的关系，加深学生对概率的理解，进一步体会概率是描述随机现象的数学模型。
（3）进一步体会概率与统计之间的联系。
（4）能运用列表法计算简单事件发生的概率。
（5）能用实验或模拟实验的方法估计一些复杂的随机事件发生的概率。
（6）结合具体情境，初步感受统计推断的合理性。

这是总的统计与概率教学目标，但是根据学生的心理、年龄特征，各学段的教学知识目标又各有区别与联系。

第一学段的知识目标:经历简单的数据收集、整理、分析的过程,了解简单的数据处理方法。

第二学段的知识目标:经历数据的收集、整理和分析的过程,掌握一些简单的数据处理技能;体验随机事件和事件发生的等可能性。

第三学段的知识目标:体验数据收集、处理、分析和推断过程,理解抽样方法,体验用样本估计总体的过程;进一步认识随机现象,能计算一些简单事件的概率。

我们看到,随着学段的上升,教学知识目标也在不断地提升,从了解、掌握简单数据处理,到进一步认识随机现象,能计算一些简单事件的概率。

例 4-26 对全班同学的身高进行调查分析。

[说明] 学校一般每年都要测量学生的身高,这为学习统计提供了很好的数据资源,因此这个问题可以贯穿第一学段、第二学段和第三学段,根据不同学段的学生特点,要求可以有所不同。希望学生把每年测量身高的数据都保留下来,养成保存资料的习惯。在第一学段,主要让学生感悟可以从数据中得到一些信息。教学中可以作如下设计:

(1)指导学生将全班同学的身高进行汇总。

(2)从汇总后的数据中发现信息。比如,最高(最大值)、最矮(最小值)、相差多少(极差),大部分同学的身高是多少(众数)等。在讨论过程中,括号中的有些名词并不需要出现,但是希望学生体会数据所代表的意义。

(3)在整理中,可以让学生尝试创造灵活的方法。例如,寻找最高,可以直接比较寻找,当学生人数比较多时,也可以分组寻找组内最高,然后在每组的最高中寻找最高等。

例 4-27 对全班同学的身高的数据进行整理和分析。

[说明] 在例 4-26 中,已经引导学生对全班同学的身高数据进行了初步分析。在这个学段中,要求学生结合以前积累的身高数据,进行进一步的整理,然后进行分析。整理的目的是为了便于分析。例如,条形统计图有利于直观了解不同高度的学生数及其差异;扇形统计图有利于直观了解不同高度的学生占全班学生的比例及其差异;折线统计图有利于直观了解几年来学生身高变化的情况,预测未来身高变化趋势。学生还可以讨论用什么数据来代表全班同学的身高,自己的身高在全班的什么位置等。

教学设计时,可以关注如下要点:

(1)组织学生讨论并明确做统计图的基本标准。如果学生意见不一致,可以根据意见的不同把学生分组,各自画出统计图后进行比较。

(2)可以根据几年来全班同学平均身高的数据画出折线统计图,让学生与自己身高数据的折线图进行分析比较,还可以对男女生的身高数据进行分析和比较。

(3)组织学生讨论用什么数据来代表全班同学的身高,自己的身高在全班的什么位置。学生可以用平均身高作为代表,用自己的身高与平均身高进行比较;可以用出现次数最多的身高作为代表("众数"的意义),用自己的身高与其相比;也可以用班级中等水平学生的身高作为代表("中位数"的意义),用自己的身高与其相比。学生只要能说出自己的理由就可以,不需要出现"众数"、"中位数"等名词(只要求教师理解,不要求给学生讲解)。

(4)虽然数据整理和分析的方法可以有所不同,但要求分析的结论清晰,能够更好地反映实际背景。

例 4-28 比较自己班级与别的班级同学的身高状况。

[说明]对于两个班级学生身高状况比较,通常可以通过平均值来判断,但有时候仅仅通过平均数是不够的,如果一个班同学之间身高差异很大,而另一个班同学之间身高差异很小,即使前一个班的平均高一些,也不能说这班的整体状况很好。因此,在判断身高状况时,不仅要看平均值,还需要参考方差。

进一步,可以引导学生逐渐深入地进行数据分析,可以要求学生把身高分段,画出频数直方图,并引导学生讨论,通过直方图看是否能得到更多的信息。

2. 教育的价值与提升教学立意之建议

(1)教育的价值

1)在以信息和技术为基础的社会里,数据日益成为一种重要的信息。

2)随着社会的不断发展,统计与概率的思想方法将越来越重要(运用数据进行推断)。

3)学习统计与概率的过程中,发展学生解决问题的能力。

4)统计与概率这一领域的内容对学生来说是充满趣味和吸引力的。

(2)教学建议

1)注重学生的合作和交流活动,在活动中促进知识的学习,并进一步发展学生的合作交流的意识与能力。

2)注重引导学生积极参与实验活动,在实验中体会频率的稳定性,感受实验频率与理论概率之间的关系并形成对概率的全面理解,发展学生初步的辩证思维能力。

3)注重揭示概率与统计之间的内在联系。

4)鼓励学生使用计算器等现代信息技术手段进行概率教学。

5)注重教学素材的真实性、科学性,以及来源渠道的多样性。

6)教学中要及时回顾反思,梳理知识结构。并在学生充分思考和交流的基础上,教师可引导学生共同建立以下有关概率知识的框架图①,见图 4-24。

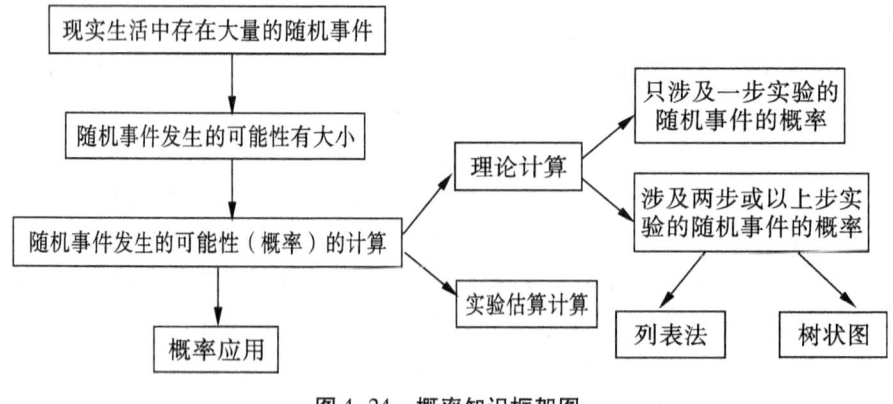

图 4-24 概率知识框架图

---

① 教育部.义务教育数学课程标准(2011 年版)[S].北京:北京师范大学出版社,2012.

三、教学中发现的问题与反思

1. 什么是随机事件?

随机现象:在一定条件下进行试验或观察会出现不同的结果(也就是说,多于一种可能的试验结果),而且在每次试验之前都无法预言会出现哪一个结果(不能肯定试验会出现哪一个结果),这种现象称为随机现象。

随机试验:在概率论中把符合下面三个特点的试验叫作随机试验。

(1)每次试验的可能结果不止一个,并且能事先明确试验的所有可能结果。

(2)进行一次试验之前无法确定哪一个结果会出现。

(3)可以在同一条件下重复进行试验。

随机事件:随机试验的每一个可能结果均称为随机事件。或可能发生也可能不发生的事件(结果)统称为随机事件。

一个结果是否为随机事件,就看在相同条件下能否重复,若不能重复,就不是随机事件。

例如"守株待兔""天上掉陨石"都不是随机事件。因为在相同的条件下都不能重复进行。

2. 教材中出现了哪几种概型?

古典概型的特征:所有可能结果的个数是有限的;每个结果具有等可能性。

几何概型的特征:所有可能结果的个数是无限的;每个结果具有等可能性。

统计概型的特征:不具有等可能性,将大量重复试验得到的随机事件出现的频率作为概率的估计值。

3. 古典概型的等可能性需要验证吗?

表4-3是历史上一些数学家抛掷均匀硬币的实验数据,根据该表能否认抛掷硬币出现正面和反面的概率不相等吗?

表4-3 抛掷硬币统计表

试验者	抛币次数	正面朝上次数	反面朝上次数	相差次数
费勒	10 000	4 979	5 021	21
皮尔逊	24 000	12 012	11 988	12
罗曼诺夫斯基	80 640	39 699	40 941	621

通常认为,古典概型的等可能性,一般不是通过实验验证的,往往是根据人们长期形成的"对称性经验"或"对等性"确认的。

4. 教学中发现的一些问题

(1)游戏公平吗?

1)"石头、剪子、布"。

2) 小明和小红在做掷硬币的游戏。任意掷一枚硬币两次,如果两次朝上的面相同,那么小明获胜;如果两次朝上的面不同,那么小红获胜。

3) 同桌两人事先分别选定"奇数"和"偶数",然后掷出两个骰子,并依据骰子点数之和的奇偶性来决定胜负。

(2) 概率为 0 与不可能事件、概率为 1 与必然事件的关系。

(3) 活动热闹,学生喜欢。理性的反思应加强。

(4) 什么叫作"了解"了某一随机现象。

例 4-29 如果我买某厂生产的产品,即使知道该厂产品的次品率是 0.001,也完全可能买到次品。但设想有两个工厂生产同一种产品,甲厂产品的次品率为 0.001,乙厂产品的次品率为 0.01。若两厂的产品在价格等其他方面的条件都相同,这时人们将愿意买甲厂的产品而不是乙厂的产品,尽管你可能买到甲厂的次品,而买乙厂产品的话也可能买到正品。

例 4-30 如果每张彩票中奖的概率是 0.001,我买了 2 000 张彩票,仍可能一张也不中奖。但从买 n 张彩票中奖的概率表 4-4 可看出买 3 000 张彩票中奖的概率已达 95%,再多买 2 000 张,中奖的概率只增加 4.3% 这无疑对如何购买彩票有参考价值。

表 4-4　中奖概率表

n	1 000	2 000	3 000	4 000	5 000
p	0.632	0.865	0.95	0.982	0.993

四、教学案例分析研究

帮助学生认识统计与概率的价值,培养学生对不确定现象的良好直觉是我们概率统计教学的一个重要目标。因此,教师在教学中务必重视学生对随机现象的体验和理解过程,多借助直观的手段,切忌擅自加快教学进度,忽视学生错误概念的矫正与认知水平的提高。

面对概率问题,教师可先组织学生猜测概率的大小,然后进行实验,再汇总分析实验结果,以矫正和培养学生良好的概率直觉与认识。

义务教育阶段要求学生掌握的有关概率,大致分为三类:

第一类问题没有理论概率,只能借助实验模拟获得其估计值,一般而言,它是一个纯粹的现实生活问题。

第二类问题虽然存在理论概率,但其理论计算已经超出了义务教育阶段学生认知水平,学生只能借助实验模拟获得其估计值。

第三类问题是简单的古典概型,理论上很容易求出其概率。

案例 1 掷骰子实验。

实验频率稳定于理论概率,必须借助于大量重复实验。而课堂教学时间是有限的,在有限的时间内,一个学生完成的实验次数自然不会很多,而且易于理解为静态的,还难以得出实验频率稳定于理论概率这一结论。为此,必须综合多个甚至全班学生的实验数据(以此估计随机事件的概率其实是一个统计活动)。

学生对概率的理解应是多方面的,概率的实验估算、理论计算以及频率与概率的偏差等对概率的深层次理解应是概率理解的一个不可割裂的整体。教学中,应尽量让学生通过具体实验领会这一点,从而形成对某一事件发生的概率的较为全面的理解,初步形成随机观念。

案例2　抽签先后。

全班50人抽签决定一张电影票,先抽一定有利吗?

该问题仅要求从实验观察上解释理解:先抽后抽的机会是均等的,而不必从理论上进行探究。

案例3　平分赌金。

有一笔赌金,甲乙两个人竞赌,每局输赢的概率都一样,都是1/2,谁能够累计先赢3局,就获得这笔赌金。但是一个特别的原因,突然终止了,那个时候甲赢了2局,乙赢了1局,问这笔赌金应该如何分配?

通过实验,使学生理解:不但关注已经发生的,还要考虑将要发生的!

案例4　生日问题。

全班50位同学,生日相同的概率是多大?两个班100位同学,生日相同的概率又有多大?八个班400位同学又如何?

[说明]生日问题较贴近学生生活,该问题的理论概率大约等于0.97,这一结论可能有违学生的"常识",因而具有一定的趣味性,同时生日数据随手可得,因而具有较好的可操作性,此外,该问题也便于计算器或计算机利用随机数进行模拟实验。当然,该题的概率较大,正说明了一些看似巧合的现象实则极为平凡。这也有助于破除迷信,培养学生唯物主义的世界观。

首先提问"400个同学中,一定有两位同学的生日相同(可以不同年)吗?",学生利用抽屉原理易于发现结论是肯定的;随后提请思考"300个同学呢?",当然此时就不能保证了;在此基础上再提出老师的观点:"50个同学中,就很可能有2个同学的生日相同",势必与学生的认识产生较大的反差,极大地激发学生研究的兴趣。当然,本问题的理论研究已经超出了学生的学力水平,同时因承上一节内容,学生首先想到的是实验估算,为此,首先调查本班同学的生日是最为自然不过的了。在学生调查本班同学的生日后,可能有2个同学的生日相同,也可能没有2个同学的生日相同。对于学生调查结果应进行适时的反思与评判,为此可设置一个想一想,以加深学生对概率的理解。其后再具体做一做,旨在通过学生的具体收集数据、进行实验、统计结果等过程,进一步丰富学生的活动经验,同时对本节问题有比较直观的感知。在具体实验时,可以将学生所调查的生日写在纸条上并放到某个箱子中随机抽取;也可以将每个同学所调查的生日随机地排列起来形成一个方阵,然后再按照某种规则从中选取50个进行实验;还可以要求学生每次随机地写下自己所调查的一个生日,再汇总,当然,写生日时,为了节约实验时间,可以进行一定的简化,如可将"2月16日"记为"0216"等;当然,在师生一定的活动与分析的基础上,也可以要求学生随机写出1~365之间的某一个自然数代表生日,实际上这就是模拟实验。

如果一年以365天计算,该问题的理论概率为 $1-A_{365}^{50}/365^{50}$,大约等于0.97。但此处只要学生经历实验频率估计理论概率的过程,并初步感受到本问题的概率较大,而不必要求学生具体近似到哪一位数字。

案例5 池塘里有多少条鱼。

教师提出问题:李大爷承包了村里的池塘,辛苦了一年李大爷家今年的收成如何?你能帮助李大爷估计池塘中有多少条鱼吗?

教学目标:

(1)结合具体情境,初步感受统计推断的合理性。

(2)进一步体会概率与统计之间的联系。

有学生认为,把池塘里的鱼全部捞出,就可以知道了。也有学生反对,因为如果全部捞出鱼会死,再说也不好知道池塘里的鱼是否全部捞出。

教师接着提问:能不能不把池塘里的鱼全部捞出就可以估计李大爷承包池塘中有多少条鱼呢?

在科学研究中,生物学家经常要估计某个种群的数量(如某条河流里的某种鱼的数量,某个地区的鸟类的数量等),因此本节问题具有较高的现实意义。

教科书首先抛出一个极为现实的问题情境:估计池塘里鱼的数目,以引起学生的研究兴趣。但由于该问题尚具有较高的思维要求,教科书引导学生回顾原来研究过的"箱中摸球估计球数"的问题,并对此问题进行一定的变化,逐步解决问题,最后再回解"估计池塘里鱼的数目"的问题。

概率是此估计方法的理论支撑。

总之,新课程强调教师的教要注重实质,注重学生对随机现象的体验和理解,重视对学生概率直觉的培养。

兴趣是学习最好的老师,思考是学习必经的途径,理解是进一步发展的重要基础。希望我们教与学的形式能够:让学生的兴趣在了解探究任务中产生;让学生的思考在分析真实数据中形成;让学生的理解在集体讨论中加深,尤其是对一些错误概念的讨论和辨析;让学生的学习在合作探究活动中进行。

第五节 综合与实践教学研究

"综合与实践"内容设置的目的在于培养学生综合运用有关的知识与方法解决实际问题,培养学生的问题意识、应用意识和创新意识,积累学生的活动经验,提高学生解决现实问题的能力。

"综合与实践"是一类以问题为载体、以学生自主参与为主的学习活动。在学习活动中,学生将综合运用"数与代数""图形与几何""统计与概率"等知识和方法解决问题。"综合与实践"的教学活动应当保证每学期至少一次,可以在课堂上完成,也可以课内外相结合。提倡把这种教学形式体现在日常教学活动中。

在第三学段,对综合与实践教学内容提出了更详细具体的要求:

(1)结合实际情境,经历设计解决具体问题的方案,并加以实施的过程,体验建立模型、解决问题的过程,并在此过程中,尝试发现和提出问题。

(2)会反思参与活动的全过程,将研究的过程和结果形成报告或小论文,并能进行交流,进一步获得数学活动经验。

(3)通过对有关问题的探讨,了解所学过知识(包括其他学科知识)之间的关联,进一步理解有关知识,发展应用意识和能力[①]。

第三学段综合与实践(课题学习)内容分布(北师大教材):

(1)七上　制成一个尽可能大的无盖长方体。
(2)七下　制作"人口图"
(3)八上　拼图与勾股定理;平面图形的镶嵌。
(4)八下　制作视力表;吸烟的危害
(5)九上　猜想、证明与拓广。
(6)九下　拱桥设计;设计遮阳篷,媒体中的数学。

综合与实践考核题目分散到"数与代数""图形与几何""统计与概率"中考查。

一、案例分析与数学教育研究

通常认为,数学教师的知识组成包括教育学知识、数学系统知识、数学教学知识诸方面。而美国舒尔曼的研究表明:教师专业知识结构由三类知识构成,即①原理规则知识;②专业的案例知识;③运用原理规则于特殊案例的策略知识。

这就从教师的知识分类上将教育教学案例纳入到教师的知识系统,并且后两者都属于内隐知识——这些知识以及创造性解决问题的能力,仅仅依靠现成书本的格式化知识的传授是无法获得的(冰山的水下部分)。

在对典型教育事件进行具体描述的基础上,通过分析、归纳和解释,概括出具有普遍性结论的研究方法,叫作案例研究。

在案例研究中,作为研究素材的一个或多个案例本身是研究的一部分,对案例的收集、整理和叙述本身体现着研究者的研究旨趣和研究立场,但是,案例素材本身并不是理论,需要研究者对案例素材进行分析、解释、判断和评价,形成特定的理论。从这个意义上说,案例研究是从具体经验事实走向一般理论的一种研究工具。

案例研究突破了理论脱离实践的困境,建构了与实际问题紧密相连的知识体系,便于教师结合自己的教学实际开展研究。

案例1　"四边形内角和"的教学

1. 案例的呈现

某教师在某两个班(记为 A、B 班)进行了"四边形内角和"的教学实验,分两步介绍如下:

---

① 教育部.义务教育数学课程标准(2011年版)[S].北京:北京师范大学出版社,2012.

（1）教师在两个水平相当的班上所进行的学习活动是一样的,都组织学生去探究,找出的解题途径也大体相同,如图 4-25 所示。

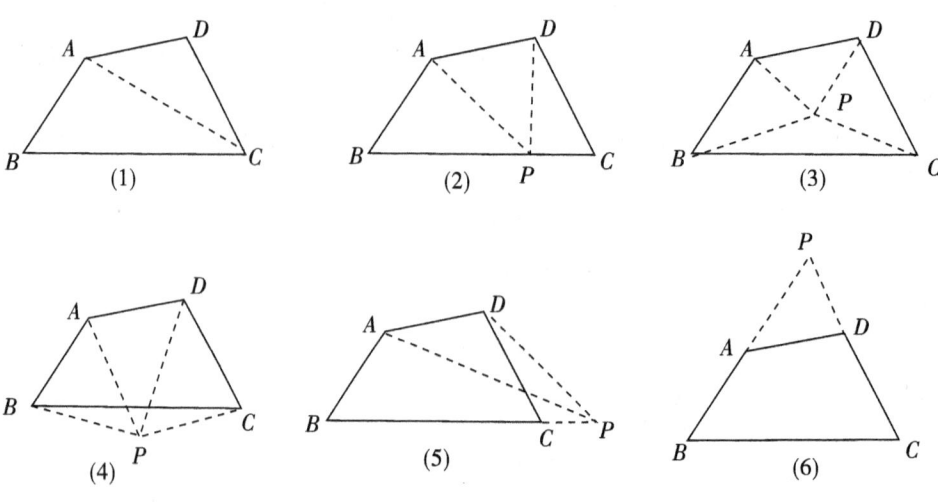

图 4-25 求四边形的内角和

教师总结讲评后,在 A 班增加了一个环节,组织学生讨论在这"一题多解"的背后,有什么共同的地方——"化归为三角形的内角和"。而在 B 班没有这个环节。

（2）25 天后,组织了一次测试,求图 4-26 中各角之和（凹五边形的内角和）,结果,A 班有 89% 的学生能够完成,B 班有 25% 的学生能够完成。在所完成的同学中,多数都是连接两条辅助线 *EB* 和 *EC*,如图 4-27,转化为 3 个"三角形的内角和"之和来解决。

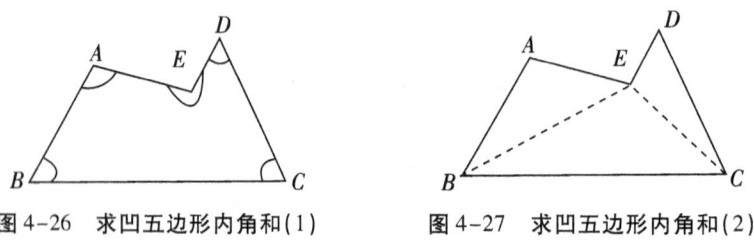

图 4-26 求凹五边形内角和(1)　　图 4-27 求凹五边形内角和(2)

2. 案例的分析

（1）你最突出的感受是什么？说出你最想说的话来。

为了把思考引向深入,我们还要继续问：

（2）课例说了些什么事实？这些事实说明了什么道理？

1）为什么会有 89% 与 25% 的差距？

2）教师的教学与研究能否结合起来？

3）怎样认识图 4-27 的正确解答？

4）从这个课题中能提炼哪些数学思想方法？

（讨论发言,这个讨论的一个目的是渗透"数学思想方法的教学"）

下面是我们的初步总结。

这是一个简明而又富于启发性的案例,描述了一个微型教学实验,有实验假设、有实验过程、有变量控制、有效果测试,以"化归思想提炼"为自变量,以"问题解决水平"为因变量,之间的因果关系存在明显的正相关。这是把教学与研究结合起来,把教学纳入到学术研究的轨道。我们在这里做出五点分析。

(1)进行数学思想方法的提炼是可行和有效果的 在 A 班的讨论显化了数学内容和数学方法所隐含的本质思想——化归;在 B 班没有这一提炼,学生的认识停留在"一题多解"的操作层面和化归思想的"渗透"阶段。结果,进行思想方法显化提炼的 A 班 89% 通过测试,未进行显化提炼的 B 班只有 25% 通过测试,差异十分显著,因而"进行数学思想方法的提炼是可行和有效果的"。这应该是我们从案例的叙述中所获得的最明显的印象,而做法本身并不复杂,教师几乎时时、事事、处处都可以做,这对破除"数学思想方法教学"的神秘性很有冲击力和启示性,用数据说话也很有分量。

当然,启示的内涵并不是每一课题都讨论"有什么共同的地方"?一题多解可以这样问,不是一题多解呢?还是这样问就呆板了、僵化了。遇到一题一解其实可以通过分析解题的过程与步骤,找出每一步的内容与作用,组织为整体的内容与作用等,提炼出数学实质与逻辑结构。于是内在的思想方法就有机会浮出水面了,不浮出水面也能作为"隐性知识"而"渗透"在学生的思想里。关键在于行动,在于有提炼数学思想方法的自觉性。比如,分析图 4-25 中的众多解法的共同本质,可得:

1)本质思想 1:化归。所有这些解法都是通过辅助线将"四边形的内角和"化归为"三角形的内角和",它是"化归为已经解决问题"的一个具体形式。

2)本质思想 2:数形结合。从运算角度看,都是几何上的"隐性和 $\angle A + \angle B + \angle C + \angle D$",通过角的分割、转移与合并,产生求和式的拆项、交换与结合,转化为代数上的"显性和" $360°$,数形结合又是一个本质思想。

伴随上述思想还有:

3)本质思想 3:分解与组合。化归中图形的分割、转移与合并,代数和中数式的拆项、添项、交换与结合,都体现了分解与组合。

4)本质思想 4:不变量。角 A、B、C、D 变化,但和不变,体现了变动中的不变量。

(2)进行数学教育的研究是人人都能做到的 这个案例本身就是一个微型实验,有实验假设、有实验过程、有变量控制、有效果测试,以"化归思想提炼"为自变量,以"问题解决水平"为因变量,之间的因果关系存在明显的正相关,这就是数学教育研究。有的教师埋怨不知道数学教育研究怎么做,埋怨找不到课题,这个案例应该是一个很好的启示:不是缺少课题,而是缺少发现课题的眼光。

试想,研究生到学校来发上一些问卷、做上几周试验,硕士论文出来了,博士论文出来了。我们天天在课堂上拼搏,理应天天有素材,月月有文章,年年有大作。

比如说,由上述案例的启发就可以进一步精致化,化归的心理机制是怎样的?(类比是不是值得考虑)收集学生做测试时的草稿纸、与学生作面对面的深度访谈,定能将这个案例与"化归思想"的研究引向深入,得出更富于理论价值和实践意义的结论。更重要的是,在自己的每节课中关注数学思想方法的提炼,关注数学的本质,就把教学纳入到学术活动的轨道。教学本来就应该是一种学术活动!

(3)注意防止"认知基础"异化为"认知障碍",努力提供高认知水平的教学 如图4-28,其实联结EB,EC当中有一条就够了——化归为一个三角形的内角和加上一个四边形的内角和,学生普遍用图4-27来求解表明,学生对"化归为三角形的内角和"有直接的依赖,化归认识还停留在当初学习"四边形内角和"的水平上(25天前),而没有表现出学习水平的提升。这提醒我们:要注意防止"认知基础"异化为"认知障碍",要努力提供高认知水平的教学。其实,"四边形内角和"还可以化归为梯形的内角和(图4-29),或集中为一个周角等。

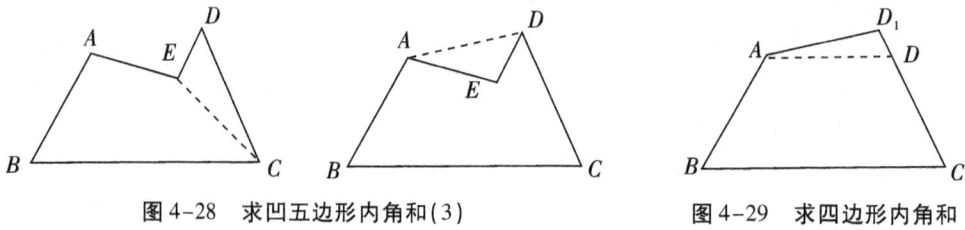

图4-28 求凹五边形内角和(3)　　　　　　图4-29 求四边形内角和

(4)测试数据的进一步分析

1)前25%左右的学生存在"内隐学习"。不管教师进不进行"数学思想方法的提炼",两个班的优秀生都会自觉领悟"化归为三角形内角和";据询问,两个班中有10多个同学就是转化为图4-28求解的,这说明"10多个同学"已经摆脱了对三角形情境的依赖,把四边形内角和也纳入到解决新情境的认知基础中,或已经有了"化凹图形为凸图形"的想法,从而对"化归为已经解决问题"有所领悟。

2)后10%左右的学生,进行"数学思想方法"的提炼也难以提高问题解决的能力。他们或者是知识还不过关,或者是虽然知识过关但仍停留在机械学习的层次上,面临新情境时不能运用"三角形的内角和"或"四边形的内角和"来解决问题。这就说明,进行"数学思想方法"的提炼需要知识基础。

3)60%左右的中等生进不进行"数学思想方法的提炼"差异显著。我们认为,A,B两班通过率89%与25%的差距主要来自中等生,中等生有过关的知识基础,教师加以组织、给予启引,很快就能产生理解。A班的讨论显化了化归思想,大批中等生就理解了"化归为三角形的内角和";B班没有这一提炼,大批中等生的认识就停留在"一题多解"的操作层面和化归思想的"渗透"阶段,面临新情境表现出来的问题解决能力就不一样。这就说明,对多数学生而言,领悟"数学思想方法"不能单靠"内隐学习",教师提供"从内隐到外显"的机会,设计"从内隐到外显"的逻辑通道很重要。

(5)众多解法的逻辑关系 本例化归时,连接辅助线的方式千差万别,有多有少,有优有劣,但本质上都是先取一点(P),然后将这点与四边形的顶点(A、B、C、D)作连线。"点与四边形的位置关系"是所有辅助线逻辑关系的共同本质。

由于取点的方式不同,与四边形顶点的连线也就不同,从连一条线到连四条线,形式上好像情况很多,但从一点与四边形的位置关系看,有且只有三种位置关系:

位置关系1:点在四边上[图4-25(1),(2)]。

位置关系 2：点在四边形内［图 4-25(3)］。

位置关系 3：点在四边形外［图 4-25(4)，(5)，(6)］。

这些情况又可以看成是从一个大 △PBC 中截去一个小 △PAD 并向下折叠，折叠后点 P 与四边形 ABCD 的位置关系，恰好是上述三种关系。这个带有统一性的认识，使我们明白了所有这些解法的共同结构、相互关系和本质思想。①

案例 2 "线段、射线、直线"的教学

在"线段、射线、直线"的公开课上（听课教师数百人），执教老师希望学生了解"线段、射线、直线的定义"，并结合实际"理解直线公理"（经过两点有且只有一条直线）。(2006 年 10 月 23 日)

(1) 部分教学片断

1) 片断 1：让学生直观感受直线。回忆小学时的相关概念，出示了一组图片，如图 4-30 的做广播操队列（还有玉米地，高速路，铁轨）等。

图 4-30 做广播操队列

2) 片断 2：让学生进行"队列活动"（站起来），体验：两点确定一条直线。

活动 1 教师让一个学生（甲）先站起来，然后请同学们自己确定，凡是能与甲同学共线的就站起来。一开始，你看看我、我看看你，没有人站起来，不一会四面八方有人站起来，最后全班学生都站起来。老师总结：过一点的直线是不唯一的，所以每个同学都可以与甲同学共线。（经过一点有无数条直线）

活动 2 教师让两个学生先站起来，然后请同学们自己确定，凡是能与这两个同学共线的就站起来。学生很快做出反应，站起来了一斜排同学（其他同学没有站起来）。老师总结：两点确定一条直线，所以有且只有一斜排学生与这两个同学共线。（经过两点有且只有一条直线）

活动 3 教师让三个学生先站起来，然后请同学们自己确定，凡是能与这三个同学共线的就站起来。当三个学生共线时，站起来了一斜排同学；当三个学生不共线时，有个别学生站起来（与其中两个同学共线），后来又坐下了，最终没有一个人站起来。老师总结：经过三点可能有一条直线，也可能没有直线。

整堂课，学生活动或回答问题不下四、五十人次，有的学生站起来等活动不下六、七次，课堂气氛很热烈。

(2) 对"直线"的反馈调查 课后了解，学生很欢迎这堂课，都很高兴。

1) 片断 1（调查学生）：询问学生"今天这节课你学到了什么？"学生回答：学到了线段、射线、直线。询问学生所理解的直线是什么？学生不能回答。追问"说说直线是什么样的图形"，学生还是答不上来。

2) 片断 2（调查听课教师）：把询问学生的情况向听课教师汇报，特别提出，学生学习了一节课直线，但说不出直线是什么，老师们，你们也听课了，可能还上过这个课题，你们

---

① 惠州人，罗新兵.注重数学思想方法的提炼——关于化归思想的一个案例分析［J］.中学数学教学参考，2006(1~2):20-21.

说说直线是什么?

全场肃静,没有一个老师回答。

3)片断3(调查执教老师):转而询问执教老师:你认为直线是什么? 教师没有正面回答,更多的是介绍教学设计的意图。

学生学了直线不知道直线。

(3)反思　以上情况表明,有四点特别值得反思:

1)知识的封闭性

首先一个表现是,不知道直线没有定义!

其次一个表现是,不明确直线的一些属性,教学中不能自觉渗透这些属性。如:无穷个点组成的一个连续图形,两端可以无穷延伸,很直很直,等等。

但是,"连续""无穷""很直"等又是需要定义的,因而,这些词语都只是粗糙的解释。从公元前三世纪欧几里得《几何原本》以来,数学家曾作过直线定义的许多努力,但都没有成功,因为点、直线、平面都是原始概念,不能严格定义,描述它们的基本办法是用公理来刻画。本节课中的"直线公理":经过两点有且只有一条直线,正是直线的本质特征。试想,如果"直线"不是很直很直的,那经过两点就可以连出很多很多曲线;同样,如果"直线"不是两端可以无穷延伸的,那经过两点的线段就可以延伸出长短不一的很多很多直线。教学上也有一些处理技术,比如,本节课中先描述"线段",然后,用线段来描述直线,把直线理解为线段两端无限延伸所形成的图形。

2)情境的局限性:现实原型与数学模式之间既有联系更有区别,比如图4-30中的做广播操队列与直线之间可以找到很多不同(表4-5)。

表4-5　做广播操的队列与直线之间的不同

内容项目	做广播操的队列	直线图形
具体与抽象	有宽度、有高度	没有宽度、没有面积
粗糙与严格	学生之间凹凸不平、高低不齐	直线是"很直"的
一维与三维	三维立体的	一维的
有限与无限	有限个人组成	无限个点组成
连续与间断	间断的	连续的
特殊与一般	一个现实原型	许多现实原型的形式化抽象
实在与形式	生活中存在	生活中不存在
……	……	……

现实情境的有限性难以表达抽象直线的无限性,现实情境的离散性难以表达抽象直线的连续性。一条高速路,当着眼于距离时能提炼出线段,当着眼于笔直延伸时能提炼出直线,当着眼于面积时能提炼出矩形,当着眼于用料时,能提炼出长方体。生活世界有自身不可克服的局限性,它不可能给我们提供太多的理性承诺,学校教育恰恰应该着眼

于社会生活中无法获得,而必须经由学校教育才能获得的经验。

情境的局限性还给我们寻找恰当的情境带来困难,这时我们常常采用经过加工的拟真情境——源于现实而又不拘泥于真实,关键只在于这种情境应具有相关数学知识的必要因素与必要形式。如,有的教师或资料提问:"白纸对折64次,有多高?"这只能理解为"拟真情境",白纸对折1,2,3,4,5,6次不难,是真实情境,但继续下去,不到10次纸就无法对折了,对折10次都不可能,对折64次只能是一种想象——数学思维实验。不了解这些情况,万一学生提出"对折64次根本不可能"时,教师难免会"无言以对"。

3)活动的单一性:通过站起来,体验"两点确定一条直线"的活动,确实设计得很精彩,但给人的感觉是:更关注"唯一不唯一"的量性收获,缺少为什么"有且只有一条"的质性渗透,本质上是数学化过程不足。所以学生学了"直线公理"不会用"直线"去解释"公理",或不会用"公理"去解释"直线"。

4)"数学化"过程不足:学生虽然在队列"前后对正、左右看齐"的活动中感受过直线的"直",但从具体情境到抽象数学模式之间有一个"数学化"提炼的艰苦过程,还需要教师去做"数学化"的提炼工作,把不是数学的"广播操队列"提炼成数学上的"直线图形"(可能不是一节课就能完成的)。没有这个提炼过程,学生获得的可能不是数学或者是硬塞给他们的数学,也可能是借学生的"嘴"代替老师的"灌"(机械接受学习)。

数学化过程需要不同程度地经历:辨别、分化、类化、抽象、检验、概括、强化、形式化等步骤。在教学中,通常的做法是从大量具体实例出发,从学生实际经验的肯定例证中,以归纳的方法概括出一类事物的本质属性。通常是沿着:"具体——半具体、半抽象——抽象"的路线前进。较为关键的是如下5个步骤:①辨别一类事物的不同例子;②找出各例子的共同属性;③从共同属性中抽象出本质属性;④把本质属性与原认知结构中适当的知识联系起来,使新概念与已知的有关概念区别开来;⑤把新概念的本质属性推广到一切同类事物中去,以明确它的外延。

这个过程很重要,体现了数学学习的一个核心价值——数学化。弗赖登塔尔认为,与其说学习数学,不如说学习"数学化"。

在数学教学生活化取向、活动化取向的大潮中,教师的数学化能力凸现,这是一个创作与创造的过程。数学教师要有充实的数学知识,数学教学要有数学化的能力。[①]

感悟:数学教师要有充实的数学知识,数学教学要有数学化的能力。

通过以上两个案例,我们看到可以通过现场听课、录像播放、文本阅读等来认识案例课,但是,怎样才能看出点东西来呢?我们建议抓住三个主要视角。

(1)数学的视角(主要看数学功底)

1)内容结构:数学内容充实、完整,逻辑线路明晰。

2)知识构建:原有知识经验明确,有构建新知识的合理过程。

3)数学概念:清晰、准确,有发生过程。

4)数学论证:科学、正确,有思维揭示。

[①] 罗增儒.关于情景导入的案例与认识[J].数学通报,2009(4):1-6.

5)数学思想:有数学思想方法的渗透、提炼或阐明。
(2)教学的视角(主要看教学能力)
1)教学目标:体现三维目标,定位准确。
2)教学要求:恰当、适合学生的最近发展区。
3)教学方法:教学性质清楚,创设发现情境,鼓励探索质疑,多向交流沟通促成意义建构。
4)教学过程:有序、完整,思路清晰,使用多媒体,激励性评价。
5)教学效果:突出了重点、突破了难点,实现了教学目标。
(3)特色的视角(主要看创新亮点)
1)内容处理的新意。
2)教学风格的特点。
3)教学设计的亮点。
4)处理突发事件的艺术。
5)其他创新亮点。

最重要的是能从这些视角里看清基本事实,并用这些事实去分析相关的数学处理、解释相关的教学行为。当然,课例分析的共识有的只能作为教师的营养,间接进入课堂,而有的则可以直接进入课堂,这两方面都将促进教学的发展。课例分析不应是"空对空"的"纸上谈兵",而应该是"实对实"的"行动研究"。

二、数学命题编拟的常用方法

每年都要进行各种各样的考试,考试就要有命题,而这些命题既要紧扣标准,不脱离教材,但又不能完全照搬原命题,所以命题工作人员就必须编拟新的命题。而编拟新命题的一个重要途径就是将已有命题认真剖析,然后改编为新的命题。

在数学教学中,教师如能按标准要求,结合通用教材,经常适时地对某些定理、例题作认真的剖析,编拟一些难度适中、形式多样且富有思考性的题目,让学生去思考。这对活跃课堂气氛,激发学生学习兴趣,培养学生创造思维能力,都能起到积极的作用。同时,对教师来说,也是改进教学方法,实施启研式教学,大面积提高教学质量,培养创造型人才的有效措施。

下面结合平面几何教学,介绍几种数学命题的编拟方法。

1. 利用命题结论的多样性

如果根据题设条件,可得到几个不同的结论,那么每一个结论都可编拟一道新的命题。

例 4-31 如图 4-31,点 I 是 $\triangle ABC$ 的内心,延长 AI 交 $\triangle ABC$ 的外接圆于 D,交 BC 于 E,求证:$BD=DC=DI$。

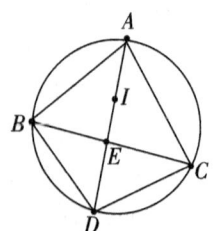

图 4-31 例 4-31 图

证明 利用内心的性质即可证明。

(1)深化结论,可得如下命题:

① $\triangle ABD \backsim \triangle BDE \backsim \triangle AEC$;$\triangle ACD \backsim \triangle CED \backsim \triangle AEB$。

② $BD^2 = DE \cdot AD$。

③$DI^2 = DE \cdot AD$(1986年天津中考试题)

(2)条件等价变形,引申结论

题设 $\angle BAC$ 的平分线 AD 交 $\triangle ABC$ 的外接圆于 D,交 BC 于 E,求证:

①$\triangle ACE \backsim \triangle ADB$(1992年山西中考试题)。

②$AB \cdot AC = AD \cdot AE$(1991年武汉市;1992年安徽,西安市中考试题)。

③$AB \cdot DC = AD \cdot BE$(1994年无锡中考试题)。

④$AB \cdot CE = AE \cdot CD$(1993年徐州中考试题)。

⑤$AC \cdot BD = AD \cdot CE$(1995年西宁中考试题)。

⑥$BD^2 = AD \cdot DE$(1995年贵州中考试题)。

例 4-32 如图 4-32,已知 $AB = CD, AB /\!/ CD, E、F$ 是 AC 上两点,且 $AE = CF$,求证:$BF = DE$。

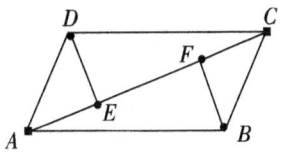

图 4-32 例 4-32 图

分析 1 由题设条件可得

$\triangle BCF \cong \triangle DAE, \therefore \angle BFC = \angle DEA, DE = BF$

从而有:$DE \underline{\underline{/\!/}} BF$,由此得如下命题:

命题 1 已知四边形 $ABCD$ 是平行四边形,$E、F$ 是对角线 AC 上的两个三等分点,求证:四边形 $DEBF$ 是平行四边形(1994年湖南中考题)

分析 2 由题设条件易得:$\triangle BCF \cong \triangle DAE, \triangle ABC \cong \triangle CDA, \triangle ABF \cong \triangle CDE$,于是又得如下命题:

命题 2 图 4-32 中有_____对全等三角形。(1994年山西中考试题)

2. 利用逆命题

我们知道,任何一个命题都有逆命题,但一个真命题的逆命题却不一定是真命题,这就启发我们,把教材中某些命题看作原命题,然后去探索它的逆命题是否成立,如果逆命题经过证明是正确的,那么就可得一道新的几何命题。

例 4-33 在 $\triangle ABC$ 中,已知 $\angle A = 100°, AB = AC, \angle B$ 的平分线 BD 交 AC 于 D,求证:$BC = BD + AD$。

对于这个命题,如果注意到题设条件与结论都是唯一具体的,从而它的逆命题也是真命题,由此得如下命题:

命题 1 在 $\triangle ABC$ 中,已知 $AB = AC, \angle B$ 的平分线 BD 交 AC 于 D,且 $BC = BD + AD$,求证:$\angle A = 100°$(或求各角的度数)。

命题 2 在 $\triangle ABC$ 中,已知 $\angle A = 100°, \angle B$ 的平分线 BD 交 AC 于 D,且 $BC = BD + AD$,求证:$AB = AC$。

命题 3 在 $\triangle ABC$ 中,已知 $\angle A = 100°, AB = AC, D$ 为 AC 上一点,且 $BC = BD + AD$,求证:BD 平分 $\angle B$。

像这样编写逆命题的实例,还可以举出很多,在此就不再一一列举了。但必须指出,编写逆命题是编拟几何命题的一种常用且有效的方法。在几何教学中,适时地引导学生进行这方面的训练,无疑是有好处的。

3. 利用几何变换

在几何命题中,我们经常要证明两个三角形全等或相似,而这两个全等或相似图形,通常可看作是其中一个图形经过几何变换而得到的另一个图形。对一些几何命题,经仔细分析命题的条件后,可经几何变换得到一些新的命题。

例 4-34 如图 4-33,点 C 为线段 AB 上一点,$\triangle ACM$ 与 $\triangle CBN$ 为等边三角形,求证:$AN=BM$。

分析:此命题可以看作是 $\triangle ACM$ 绕点 C 旋转 $120°$ 并经伸缩变换后得 $\triangle CBN$ 而构造了本命题。从而若将 $\triangle ACM$ 绕点 C 旋转任意角度并伸缩变换后得 $\triangle CBN$,可得如下新命题:

命题 已知 $\triangle CMN$,以 CM,CN 为边分别向外作正三角 CMA 和 CNB,连接 AN,BM,如图 4-34,求证:$AN=BM$。

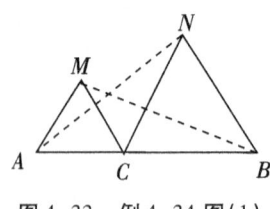
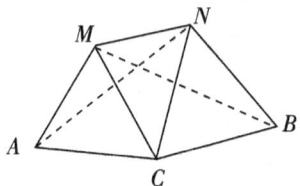

图 4-33 例 4-34 图(1)　　　图 4-34 例 4-34 图(2)

4. 改编原命题

对一些几何命题,认真分析其条件与结论中的本质特征,然后以命题的条件或结论中的本质特征为龙头,对原命题中一些非本质的条件进行修正、移植,可得到一些有益的新命题。

例 4-35 同例 4-31,增加条件,改变结论。

(1)过 B 作 $\odot O$ 的切线交 AD 的延长线于 F,求证:

1)$BF \cdot BE = AF \cdot DE$(1986 年淮阳市中考试题)。

2)D 点到 BC 和 BF 的距离相等(1991 年河北中考试题)。

(2)过 D 点作 $\odot O$ 的切线分别交 AB、AC 的延长线于 G、H,求证:

1)$GH // BC$(94 昆明中考试题)。

2)$AB:AC=DG:DH$(1993 年扬州中考试题)。

例 4-36 同例 4-34,该命题条件中的本质特征是 $\triangle ACM$,$\triangle BCN$ 均为正三角形,且有公共点。将此本质特征移植到新的图形上,又可得如下命题:

命题 设 D、E、F 分别为等边 $\triangle ABC$ 的边 BC、AC 和 AB 的中点,点 M 在 DC 上,$\triangle EMG$ 为正三角形,求证:$FM=DG$(1991 年扬州中考试题)

5. 利用特殊情形

对某些数学命题,可观察其极端情形,特殊情形,或代入特殊数值化为具体问题而构造新的命题。

例 4-37 如果 AB 和 BC 组成一条圆 O 的折弦($BC>AB$),M 为 $\stackrel{\frown}{ABC}$ 的中点,则从点 M 向 BC 作垂线的垂足为 D,求证:$AB+BD=CD$。

M 是 $\stackrel{\frown}{ABC}$ 的中点,实质就是 $MA=MC$,或 $\triangle MAC$ 为等腰三角形,将等腰 $\triangle MAC$ 特殊化

为正三角形,可得如下命题:

命题 已知 P 为正 $\triangle ABC$ 的外接圆 $\overset{\frown}{BC}$ 上一点,$CD \perp AP$ 于 D,
求证:$BP+PD=AD$。

6. 推广

推广在数学中占有很重要的地位,数学自身的发展在很大程度上也依赖于推广。同时,推广也是数学命题工作中的一种常用方法。推广主要有条件、结论及方法上的推广。

例 4-38 同例 4-33,考虑命题中的两个等式 $\angle A=100°$,$BC=BD+AD$,若 $\angle A \neq 100°$ 或 $BC \neq BD+AD$,又能得到什么结论?

命题 1 在 $\triangle ABC$ 中 $AB=AC$,$\angle A>100°$($\angle A<100°$),$\angle B$ 的平分线 BD 交 AC 于 D,
求证:$BC>BD+AD$(或 $BC<AD+BD$)。

命题 2 在 $\triangle ABC$ 中,$AB=AC$,$\angle B$ 的平分线 BD 交 AC 于 D,且 $BC>BD+AD$(或 $BC<BD+AD$),则:$\angle B>100°$(或 $\angle B<100°$)。

例 4-39 已知 $\triangle ABC$,$AB=AC$,D 在 AB 上,E 在 AC 的延长线上,且 $BD=CE$,求证:BC 平分 DE。

考虑命题中的两个等式:$AB=AC$,$BD=CE$。若 $\dfrac{AC}{AB}=\lambda$ 或 $\dfrac{BD}{CE}=\lambda$,又能得到哪些结论呢?

命题 1 已知 $\triangle ABC$,D 在 AB 上,E 在 AC 的延长线上,且 $BD=CE$,$AC=\lambda AB$,BC 与 DE 交于 F,求证:$DF=\lambda EF$。

命题 2 已知 $\triangle ABC$,$AB=AC$,D 在 AB 上,E 在 AC 的延长线上,DE 与 BC 交于 F,且 $BD=\lambda CE$。求证:$DF=\lambda EF$。

7. 将原命题改为开放型命题

开放型命题是近几年来各类考试的主要题型之一。在数学教学中,如能充分利用青少年学生思维活跃、开放,具有丰富的想象力和强烈好奇心的特点,对某些典型命题,认真分析命题的条件与结论,将原命题的条件或结论开放,改编为开放型题目。

例 4-40 同例 4-33,将命题的条件 $\angle A=100°$ 或结论 $BC=BD+AD$ 开放,可得开放型命题,如:

命题 1 在 $\triangle ABC$ 中,$AB=AC$,$\angle B$ 的平分线 BD 交 AC 于 D,问当 $\angle A$ 的取值在何范围时,有 $BC>BD+AD$(或 $BC<BD+AD$)。

命题 2 在 $\triangle ABC$ 中,$AB=AC$,$\angle A=100°$,$\angle B$ 的平分线 BD 交 AC 于 D,问 BC 与 BD、AD 的关系如何? 并证明你的结论。

在数学教学中,适当地将一些命题改编为开放型命题,让学生去研究讨论,对提高学生学习数学的兴趣,培养学生的创造思维能力,都具有一定的积极作用[①]。

---

① 杨宪立.漫谈数学命题的编拟[J].濮阳职业技术学院学报,2006,19(2):127-129.

三、一道几何题的研究性学习

什么是好的教育,就是系统地给学生创造发现问题的机会。新课标中把培养学生的合情推理能力,提高创新能力,形成和发展数学品质放到了首位。

2010年第5期《数学通报》刊登了白玉娟、郭璋老师给出的1846号问题"在$\triangle ABC$中,$\angle A=90°$,$AB=AC$,点D_1,D_2在AC上,且$AD_1=CD_2$,$AE_1\perp BD_1$于E_1,延长AE_1交BC于F_1,$AE_2\perp BD_2$于E_2,延长AE_2交BC于F_2,如图4-35。求证:$\angle AD_1B+\angle AD_2B=\angle CD_1F_2+\angle CD_2F_1$"。

认真分析该题,本题的实质就是求证:
$\angle AD_1B=\angle CD_2F_1$,$\angle AD_2B=\angle CD_1F_2$
证明角(或线段)的相等都有哪些基本思路呢?
(1)构造全等(相似)三角形。
(2)利用等腰三角形、等腰梯形。
(3)利用平行四边形。
(4)利用能产生角相等的定理。
(5)利用圆。
(6)利用计算。

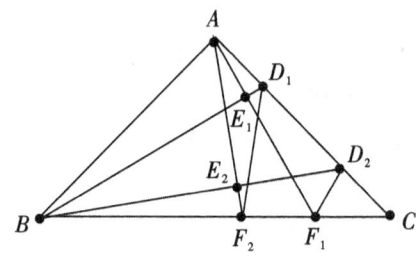

图4-35 1846号问题图

1. 探究问题的多种证法

证明1 构造全等三角形(1)。

如图4-36,作角A的平分线交BD_1于G_1,则$\triangle ABG_1\cong\triangle CAF_1$,
$\therefore AG_1=CF_1$
又$\angle C=\angle D_1AG_1=45°$,$AD_1=CD_2$
$\therefore \triangle AD_1G_1\cong\triangle CD_2F_1$
$\therefore \angle AD_1G_1=\angle CD_2F_1$,即$\angle AD_1B=\angle CD_2F_1$。
同理,可证$\angle AD_2B=\angle CD_1F_2$,
所以,$\angle AD_1B+\angle AD_2B=\angle CD_1F_2+\angle CD_2F_1$。

注:由于证明$\angle AD_2B=\angle CD_1F_2$与证明$\angle AD_1B=\angle CD_2F_1$的道理相同,所以我们在后面的证明中,只证明$\angle AD_1B=\angle CD_2F_1$。

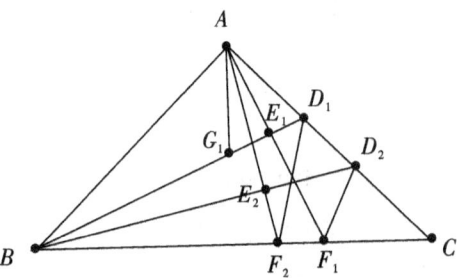

图4-36 构造全等三角形(1)

证明2 构造全等三角形(2)。

如图4-37,过D_1作BC的平行线D_1M交AB于M,交AF_1于G,
则在$\triangle AMG$与$\triangle D_2CF_1$中,$AM=AD_1=D_2C$,$\angle AMG=\angle D_2CF_1=45°$,
$\therefore$ 只需再证明$MG=CF_1$即可。

为此,过M作$MN\parallel AF_1$交BC于N,过C作

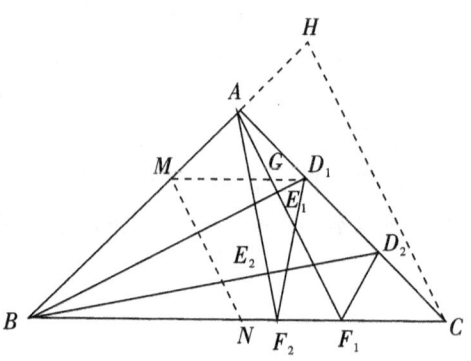

图4-37 构造全等三角形(2)

$CH \parallel AF_1$ 交 BA 的延长线于 H。

$\because CH \parallel AF_1, \therefore \angle ACH = \angle CAF_1 = \angle ABD_1$,

又 $AB = AC, \therefore \text{Rt}\triangle ACH \cong \text{Rt}\triangle ABD_1$,

$\therefore AH = AD_1 = AM$,

而 $MN \parallel AF_1 \parallel HC, \therefore CF_1 = NF_1 = MG$

$\therefore \triangle AMG \cong \triangle D_2CF_1$,

$\therefore \angle CD_2F_1 = \angle MAG = \angle AD_1B$。

证明3　构造相似三角形。

如图4-38,过 F_1 作 $F_1H \perp AC$ 于 H, 并令 $D_2H = x$,
$AD_1 = CD_2 = a$, $D_1D_2 = b$, 则 $AC = AB = 2a+b$,
$F_1H = CH = a-x$

由 $\text{Rt}\triangle ABD_1 \backsim \text{Rt}\triangle F_1AH$ 得

$$\frac{a}{2a+b} = \frac{AD_1}{AB} = \frac{F_1H}{AD_2} = \frac{a-x}{a+b+x},$$

解之得，$x = \dfrac{a^2}{3a+b}$

$\therefore \dfrac{D_2H}{F_1H} = \dfrac{x}{a-x} = \dfrac{a^2}{3a+b} / (a - \dfrac{a^2}{3a+b})$

$\qquad = \dfrac{a}{2a+b} = \dfrac{AD_1}{AB}$

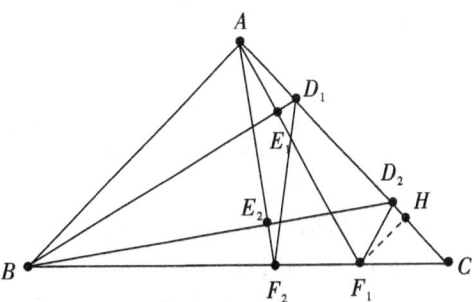

图4-38　构造相似三角形

$\therefore \text{Rt}\triangle ABD_1 \backsim \text{Rt}\triangle HF_1D_2, \therefore \angle AD_1B = \angle HD_2F_1 = \angle CD_2F_1$。

证明4　利用平行性(1)。

$\because \angle AD_1B = \angle BAF_1$,

为此过 C 作 $CG \parallel AB$ 交 AF_1 的延长线于 G, 如图4-39。

则 $\angle G = \angle BAF_1$, (内错角相等)

$\therefore$ 只需证明 $\angle G = \angle CD_2F_1$ 即可。

$\because CG \parallel AB$

$\therefore \angle ACG = 90°$

$\therefore \text{Rt}\triangle ABD_1 \cong \text{Rt}\triangle CAG$

$\therefore CG = AD_1 = CD_2$,

又 $\angle F_1CD_2 = \angle F_1CG = 45°$, $CF_1 = CF_1$

$\therefore \triangle CD_2F_1 \cong \triangle CGF_1$

$\therefore \angle G = \angle CD_2F_1$

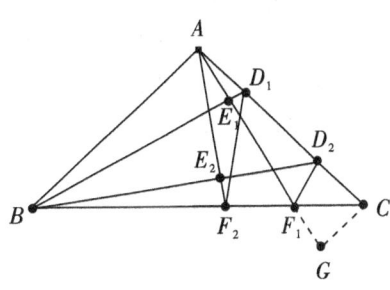

图4-39　利用平行性(1)

从而有 $\angle AD_1B = \angle CD_2F_1$。

证明5　利用平行性(2)。

我们也可在点 A 处作 $\angle AD_1B$ 的等角,使之与 $\angle CD_2F_1$ 处于同位角的位置。为此,取 BD_1 的中点 M, 联结 AM 并延长交 BC 于 N, 如图4-40。

则 $MA = MB = MD_1$

$\therefore \angle AD_1B = \angle D_1AM$,

所以只需证明 $AN \parallel D_2F_1$ 即可。

$\because MA = MB$

$\therefore \angle ABM = \angle BAM$

$\angle CAF_1 = \angle ABD_1 = \angle BAN$,

$\angle ACF_1 = \angle ABN = 45°, AB = AC$

$\therefore \triangle ABN \cong \triangle ACF_1$

$\therefore BN = CF_1, AN = AF_1$

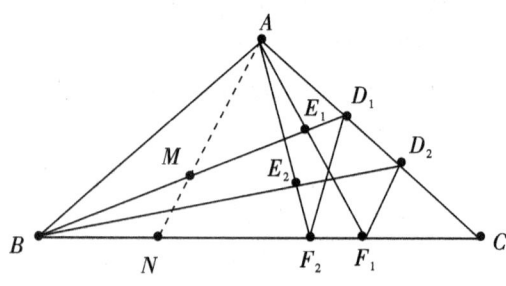

图 4-40 利用平行性(2)

$\therefore \dfrac{CF_1}{CN} = \dfrac{BN}{BF_1} = \dfrac{S_{ABN}}{S_{ABF_1}} = \dfrac{\frac{1}{2}AB \cdot AN \cdot \sin\angle BAN}{\frac{1}{2}AB \cdot AF_1 \cdot \sin\angle BAF_1}$

$= \dfrac{\sin\angle BAN}{\sin\angle BAF_1} = \dfrac{\sin\angle ABE_1}{\sin\angle BAE_1} = \tan\angle ABE_1 = \dfrac{AD_1}{AB} = \dfrac{CD_2}{AC}$

$\therefore AN \parallel F_1D_2$

$\therefore \angle CD_2F_1 = \angle CAN = \angle AD_1B$

证明 6 利用垂心。

过 A 作 BC 的垂线交 BD_1 于 H，交 BC 于 M，如图 4-41。

$\because AM \perp BC, BH \perp AF_1$,

$\therefore H$ 为 $\triangle ABF_1$ 的垂心，

$\therefore F_1H \perp AB \Rightarrow F_1H \parallel AC$

又 $\angle C = \angle HAC = 45°$

$\therefore$ 四边形 AHF_1C 为等腰梯形，

$\therefore AH = CF_1$,

$\therefore \triangle AHD_1 \cong \triangle CF_1D_2, \angle AD_1B = \angle CD_2F_1$。

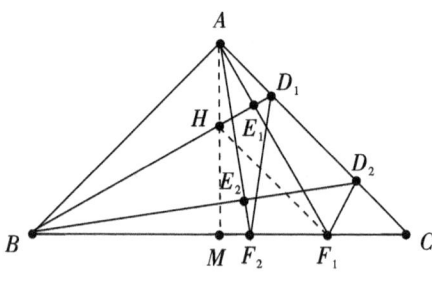

图 4-41 利用垂心

证明 7 利用计算。

过 F_1 作 $F_1H \perp AC$ 于 H，如图 4-42，并令 $D_2H = x, AD_1 = CD_2 = a, D_1D_2 = b$,

则 $\angle AD_1B = \angle AF_1H$, $F_1H = CH = a - x$,

由 $\dfrac{a}{2a+b} = \dfrac{AD_1}{AB} = \cot\angle AD_1B = \cot\angle AF_1H = \dfrac{F_1H}{AH}$

$= \dfrac{a-x}{a+b+x}$

得, $x = \dfrac{a^2}{3a+b}$

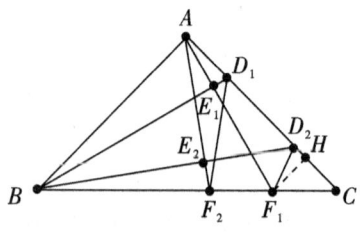

图 4-42 利用计算

$\therefore \cot\angle HD_2F_1 = \dfrac{D_2H}{F_1H} = \dfrac{a^2}{3a+b} \Big/ \left(a - \dfrac{a^2}{3a+b}\right) = \dfrac{a}{2a+b}$

$\therefore \cot\angle AD_1B = \cot\angle HD_2F_1$,

$\angle AD_1B = \angle HD_2F_1 = \angle CD_2F_1$。

2. 探究问题的不同结论和变形

因为 $\angle C = \angle ABC = 45°$，$\angle AD_1B = \angle BAF_1$，$\angle AD_2B = \angle BAF_2$，所以若 $\angle AD_1B = \angle CD_2F_1$，$\angle AD_2B = \angle CD_1F_2$，则有新的结论：

命题 1 在 $\triangle ABC$ 中，$\angle A = 90°$，$AB = AC$，点 D_1，D_2 在 AC 上，且 $AD_1 = CD_2$，$AE_1 \perp BD_1$ 于 E_1，延长 AE_1 交 BC 于 F_1，$AE_2 \perp BD_2$ 于 E_2，延长 AE_2 交 BC 于 F_2。求证：$\triangle BAF_1 \backsim \triangle CD_2F_1$，$\triangle BAF_2 \backsim \triangle CD_1F_2$。

由 $\angle AF_1B = \angle CF_1D_2$ 可知，折线 AF_1D_2 满足光的反射原理，从而有命题：

命题 2 在 $\triangle ABC$ 中，$\angle A = 90°$，$AB = AC$，点 D_1，D_2 在 AC 上，且 $AD_1 = CD_2$，$AE_1 \perp BD_1$ 于 E_1，延长 AE_1 交 BC 于 F_1，F' 为 BC 上任意一点。求证：$AF' + F'D_2 \geq AF_1 + F_1D_2$。

由于命题的条件和结论都是唯一的，所以原命题的逆命题也都是成立的，从而又可得如下新的命题：

命题 3 在 $\triangle ABC$ 中，$\angle A = 90°$，$AB = AC$，点 D_1，D_2 在 AC 上，$AE_1 \perp BD_1$ 于 E_1，延长 AE_1 交 BC 于 F_1，且 $\angle AD_1B = \angle CD_2F_1$（或 $AE_2 \perp BD_2$ 于 E_2，延长 AE_2 交 BC 于 F_2。$\angle AD_2B = \angle CD_1F_2$），求证：$AD_1 = CD_2$。

命题 4 在 $\triangle ABC$ 中，$\angle A = 90°$，点 D_1，D_2 在 AC 上，$AD_1 = CD_2$，$AE_1 \perp BD_1$ 于 E_1，延长 AE_1 交 BC 于 F_1，且 $\angle AD_1B = \angle CD_2F_1$，求证：$AB = AC$。

命题 5 在 $\triangle ABC$ 中，$AB = AC$，$\angle A = 90°$，点 D_1，D_2 在 AC 上，$AD_1 = CD_2$，F_1 在 BC 上，且 $\angle AD_1B = \angle CD_2F_1$，求证：$AF_1 \perp BD_1$。

命题 6 在 $\triangle ABC$ 中，$AB = AC$，点 D_1，D_2 在 AC 上，$AD_1 = CD_2$，$AE_1 \perp BD_1$ 于 E_1，延长 AE_1 交 BC 于 F_1，且 $\angle AD_1B = \angle CD_2F_1$，求证：$\angle A = 90°$。

以上这些命题，可类似于原命题给出证明，在此略去。

3. 问题的原型命题

特殊化，当 D_1 与 D_2 重合时，即得李长明，周焕山著《初等几何研究》p457 例 42："已知在 $\triangle ABC$ 中，$\angle A = 90°$，$AB = AC$，点 D 是 AC 的中点，连接 BD，过 A 作 BD 的垂线交 BC 于 E，求证：$\angle ADB = \angle CDE$"[①]。从而例 42 是该问题的原型命题，同时该命题也是例 42 问题的推广。

4. 问题的推广引申

推广 1 已知在 $\triangle ABC$ 中，$\angle A = 90°$，$AB = AC$，点 D_1，D_2，$\cdots$，D_{n-1} 是 AC 的 n 等分点，$AE_i \perp BD_i$ 交 BC 于 E_i $(i = 1, 2, \cdots, n-1)$。求证：$\sum_{i=1}^{n-1} \angle AD_iB = \sum_{i=1}^{n-1} \angle CD_iE_{n-i}$ 或 $\angle AD_iB = \angle CD_{n-i}E_i$ $(i = 1, 2, \cdots, n-1)$。

推广 2 已知在 $\triangle ABC$ 中，$\angle A = 90°$，$AB = AC$，点 D_1，D_2，$\cdots$，D_n，E_1，E_2，$\cdots$，E_n 是 AC 上的 $2n$ 个点，且 $AD_i = CE_i$ $(i = 1, 2, \cdots, n)$，$AF_i \perp BD_i$ 交 BC 于 F_i，$AG_i \perp BE_i$ 交 BC 于 G_i $(i = 1, 2, \cdots, n)$。求证：$\sum_{i=1}^{n}(\angle AD_iB + \angle AE_iB) = \sum_{i=1}^{n}(\angle CD_iG_i + \angle CE_iF_i)$。

---

① 李长明，周焕山. 初等数学研究[M]. 北京：高等教育出版社，1995.

由此可见：解答或证明之后，还应该继续深入思考，并作多方面的探索反思。对于一个题目，寻求多种证法，既能广开思路，培养学生的发散思维，又能帮助我们加深对问题的理解和认识，找到本质的解法，便于对问题进行推广深化；或找到奇解妙解，以激发学生对数学的兴趣和爱好[①]。

---

① 杨宪立.对一道平面几何题的研究性学习[J].数学通报,2012(8):41-43.

第 五 章
高中数学教材与教学研究

第一节　高中数学教材研究

面向 21 世纪的我国数学教育,应当具有时代特征。新的高中数学课程必须与时俱进,审视国内外数学科学以及数学教育的历史、现状、发展趋势,体现课程的时代性、基础性、选择性,对高中数学课程给予明确的定位,并前瞻性地规划未来高中数学课程的发展图景。与以往的高中数学课程相比,这次新课程改革更加突出了基础性和选择性。

一、高中数学教材的特点

(一)人教社 A 版普通高中课程标准试验教科书分析[①]

新一轮课程改革,主要是针对过去课程内容存在着诸多弊端而进行的,如内容偏于陈旧,缺少时代感;缺乏应用性,与现实生活相脱离;过分重视理论性和系统性,使教材过于死板;小学、初中、高中缺乏衔接和协调;欧氏几何分量过重等。新一轮的课程改革,是在第一轮课程改革的基础上稳步进行的,从理念、内容到实施都有较大的变化,在十条课程基本理念指导下,进行大幅度革新,保留了第一轮课改的优秀成果,使教材更具有人文特点。其中课程结构变化是这次改革的重点,模块的设置是这次课程结构最大的一个变化。模块的特点是具有综合性、相对的独立性和开放性,而模块之间又具有递进关系、横向并列关系、交叉关系等,使得各模块之间更加有机地结合起来,为教学提供了丰富的内容,模块的设置有利于解决学校科目设置相对稳定与现代科学迅猛发展的矛盾;有利于学校充分利用场地、设备等资源,为学校有特色的发展创造条件;有利于学校灵活地安排课程。教师可以根据需要决定先进行哪一模块的教学,具有非常大的灵活性。新教材

---

① 肖万灵.《普通高中数学课程标准(实验)》下的新教材特点(一)——人教社 A 版普通高中课程标准试验教科书分析[J].黑龙江教育:小学版,2005(6):8-10.

(普通高中课程标准试验教科书,2004年人教社A版)与原来教材相比呈现出如下特点：

1. 教材内容的多样性和选择性

这是教材的一个突出特点,为不同的学生提供了不同的学习内容。其中必修课是为满足公民的基本数学需求,为学生进一步的学习提供必要的数学准备,是所有的学生都要学习的内容。必修课程由5个模块组成,共5本书。

数学1　集合、函数概念与基本初等函数Ⅰ(指数函数、对数函数、幂函数)。

数学2　立体几何初步、平面解析几何初步。

数学3　算法初步、统计、概率。

数学4　基本初等函数Ⅱ(三角函数)、平面向量、三角恒等变换。

数学5　解三角形、数列、不等式。

而选修课是为满足学生的兴趣和对未来发展的需求,为学生进一步学习、获得较高数学素养奠定基础。选修课程有4个系列。

系列1包含两个模块。

选修1-1　常用逻辑用语、圆锥曲线与方程、导数及其应用。

选修1-2　统计案例、推理与证明的扩充以及复数的引入、框图,是为那些希望在人文、社会科学等方面发展的学生而设置的。

系列2包含三个模块。

选修2-1　常用逻辑用语、圆锥曲线与方程、空间中的向量以及立体几何。

选修2-2　导数及其应用、推理与证明,数系的扩充以及复数的引入。

选修2-3　计数原理、统计案例、概率,是为那些希望在理工、经济等方面发展的学生而设置的。

系列1、系列2的内容是选修系列课程中的基础性内容。

系列3包含6个专题。

选修3-1　数学史选讲。

选修3-2　信息安全与密码。

选修3-3　球面上的几何。

选修3-4　对称与群。

选修3-5　欧拉公式与闭曲面分类。

选修3-6　三等分角与数域扩充。

系列4包含10个专题。

选修4-1　几何证明选讲。

选修4-2　矩阵与变换。

选修4-3　数列与差分。

选修4-4　坐标系与参数方程。

选修4-5　不等式选讲。

选修4-6　初等数论初步。

选修4-7　优选法与试验设计初步。

选修4-8　统筹法与图论初步。

选修 4-9　风险与决策。

选修 4-10　开关电路与布尔代数。

系列 3、系列 4 是为对数学有兴趣和希望进一步提高数学素养的学生而设置的。内容的多样性和多层次性为学生提供了多种选择，真正体现了面向全体学生，人人学有价值的数学，人人都能获得必要的数学，不同的人在数学上得到不同的发展，凸显"以学生的发展为本""以学生为学习主体"的教育思想，这一点要比第一轮的教材更突出。

2. 内容精简更新，增强时代感

新教材在原来的基础上进一步精简更新，必修课增加了幂函数、算法初步和统计。增加幂函数进一步完善了基本初等函数的内容；增加算法初步和统计是与时俱进，具有时代气息。随着现代信息技术的飞速发展，算法在科学技术、社会发展中发挥着越来越大的作用，算法思想是现代人应具备的一种数学素养；现代社会又是信息化的社会，人们常常需要收集数据，提取有价值的信息，做出合理决策。统计的基础知识已经成为一个公民未来的必备常识，因此增加这些知识是十分必要的。新教材把简易逻辑、圆锥曲线放到选修内容中，降低了要求和难度。选修课增加了数学史选讲、空间向量与立体几何、初等数论、图论、风险与决策等内容，为爱好数学和对数学有兴趣的同学提供了大量的丰富的内容。此外，必修课还设置了数学探究、数学建模和数学文化内容。这些内容贯穿于整个高中数学课程的始终，渗透在各个模块和专题内容之中，不单独设置，而且要求在高中阶段至少各安排一次较为完整的数学探究、数学建模活动，从而引入新的学习方式，帮助学生了解概念和结论产生的过程，体验创造的激情，体验数学与日常生活和其他学科的联系。培养学生发现、提出和解决数学问题的能力，发展学生的创新意识和实践能力，体会数学的科学价值、应用价值、人文价值和美学价值。

3. 教材的编排循序渐进，生动活泼，灵活可读

教材以必修课为主，同时与选修课相结合。必修课打好基础，选修课发展兴趣、爱好和特长。内容编排承上启下，注重基础，与初中衔接紧密，很多例子是初中学过的知识，使学生觉得面熟。例如：函数的概念一节，首先说明初中已经学习过函数的概念，是用变量之间的依赖关系来给出的，具有一定的狭隘性，然后，通过三个具体的实例揭示出建立在现代数学集合论基础上的函数概念，再进一步解释初中学过的一次函数 $y = kx + b$，$(k \neq 0)$ 是定义域为 R、值域为 R 的函数；二次函数 $y = ax^2 + bx + c, (a \neq 0)$ 是定义域为 R、值域为 B 的函数。当 $a > 0$ 时，$B = \left\{ y \middle| y \geq \dfrac{4ac - b^2}{4a} \right\}$；当 $a < 0$ 时，$B = \left\{ y \middle| y \leq \dfrac{4ac - b^2}{4a} \right\}$，学生接受起来亲切、自然。教材还增加了很多"观察"、"思考"、"探究"等活动，如指数函数及其性质一节，画完函数 $y = 2^x$ 和 $y = \left(\dfrac{1}{2}\right)^x$ 的图像后思考：函数 $y = 2^x$ 的图像与函数 $y = \left(\dfrac{1}{2}\right)^x$ 的图像有什么关系？可否利用 $y = 2^x$ 的图像画出 $y = \left(\dfrac{1}{2}\right)^x$ 的图像？讲完例 8 后探究：①如果人口年均增长率提高一个百分点，利用计算器分别计算 20 年、33 年后我国的人口数。②如果年均增长率保持在 2%，利用计算器计算 2020—

2100年,每隔5年相应的人口数。③你看到我国人口数的增长呈现什么趋势？④你是如何看待我国的计划生育政策？引导学生自己发现问题,提出问题,通过亲身实践,主动思维,经历不断地从具体到抽象,从一般到特殊的思维活动,来理解掌握基础知识,打好基础。同时,还有很多"附注"和"说明",特别便于学生自学、阅读和探究,有很强的可读性。另外还开辟了"观察与猜想""阅读与思考""探究与发现""信息技术应用"等拓展性栏目,如"中外历史上的方程求解""魔术师的地毯""购房中的数学""用《几何画板》探究点的轨迹"等,为有兴趣的学生提供丰富的选学素材,使整个教材生动、活泼。复习参考题仍安排了A组、B组及带有"*"号的题目,内容由浅入深。所以,从整个教材的安排上注重面向全体学生,努力在学生面前呈现一个循序渐进、生动活泼、灵活可读的鲜活内容。

4. 更加突出了数学与生活的联系

新教材精选了在现代化社会生活、生产和技术中有着广泛应用的,为进一步学习所必需的,在理论上、思想上、方法上是最基本的,又是学生所能接受的应用知识,突出了应用性。许多应用题与时俱进,是人们所关心的热点问题,如近几十年来臭氧层空洞问题；"八五"计划以来我国城镇居民恩格尔系数变化情况；购房中的数学……,几乎每一章节都增加了相应的应用知识题目,旧教材"函数应用举例"一节也拓展为"函数的应用"一章,教材中配置了大量生动的图片、章头图形、章头引言、实习作业和数学模型,体现了数学广泛的应用性。习题也适当地增加了联系实际的题目,努力为学生创设问题的氛围和锻炼的机会,让数学更加贴近生活,与生活息息相关,激发学生的求知欲和好奇心。

5. 教材加强了知识间纵向与横向的联系

新教材精简更新了部分内容,加强了各部分知识间相互联系与知识的综合应用。用广泛联系的观点编写教材是一个显著的特点。①纵向联系。如"数学1"的编写,首先学习集合与函数的概念,然后学习函数的基本性质(单调性与奇偶性),再学习基本初等函数(三个具体的重要的函数:指数函数、对数函数、幂函数),最后学习函数的应用,如何选择函数模型解决相应的问题。内容的编排环环相扣,步步深入,浑然一体。②横向联系。即与相邻学科相配合,突出学科内综合。如数学1第29页例2波意耳定律,是一个应用函数单调性知识解决物理问题的综合题；又如数学1第72页例9:酸碱度的测量,是一个应用数学对数知识解决化学问题的综合题,这样的例子比比皆是。

6. 教材注重方法,突出思想

本套教材注重总结渗透在各个模块中的思想与方法,如利用函数的图像和性质求方程近似解的方法——二分法,第三章函数的应用中总结了建模的方法,数列中总结了"观察——归纳——猜想——证明"的方法,注意利用数学内容之间的内在联系,引导学生学习类比、推广、换元、特殊化、化归等数学方法,及时地总结利用函数与方程的思想、数形结合的思想、等价转化的思想来思考问题、解决问题,努力使学生学会数学的思考与推理,不断地提高数学的思维能力。此外,教材还注意保持原来教材的讲法和教学手段,广泛使用集合语言与逻辑联结词,使用国家标准计量符号,使用向量工具处理传统内容。在高中数学运算、统计内容中更广泛地使用计算器以及利用计算机加深对数学知识更深一层的理解。

新教材对学生的学习方式和教师的教学方式都提出了新的要求。教材的编写充分考虑到了学生的心理特征和认知水平；教材内容的选取有助于学生对数学的认识和理解、有助于激发学生的学习兴趣；教材的讲授注意创设情境，从具体实例出发，展现其发生、发展的过程，使学生能够从中发现问题、提出问题，经历数学的发现和创造过程，了解知识的来龙去脉；教材还设置了很多富有启发性和挑战性的问题。这些都是有助于倡导学生积极主动、勇于探索的学习方式。不要让学生只限于接受、记忆、模仿和练习，要鼓励学生自学、阅读、自主探索，并在独立思考的基础上进行合作交流，在思考、探索和交流的过程中获得对数学的体验和理解。这就要求数学教师要转变观念，充分相信学生，放手让学生去自学、探索，真正地成为学生学习的领路人、组织者和合作者，而不是单纯的知识传授者。教师要积极地探索和研究，提高自身的数学素养，更多地为学生解决学习时遇到的疑难问题，排除障碍，真正成为学生学习的"助手"。总之，本套教材更加突出学生的主体地位，充分调动学生的主观能动性，调动学生动手实践，自主探索，合作交流，也更加注重创新精神和实践能力的培养，是一套不可多得的中学数学教材。

(二) 人教社 B 版普通高中课程标准试验教科书分析①

伴随着课程改革的步伐，由人民教育出版社编写的普通高中课程标准实验教材《数学》(必修系列数学1、数学2、数学3、数学4，选修系列4-5)已经于 2003 年 7 月通过教育部全国中小学教材审定委员会审查。根据《普通高中数学课程标准(实验)》(以下简称《标准》)的要求，人教社高中数学 B 版教材(以下简称 B 版教材)无论在编写的指导思想上，还是在教材内容的编排次序、呈现方法、习题搭配以及编写的格式上，都与现行教材有很大变化。本文将 B 版教材(必修)与现行教材相比较，分析 B 版教材的特色，并提出数学教师为适应新教材的使用，当前应该做好哪些方面的准备。

1. 两套教材在内容选取、编排次序上的差异

(1) 集合与函数　B 版教材(必修1)分三章介绍了集合、函数和基本初等函数(Ⅰ)。与现行教材相比较，在第一章集合中删去了含绝对值不等式的解法、一元二次不等式解法、简易逻辑等内容，在集合的基础上，直接阐述第二章函数，这样做既不违背学生的认知规律，又强化了学生的知识结构。在第二、三章中分别增加了一次函数和二次函数、函数与方程、幂函数和函数的应用(Ⅰ)、(Ⅱ)。一方面使得研究函数性质的载体更加丰富；另一方面为教师提供了更多的培养学生数学应用意识的好素材。

(2) 立体几何与解析几何　B 版教材必修 2 中的立体几何初步先介绍简单的多面体与旋转体，然后将三视图、直观图与之相联系，讲述空间图形在平面上如何展示，这样设计加强了立体几何的直观性。同时，柱、锥、台、球是学生日常生活中随处可见的基本几何体，利用这些几何体来研究空间点、线、面之间的位置关系，这种编写次序符合学生由

---

① 张玉萍.《普通高中数学课程标准(实验)》下的新教材特点(二)——人教社 B 版普通高中课程标准实验教科书分析[J]. 黑龙江教育：中学版，2005(Z2)：78-80.

表及里、由具体到抽象的认知规律,既使学生学习更容易入手,又降低了立体几何的难度。在阐述立体几何中的线线、线面、面面关系时,B版教材(必修2)都利用了长方体这一模型,特别是一些平行、垂直关系,在长方体中可以很直观地表现出来,所以在具体的教学中,教师可以让学生自己动手制作长方体等模型,以便在学习中使用。对于平面解析几何,B版教材(必修2)和现行教材相比主要有三点变化:第一,先介绍平面直角坐标系中的基本公式,为几何问题代数化奠定了基础,然后讲述直线和圆的方程;第二,过去我们重视用代数、方程的方法来研究几何问题而往往忽略解析几何中的"可视逻辑推理",B版教材(必修2)的内容在一定程度上改变了这种倾向;第三,B版教材(必修2)在删去圆锥曲线方程的同时,增加了直线和圆、圆和圆的位置关系,加大了教材使用的空间,教师既应该和学生研究解决直线和圆、圆和圆的位置关系的特殊方法,还应该使学生明确解决曲线和直线位置关系的一般方法。

(3)算法初步、统计与概率　算法初步在B版教材(必修3)中,它既反映了我国古代数学的优良传统,又体现了时代的要求,教师应该充分利用算法教学培养学生的逻辑思维能力和实践能力,发展学生解决问题的能力,为学生后续性学习,特别是信息技术方面的学习提供有力的支持。统计与概率在两个教材中主要有两点差异首先,统计由选修内容变成必修内容,而且在概率之前。我们可以从学科发展的历史角度来理解,事实上先有统计,为研究统计结果的可靠性,概率得到了发展;其次,必修部分增加了随机数的产生、用随机模拟方法估计概率,这样可以利用信息技术帮助学生理解随机实验的规律性,体会用样本估计总体的误差。

(4)三角函数与平面向量　B版教材(必修4)将三角函数与平面向量交叉编写,先介绍三角函数,然后阐述平面向量,在此基础上,运用向量的方法推导了三角恒等变换公式。这样做一方面可以帮助学生更好地理解、记忆三角公式;另一方面也可以使学生更深刻地感悟到平面向量不仅有丰富的实际背景,同时它也是近代数学中最重要的基本概念之一,是沟通代数、几何与三角函数的一种工具,强化学生利用向量解决问题的意识。

2. B版教材的突出特点

(1)关注学生的认知基础和认知能力,处处体现了"温故知新"的学习理念　由于义务教育阶段的数学教学与高中阶段的数学课程目标有显著的不同,教学方法也发生了较大的变化,B版教材注重了初中内容向高中内容过渡的衔接。如集合一章,主要是学习集合语言,教材从日常生活和初中数学中的实例出发引入集合概念,并让学生学习用集合的语言描述在义务教育阶段学过的一些集合,如数集和图形集合。在函数一章,B版教材设专节,在复习初中学过的一次、二次函数的基础上对这部分内容进行拓宽、提高,用一次、二次函数实现初中数学向高中数学的过渡。

(2)注重说理,注重过程,设法让学生理解数学　概念和结论的本质。B版教材努力克服"重结论"和"重形式化推理"的偏向,注重概念、结论产生的背景,通过设计实际问题情境或从数学的逻辑体系出发,提供探究问题的空间,帮助学生在数学概念形成过程中,理解概念的本质及在数学结论的发现、分析、概括、论证的过程中,理解结论的本质。如教材中代数、几何、概率统计的主要概念,都是让学生先通过观察、分析、归纳来研究生活中的实例,探寻一般规律,提出设想或猜想,再用理性思维认识这些规律的合理性与正确性。又如在数学4中的三角函数一章,B版教材是在旋转变换思想指导下进行编写的,用旋转对称、中心对称和轴对称引入诱导公式,通过单位圆中三角函数的变化研究三角函数的性质,把和角公式理解为研究旋转变换的基本公式,通过用数量积的坐标计算公式,证明和角公式,使学生体会向量的数量积与和角公式的内在联系。

(3)保证基础,立足学生的发展　首先,B版教材注重不同层次给予不同的教学要求,使教师在教学时容易选择与把握。如在必修教材中,每一章一般都有"探索与研究"专栏其内容包括三个方面:第一方面是正文的延伸是必学内容,要求在教师的引导下学生自主探索完成;第二方面是正文内容的加深,提高学生的数学素质;第三方面是提高内容,在大学数学与中学数学之间建立一些联系。其次,根据数学内容的需要,在某些小节的后面,还配有"思考与讨论",给学有余力的学生提供了自主探究的学习空间。最后,在习题的配备方面,分A、B两组,可供教师在实施不同教学要求时选用。

(4)注重现代信息技术与数学课程的整合　B版教材在多数学生学习较困难的部分(分段函数、取整函数、函数的性质等)编制了教学课件,便于教师引导学生掌握和理解这些内容。又如数学2的立体几何这一章,B版教材编制了较多课件,有利于帮助学生发展空间想象力,形成空间概念,通过图形的变化让学生了解图形之间的内在联系。同时B版教材还增设了一些课程,例如:用计算机做函数的图像(选学)。

(5)关注对学生数学文化的熏陶　B版教材数学语言简洁、明晰、严谨。如整套教材都加强了集合语言的运用,尤其在概率初步这一章,用集合语言描述基本事件构成的集合、事件及事件之间的关系,既可以避免用自然语言描述概率的有关概念所产生的各种困难和歧义,又可以使学生感悟到数学的科学价值,体验到数学的美。同时,教材的每一章都设有数学文化专栏,学生可以通过阅读和欣赏,寻求数学进步的历史轨迹,学习数学家的科研与献身精神。

3.《标准》的实施、新教材的使用是对教师的一种挑战

(1)不断加深对《标准》的认识,加强教育理论的学习,更新观念　由于受传统教育观念的影响,我们对《标准》从认识、理解到自觉落实,还需要一个较长的过程,要想真正实现教师角色的转变,就必须在先进教育理论的引领下,反复思考《标准》理念、框架和内容,并不断和自身的教育实践相对照,明确自我发展方向,使经验式的、无意识的、朦胧的教育观念逐步演进成为有意识的、清晰的、系统的教育观念。

(2)主动更新知识结构　新教材中增加了一些反映社会经济、文化科技进展的新内容,增加了跨学科的综合知识,这对教师的现有知识结构提出了严峻的挑战。为了迎接挑战,首先,我们应该通过各种渠道更新知识,使自己成为终身学习者;其次,要研究各学科之间的联系,建立较完整的、综合的知识结构提高自身的科学素养;最后,还要掌握一些现代信息技术知识,以适应社会进步对教师知识结构的要求。

(3)大胆探索,在实践的基础上认真反思　从先进的教育理念到课堂的实践需要一个很长的过程,这是一个不断研究、不断尝试、不断反思和不断实践的过程。我们可以从一节课入手创设实际问题情境,尝试怎样将教学流程设计成为数学建模的形式,以达到培养学生数学应用意识的目的;我们也可以从一个结论出发,尝试怎样设计出能给学生提供思维空间的有价值的问题,只有这样一点一滴不断地实践、总结、积累才能逐步地将新教材的理念落实到教学当中去。

（4）加强合作与交流　新课程实施和新教材的使用使教师的教学方式、学生的学习方式以及评价方式等诸多方面都发生了变革。因此，专业引领、教师个体的反思和教师群体的相互借鉴与合作，这三个维度的有机结合是新课程改革成功的必要保证。首先，教师要与学生合作，在共享知识的同时，学生受益，教师也会得到启发；其次，教师之间要加强合作，新教材更关注学生，关注个体发展，所以在实施的过程中会遇到很多的问题，这就需要我们共同去面对，去解决，在相互交流的过程中达成共识，逐步形成教育规律；最后，教师还要加强与家长、社会的合作，因为教育离不开生活，新教材的使用既需要家长和社会的理解，更需要他们的有力支持。总之，现在我们就应该认真学习新教材，用《标准》审视常规教学，随时对自己的工作及专业能力的发展进行评估，树立终身学习的意识，保持开放的心态，把学校视为自己学习的场所。在实践中学习，不断对自己的教育教学进行研究、反思，对自己的知识与经验进行重组，全面地提高自己的教学素质和教育素养，成为新课程改革的生力军。

二、高中数学教材内容分析

限于篇幅，我们不能对每一章节内容进行分析，这里采用抓主线的方法来对教材做一下简单的内容分析。

（一）函数主线

20世纪初，在英国数学家贝利和德国数学家克莱因等人的大力倡导推动下，函数进入高中数学。高中数学课程设计中，函数是始终贯穿整个数学课程的主线，并且这条主线一直延续到大学数学中。

1. 对函数的认识

（1）函数是刻画变量与变量之间依赖关系的模型　把函数看作是刻画变量与变量之间依赖关系的模型，通过探索，理解可以用刻画变量与变量之间依赖关系反映自然规律，这也是我们认识世界的重要视角，它也是数学联系实际的重要基础。

（2）函数是联系两类对象的桥梁　把函数看成是联结两类对象的桥梁，及通常所说的映射关系。在高中阶段，函数的定义为：给定两个实数集合 A,B，对应于集合 A 中的任意元素 a，按照某种对应关系 f 在集合 B 中都有唯一的一个元素 b 与之对应，即 $f(a)=b$。我们称这种对应关系 f 为集合 A 到集合 B 的一个函数关系，简称函数，记作：$f:A\rightarrow B$。这种看法反映了数学的一种基本思想。

（3）函数是"图形"　函数关系是平面上的点的集合，又可以看作平面上的一个"图形"。在很多情况下，函数是满足一定条件的曲线。因此函数是研究曲线性质，研究曲线的变化。

运用这种观点，函数可以看作数形结合的载体之一。实际上，高中数学课程的数形结合主要有三个载体：解析几何、向量几何、函数。

在讨论函数问题时，帮助学生养成画函数图形，并且用函数图形思考问题的习惯。

树立"图形意识"是掌握函数性质、学好函数的关键。

2. 高中数学研究函数什么性质

数学中研究函数主要研究函数的变化特征。因为,函数的变化特征反映了它所刻画自然规律的特征。高中阶段主要研究函数的单调性、周期性。也讨论一些函数的奇偶性。了解函数的单调性,基本上就可以决定函数图形的走势;掌握了函数图形的走势,也就基本上了解了函数的单调性,这是掌握函数的最基本的东西;单调性与不等式关系密切,单调性的形式化定义是由不等式给出的。周期性是中学阶段学习函数的另一个基本性质。周期性反映了函数变化周而复始的规律。奇偶性也是我们在中学阶段学习函数时要研究的性质,但它不是最基本的性质。奇偶性反映了函数图形的对称性质,奇函数关于原点对称,偶函数关于 y 轴对称。

3. 具体的函数模型

幂函数、指数函数、对数函数、三角函数是基本的初等函数,这些函数是最基本的,也是最重要的。还有简单的分段函数,一些有实际背景的函数等等,这些都是最基本的、重要的函数模型。高中数学的最重要的任务之一就是要把这些基本初等函数模型留着学生的脑子里,这些模型是思考其他函数问题的基础。我们希望学生在脑子里留下三个方面的东西:

(1)背景,从函数模型的实际背景的角度把握函数。

(2)图像,从几何直观的角度把握函数。

(3)基本变化,从代数的角度把握函数变化情况。

4. 函数与其他内容的联系

函数作为高中数学的一条主线,始终贯穿整个高中数学课程的主线。特别是在方程、不等式、线性规划、算法、随机变量等内容中都突出地体现函数思想。

(1)函数与方程 用函数的观点看待方程,可以把方程的根看成函数与 x 轴交点的横坐标,即零点的横坐标,因此,解方程 $f(x)=0$ 就是求 $y=f(x)$ 的零点的横坐标,从而方程可以看作合适的局部性质,求方程的根就变成了思考函数图形与 x 轴的交点问题。高中数学教材中还提出了近似计算来求方程的根——这一最一般、最常用的求根方法。

(2)函数与数列 数列是特殊的函数。它的定义域一般是正整数集,有事也可以使自然数集。自然数是离散的,因此,数学通常称为离散函数,离散函数是相对于定义域为实数或者实数的区间上的函数而言的。数列作为离散函数,在数学中有着自己重要的地位。

在高中阶段,主要讨论一些特殊的数列——等差、等比数列的性质。等差数列、等比数列都是基本的数学模型,在我们日常生活中许多经济问题都可以归结为等差数列、等比数列模型。

(3)函数与不等式 函数 $y=f(x)$ 的图像把坐标系的横坐标轴分成若干个部分区域,一部分区域使函数值等于 0,即 $\{y|y=f(x)=0\}$;一部分区域使函数值大于 0,即 $\{y|y=f(x)>0\}$;一部分区域使函数值小于 0,即 $\{y|y=f(x)<0\}$。用函数的观点看,就是确定使函数 $y=f(x)$ 的图像在 x 轴上方或下方的区域。这样,我们首先确定函数

图形与 x 轴的交点[方程 $f(x)=0$ 的根],再根据函数的图像解不等式。

(4)函数与线性规划　线性规划是最优化问题的一部分,从函数的观点看,首先,要确定目标函数,用目标函数来刻画"好""坏"或"大""小"等,在这里目标函数实际上是二元函数,在具体问题中,学生不难接受这个概念;接着,需要确定目标函数的可行域(由约束条件确定们目标函数的定义域),用平面图形可以非常清晰地表达可行域(目标函数的定义域)的特征,可行域的边界是由"直线围成的区域",其边界上的定点的个数是有限的;最后,讨论目标函数在可行域(由约束条件确定们目标函数的定义域)内的最值问题,为此,认识目标函数的变化趋势,使用等高线(其上函数值相等的平面上的直线)可以直观地给出目标函数的变化趋势。

(5)函数与算法　在算法中,最基本和重要的机构之一是循环结构。循环结构是理解算法的一个难点,难在对循环变量的理解。循环结构是通过给循环变量赋值来实现循环的,给循环变量每赋值一次,就执行一次循环。循环变量使循环体得以"循环",循环变量控制了循环的"开始"和"结束",是刻画循环结构的关键。用函数来刻画循环变量,把循环变量看作"运算次数"的函数。循环结构中的循环变量分为两种形式,一种循环变量的值可以取"运算次数"的函数;另一种循环变量的值可以取"运算结果",是控制结果精度的变量。

(二)几何主线

1. 几何的教育功能

高中数学课程中几何的主要作用在于培养学生的几何直观和推理论证能力。这两种能力对于学生思维发展和对数学的理解都是非常重要的。事实上,几何学那个给我们提供一种直观的形象,通过对图形的把握,可以发展空间想象和能力这种能力是非常重要的,无论数学本身,数学学习本身,还是其他方面,都是一种基本能力;我们知道,逻辑推理是数学的基本思维形式,在中学阶段几何是培养学生推理论证能力的重要载体。

2. 中学几何的研究对象

中学几何重要研究图形的位置关系和度量关系。最基本的几何图形是点、线、面、体。图形的度量主要有夹角、长度、面积、体积等。

3. 几何图形的研究方法

研究几何图形的方法主要有综合几何的方法,解析法,向量几何的方法等。综合几何的方法是利用几何的方法研究图形的性质,即利用已知的基本图形的性质去研究组合图形的性质。这种方法就是把复杂的图形转化为简单的图形,把空间图形转化为平面图形;解析几何的方法是利用代数的方法研究几何图形的性质。用解析几何方法研究图形,首先要建立坐标系,建立起"点"与"数对"之间的一一对应关系,然后是建立几何图形与方程之间的联系,在通过代数的方法研究方程来实现研究几何图形性质的目的;向量几何的方法就是用向量及其运算来研究几何图形的位置关系和度量问题。

（三）运算主线

1. 对运算的认识

对数学的朴实的理解：数学就是"算"即"运算"。"运算"包括两个方面，一个是"运算的对象"，一个是"运算的规律"。运算的对象不断地扩展，从整数一直扩展到实数、复数，从数到字母、到多项式、到向量的运算，再到函数、映射、变换、矩阵的运算等，都是数学的基本运算。

2. 运算的作用

（1）运算与推理　　运算本身是代数学的重要内容，向武义教授认为代数问题就是运算和运算法则解决问题。在运算过程中，每一步运算都要依据运算规律，运算规律的作用类似于几何证明中的公理，它是代数推理的前提和基本依据。运算本身就是代数推理的过程。

（2）运算与算法　　在一定意义下，算法是通过计算机解决问题的，算法由计算机实现，构成算法的基本要素是运算。

（3）运算与恒等变形　　在解决数学问题过程中，需要进行各种各样的恒等变形，把复杂问题变成简单问题。因此，运算及运算法则的学习，对于理解恒等变形的原理，提高恒等变形的能力是非常重要的。

（四）算法主线

"计算机是数学的创造物，又是数学的创造者"，而算法是计算机理论和实践的核心，也是数学的最基本内容之一。

高中数学课程中的算法由以下几个方面的作用：算法能够帮助学生清晰地思考问题、提高逻辑思维能力；算法学习有助于学生全面的理解运算；算法有助于提高学生的信息素养。算法的基本思想是指按照确定的步骤，一步一步去解决某个问题的程序化思想。

算法通常包括三种基本的结构，即顺序结构、分叉（选择）结构、循环结构。

描述算法的语言是很多的，例如，basic 语言、q-basic 语言、C 语言，等等，高中生不要求学习具体的算法语言。高中数学课程中是通过以下几个步骤介绍算法的基本思想和基本知识的：用自然语言描述算法；用框图描述算法；用基本语句描述算法。

在高中数学课程中，算法内容设计分为两部分：一部分主要介绍算法的基本知识，包括算法的基本思想，算法的基本结构，算法的基本语句；另一部分把算法的思想融入的相关的教学内容中，例如，二分法求方程的解、求点到直线的距离、线性规划等内容中，都用到算法思想。

（五）概率统计主线

目前我们的生活已经进入信息时代，信息的主要载体是数据。收集数据、整理数据、分析数据、从数据中提取有用信息、利用数据中的信息说明问题等，这些已经成为人们的基本素质和能力。

1. 数据处理能力

统计思想主要体现在把握数据的能力,养成会用数据"说事",收集数据、整理数据、分析数据、从数据中提取有用信息、利用数据中的信息说明问题,在这个过程中,形成数据意识,养成用数据"说事"的习惯。这已经成为高中课程要培养学生形成的一个基本能力。

2. 统计注重过程

必修的统计课程的定位是对是对统计有一个初步的认识。通过案例体会统计的全过程:收集数据、利用图表整理和分析数据、求出数字特征、进行数据推断。在这个过程中,进一步体会随机思想和统计的重要性。

3. 统计采取案例的教学方式

采用案例教学的教学方式是统计教学的基本方式。统计方法看起来不难,但是理解起来还是有困难的,大量的具体案例可以帮助理解。在统计课程中,通过对案例的学习,体会数据处理的过程和思想。

4. 统计是一种归纳思维

处理统计问题的思维方式和传统的数学思维方式有所不同,它是一种归纳的思维方式,传统的数学思维更强调演绎。在统计教学中,通过收集数据、分析数据、求出数字特征进行数据推断这个过程是通过对数据的处理,归纳出数据特征的过程。在统计教学中,教师应帮助学生学会归纳的思考问题,这也是统计教学的目标之一。

5. 随机的思想

随机思想是概率的重要概念,是认识随机现象和统计规律的重要思想,随机思想渗透在统计的过程中,这两部分内容联系非常紧密,在中小学阶段,统计的分量要更大一些。

(六)数学应用主线

1. 对应用的认识

发展学生的应用意识是数学科学发展的要求,并且有助于培养学生的创新能力,有助于培养学生的学习兴趣,增强学生学习数学的自信心。

2. 应用的层次

(1)知识的背景和对实际问题的数学描述　在高中数学课程中,学习了一些重要的数学概念,例如,函数、数列、算法、统计、概率、向量、线性规划、圆锥曲线、导数等这些概念都有丰富的实际背景,了解这些实际背景对于理解和应用这些数学概念是非常重要的,可以使这些抽象的数学概念变得具体、生动。

(2)对数学模型的认识和在实际问题中的直接应用　近年来,数学界特别强调模型思想,对数学模型的认识在数学学习中是非常重要的,例如,在高中阶段,函数是刻画日常生活规律的一个重要模型,指数函数、对数函数、分段函数等等在实际中的广泛应用具体地体现了函数模型的重要。

(3)经历数学建模的过程 10 年来的中学数学建模活动的实践充分证明了让学生经历数学建模活动有利于发挥数学建模的教育功能,培养学生的数学观念、科学态度、合作精神;激发学生学习兴趣,培养学生认真求实、崇尚真理、追求完美、讲求效率、联系实际的学习态度和学习习惯;其次数学建模可以为学生创设一个学数学、用数学的环境,为学生自主学习、自主探索、自主提问的机会,为不同水平的学生提供展现他们创造力的舞台,提供他们应用所学数学知识解决实际问题的能力。

前面我们讨论了高中数学课程中的几条主线,函数、几何、运算、算法、统计概率、应用等,这些都是贯穿高中数学课程始终的东西,构成高中数学的基本脉络,这些主线之间不是两两不交的,它们之间联系密切,像一张无形的网把高中数学课程的所有内容有机的联系。

第二节　高中数学教学研究

一、数列

数列作为一种特殊的函数,是反映自然规律的基本数学模型。在数列内容的教学中,学生将通过对日常生活中大量实际问题的分析,建立等差数列和等比数列这两种数列模型,探索并掌握它们的一些基本数量关系,感受这两种数列模型的广泛应用,并利用它们解决一些实际问题。本章的内容与要求如下:

1. 数列的概念和简单表示法

通过日常生活中的实例,了解数列的概念和几种简单的表示方法(列表、图像、通项公式),了解数列是一种特殊函数。

2. 等差数列、等比数列

(1)通过实例,理解等差数列、等比数列的概念。

(2)探索并掌握等差数列、等比数列的通项公式与前 n 项和的公式。

(3)能在具体的问题情境中,发现数列的等差关系或等比关系,并能用有关知识解决相应的问题。

(4)体会等差数列、等比数列与一次函数、指数函数的关系。

在数列的教学中,应保证基本技能的训练,引导学生通过必要的练习,掌握数列中各量之间的基本关系。但训练要控制难度和复杂程度。可是在高考数学中,尤其是前些年理科生的数学试卷,数列试题的大题难度较大,需要对等差数列、等比数列所体现的数学思想方法加以引申、深化,从高考数学数列试题的难易程度我们可以提高数列习题训练水平。

高中数列问题的学习应当注重思想方法,例如作差累加相消法、作商累乘相消法以及不动点思想等思想方法的应用。

（一）数列的通项公式及递推公式

（1）数列的通项公式：$a_n = f(n)$，$n \in \mathbf{N}^*$。

（2）数列的递推公式：$a_{n+1} = f(a_n)$，a_1 已知。

课本的习题以基本知识的掌握为主，难度较小。但是高考题中经常出一些由数列的递推公式求通项公式的习题以及一些数列综合性习题，有较高的的难度。本节内容会有一部分内容来研究这一问题。

（二）等差数列

1. 定义式

$$a_{n+1} - a_n = d(\text{常数})，n \in \mathbf{N}^*。$$

2. 等差数列的通项公式

$$a_n - a_1 = (n-1)d$$

等差数列的通项公式的推导所体现的作差累加相消法的思想。

$$\begin{cases} a_2 - a_1 = d \\ a_3 - a_2 = d \\ \cdots \\ a_n - a_{n-1} = d \end{cases}$$

累加可得，$a_n - a_1 = (n-1)d$。等差数列的形式特征是关于 n 的一次式，这是个充要条件。

作差累加相消法是一种常用的方法，其特征是形如 $a_n - a_{n-1} = f(n)$ 的式子都可以用此法。

例 5-1 已知数列的递推公式为 $a_{n+1} = a_n + 2^n$，$a_1 = 1$。求 $\{a_n\}$ 的通项公式。

解：$\begin{cases} a_2 - a_1 = 2 \\ a_3 - a_2 = 2^2 \\ \cdots \\ a_n - a_{n-1} = 2^{n-1} \end{cases}$ 累加可得，

$a_n = 1 + 2 + 2^2 + \cdots + 2^{n-1} = 2^n - 1$。

作差累加相消法在数列的有关习题之中经常遇到，是一种常用的思想方法，强调学生应该引起足够的重视。

3. 等差数列的求和公式

$$S_n = \frac{n(a_1 + a_n)}{2} = na_1 + \frac{n(n-1)}{2}d$$

等差数列的求和公式是关于 n 的二次式，但是求和公式是关于 n 的二次式的数列却未必是等差数列。该结论在后面可以看到。

第五章 高中数学教材与教学研究

4. a_n 与 S_n 的关系

$$a_n = \begin{cases} S_1 & n = 1 \\ S_n - S_{n-1} & n \geq 2 \end{cases}$$

这不仅是等差数列的 a_n 与 S_n 的关系式，还是任意数列的通项与求和的关系式，当然也包括等比数列。

例 5-2 已知数列 $\{a_n\}$ 的前 n 项和公式为 $S_n = 3n^2 + 2n + 5$，求 $\{a_n\}$ 的通项公式。

解：当 $n = 1$ 时，$a_1 = S_1 = 10$。

当 $n \geq 2$ 时，$a_n = S_n - S_{n-1} = 6n - 1$。

所以，$a_n = \begin{cases} 10 & n = 1 \\ 6n - 1 & n \geq 2 \end{cases}$ 它不是等差数列。

例 5-3 已知数列 $\{a_n\}$ 的前 n 项和公式为 $S_n = an^2 + bn + c$，$(a, b, c$ 为常数，$a \neq 0)$。求数列 $\{a_n\}$ 为等差数列时应满足的条件。

解：当 $n = 1$ 时，$a_1 = S_1 = a + b + c$。

当 $n \geq 2$ 时，$a_n = S_n - S_{n-1} = a(2n - 1) + b$。

所以，若 $a_n = \begin{cases} a + b + c & n = 1 \\ (2n - 1)a + b & n \geq 2 \end{cases}$ 是等差数列的通项公式，则应有 $a + b + c = a + b$，即 $c = 0$。

结论：数列 $\{a_n\}$ 是等差数列等价于前 n 项和公式为 $S_n = an^2 + bn$，$(a, b$ 为常数，$a \neq 0)$。

（三）等比数列

1. 定义式

$$\frac{a_{n+1}}{a_n} = q$$

2. 通项公式

$$a_n = a_1 q^{n-1}$$

等比数列的通项公式的推导过程体现出作商累乘相消法的思想。这也是一个普遍使用的数学思想方法。

$\begin{cases} \dfrac{a_2}{a_1} = q \\ \dfrac{a_3}{a_2} = q \\ \cdots \\ \dfrac{a_n}{a_{n-1}} = q \end{cases}$ 作累乘可得，$a_n = a_1 q^{n-1}$

请看下面的一个例子。

例 5-4 已知数列 $\{a_n\}$ 满足 $a_1 = \dfrac{1}{2}, a_1 + a_2 + \cdots + a_n = n^2 a_n$，求其通项 a_n 及前 n 项和 S_n。

解：由题设条件可知，$S_n = n^2 a_n$，当 $n \geq 2$ 时，$a_n = S_n - S_{n-1} = n^2 a_n - (n-1)^2 a_{n-1}$，化简可得 $\dfrac{a_n}{a_{n-1}} = \dfrac{n-1}{n+1}$。运用作商累乘相消，有

$$\frac{a_2}{a_1} \frac{a_3}{a_2} \cdots \frac{a_n}{a_{n-1}} = \frac{a_n}{a_1} = \frac{1}{3} \frac{2}{4} \frac{3}{5} \cdots \frac{n-1}{n+1} = \frac{2}{n(n+1)}$$

所以 $a_n = a_1 \dfrac{2}{n(n+1)} = \dfrac{1}{n(n+1)} = \dfrac{1}{n} - \dfrac{1}{n+1}$。

从而 $S_n = \sum\limits_{i=1}^{n}\left(\dfrac{1}{i} - \dfrac{1}{i+1}\right) = \dfrac{n}{n+1}$。

本习题使用了作差累加相消法、作商累乘相消法这两种思想方法。

3. 等比数列的求和公式

$S_n = \dfrac{a_1(1 - q^n)}{1 - q}(q \neq 1)$。

推导过程如下：$S_n = a_1 + a_2 + \cdots + a_n = a_1 + a_1 q + \cdots + a_1 q^{n-1}$。

那么 $qS_n = a_1 q + a_1 q^2 + \cdots + a_1 q^n$ 两式作差整理可得 $S_n = \dfrac{a_1(1 - q^n)}{1 - q}(q \neq 1)$。

等比数列的求和公式的推导隐含着一个一般性方法，请看下面例子：

例 5-5 数列 $\{a_n\}$ 是等差数列，数列 $\{b_n\}$ 是等比数列，$c_n = a_n b_n$。求数列 $\{c_n\}$ 的前 n 项和 S_n。

解：$S_n = a_1 b_1 + a_2 b_2 + \cdots + a_n b_n$，$qS_n = a_1 b_1 q + a_2 b_2 q + \cdots + a_n b_n q = a_1 b_2 + a_2 b_3 + \cdots + a_n b_{n+1}$，两式作差得 $(1 - q)S_n = a_1 b_1 + d(b_2 + b_3 + \cdots + b_n) - a_n b_{n+1}$，所以，

$$S_n = \frac{a_1 b_1 - a_n b_{n+1} + b_2 d \dfrac{(1 - q^{n-1})}{1 - q}}{1 - q}(q \neq 1)。$$

4. a_n 与 S_n 的关系

$$a_n = \begin{cases} S_1 & n = 1 \\ S_n - S_{n-1} & n \geq 2 \end{cases}$$

例 5-6 设数列 $\{a_n\}$ 前 n 项和 S_n，若 $S_1 = 1, S_2 = 2$，且 $S_{n+1} - 3S_n + 2S_{n-1} = 0(n \geq 2, n \in \mathbf{N}^*)$，试判断 $\{a_n\}$ 是否为等比数列。

解：当 $n = 1$ 时，$a_1 = S_1 = 1, a_2 = S_2 - S_1 = 1$。

当 $n \geq 2$ 时，$S_{n+1} - 3S_n - 2S_{n-1} = (S_{n+1} - S_n) - 2(S_n - S_{n-1}) = a_{n+1} - 2a_n = 0$。

所以，$a_{n+1} = 2a_n, n \geq 2$，那么，$a_1 = 1, a_2 = 1, a_3 = 2, a_4 = 4, \cdots$，故数列 $\{a_n\}$ 不是等比数列。

（四）数列问题的综合题

高考的数列问题有一道 12 分的大题，专门考查数列知识的综合应用。我们看下面

两个例题就可以知道,作差累加相消法、作商累乘相消法在高考中频频出现。

例 5-7 (2011 高考)设数列 $\{a_n\}$ 满足 $a_1 = 0, \dfrac{1}{1-a_{n+1}} - \dfrac{1}{1-a_n} = 1$。

(1) 求 $\{a_n\}$ 的通项公式。

(2) 设 $c_n = \dfrac{1-\sqrt{a_{n+1}}}{\sqrt{n}}$,记 $S_n = \sum_{i=1}^{n} c_i$。证明:$S_n < 1$。

解:(1) 令 $b_n = \dfrac{1}{1-a_n}$,则 $b_{n+1} - b_n = 1$,作差累加相消得 $b_n = n$,那么 $n = \dfrac{1}{1-a_n}$,解得,$a_n = \dfrac{n-1}{n}$。

(2) $c_n = \dfrac{1-\sqrt{a_{n+1}}}{\sqrt{n}} = \dfrac{1-\sqrt{\dfrac{n}{n+1}}}{\sqrt{n}} = \dfrac{1}{\sqrt{n}} - \dfrac{1}{\sqrt{n+1}}$,作差累加相消得

$S_n = \sum_{i=1}^{n} c_i = 1 - \dfrac{1}{\sqrt{n+1}} < 1$。

例 5-8 (2012 高考)已知数列 $\{a_n\}$ 中,$a_1 = 1$,前 n 项和 $S_n = \dfrac{n+2}{3} a_n$。

(1) 求 a_2, a_3;

(2) 求数列 $\{a_n\}$ 的通项公式。

解:(1) $S_2 = a_1 + a_2 = \dfrac{4}{3} a_2$,得 $a_2 = 3$。$S_3 = a_1 + a_2 + a_3 = \dfrac{5}{3} a_3$,得 $a_3 = 6$。

(2) 当 $n = 1$ 时,$a_1 = S_1 = 1$。

当 $n \geq 2$ 时,$a_n = S_n - S_{n-1} = \dfrac{(n+2)a_n}{3} - \dfrac{(n+1)a_{n-1}}{3}$。化简后有

$\dfrac{a_n}{a_{n-1}} = \dfrac{n+1}{n-1}$,用作商累乘相消法

$\dfrac{a_2}{a_1} \dfrac{a_3}{a_2} \cdots \dfrac{a_n}{a_{n-1}} = \dfrac{a_n}{a_1} = \dfrac{3}{1} \cdot \dfrac{4}{2} \cdot \dfrac{5}{3} \cdots \dfrac{n+1}{n-1} = \dfrac{n(n+1)}{2}$

所以 $a_n = \dfrac{n(n+1)}{2}$,又当 $n = 1$ 时,$a_1 = 1$。故 $\{a_n\}$ 的通项公式为 $a_n = \dfrac{n(n+1)}{2}$,$(n \in \mathbf{N}^*)$。

在本例题中,连续两次使用差累加相消法和一次作商累乘相消法,可见这两种方法之常见与重要。

(五) 一阶线性递推数列不动点理论在数列中的应用

在大学数学和研究生所学的数学中,不动点理论是很重要的一部分内容。不动点问题曾经是数学研究的一个热门问题。布劳威尔不动点定理是拓扑学里一个非常重要的不动点定理,它可应用到有限维空间并构成了一般不动点定理的基石。布劳威尔不动点

定理是代数拓扑的早期成就,还是更多更一般的不动点定理的基础。不动点定理在泛函分析中尤其重要。不动点理论已经成为非线性分析的重要组成部分,该问题的研究已经在偏微分方程方程、控制论、拓扑学、泛函分析、经济平衡理论及对策理论等领域获得了极为成功的应用。

尽管不动点理论不是高中数学教学内容,但是近几年来,高考数学高考试卷中屡屡出现有关递归数列的一次分式不动点问题,

即形如 $f(x) = \dfrac{px+q}{rx+t}$,(其中 p,q,r,t 为常数,$r \neq 0, pt \neq rq$), (1)

若 $f(x^*) = x^*$,则称 x^* 为一次分式函数(1)的不动点。

下面我们先从最简单的一阶线性递推数列的不动点问题入手来研究,再到递归数列的一次分式不动点问题,由浅入深,由简单到复杂来展开。

一阶线性递推数列 $a_{n+1} = \alpha a_n + \beta$,($a_1$ 已知,$\alpha \neq 1$,α 和 β 为常数)的不动点是指:$l = \alpha l + \beta$ 解得 $l = \dfrac{\beta}{1-\alpha}$ 为其该数列的不动点。用 $a_n - l$ 就可以得到等比数列,从而求得 $\{a_n\}$ 的通项公式。

原理如下:若 $a_{n+1} = \alpha a_n + \beta$,($a_1$ 已知,$\alpha \neq 1$,α 和 β 为常数),那么

$$a_n - l = a_n - \dfrac{\beta}{1-\alpha} = \alpha\left(a_{n-1} - \dfrac{\beta}{1-\alpha}\right),$$

取 $b_n = a_n - \dfrac{\beta}{1-\alpha}$,则 $\{b_n\}$ 为以 $b_1 = a_1 - \dfrac{\beta}{1-\alpha}$ 为首项,以 α 为公比的等比数列,$b_n = a_n - \dfrac{\beta}{1-\alpha} = \left(a_1 - \dfrac{\beta}{1-\alpha}\right)\alpha^{n-1}$,所以,$a_n = \dfrac{\beta}{1-\alpha} + \left(a_1 - \dfrac{\beta}{1-\alpha}\right)\alpha^{n-1}$。

下面请看一个具体的例子:

例 5-9 已知数列 $\{a_n\}$ 中,$a_1 = 2$,$a_{n+1} = (\sqrt{2} - 1)(a_n + 2)$,求数列 $\{a_n\}$ 的通项公式。

解:由题设,$a_{n+1} = (\sqrt{2} - 1)a_n + 2\sqrt{2} - 2$,由上面可知:$\alpha = \sqrt{2} - 1$,$\beta = 2\sqrt{2} - 2$,不动点为 $l = \sqrt{2}$。则

$$a_{n+1} - \sqrt{2} = (\sqrt{2} - 1)(a_n - \sqrt{2}) = \cdots = (\sqrt{2} - 1)^n(a_1 - \sqrt{2}) = \sqrt{2}(\sqrt{2} - 1)^{n+1},$$

所以,$a_{n+1} = \sqrt{2}(\sqrt{2} - 1)^n + \sqrt{2}$,

对于复杂一些的形如 $a_{n+1} = \alpha a_n + \beta^n$,($a_1$ 已知,$\alpha \neq 1$,α 和 β 为常数)的式子,可以化归为该类型 $a_{n+1} = \alpha a_n + \beta$,($a_1$ 已知,$\alpha \neq 1$,α 和 β 为常数)。请看下面的例子:

例 5-10 已知数列 $\{a_n\}$ 中,$a_1 = 1$,$a_{n+1} = 3^n - 2a_n$,求数列 $\{a_n\}$ 的通项公式。

解:由题设,两边同除 3^{n+1} 得,$\dfrac{a_{n+1}}{3^{n+1}} = \dfrac{1}{3} - \dfrac{2}{3}\dfrac{a_n}{3^n}$,

令 $b_n = \dfrac{a_n}{3^n}$,可得 $b_{n+1} = \dfrac{1}{3} - \dfrac{2}{3}b_n$,$b_1 = \dfrac{a_1}{3} = \dfrac{1}{3}$,计算其不动点为 $l = \dfrac{1}{4}$。

利用上一题的方法有 $b_n = \dfrac{1}{4} + \dfrac{1}{12}\left(-\dfrac{2}{3}\right)^{n-1} = \dfrac{a_n}{3^n}$,所以 $a_n = \dfrac{1}{4}[3^n + (-2)^{n-1}]$。

对于更复杂一些的形如 $a_{n+1} = \alpha_n a_n + \beta_n$,($a_1$ 已知,$\alpha \neq 1$,α 和 β 为常数),我们仍然可以化归为基本类型 $a_{n+1} = \alpha a_n + \beta$,($a_1$ 已知,$\alpha \neq 1$,α 和 β 为常数),然后再解。

例 5-11 在数列 $\{a_n\}$ 中,$a_1 = 1$,$a_{n+1} = \left(1 + \dfrac{1}{n}\right)a_n + \dfrac{n+1}{2^n}$,

(1)求数列 $\{a_n\}$ 的通项公式;

(2)求数列 $\{a_n\}$ 的前 n 项和 S_n。

解:(1)由 $a_{n+1} = \left(1 + \dfrac{1}{n}\right)a_n + \dfrac{n+1}{2^n}$,可得,$\dfrac{a_{n+1}}{n+1} = \dfrac{a_n}{n} + \dfrac{1}{2^n}$,用作差累加相消可得,

$$\dfrac{a_{n+1}}{n+1} = 1 + \dfrac{1}{2} + \dfrac{1}{2^2} + \cdots + \dfrac{1}{2^n} = 2 - \dfrac{1}{2^n}$$,故 $a_n = 2n - \dfrac{n}{2^{n-1}}$。

(2)由例 5-5 的方法可知:$S_n = \sum\limits_{m=1}^{n}\left(2m - \dfrac{m}{2^{m-1}}\right) = n(n+1) + 2 - \dfrac{1}{2^{n-1}} - \dfrac{n}{2^n}$。

(六)递推数列的一次分式不动点问题在数列中的应用

除了一阶线性递推数列不动点理论外,但是近几年来,高考数学试卷中屡屡出现有关递归数列的一次分式不动点问题,即形如

$$a_{n+1} = \dfrac{pa_n + q}{ra_n + t}, a_1 = c(常数),(其中 p,q,r,t 为常数,r \neq 0, pt \neq rq)$$ 的问题,如果能够善于观察、总结,分析掌握有关的规律和变形技巧,就像有了一双慧眼,一下子看到该问题的秘密,从而使该类问题的解决变得容易。但是,很多高中学生不知递归数列的一次分式不动点问题有关知识,教师往往不讲这些课本以外的的内容,使得很多学生害怕有关这方面的题型。高中生对于有关递归数列的一次分式不动点问题的题目,常常表现为以下几种处理方式:

(1)没有办法,干脆放弃。

(2)盲目地变形,希望碰巧解出答案,大都以失败告终。

(3)有的题目降低难度,给出了形如 $a_n - l$、$\dfrac{a_n - l_1}{a_n - l_2}$ 的形式,学生却不知为什么有了该形式就会很容易找到解题的规律。

针对以上的问题,本文对递归数列的一次分式不动点问题作了理论和方法阐述,提出了解决该问题的一般方法,希望能对读者启发和帮助;同时,可以让有兴趣的同学初步接触不动点问题,感受其思想和方法,体验其中的奥妙,为将来的进一步学习打下基础。

1. 预备知识

不动点问题的定义:对于一次分式函数

$$f(x) = \dfrac{px + q}{rx + t}, (其中 p,q,r,t 为常数,r \neq 0, pt \neq rq)，\tag{1}$$

若 $f(x^*) = x^*$,则称 x^* 为一次分式函数(1)的不动点。

2. 递归数列的一次分式不动点问题解决的诀窍

高考中有关递归数列的一次分式不动点问题,经常要求解答数列 $\{a_n\}$ 的通项公式。这类问题只要我们求出该分式问题的不动点 l(最多两个),那么我们就求 $a_n - l$,或有两个不动点 l_1, l_2 时计算 $\dfrac{a_n - l_1}{a_n - l_2}$,此时化简的规律就会一览无余地呈现出来,很容易地得到答案。原因在于如下定理:

定理 设 $f(x) = \dfrac{px + q}{rx + t}$,(其中 p, q, r, t 为常数,$r \neq 0, pt \neq rq$),$\{a_n\}$ 满足递推关系式 $a_n = f(a_{n-1})$($n \geq 2$),初始条件 $a_1 \neq f(a_1)$。

(1)若 f 有两个相异的不动点 l_1, l_2,则 $\dfrac{a_n - l_1}{a_n - l_2} = k \dfrac{a_{n-1} - l_1}{a_{n-1} - l_2}$,这里 $k = \dfrac{t + l_2 r}{t + l_1 r}$。

(2)若 f 只有唯一的不动点 l,则 $\dfrac{1}{a_n - l} = k + \dfrac{1}{a_{n-1} - l}$,这里 $k = \dfrac{2r}{p + t}$。

定理的证明直接计算可得,不再赘述。请看下面例子.

例 5-12 数列 $\{a_n\}$ 满足 $a_0 = 2$,$a_n = \dfrac{2a_{n-1} + 6}{a_{n-1} + 1}$,($n \geq 1$),求 $\{a_n\}$ 的通项公式。

解:先求不动点。由 $l = \dfrac{2l + 6}{l + 1}$ 得 $l^2 - l - 6 = 0$,解得 $l_1 = 3, l_2 = -2$。那么,

$$\dfrac{a_n - 3}{a_n + 2} = \left(-\dfrac{1}{4}\right) \dfrac{a_{n-1} - 3}{a_{n-1} + 2} = \left(-\dfrac{1}{4}\right)^2 \dfrac{a_{n-2} - 3}{a_{n-2} + 2} = \cdots = \left(-\dfrac{1}{4}\right)^{n-1} \dfrac{a_1 - 3}{a_1 + 2}$$

$$= \left(-\dfrac{1}{4}\right)^n \dfrac{a_0 - 3}{a_0 + 2} = \left(-\dfrac{1}{4}\right)^{n+1}$$ 解出 $\{a_n\}$ 的通项公式为

$$a_n = \dfrac{2 + 3 \cdot (-4)^{n+1}}{(-4)^{n+1} - 1}(n \geq 0)。$$

3. 近年来高考中有关不动点的问题

例 5-13 (全国高考理 2006,B 卷,三,第 22 题,12 分)设数列 $\{a_n\}$ 的前 n 项和为 S_n,且方程 $x^2 - a_n x - a_n = 0$ 有一根 $S_n - 1$。

(1)求 a_1, a_2;

(2)求 $\{a_n\}$ 的通项公式。

分析:第一问较简单,只要代入计算可得;第二问代入 $S_n - 1$ 到方程中,化简成为一个关于 S_n 的一次分式单个不动点问题,解得其不动点,按照定理的方法可以很容易地得到结果。

解:(1)$\because a_1 = S_1$,把 $a_1 - 1$ 代入方程 $x^2 - a_1 x - a_1 = 0$,解得 $a_1 = \dfrac{1}{2}$。

$\because a_1 + a_2 = S_2$,把 $S_2 - 1 = a_1 + a_2 - 1 = a_2 - \dfrac{1}{2}$ 代入方程 $x^2 - a_2 x - a_2 = 0$,解得 $a_2 = \dfrac{1}{6}$。

(2)把 $S_n - 1$ 代入方程 $x^2 - a_n x - a_n = 0$，化简得到 $(S_n - 1)^2 - a_n S_n = 0$，①

当 $n \geq 2$ 时，$a_n = S_n - S_{n-1}$，代入①可得 $S_n S_{n-1} - 2S_n + 1 = 0$ ②

②式可化为 $S_n = \dfrac{1}{2 - S_{n-1}}$ ③

这是关于 S_n 的一次分式单个不动点问题，解得其不动点为 1。那么，

$S_n - 1 = \dfrac{1}{2 - S_n} - 1 = \dfrac{1}{\dfrac{1}{S_{n-1} - 1} - 1} = \dfrac{1}{\dfrac{1}{S_n - 1}}$，故，$\dfrac{1}{S_n - 1} = \dfrac{1}{S_{n-1} - 1} - 1$。从而数列

$\left\{ \dfrac{1}{S_n - 1} \right\}$ 为公差为 -1，首项为 $\dfrac{1}{S_1 - 1} = -2$ 的等差数列。$\dfrac{1}{S_n - 1} = -2 + (n-1)(-1) = -n - 1$，所以，$S_n = \dfrac{n}{n+1}$，对于 $n \in \mathbf{N}^*$ 都成立。

再由 $n \geq 2$ 时，$a_n = S_n - S_{n-1}$，得 $a_n = \dfrac{1}{n(n+1)}$，当 $n = 1$ 时也符合公式，所以，对于 $n \in \mathbf{N}^*$ 都有 $a_n = \dfrac{1}{n(n+1)}$。

当然，该题的第二问得到③之后，也可以使用数学归纳法来证明，证法也不复杂。关键是我们要养成从多个角度分析问题，一题多解，反思回顾的良好学习习惯。

例 5-14 （全国高考理 2007，A 卷，三，第 22 题，12 分）已知数列 $\{a_n\}$ 中 $a_1 = 2$，$a_{n+1} = (\sqrt{2} - 1)(a_n + 2)$，$n = 1, 2, 3, \cdots$。

(1) 求 $\{a_n\}$ 的通项公式；

(2) 若数列 $\{a_n\}$ 中 $b_1 = 2$，$b_{n+1} = \dfrac{3b_n + 4}{2b_n + 3}$，$n = 1, 2, 3, \cdots$。

证明：$\sqrt{2} < b_n \leq a_{4n-3}$，$n = 1, 2, 3, \cdots$。

分析：第一问是有关一次线性递归数列的知识，即形如 $a_n = \alpha a_{n-1} + \beta$，$a_1 = c$（常数），它化为等比数列来求得；第二问就是一个典型的一次分式不动点问题，解得其两个不动点，按照定理的方法可以很容易地得到结果。

解：(1) 先用待定常数法，化为等比数列求出 $\{a_n\}$ 的通项公式。设

$u_{n+1} \quad k = (\sqrt{2} - 1)(a_n - k)$，$n = 1, 2, 3, \cdots$，可以从

$a_{n+1} = (\sqrt{2} - 1)a_n + 2(\sqrt{2} - 1) = (\sqrt{2} - 1)a_n + (2 - \sqrt{2})k$ 解出 $k - \sqrt{2}$。

可令 $c_n = a_n - \sqrt{2}$，则 $c_{n+1} = (\sqrt{2} - 1)c_n$，$c_1 = 2 - \sqrt{2}$。故 $c_n = a_n - \sqrt{2} = \sqrt{2}(\sqrt{2} - 1)^n$，所以，$a_n = \sqrt{2} + \sqrt{2}(\sqrt{2} - 1)^n$。

(2) 方法 1 先求 $b_{n+1} = \dfrac{3b_n + 4}{2b_n + 3}$ 的不动点。由 $l = \dfrac{3l + 4}{2l + 3}$ 可得 $l^2 = 2 \Rightarrow l = \pm \sqrt{2}$，因为易知 $b_n > 0$，舍去 $-\sqrt{2}$，那么，

$b_{n+1} - \sqrt{2} = \dfrac{(3 - 2\sqrt{2})(b_n - \sqrt{2})}{2b_n + 3}$，由数学归纳法 $b_n > \sqrt{2}$。又

$$b_n - \sqrt{2} = \frac{(3-2\sqrt{2})(b_{n-1}-\sqrt{2})}{2b_{n-1}+3} = \frac{(\sqrt{2}-1)^2(b_{n-1}-\sqrt{2})}{2b_{n-1}+3} \leqslant \frac{(\sqrt{2}-1)^2(b_{n-1}-\sqrt{2})}{2\sqrt{2}+3}$$

$$= (\sqrt{2}-1)^4(b_{n-1}-\sqrt{2}) \leqslant \cdots \leqslant (\sqrt{2}-1)^{4(n-1)}(b_1-\sqrt{2}) = \sqrt{2}(\sqrt{2}-1)^{4n-3}$$

$$= a_{4n-3} - \sqrt{2}, \therefore \sqrt{2} < b_n \leqslant a_{4n-3} \text{。}$$

方法 2 由方法 1 $l_1 = \sqrt{2}, l_2 = -\sqrt{2}$,那么 $\dfrac{b_n - \sqrt{2}}{b_n + \sqrt{2}} = (\sqrt{2}-1)^4 \dfrac{b_{n-1} - \sqrt{2}}{b_{n-1} + \sqrt{2}} = \cdots$

$(\sqrt{2}-1)^{4(n-1)} \dfrac{b_1 - \sqrt{2}}{b_1 + \sqrt{2}} = (\sqrt{2}-1)^{4(n-1)} \dfrac{2-\sqrt{2}}{2+\sqrt{2}} = (\sqrt{2}-1)^{4n-2}$。从而

$b_n - \sqrt{2} = (\sqrt{2}-1)^{4n-2}(b_n + \sqrt{2})$,易知 $b_n > 0$,则有 $b_n > \sqrt{2}$。又

$b_{n+1} - b_n = \dfrac{3b_n + 4}{2b_n + 3} - b_n = \dfrac{2(2-b_n^2)}{2b_n + 3} < 0$,故 $\{b_n\}$ 单调减少。那么,

$b_n - \sqrt{2} = (\sqrt{2}-1)^{4n-2}(b_n + \sqrt{2}) \leqslant (\sqrt{2}-1)^{4n-2}(b_1 + \sqrt{2}) = \sqrt{2}(\sqrt{2}-1)^{4n-3}$,故有

$\sqrt{2} < b_n \leqslant a_{4n-3}, n = 1, 2, 3, \cdots$。

方法 3 使用数学归纳法来证明,证法相对复杂,同学们可以尝试一下。

例 5-15 (全国高考理 2010,A 卷,三,第 22 题,12 分)已知数列 $\{a_n\}$ 中 $a_1 = 1$, $a_{n+1} = c - \dfrac{1}{a_n}$。

(1) 设 $c = \dfrac{5}{2}, b_n = \dfrac{1}{a_n - 2}$,求 $\{b_n\}$ 的通项公式;

(2) 要使 $a_n < a_{n+1} < 3$ 成立的 c 的范围。

解:(1) **方法 1**　$a_{n+1} = \dfrac{5}{2} - \dfrac{1}{a_n}$ 的不动点为 $l_1 = 2, l_2 = \dfrac{1}{2}$。那么,

$$\frac{a_n - 2}{a_n - \frac{1}{2}} = \frac{1}{4} \cdot \frac{a_{n-1} - 2}{a_{n-1} - \frac{1}{2}} = \left(\frac{1}{4}\right)^{n-1} \frac{a_1 - 2}{a_1 - \frac{1}{2}} = (-2) \cdot \left(\frac{1}{4}\right)^{n-1}.$$

解得

$a_n = \dfrac{2 \cdot 4^{n-1} + 1}{4^{n-1} + 2}$,从而有

$b_n = \dfrac{1}{a_n - 2} = -\dfrac{1}{3} \cdot 4^{n-1} - \dfrac{2}{3}$。

方法 2　由 $a_{n+1} = \dfrac{5}{2} - \dfrac{1}{a_n}$ 得,$a_{n+1} - 2 = \dfrac{1}{2} - \dfrac{1}{a_n} = \dfrac{a_n - 2}{2a_n}$,

则

$\dfrac{1}{a_{n+1} - 2} = \dfrac{2a_n}{a_n - 2} = 2 + \dfrac{4}{a_n - 2}$,

从而

$b_{n+1} = 2 + 4b_n$,
用待定常数法可得
$b_n = \dfrac{1}{a_n - 2} = -\dfrac{1}{3} \cdot 4^{n-1} - \dfrac{2}{3}$。

(2) $a_1 = 1, a_2 = c - 1$, 由 $a_2 > a_1$ 得 $c > 2$。

下面我们数学归纳法证明：当 $c > 2$ 时，$a_n < a_{n+1}$。

1) 当 $n = 1$ 时，$a_2 = c - \dfrac{1}{a_1} > a_1$，命题成立；

2) 设 $n = k$ 时，$a_k < a_{k+1}$，则当 $n = k+1$ 时，$a_{k+2} = c - \dfrac{1}{a_{k+1}} > c - \dfrac{1}{a_k} > a_{k+1}$。

由 1), 2) 知当 $c > 2$ 时，$a_n < a_{n+1}$。

当 $c > 2$ 时，令 $\alpha = \dfrac{c + \sqrt{c^2 - 4}}{2}$，由 $a_n + \dfrac{1}{a_n} < a_{n+1} + \dfrac{1}{a_n} = c$ 得 $a_n < \alpha$。

当 $2 < c \leq \dfrac{10}{3}$ 时，$a_n < \alpha \leq 3$。

当 $c > \dfrac{10}{3}$ 时，$\alpha > 3$，且 $1 \leq a_n < \alpha$，于是 $\alpha - a_{n+1} = \dfrac{1}{a_n \alpha}(\alpha - a_n) \leq \dfrac{1}{3}(\alpha - a_n)$，

$\alpha - a_{n+1} \leq \dfrac{1}{3^n}(\alpha - 1)$。

当 $n > \log_3 \dfrac{\alpha - 1}{\alpha - 3}$ 时，$\alpha - a_{n+1} < \alpha - 3, a_{n+1} > 3$。因此 $c > \dfrac{10}{3}$ 不符合要求。所以 c 的取值范围是 $\left(2, \dfrac{10}{3}\right]$。

该题的第一问就是一个不动点问题，只不过降低了难度。

通过对一次分式不动点问题的讨论我们可以清楚地看到，这类问题方法性强，规律明显，解题思路清晰，只要掌握这种相对固定方法，该问题就可迎刃而解。但是，如果学生不知道该问题的核心知识与方法，就会感到难度较大，无从下手。即使碰巧得到结论，也是盲目性强，不得要领。本文提供解决该问题的钥匙，希望对于广大学生有所帮助。

二、微积分

微积分的创立是数学发展的里程碑，它的发展和广泛应用对科学技术进步发挥了巨大的作用，成为人们认识世界和改造世界的强有力的数学工具。而且微积分方法有很高的教育价值，它使传统的初等数学内容表述更加简明和深入，它的应用也更广泛。随着科技的进步和社会恶发展，无论是中学毕业后直接进入社会还是进入高一级学校继续学习，都应对微积分的基本思想有所了解。然而由于微积分属于"变量数学"，其基本分析方法——极限方法，涉及无限运算，学生在以往的学习中从未碰到过，很难适应"无限"思维。

教学实践证明，学生初次接触无限运算，对无限的理解有一定的困难，他们习惯用学习"常量数学"的方法来学习微积分，学习效果不尽如人意。因此我们认为，中学微积分

教学,一方面要引导学生积极开展思维活动;另一方面对学习方法要进行具体指导。

(一)重视微积分的引入

在中学数学教学中,我们应当重视微积分的引入。可以创设直观、有趣且学生熟习的情景来引入微积分,帮助学生直观理解微积分的背景、思想和作用。

例 5-16 设物体在真空中自由下落,其下落的路程 s 与经过的时间 t 之间的关系为 $s = \frac{1}{2}gt^2$,其中 g 表示重力加速度,求该物体在 t_0 时刻的速度。

解:(1)物体在 t_0 到 $t_0 + \Delta t$ 这段时间内(即 Δt 时间内)取得的路程增量为

$$\Delta s = \frac{1}{2}g(t_0 + \Delta t)^2 - \frac{1}{2}gt_0^2$$

(2)物体在 t_0 到 $t_0 + \Delta t$ 这段时间内的平均速度为

$$\bar{v} = \frac{\Delta s}{\Delta t} = \frac{\frac{1}{2}g(t_0 + \Delta t)^2 - \frac{1}{2}gt_0^2}{\Delta t} = \frac{gt_0\Delta t + \frac{1}{2}g(\Delta t)^2}{\Delta t} = \frac{1}{2}g(2t_0 + \Delta t)$$

(3)物体在 t_0 时刻的瞬时速度为

$$v(t_0) = \lim_{\Delta t \to 0}\bar{v} = \lim_{\Delta t \to 0}\frac{1}{2}g(2t_0 + \Delta t) = gt_0$$

由上面的讨论知,用极限可以精确的刻画自由落体在 t_0 时刻的速度,同时解决了求一般变速直线运动的速度,讨论方法与自由落体的相同,分为三步:

(1)物体从 t_0 时刻到 $t_0 + \Delta t$ 时刻这段时间质点所经过的路程为

$$\Delta s = s(t_0 + \Delta t) - s(t_0)$$

(2)物体在这段时间间隔内的平均速度表示为

$$\bar{v} = \frac{\Delta s}{\Delta t} = \frac{s(t_0 + \Delta t) - s(t_0)}{\Delta t}$$

(3)物体在 t_0 时刻的瞬时速度表示为

$$v(t_0) = \lim_{\Delta t \to 0}\bar{v} = \lim_{\Delta t \to 0}\frac{\Delta s}{\Delta t} = \lim_{\Delta t \to 0}\frac{s(t_0 + \Delta t) - s(t_0)}{\Delta t}$$

(二)微积分方法的简洁和有效性

利用微积分处理中学数学的许多问题都能起到以简驭繁的作用。如判断函数的增减性、凹凸性、求函数的极值、求解与证明不等式、求弧长、面积、体积等。

1. 初等函数性态研究

利用微积分能够对一般初等函数的图像及性质作研究。

例 5-17 讨论函数 $y = \frac{(x-3)^2}{4(x-1)}$ 的性态,并作其图像。

解:(1)函数的定义域为 $(-\infty, 1) \cup (1, +\infty)$。

(2)曲线与 x 轴的交点为 $(3, 0)$,与 y 轴交点为 $(0, \frac{-9}{4})$。

(3)令 $y' = \dfrac{(x-3)^2(x+1)}{4(x-1)^2} = 0$,解得 $x = -1, 3$。

当 $x < -1$ 或 $x > 3$ 时,$y' > 0$,这时函数严格递增;当 $-1 < x < 1$ 或 $1 < x < 3$ 时,$y' < 0$,这时函数严格递减。

(4)$y'' = \dfrac{2}{(x-1)^3}$,当 $x < 1$ 时 $y'' < 0$,这时函数为凹函数;当 $x > 1$ 时 $y'' > 0$,这时函数为凸函数。

(5)渐近线

∵ $\lim\limits_{x \to \infty} \dfrac{(x-3)^3}{4(x-1)} = \infty$,所以直线 $x = 1$ 是曲线的垂直渐近线。

又因为 $\lim\limits_{x \to \infty} \dfrac{f(x)}{x} = \lim\limits_{x \to \infty} \dfrac{(x-3)^2}{4x(x-1)} = \dfrac{1}{4}$,即 $k = \dfrac{1}{4}$

$$\lim\limits_{x \to \infty}[f(x) - kx] = \lim\limits_{x \to \infty}\left[\dfrac{(x-3)^2}{4(x-1)} - \dfrac{1}{4}x\right] = -\dfrac{5}{4}$$

所以直线 $y = \dfrac{1}{4}x - \dfrac{5}{4}$ 为曲线的斜渐近线。

将(3)和(4)制表如表 5-1 所示。

表 5-1　例 5-17 表

x	$(-\infty, -1)$	-1	$(-1, 1)$	1	$(1, 3)$	3	$(3, +\infty)$
$f'(x)$	+	0	−	不存在	−	0	+
$f''(x)$	−	−	−	不存在	+	+	+
$f(x)$	−↗凹	−2 极大	−↘凹	无定义	+↘凸	0 极小	+↗凸

其图像如图 5-1 所示。

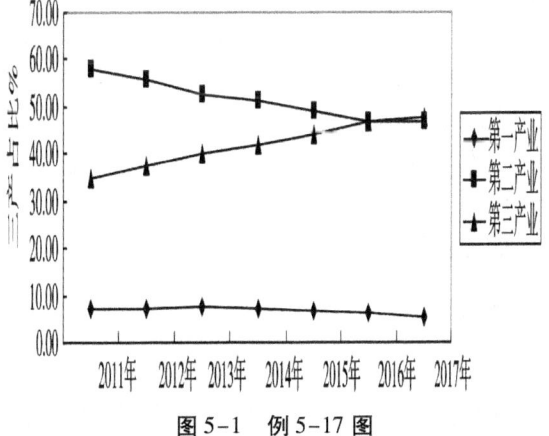

图 5-1　例 5-17 图

2. 证明不等式

利用微积分可以证明不等式,使证明过程大大简化,技巧性降低。

例 5-18 证明不等式
$$x^{\alpha}-\alpha x \leq 1-\alpha, x>0, 0<\alpha<1。$$

证:令 $f(x) = x^{\alpha} - \alpha x$,则 $f'(x) = \alpha x^{\alpha-1} - \alpha$。令 $f'(x) = 0$ 得唯一驻点 $x=1$。又
$$f''(x)\Big|_{x=1} = \alpha(\alpha-1)x^{\alpha-2}\Big|_{x=1} = \alpha(\alpha-1) < 0,$$

所以 $f(1) = 1-\alpha$ 为极大值,从而是 $f(x)$ 在 $(0, +\infty)$ 内的最大值[因为 $f(x)$ 连续]。故
$$f(x) < f(1), x > 0,即 x^{\alpha}-\alpha x \leq 1-\alpha, x>0。$$

3. 证明恒等式

利用微积分可以证明恒等式,有时会出奇制胜。

例 5-19 证明 $\arcsin x + \arccos x = \dfrac{\pi}{2}(-1 \leq x \leq 1)$

证:设 $f(x) = \arcsin x + \arccos x (-1 \leq x \leq 1)$,则 $f(x)$ 在 $[-1,1]$ 满足拉格朗日定理的条件。因为

$$f'(x) = \frac{1}{\sqrt{1-x^2}} - \frac{1}{\sqrt{1-x^2}} = 0 \quad (-1 < x < 1)$$

所以,由定理知在开区间 $(-1,1)$ 中 $f(x) = C$。

因为在区间 $[-1,1]$ 上 $f(x)$ 连续,所以 $f(-1) = f(1) = C$,故在区间 $[-1,1]$ 上 $f(x) = C$,

且 $\arcsin 0 + \arccos 0 = C = \dfrac{\pi}{2}$。所以 $\arcsin x + \arccos x = \dfrac{\pi}{2}(-1 \leq x \leq 1)$。

4. 解决解析几何综合问题

用导数很容易解决解析几何中的有关切线问题。

例 5-20 若曲线 $y=x^4$ 的一条切线 m 与直线 $x+4y-8=0$ 垂直,求切线 m 的方程。

解:本题中切线 m 的斜率,根据直线 m 与直线 $x+4y-8=0$ 垂直很容易得出,知道直线 m 的斜率后要想求出它的方程,只需要找出一点就行了。

因为直线 $x+4y-8=0$ 的斜率是 $-1/4$,所以直线 m 的斜率是 4,因此,$y' = 4x^3 = 4$,

所以 $x=1$,故切点为 $(1,1)$。

于是所求的切线 m 的方程为 $y-1 = 4(x-1)$,即 $4x-y-3=0$。

(三)注重微积分的实际应用

微积分作为一个解决实际问题中有广泛的应用,在教学中通过解决使利润最大、效率最高、用料最省等实际问题,使学生体会微积分的作用,调动学生学习的积极性和主动性。

例 5-21 要造一圆柱形油罐,体积为 V,问底半径 r 和高 h 等于多少时,才能使表面

积最小？这时底直径与高的比是多少？

解：由 $V = \pi r^2 h$，得 $h = \dfrac{V}{\pi r^2}$。于是油罐表面积为

$$S = 2\pi r^2 + 2\pi rh = 2\pi r^2 + \dfrac{2V}{r} \quad (0 < r < +\infty)$$

$$\dfrac{dS}{dr} = 4\pi r - \dfrac{2V}{r^2}$$

令 $\dfrac{dS}{dr} = 0$，得唯一驻点 $r = \sqrt[3]{\dfrac{V}{2\pi}}$。

由于表面积 S 的最小值一定存在，且一定能在 $(0, +\infty)$ 内取得，现在表面积 S 在 $(0, +\infty)$ 内可导且只有一个驻点 $r = \sqrt[3]{\dfrac{V}{2\pi}}$，故 $r = \sqrt[3]{\dfrac{V}{2\pi}}$ 就是要求的最小值点。此时相应的高为 $h = 2\sqrt[3]{\dfrac{V}{2\pi}}$，底直径与高的比为 $1:1$。

(四) 微积分的高考中的应用

函数微积分的有关知识考试大纲的必考内容，每年的高考题中都有一道大题，而且往往是一个综合题目，与不等式、数列、方程等有关的知识结合在一起。为了增加难度，题目中还有未知参数，这样就又考察学生的分类讨论的思想方法的掌握。总之，这是一个难度系数极大的一类题目。请看下面（2013 高考全国新课标卷Ⅰ）的例子：

例 5-22 设函数 $f(x) = x^2 + ax + b, g(x) = e^x(cx + d)$。若曲线 $y = f(x)$ 和 $y = g(x)$ 都过点 $P(0, 2)$，且在点 P 处有相同的切线 $y = 4x + 2$。

(1) 求 a, b, c, d 的值；

(2) 若 $x \geq -2$ 时，$f(x) \leq kg(x)$，求 k 的取值范围。

解：(1) 有已知的 $f(0) = 2, g(0) = 2, f'(0) = 4, g'(0) = 4$。

而 $f'(x) = 2x + a, g'(x) = e^x(cx + d + c)$，故 $a = 4, b = 2, d = 2, d + c = 4$。

从而 $a = 4, b = 2, c = 2, d = 2$。

(2) 由 (1) 知 $f(x) = x^2 + 4x + 2, g(x) = 2e^x(x + 1)$。

设 $F(x) = kg(x) - f(x) = 2ke^x(x + 1) - x^2 - 4x - 2$，那么

$F'(x) = 2ke^x(x + 1)2 - 2x - 4 = 2(x + 2)(ke^x - 1)$，由题设可得 $F(0) \geq 0$，即 $k \geq 1$。

令 $F'(x) = 0$，得 $x_1 = -\ln k, x_2 = -2$。

1) 若 $e^2 \geq k \geq 1$，则 $-2 < x_1 \leq 0$，从而当 $x \in (-2, x_1)$ 时，$F'(x) > 0$，即 $F(x)$ 在 $(-2, x_1)$ 单减，在 $(x_1, +\infty)$ 单增。故 $F(x)$ 在 $(-2, +\infty)$ 上有最小值 $F(x_1)$。而 $F(x_1) = -x_1(x_1 + 2) \geq 0$。故当 $x \geq -2$ 时，$f(x) \leq kg(x)$。

2) 若 $k = e^2$，则 $F'(x) = 2e^2(x + 2)(e^x - e^{-2})$，从而当 $x > -2$ 时，$F'(x) > 0$，故 $F(x)$ 在 $(-2, +\infty)$ 单增。而 $F(-2) = 0$，故当 $x \geq -2$ 时，$f(x) \leq kg(x)$。

3) 若 $k > e^2$, $F(-2) = -2ke^{-2} + 2 = -2e^{-2}(k - e^2) < 0$, 从而当 $x > -2$ 时, $f(x) \leq kg(x)$ 不能成立。

三、立体几何

立体几何问题在高中阶段是一个难点之一,不少学生感到立体几何难学,技巧性强;问题不会转化;辅助线难作;立体图形画不好导致思路不清晰等等。基于这些问题,新课标近年来降低了纯几何证明的要求。高考中所考的立体几何大题总会有两种方法可解决:一种是欧氏几何的纯几何证明方法,需连接多条辅助线,难度很大;另一种是用解析几何方法(标准化方法),用"算"来证,几乎不用添加辅助线,思路简单,方法标准,难度大大降低。下面我们着重研究一下标准化的几何证法。所谓标准化方法,又叫解析几何方法,它包括建立坐标系、写出向量、计算结果这一标准操作步骤。

高中的立体几何问题主要分为夹角问题和距离问题两类。

(一)夹角问题

1. 线与线的夹角

异面直线 l_1, l_2 上有两个向量 $\vec{a} = (a_1, a_2, a_3)$, $\vec{b} = (b_1, b_2, b_3)$,则 l_1 与 l_2 的夹角的余弦为 $\cos\theta = \dfrac{|\vec{a} \cdot \vec{b}|}{|\vec{a}||\vec{b}|} = \dfrac{|a_1b_1 + a_2b_2 + a_3b_3|}{\sqrt{a_1^2 + a_2^2 + a_3^2}\sqrt{b_1^2 + b_2^2 + b_3^2}}$。

2. 线与面的夹角

在 l 上找到向量 $\vec{a}$,再求平面 α 的法向量 $\vec{n} = (n_1, n_2, n_3)$,

$\cos\beta = \dfrac{|\vec{a} \cdot \vec{n}|}{|\vec{a}||\vec{n}|} = \dfrac{|a_1n_1 + a_2n_2 + a_3n_3|}{\sqrt{a_1^2 + a_2^2 + a_3^2}\sqrt{n_1^2 + n_2^2 + n_3^2}}$,

则 $\theta = 90° - \beta$。

线与面的夹角如图 5-2 所示。

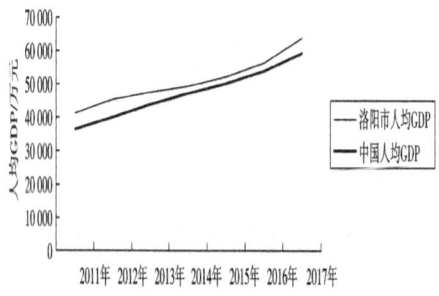

图 5-2 线与面的夹角

3. 面与面的夹角

面与面夹角如图 5-3 所示。

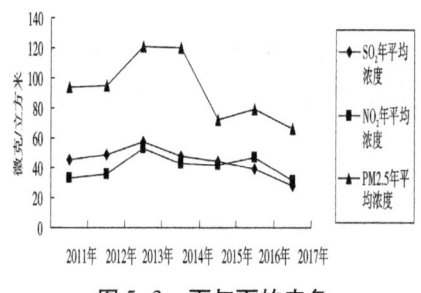

图 5-3 面与面的夹角

设二面角 $\alpha-l-\beta$ 的平面角为 θ，$\vec{m},\vec{n}$ 分别为 α,β 的法向量，$\cos\gamma = \dfrac{\vec{m}\cdot\vec{n}}{|\vec{m}||\vec{n}|}$，那么，$\theta = \gamma$，或 $\pi - \gamma$。

（二）距离问题

高中数学的距离问题有三类：异面直线的距离、平行直线到平面的距离，点到平面的距离。三类问题最终都可转化为点到平面的距离。设平面 α 方程为 $Ax + By + Cz + D = 0$，$P(x_0,y_0,z_0)$ 为平面外的一点，则 P 到平面 α 的距离为：$d = \dfrac{|Ax_0 + By_0 + Cz_0 + D|}{\sqrt{A^2 + B^2 + C^2}}$。

高中数学的距离问题在高考中基本不作要求，在这里我们不作具体讨论，只关注角度问题。

例 5-23 如正方体 $ABCD\text{-}A'B'C'D'$ 的边长为 a，求异面直线 AC' 与 DF 的夹角。

解：如果用纯几何作法需要做其中一条直线的平行线，连接有关线段组成三角形后，再解三角形可求得异面直线 AC' 与 DF 的夹角，比较麻烦。但是用解析几何方法几乎没有难度。方法如下：

建立如图 5-4 的坐标系，写出坐标。$A(0,0,0)$，$B(a,0,0)$，$C(a,a,0)$，$C'(a,a,a)$，$D(0,a,0)$，$F(a,a,\dfrac{1}{2}a)$。$\overrightarrow{AC'} = (a,a,a)$，$\overrightarrow{DF} = (a,0,\dfrac{1}{2}a)$。那么异面直线 AC' 与 DF 的夹角的余弦 θ 为

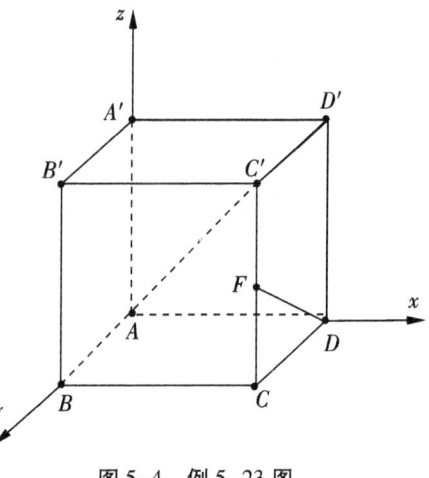

图 5-4 例 5-23 图

$$\cos\theta = \frac{|\overrightarrow{AC'} \cdot \overrightarrow{DF}|}{|\overrightarrow{AC'}||\overrightarrow{DF}|} = \frac{\frac{3}{2}a^2}{\frac{\sqrt{15}}{2}a^2} = \frac{\sqrt{15}}{5}$$

例 5-24 如图 5-5 所示，四棱锥 $S\text{-}ABCD$ 中，$SD \perp$ 底面 $ABCD$，$AB \parallel CD$，$AD \perp DC$，$AB = AD = 1$，$DC = SD = 2$。E 为棱 SB 上的一点，平面 $EDC \perp$ 平面 SBC。

(1) 证明：$SE = 2EB$；

(2) 求二面角 $A\text{-}DE\text{-}C$ 的大小。

解：(1) 以 D 为原点，DA 为 x 轴，DC 为 y 轴，DS 为 z 轴建立坐标系，$A(1,0,0)$，$B(1,1,0)$，$C(0,2,0)$，$D(0,0,0)$，$S(0,0,2)$，设 $\overrightarrow{SE} = l\overrightarrow{EB}$，$E(a,b,c)$。即 $(a,b,c-2) = l(1-a, 1-b, -c)$。

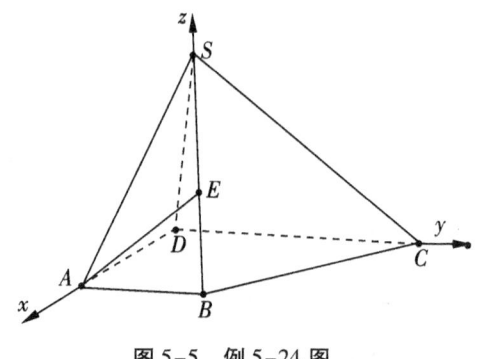

图 5-5 例 5-24 图

$$\begin{cases} a = l(1-a) \\ b = l(1-b) \\ c + 2 = -lc \end{cases} \Rightarrow \begin{cases} a = \dfrac{l}{1+l} \\ b = \dfrac{l}{1+l} \\ c = \dfrac{2}{1+l} \end{cases}$$

那么可得 $E\left(\dfrac{l}{l+1}, \dfrac{l}{l+1}, \dfrac{2}{l+1}\right)$。

设平面 SBC 的法向量为 $\overrightarrow{n_1} = (x_1, y_1, z_1)$。又 $\overrightarrow{BC} = (-1, 1, 0)$，$\overrightarrow{SC} = (0, 2, -2)$。$\overrightarrow{n_1} \perp \overrightarrow{BC}$，$\overrightarrow{n_1} \perp \overrightarrow{SC}$，可得 $\begin{cases} -x_1 + y_1 = 0 \\ y_1 - z_1 = 0 \end{cases}$ 令 $x_1 = y_1 = 1$，则 $z_1 = 1$。从而，$\overrightarrow{n_1} = (1, 1, 1)$。

设平面 DEC 的法向量为 $\overrightarrow{n_2} = (x_2, y_2, z_2)$。又 $\overrightarrow{DC} = (0, 2, 0)$，$\overrightarrow{EC} = \left(\dfrac{l}{l+1}, \dfrac{2+l}{l+1}, \dfrac{-2}{l+1}\right)$。同 $\overrightarrow{n_1}$ 的求法可得 $\overrightarrow{n_2} = \left(1, 0, -\dfrac{l}{2}\right)$。

又平面 $EDC \perp$ 平面 SBC，$\overrightarrow{n_1} \perp \overrightarrow{n_2}$，$\overrightarrow{n_1} \cdot \overrightarrow{n_2} = 0$，解得 $l = 2$。所以，$SE = 2EB$，$E\left(\dfrac{2}{3}, \dfrac{2}{3}, \dfrac{2}{3}\right)$。

(2) 设平面 ADE 的法向量为 $\overrightarrow{n_3} = (x_3, y_3, z_3)$。$\overrightarrow{AD} = (-1, 0, 0)$，$\overrightarrow{DE} = \left(\dfrac{2}{3}, \dfrac{2}{3}, \dfrac{2}{3}\right)$。$\overrightarrow{n_3} \perp \overrightarrow{AD}$，$\overrightarrow{n_3} \perp \overrightarrow{DE}$，得到 $\begin{cases} x_2 = 0 \\ x_2 + y_2 + z_2 = 0 \end{cases}$ 令 $y_2 = 1$，得 $z_2 = -1$。从而，$\overrightarrow{n_3} = (0, -1, 1)$ 夹角的余弦为 $\cos\theta = \dfrac{|\overrightarrow{n_2} \cdot \overrightarrow{n_3}|}{|\overrightarrow{n_2}||\overrightarrow{n_3}|} = \dfrac{1}{2}$。$\theta = 60°$，故二面角 $A\text{-}DE\text{-}C$ 的大小为 $180° - 60° = 120°$。

通过本题我们体会到，标准化算法有固定的模式，没有什么技巧，全是以"算"代

"证"。两线平行⇔两向量有数乘关系;两线垂直⇔两向量数量积为零;两面平行⇔两法向量有数乘关系;两面垂直⇔两法向量数量积为零等等,大大降低了几何的难度。

有些题目坐标系不是直接有的,需要经过一些证明才能建立起来,从而增加了解题的难度,但是总体上还是几何问题得到了简化。请看下面的例题。

例 5-25 如图 5-6 四棱锥 $S-ABCD$ 中,$AB//CD$,$BC \perp DC$,侧面 SAB 为等边三角形,$AB=BC=2$,$DC=SD=1$。

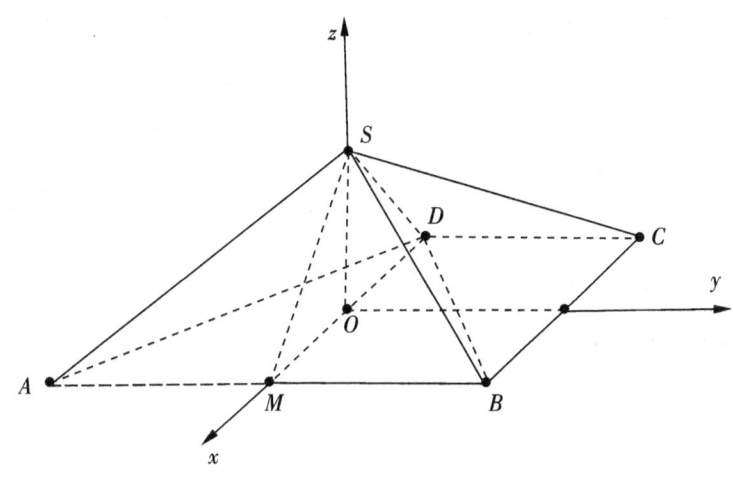

图 5-6 例 5-25 图

(1)证明:$SD \perp$ 平面 SAB;
(2)求 AB 与平面 SBC 所成角度余弦的大小。

解:(1)连接 DB,作 DM 垂直 AB 于 M,四边形 $BCDM$ 为矩形。

$$BD = \sqrt{1^2 + 2^2} = \sqrt{5} = AD, 则 AD^2 = AS^2 + SD^2, BD^2 = BS^2 + SD^2。$$

所以 $SD \perp AS$,$SD \perp BS$,则 $SD \perp$ 平面 SAB。

(2)如图 5-6,建立空间坐标系。SO 垂直 MD 于 O,$SM = \sqrt{3}$,$SO \perp DM$,$SM \perp SD$,$SO = \frac{\sqrt{3}}{2}$,$OM = \frac{3}{2}$。那么可得 $S\left(0,0,\frac{\sqrt{3}}{2}\right)$,$B\left(\frac{3}{2},1,0\right)$,$A\left(\frac{3}{2},-1,0\right)$,$C\left(\frac{-1}{2},1,0\right)$,$\overrightarrow{SB} = \left(\frac{3}{2},1,-\frac{\sqrt{3}}{2}\right)$,$\overrightarrow{BC} = (-2,0,0)$。

设平面 SBC 的法向量为 $\vec{n} = (a,b,c)$,$\vec{n} \perp \overrightarrow{SB}$,$\frac{3}{2}a + b - \frac{\sqrt{3}}{2}c = 0$

$\vec{n} \perp \overrightarrow{BC}$,$-2a = 0$,令 $c = 1$,$\vec{n} = \left(0,\frac{\sqrt{3}}{2},1\right)$。有 $\overrightarrow{AB} = (0,2,0)$。

那么,$\cos\theta = \dfrac{|\vec{n} \cdot \overrightarrow{AB}|}{|\vec{n}||\overrightarrow{AB}|} = \dfrac{\sqrt{21}}{7}$。

四、圆锥曲线

圆锥曲线(包括圆)的有关知识是高中的一个难点,高考中的相关试题,运算量大,方法灵活,必须具备一定的技巧才会把握住。下面我们来研究圆锥曲线的一些典型问题。

(一)从动求轨迹问题

所谓的从动求轨迹问题就是所求轨迹上从动点 $M(x,y)$ 依赖于已知曲线上的主动点 $P(x_0,y_0)$ 变化而变化。我们只要建立关系式 $\begin{cases} x = f(x_0,y_0) \\ y = g(x_0,y_0) \end{cases}$,反解出 $\begin{cases} x_0 = f^{-1}(x,y) \\ y_0 = g^{-1}(x,y) \end{cases}$,再把 x_0,y_0 代入已知曲线,就可以求得所求轨迹的方程如图 5-7。

例 5-26 已知椭圆的方程为 $\dfrac{x^2}{5^2}+\dfrac{y^2}{4^2}=1$ 上任一点为 P,$A(8,6)$ 为一定点,求线段 PA 的中点 M 的轨迹方程。如图 5-7。

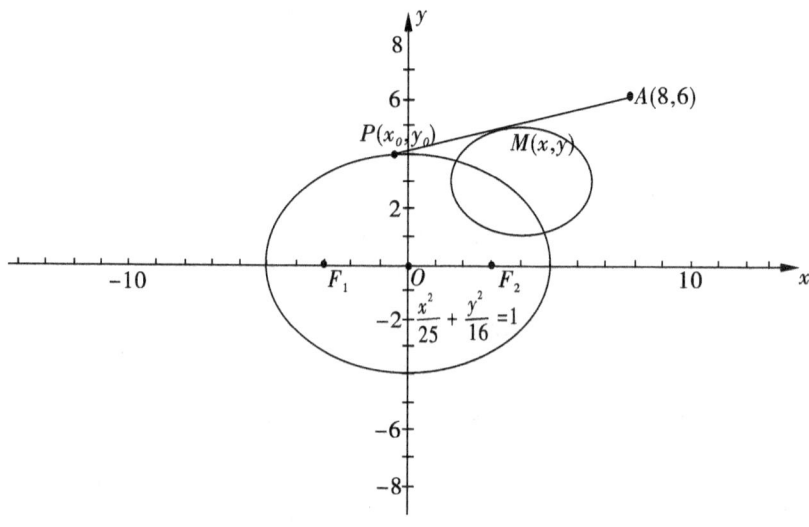

图 5-7 例 5-26 图

解:设 $P(x_0,y_0)$,$M(x,y)$。建立关系式 $\begin{cases} x = \dfrac{x_0 + 8}{2} \\ y = \dfrac{y_0 + 6}{2} \end{cases}$,反解出 $\begin{cases} x_0 = 2x - 8 \\ y_0 = 2y - 6 \end{cases}$,再把 x_0,y_0 代入已知曲线 $\dfrac{x^2}{5^2}+\dfrac{y^2}{4^2}=1$,就可以求得所求轨迹的方程 $\dfrac{(x-4)^2}{\dfrac{25}{4}}+\dfrac{(y-3)^2}{4}=1$。

从动求轨迹问题是圆锥曲线中的一大类问题,方法性强,规律明显。

(二)中点弦问题

中点弦问题就是已知圆锥曲线(包括圆)及其一条弦的中点坐标,求弦所在的直线方程。在求弦所在的直线方程的过程中,体现这一个"设而不求"的数学思想方法,这种方法在有关圆锥曲线的习题中经常出现。

例 5-27 已知椭圆方程为 $\dfrac{x^2}{25}+\dfrac{y^2}{16}=1$,求以点 $A(1,2)$ 为中点的弦所在的直线方程。

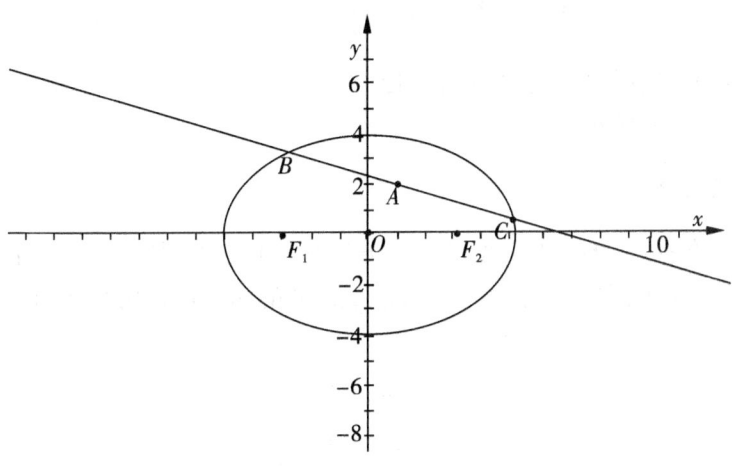

图 5-8 例 5-27 图

解:方法1 设所求直线方程为 $l:y=kx+b$ 与椭圆的交点为 $B(x_1,y_1)$,$C(x_2,y_2)$。它们满足椭圆方程可得到

$$\begin{cases} \dfrac{x_1^2}{25}+\dfrac{y_1^2}{16}=1 & ① \\ \dfrac{x_2^2}{25}+\dfrac{y_2^2}{16}=1 & ② \end{cases}$$

①-②可得

$$\dfrac{(x_1+x_2)(x_1-x_2)}{25}+\dfrac{(y_1+y_2)(y_1-y_2)}{16}=0 \quad ③$$

又 A 为 BC 的中点,

$$\therefore \begin{cases} \dfrac{x_1+x_2}{2}=1 \\ \dfrac{y_1+y_2}{2}=2 \end{cases} \Rightarrow \begin{cases} x_1+x_2=2 \\ y_1+y_2=4 \end{cases}$$

又 $k=\dfrac{y_2-y_1}{x_2-x_1}$,把它们代入③可得

$k=-\dfrac{8}{25}$,由点斜式得到所求直线方程为 $8x+25y-58=0$。

方法2 设所求直线方程为 $l:y=kx+b$ 与椭圆的交点为 $B(x_1,y_1)$,$C(x_2,y_2)$。点 $A(1,2)$ 在直线上得到 $k+b=2$ ①,又联立方程可得到 $\begin{cases} y=kx+b \\ \dfrac{x^2}{25}+\dfrac{y^2}{16}=1 \end{cases}$,

消去 y 可得 $(25k^2 + 16)x^2 + 50kbx + (25b^2 - 400) = 0$。又 A 为 BC 的中点,

$\therefore \begin{cases} \dfrac{x_1 + x_2}{2} = 1 \\ \dfrac{y_1 + y_2}{2} = 2 \end{cases} \Rightarrow \begin{cases} x_1 + x_2 = 2 \\ y_1 + y_2 = 4 \end{cases}$。

由韦达定理得 $x_1 + x_2 = \dfrac{-50kb}{16 + 25k^2} = 2$,即 $25k^2 + 25kb + 16 = 0$②。

①、②联立解得 $k = -\dfrac{8}{25}, b = \dfrac{58}{25}$,那么所求直线方程为 $8x + 25y - 58 = 0$。

比较这两种方法可知:方法 1 运算简便,方法巧妙;这种方法对于直线与圆锥曲线中点弦问题方法都是一样的。

(三) 切线问题

圆锥曲线(包括圆)的切线问题的解决方法都是联立方程组,消去一个变元,判别式等于 0 来求。至于求圆锥曲线上一点 $P(x_0, y_0)$ 处的切线可以用替换的方法来求,替换规则如下:

$$\begin{cases} x_0 x \rightarrow x^2 \\ y_0 y \rightarrow y^2 \\ \dfrac{x_0 + x}{2} \rightarrow x \\ \dfrac{y_0 + y}{2} \rightarrow y \end{cases}$$

下面我们以椭圆为例来证明这个法则的正确性。

例 5-28 已知椭圆方程为 $\dfrac{x^2}{a^2} + \dfrac{y^2}{b^2} = 1$,椭圆上任一点 $P(x_0, y_0)$,求过 P 的椭圆的切线方程。

解:设所求直线方程为 $l: y - y_0 = k(x - x_0)$。

联立方程可得到 $\begin{cases} y - y_0 = k(x - x_0) \\ \dfrac{x^2}{a^2} + \dfrac{y^2}{b^2} = 1 \end{cases}$,

消去 y 可得 $(a^2k^2 + b^2)x^2 + 2a^2k(y_0 - kx_0)x + a^2[(y_0 - kx_0)^2 - b^2] = 0$。由于直线与椭圆相切,$\Delta = 4a^4k^2(y_0 - kx_0)^2 - 4(a^2k^2 + b^2)a^2[(y_0 - kx_0)^2 - b^2] = 0$,

化简可得 $a^2k^2 + b^2 - (y_0 - kx_0)^2 = 0$,再利用 $\dfrac{x_0^2}{a^2} + \dfrac{y_0^2}{b^2} = 1$,可以解得 $k = -\dfrac{b^2}{a^2}\dfrac{x_0}{y_0}$,再代入 $y - y_0 = k(x - x_0)$,可得切线方程为 $\dfrac{x_0 x}{a^2} + \dfrac{y_0 y}{b^2} = 1$。

同样,当双曲线方程为 $\dfrac{x^2}{a^2} - \dfrac{y^2}{b^2} = 1$,该双曲线上任一点 $P(x_0, y_0)$,过点 P 的双曲线的

切线方程为 $\frac{x_0 x}{a^2} - \frac{y_0 y}{b^2} = 1$。

对于抛物线其方程为 $y^2 = 2px$，其上任一点 $P(x_0, y_0)$，过 P 的该抛物线的切线方程为 $yy_0 = p(x + x_0)$。

(四) 弦长公式

研究直线与圆锥曲线(包括圆)相交是一个常见的问题类型,我们经常使用弦长公式。下面我们仍一椭圆为例介绍弦长公式：

设直线方程为 $l: y = kx + m$ 与椭圆 $\frac{x^2}{a^2} + \frac{y^2}{b^2} = 1$ 的交点为 $B(x_1, y_1)$，$C(x_2, y_2)$。联立方程可得到 $\begin{cases} y = kx + m \\ \frac{x^2}{a^2} + \frac{y^2}{b^2} = 1 \end{cases}$，消去 y 可得 $(a^2 k^2 + b^2) x^2 + 2a^2 kmx + a^2 [m^2 - b^2] = 0$。再利用韦达定理可推得，$|BC| = \sqrt{(x_1 - x_2)^2 + (y_1 - y_2)^2} = \sqrt{(x_1 - x_2)^2 (1 + k^2)}$

$= \sqrt{1 + k^2} \sqrt{(x_1 + x_2)^2 - 4x_1 x_2} = \sqrt{\left(\frac{2kma^2}{a^2 k^2 + b^2}\right)^2 - 4 \frac{a^2 (m^2 - b^2)}{a^2 k^2 + b^2}}$。

例 5-29 如图 5-9 所示,已知椭圆方程为 $\frac{x^2}{3} + \frac{y^2}{2} = 1$ 的左右焦点分别为 F_1、F_2，过 F_1 的直线交椭圆于 B、D 两点,过 F_2 的直线交椭圆于 A、C 两点,且 $AC \perp BD$ 垂足为 P。

(1) 设点 $P(x_0, y_0)$，证明：$\frac{x_0^2}{3} + \frac{y_0^2}{2} < 1$；

(2) 求四边形 $ABCD$ 面积的最小值。

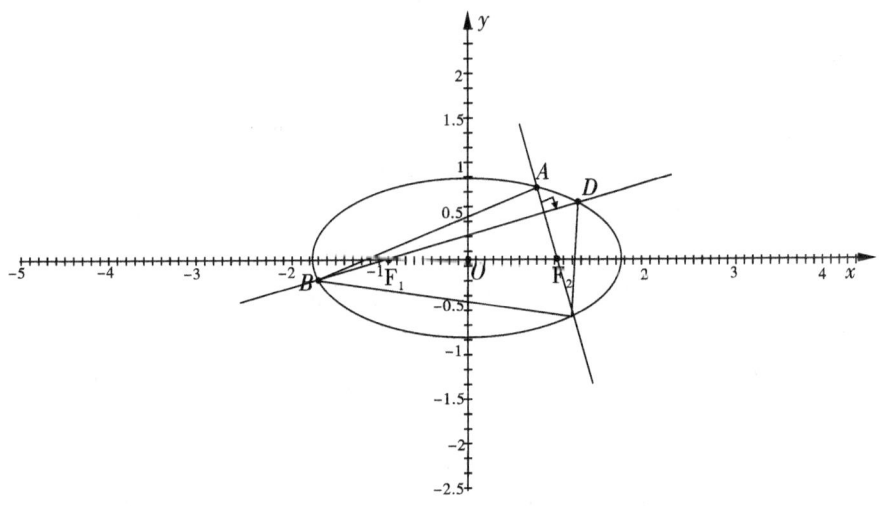

图 5-9 例 5-29 图

解：(1) 由椭圆的性质可得 $F_1(-1, 0)$、$F_2(1, 0)$，在 Rt$\triangle PF_1 F_2$ 中，$|PO| = \sqrt{x_0^2 + y_0^2}$

$=1$,所以 $x_0^2+y_0^2=1$,那么,$\dfrac{x_0^2}{3}+\dfrac{y_0^2}{2}<x_0^2+y_0^2=1$,

(2)设直线 BD 的斜率为 k,则直线 AC 的斜率为 $-1\backslash k$。

那么直线 BD 的方程 $y=k(x+1)$,直线 AC 的方程 $y=\dfrac{-1}{k}(x-1)$。

联立方程可得到 $\begin{cases} y=k(x+1) \\ \dfrac{x^2}{3}+\dfrac{y^2}{2}=1 \end{cases}$,消去 y 可得 $(3k^2+2)x^2+6k^2x+3k^2-6=0$。

利用韦达定理可推得,$x_1+x_2=-\dfrac{6k^2}{2+3k^2}$,$x_1x_2=\dfrac{3k^2-6}{2+3k^2}$。

由弦长公式可得

$|BD|=\sqrt{1+k^2}\sqrt{(x_1+x_2)^2-4x_1x_2}=\dfrac{4\sqrt{3}(k^2+1)}{3k^2+2}$。

同理 $|AC|=\dfrac{4\sqrt{3}(k^2+1)}{2k^2+3}$。

$S_{四边形ABCD}=\dfrac{1}{2}|AC||BD|=\dfrac{24(1+k^2)^2}{(3+2k^2)(2+3k^2)}$,令 $t=k^2>0$,

$S_{四边形ABCD}=\dfrac{24(1+t)^2}{(3+2t)(2+3t)}$。这是一个二次分式求极值问题,可以得到

$S_{四边形ABCD最小}=\dfrac{96}{25}$。

以上四个类型是圆锥曲线问题的常见类型,当然还有其他的一些类型问题,我们不做研究。总之,圆锥曲线问题是综合性的、难度较大的一类问题,它们的解法很灵活,计算量很大,技巧性强,需要同学们花费很多精力才能学好。

五、概率

数学课程标准提出中小学数学应体现现代数学思想,增加现代数学知识。新课程实验教材在这方面做了有益的尝试。在高考试卷中,概率统计主要考查的内容是:基本思想、基本方法和基本应用。原因之一是概率统计实用性较强,之二是教学目标是最基本的知识和方法。

古典概型的概念及其计算是高中新课程概率部分的必修内容,注重考察"相互独立事件同时发生的概率""互斥事件至少有一个发生的概率""对立事件的概率"等基础知识。高考在选修部分的命题,体现对文理的不同要求。文科集中在抽样方法、总体分布的估计、总体期望和方差的估计;理科集中在离散型随机变量的分布列、离散型随机变量的期望和方差等,要求学生能够识别随机变量服从什么分布,会求分布列。

随机现象用以下两个特征来表述:①结果的随机性;②频率的稳定性。随机现象的特点在于事先无法预料其结果,无论你研究与否,这一特点总不会改变。即使掌握了随机现象的规律,并不意味着改变了结果的随机性。实验表明:随着试验次数的大量增加,随机现象的频率会越来越接近于某一常数,即频率会稳定下来。

(一) 频率与概率的关系

引进概率概念时,中学一般采用即频率的描述定义和古典概型的定义。按照即频率的描述定义,概率是大量重复试验时,随机事件发生的频率的稳定值;按照古典概型概率的定义,如果随机试验的所有可能结果为有限个,且每个结果出现的机会均等,则某事件的概率是该事件所包含的试验结果数与试验结果总数的比值。

为使学生体会试验概率与理论概率的关系,我们认为概率教学之初应按照"学生亲自操作试验——计算机模拟试验——理论分析"的过程进行。

例 5-30 游戏的公平性

掷两枚均匀硬币,如果两个朝上的面相同,那么甲获胜;如果两个朝上的面不相同,那么乙获胜。此游戏公平吗?

可以让学生分组试验,把次数累加再通过计算机模拟,发现"两个朝上的面相同"与"两个朝上的面不相同"出现的频率都稳定在 0.5。

也可以让学生用古典概型的定义来做,所用可能的结果(正,正),(反,反),(正,反),(反,正)。"两个朝上的面相同"与"两个朝上的面不相同"的概率均为 2/4=0.5,因而,游戏是公平的。

(二) 如何正确理解事件发生的概率

对事件发生的概率,很多学生不能真正理解。例如,掷一枚均匀硬币,事件"正面朝上"的概率是 0.5,他们以为这是指掷两次应该有一次正面向上,掷 100 次应该有 50 次正面朝上。殊不知,"掷两次恰有一次正面向上"的概率是 0.5,而"掷 100 次恰有 50 次正面朝上"的概率是 0.07。见表 5-2 和表 5-3。

表 5-2 掷 2 枚硬币正面朝上的频率

试验次数/次	1 000	2 000	3 000	4 000	5 000	6 000	7 000	8 000	9 000	10 000
正面朝上的频率	0.501	0.493	0.498	0.508	0.503	0.501	0.501	0.500	0.499	0.498

表 5-3 掷 100 枚硬币恰 50 次正面朝上的频率

掷 100 枚硬币次数/次	10	20	30	40	50	60	70	80	90	100
恰 50 枚正面朝上	0	0	0.067	0.075	0.080	0.083	0.1	0.088	0.078	0.07

(三) 你所关注的是事件在哪一种条件下的概率

用 Venn 图来清楚的说明条件概率。

(1) $p((A)|(B)) = p(A)$,如图 5-10。

(2) $p(A|B) = \dfrac{p(AB)}{p(B)}$,如图 5-11。

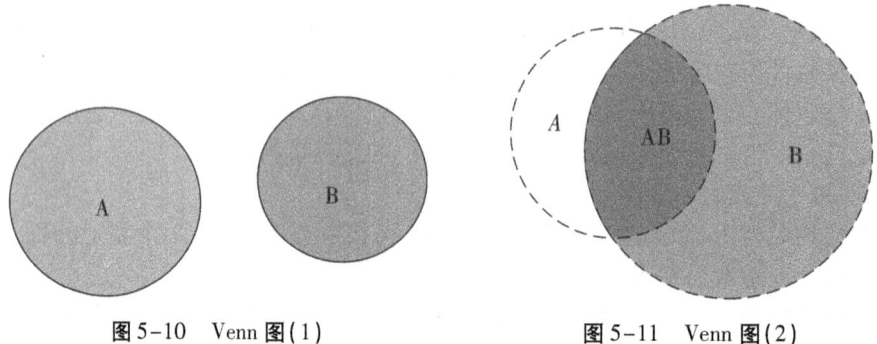

图 5-10　Venn 图(1)　　　　图 5-11　Venn 图(2)

(四)对随机变量的数字特征(期望,方差)的理解

此处应该让学生明白数学期望、方差等都是数,它们没有随机性它们是用来刻画随机现象的。数字特征的重要性在于,它们有非常明确的含义。

例 5-31　碰运气的骗局。一个笼子里装了三粒骰子,把笼子摇一摇,停下来时三粒骰子各现出一个点数,参加游戏的人每次花一元钱买票,并且认定一个点数。比如,认准"3"。如果有一粒骰子出现"3",他赢回一元,两粒骰子出现"3",他赢回两元,三粒骰子出现"3",他赢回三元,同时退他一元票钱。似乎公平的游戏,可参加者多数赔钱,为什么?

$X=3$ 的概率是 $\dfrac{1}{6^3}$,$X=2$ 的概率是 $\dfrac{15}{6^3}$,$X=1$ 的概率是 $\dfrac{75}{6^3}$,$X=-1$ 的概率是 $\dfrac{125}{6^3}$,$EX=\dfrac{-17}{6^3}$。即参加游戏者平均每次输掉 $\dfrac{17}{6^3}$。

六、统计

(一)统计与中学统计教学的核心目标

1. 必要性

在当今信息社会,常常要根据大量无组织的数据,提取有价值的信息。

2. 统计的定义

研究如何收集、整理、分析数据的科学,它可以为人们更好地制定决策提供依据和建议。

3. 中学教学的核心目标

发展学生的"统计观念",培养学生对数据的直观感觉,认识统计方法的特点,注意到统计结果的随机性,统计推断有可能犯错误的。

(二)中学统计教学应当注意的几个问题

1. 用数据说话,逐步形成统计概念

包括以下两个方面:

(1)培养学生有意识的从统计的角度思考问题,遇到问题时能想到去搜集数据和分析数据,培养用数据说话的习惯。

(2)统计教学还要让学生亲身经历收集数据、整理数据和分析数据的过程,并能根据数据做出合理的判断。

2. 在解决问题的活动中理解统计概念的意义

统计概念的产生、建立和发展与生活实际密切相连,要使学生真正理解统计概念,最有效的途径是让学生尽可能融入解决实际问题的活动中。

例 5-32 某商场 2005 年 6 月电视机的销售情况统计表,见表 5-4。

表 5-4 电视机销售情况统计表

销售台数/台	6	10	12	15	18	24
人数/人	1	2	11	8	5	1

问:销售员的月销售量应该定为多少? 并说明理由。

3. 在数据统计活动中学习统计的知识和方法

生活中的统计问题其条件和背景千差万别,解决这些问题一般没有固定的法则可以套用,需要根据具体情况灵活地设计调查方案、收集整理和分析调查数据、验证结论、做出决策。中学统计教学必须让学生亲身经历问题解决的全过程。

例 5-33 敏感性问题调查——要调查你在高中考试中作过弊吗?

另外设计一个无关的问题"你出生的月份是偶数吗?"被调查者掷一枚硬币,出现正面回答前一问题,出现反面回答后一问题,具体回答哪个问题,只有他自己知道。

假如调查 1 000 人,其中 280 人回答是,由于硬币的均匀性,估计约 500 人回答前一问题,500 人回答后一问题。又出生月份奇偶是等可能的,回答后一问题 500 人中约 250 人回答是,从而回答前一问题的 500 人中 280−250=30 人回答是。即约 6% 的人作过弊。

4. 利用统计知识辨别各种误导

同样一组数据根据不同的出发点,不同的分析角度,却可以得到截然不同的结论,这需要我们理智地选择和分析,利用统计知识辨别各种误导。

例 5-34 公说公有理婆说婆有理———数学使我们聪明

香港某厂业绩见图 5-12 和表 5-5。

表 5-5　香港某石厂业绩

年份	1990	1991	1992
股东红利	5 万	7.5 万	10 万
工资总额	10 万	12.5 万	15 万

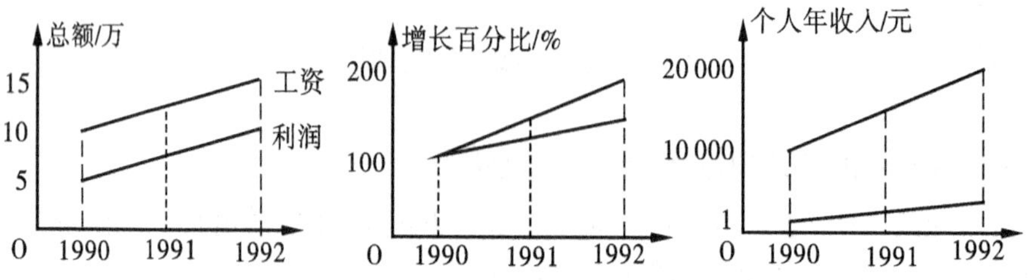

图 5-12　香港某厂业绩

结论：老板，工资与股红同步平行增长。

　　　工会主席，股红增长 100%，而工资只增长 50%。

　　　工人，工资的增长远低于股红增长。

5. 结合实际生活及科学领域中的问题，体会统计的应用

统计的内容具有非常丰富的实际背景，在现实世界中具有广泛的应用。现实生活中有多种渠道可以提供有意义的问题，教学中要充分挖掘适合学生学习的材料，既可以从报纸杂志、广播电视及互联网等渠道寻找素材，也可以从学生的生活实际中选取，使学生体会数学与生活的直接联系。

例 5-35　两人去风景区春游。每天开往风景区有 3 辆档次不同的客车。在无对比的情况下，两人不知道怎样区分车的档次，也不知道车会以怎样的顺序开来。于是采用不同的乘车方法：甲直接乘第 1 辆车，乙不乘第 1 辆车，当第 2 辆开来时，若看到比第 1 辆车好，就乘第 2 辆车，否则就乘第 3 辆车。问甲、乙两人谁更有可能乘上档次较高的车。

解：设 a, b, c 分别表示高、中、低档次客车。容易知道，3 辆车开来的先后顺序有
$(a,b,c), (a,c,b), (b,a,c), (b,c,a), (c,a,b), (c,b,a)$

由于不知道任何信息，假定 6 种顺序出现的可能性相等。列出在各种可能的顺序之下甲、乙两人乘车的情况，见表 5-6。

表 5-6　甲、乙两人乘车情况

顺序	甲乘	乙乘
(a,b,c)	a	c
(a,c,b)	a	b
(b,a,c)	b	a

续表 5-6

顺序	甲乘	乙乘
(b,c,a)	b	a
(c,a,b)	c	a
(c,b,a)	c	b

可以看出,甲乘到高、中、低档车的概率都是 1/3;而乙乘到高档车的概率是 1/2,乘到中档车的概率是 1/3,乘到低档车的概率只有 1/6,可见,按乙的乘车方法乘到档次较高的车的可能性更大。

6. 科学的使用统计方法

统计推断不同于演绎推理,它的结论是可错的,但犯错误的概率可根据需要加以控制。

例 5-36 某地鸡患某种病的概率是 0.25,且每只鸡患病与否和其他鸡彼此独立。今研制了一种预防药,随机选取 12 只鸡服用,结果 12 只鸡均未生病,问此预防药是否有效。

在这里,取的样本是 12 只鸡观察其服药后生病与否,其结果是这些鸡均未生病,我们要根据取样的结果来判断该药是否有效,乍一看会认为该药一定有效,因为服药的鸡均未患病。但细想一下会有问题,因为大部分鸡不服药也不会生病,患病的鸡只占 0.25,这 12 只鸡都未生病,未必是药的作用。

解决此问题的一个自然的想法是:若药无效,我们样本的这一结果即 12 只鸡都不患病,出现的可能性有多大? 若这事件发生的概率很小,在一次试验中此事件几乎不可能发生,那么现在它的发生应该归于药的效果。

对于该例的问题,我们可以这样解决,事件 A = "12 只鸡都不患病" 发生的概率为:$p(A) = (1 - 0.25)^{12} \approx 0.032$,此概率很小,事件 A 在一次试验中几乎不会发生。现事件 A 在一次试验中发生了,我们否定原来的假设,即认为该预防药有效。

从此例我们看到假设检验的方法类似于通常的反证法,不过这里的矛盾不是绝对矛盾,只是与小概率原理相抵触。有时也称这种推理方法为具有概率意义的反证法。该问题的确切回答是有 $1 - 0.032 = 0.968$ 的概率认为预防药有效。

七、算法

中学数学引入算法教学的意义:算法是数学及其应用的重要组成部分,是计算科学的重要基础。随着现代信息技术飞速发展,算法在科学技术、社会发展中发挥着越来越大的作用,并日益融入社会生活的方方面面,算法思想对发展学生有条理的思考与表达能力,提高逻辑思维能力具有重要的作用。

我们认为中学数学算法教学应当突出以下几个方面:

(一)中国古代的算法思想

中国古代数学中蕴含了丰富的算法思想,反映在中国古代数学家的一些著作中,其中最具有代表性的是《九章算术》。

例 5-37 刘徽的割圆术。

3 世纪中期,魏晋时期的数学家刘徽首创割圆术,为计算圆周率建立了严密的理论和完善的算法,所谓割圆术,就是不断倍增圆内接正多边形的边数求出圆周率的方法。"割圆术",则是以"圆内接正多边形的周长",来无限逼近"圆周长"。刘徽形容他的"割圆术"说:割之弥细,所失弥少,割之又割,以至于不可割,则与圆合体,而无所失矣。

即通过圆内接正多边形细割圆周,并使正多边形的周长无限接近圆周长,进而来求得较为精确的圆周率。

刘徽发明"割圆术"是为求"圆周率"。那么圆周率究竟是指什么呢?它其实就是指"圆周长与该圆直径的比率"。很幸运,这是个不变的"常数"!我们人类借助它可以进行关于圆和球体的各种计算。如果没有它,那么我们对圆和球体等将束手无策。同样,圆周率数值的"准确性",也直接关乎我们有关计算的准确性和精确度。这就是人类为什么要求圆周率,而且要求得准的原因。

根据"圆周长/圆直径=圆周率",那么圆周长=圆直径·圆周率=2·半径·圆周率(这就是我们熟悉的圆周长=$2\pi r$ 的来由)。因此"圆周长公式"根本就不用背的,只要有小学知识,知道"圆周率的含义",就可自行推导计算。也许大家都知道"圆周率和 π",但它的"含义及作用"往往被忽略,这也就是割圆术的意义所在。

由于"圆周率=圆周长/圆直径",其中"直径"是直的,好测量;难计算精确的是"圆周长"。而通过刘徽的"割圆术",这个难题解决了。只要认真、耐心地精算出圆周长,就可得出较为精确的"圆周率"了。——众所周知,在中国祖冲之最终完成了这个工作。

按照这样的思路,刘徽把圆内接正多边形的面积一直算到了正 3 072 边形,并由此而求得了圆周率为 3.14 和 3.141 6 这两个近似数值。这个结果是当时世界上圆周率计算的最精确的数据。刘徽对自己创造的这个"割圆术"新方法非常自信,把它推广到有关圆形计算的各个方面,从而使汉代以来的数学发展大大向前推进了一步。以后到了南北朝时期,祖冲之在刘徽的这一基础上继续努力,终于使圆周率精确到了小数点以后的第七位。在西方,这个成绩是由法国数学家韦达于 1593 年取得的,比祖冲之要晚了一千一百多年。祖冲之还求得了圆周率的两个分数值,一个是"约率",另一个是"密率".,其中这个值,在西方是由德国的奥托和荷兰的安东尼兹在 16 世纪末才得到的,都比祖冲之晚了 1100 年。刘徽所创立的"割圆术"新方法对中国古代数学发展的重大贡献,历史是永远不会忘记的。

例 5-38 秦九韶算法。

秦九韶(1202—1261 年),字道古,南宋末年人,出生于鲁郡(今山东曲阜一带人)。早年曾从隐君子学习数学,后因其父往四川做官,即随父迁徙,也认为是普州安岳(今四川安岳县)人。秦九韶与李冶、杨辉、朱世杰并称宋元数学四大家。(安岳县于 1998 年 9 月正式开工建设秦九韶纪念馆,2000 年 12 月竣工落成。)

秦九韶聪敏勤学,宋绍定四年(1231年),秦九韶考中进士,先后担任县尉、通判、参议官、州守等职。先后在湖北、安徽、江苏、浙江等地做官。南宋理宗景定元年(1260年)出任梅州(今广东梅县)守,翌年卒于梅州。据史书记载,他"性及机巧,星象、音律、算术以至营造无不精究",还尝从李梅亭学诗词。他在政务之余,以数学为主线进行潜心钻研,且应用范围至为广泛:天文历法、水利水文、建筑、测绘、农耕、军事、商业金融等方面。

秦九韶是我国古代数学家的杰出代表之一,他的《数书九章》概括了宋元时期中国传统数学的主要成就,尤其是系统总结和发展了高次方程的数值解法与一次同余问题的解法,提出了相当完备的"正负开方术"和"大衍求一术"。对数学发展产生了广泛的影响。

秦九韶是一位既重视理论又重视实践,既善于继承又勇于创新的科学家,他被国外科学史家称为是"他那个民族,那个时代,并且确实也是所有时代最伟大的数学家之一"。

一般地,一元n次多项式的求值需要经过$[n(n+1)]/2$次乘法和n次加法,而秦九韶算法只需要n次乘法和n次加法。在人工计算时,一次大大简化了运算过程。特别是在现代,在使用计算机解决数学问题时,对于计算机程序算法而言秦九韶算法可以以更快的速度得到结果,减少了 CPU 运算时间。

中国古代数学是一种算法的数学,也就是计算机的科学。十分符合时代精神。通过对中国古代算法案例的教学,一方面可增强学生的民族自尊心和民族自豪感,另一方面可强调中国古代数学思想与现代数学工具的结合,培养学生在继承中创新的意识。

(二)算法描述

算法描述通常采用日常语言和数学公式,也可以使用程序框图等,而如果要在计算机上具体实施算法,还要将算法转化为相应的源程序。

程序框图的教学应贯穿算法教学的始终。要通过具体的案例循序渐进地讲解程序框图的设计,特别是循环框图的表示。准确、简明地画出循环结构框图,既是教学的重点、难点,又是算法教学的关键。另外用程序框图描述的算法,一般要求能变成计算机能够执行的程序语言和能够在计算机上实现的程序,让学生上机操作获得算法结果、体验算法思想,激发学生学习兴趣。

1. 学习算法的概念应注意以下几点

(1)在数学中,现代意义上的"算法"通常是指可以用计算机来解决的某一类问题的程序或步骤,这些程序或步骤必须是明确和有效的,而且能够在有限步之内完成。

(2)通俗点说,算法就是计算机解题的过程,在这个过程中,无论是形成解题思路还是编写程序,都是在实施某种算法,前者是推理实现的算法,后者是操作实现的算法。

(3)描述算法可以有不同的方式,例如,可以用自然语言和数学语言加以叙述;也可以用算法语言给出精确的说明;或者用框图直观到地显示算法的全貌。

(4)算法从初始步骤开始,每一个步骤只能有一个后继步骤,从而组成一个步骤序列,序列的终止表示问题得到解答或指出问题没有解答。

(5)我们过去学过的许多数学公式都是算法,加、减、乘、除运算则以多项式的运算法则也是算法。

2. 一个算法应该具有的重要特征

（1）概括性　写出的算法必须能解决某一类问题，并且能够重复使用。例如课本例1关于二元一次方程组的求组问题，也适应于其他二元一次方程组的求解。

（2）逻辑性　算法从初始步骤开始，分为若干明确的步骤，前一步是后一步的前提，只有执行完前一步才能进行下一步，而且每一步都是正确无误的，从而组成了一个有着很强逻辑性的步骤序列。

（3）有限性　一个算法必须保证执行有限步之后结束。

（4）不唯一性　求解某一个问题的算法不一定只有唯一的一个，可以有不同的算法，如课本中解二元一次方程组的算法。

（5）普遍性　很多具体的问题，都可以设计合理的算法去解决。例如手算、心算或用心算、用计算器去计算都要经过有限的事先设计好的步骤加以解决，同样的一个工作计划、教学计划、生产流程都可以视为"算法"。

例 5-39　设计一个算法，求 $1+2+4+\ldots\ldots+2^{49}$ 的值，并画出程序框图。

解析：第一步：sum=0；

第二步：$i=0$；

第三步：sum=sum+$2i$；

第四步：$i=i+1$；

第五步：判断 i 是否大于 49，若成立，则输出 sum，结束；否则返回第三步重新执行。

程序框图如图 5-13 所示。

点评：①算法在数学中有着广泛的应用；②此例是含有 for 或 while 的循环结构。

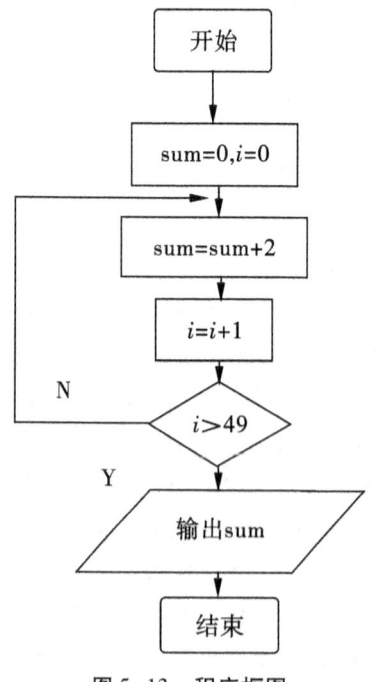

图 5-13　程序框图

（三）算法与中学数学有关内容的相互渗透

算法是高中数学课程中新内容，其思想是非常重要的，但并不神秘，它的思想方法应渗透在高中数学课程其他有关内容中，鼓励学生尽可能地运用算法解决相关问题。

算法教学的重点是体会合学习算法的基本思想，因此算法教学必须通过事例进行，例如，运用消元法解二元一次方程组、求最大公因数等的过程就是算法。本模块中的算法内容是将数学中的算法与计算机技术建立联系，形式化地表示算法，在条件允许的学校，使其能在计算机上实现。为了有条理地、清晰地表达算法，往往需要将解决问题的过程整理成程序框图；为了能在计算机上实现，还需要将自然语言或程序框图翻译成计算机语言。本模块的主要目的是使学生体会算法的思想，提高逻辑思维能力。不要将此部分内容简单处理成程序语言的学习和程序设计。算法教学必须通过实例进行，使学生在解决具体问题的过程中学习一些基本逻辑结构和语句。有条件的学校，应鼓励学生尽可能上机尝试。

在高考中，算法与框图的考题，一般以选择题或填空题的形式出现，难度为中等或中等偏易。

例 5-40 （2016·课标Ⅱ，8）中国古代有计算多项式值的秦九韶算法，如图是实现该算法的程序框图，若输入的 $x=2, n=2$，依次输入的 a 为 $2, 2, 5$，则输出的 $s=($ $)$

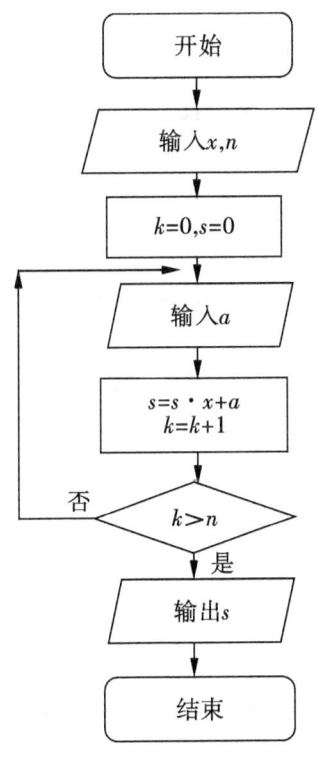

图 5-14　程序框图

A. 7 B. 12 C. 17 D. 34

解析：$x=2, n=2, k=0, s=0$ 经过第一次循环可得 $x=2, s=2, k=1$；第二次循环可得 $x=2, s=6, k=2$；第三次循环可得 $x=5, s=17, k=3$. 此时 $3>2$ 成立，故输出 $s=17$. 本题选择答案 C.

例 5-41 （2014·重庆Ⅱ,5）执行如下图所示的程序框图，若输出的 k 值为 8，则判断框图内可填入的条件是（　）

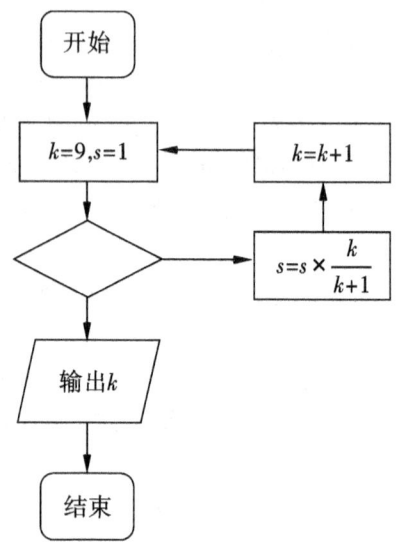

图 5-15　程序框图

A. $s > \dfrac{1}{2}$ B. $s > \dfrac{3}{5}$ C. $s > \dfrac{7}{10}$ D. $s > \dfrac{4}{5}$

解析：程序框图的执行过程如下：开始 $s=1, k=9$；第一次循环 $s=\dfrac{9}{10}, k=8$；第二次循环 $s=\dfrac{9}{10}\times\dfrac{8}{9}=\dfrac{8}{10}, k=7$；第三次循环 $s=\dfrac{8}{10}\times\dfrac{7}{8}=\dfrac{7}{10}, k=6$；循环结束 $s>\dfrac{7}{10}$. 本题选择答案 C.

八、三角函数

三角函数有关内容是高考的重点内容之一，分值在 20 分左右。经常考查以下方面的知识点：三角函数的有关概念、同角三角函数关系式及诱导公式；三角函数的图像及其变换；三角函数的性质及其应用；三角恒等变换；正、余弦定理及解三角形.

（一）三角函数的有关概念、同角三角函数关系式及诱导公式

例 5-42　（2012·江西,4）若 $\tan\theta + \dfrac{1}{\tan\theta} = 4$，则 $\sin 2\theta = $（　）

A. $\dfrac{1}{5}$ B. $\dfrac{1}{4}$ C. $\dfrac{1}{3}$ D. $\dfrac{1}{2}$

解析：因为 $\tan\theta + \dfrac{1}{\tan\theta} = \dfrac{\sin\theta}{\cos\theta} + \dfrac{\cos\theta}{\sin\theta} = \dfrac{\sin^2\theta + \cos^2\theta}{\sin\theta\cos\theta} = \dfrac{2}{\sin 2\theta} = 4$，所以 $\sin 2\theta = \dfrac{1}{2}$。

例 5-43 （2015·重庆,9）若 $\tan\alpha = 2\tan\dfrac{\pi}{5}$，则 $\dfrac{\cos(\alpha - \dfrac{3\pi}{10})}{\sin(\alpha - \dfrac{\pi}{5})} = (\quad)$

A. 1   B. 2   C. 3   D. 4

解析：

$$\dfrac{\cos(\alpha - \dfrac{3\pi}{10})}{\sin(\alpha - \dfrac{\pi}{5})} = \dfrac{\cos[\alpha - (\dfrac{\pi}{2} - \dfrac{\pi}{5})]}{\sin(\alpha - \dfrac{\pi}{5})} = \dfrac{\cos[-\dfrac{\pi}{2} + (\alpha + \dfrac{\pi}{5})]}{\sin(\alpha - \dfrac{\pi}{5})} = \dfrac{\cos[\dfrac{\pi}{2} - (\alpha + \dfrac{\pi}{5})]}{\sin(\alpha - \dfrac{\pi}{5})}$$

$$= \dfrac{\sin(\alpha + \dfrac{\pi}{5})}{\sin(\alpha - \dfrac{\pi}{5})} = \dfrac{\sin\alpha\cos\dfrac{\pi}{5} + \cos\alpha\sin\dfrac{\pi}{5}}{\sin\alpha\cos\dfrac{\pi}{5} - \cos\alpha\sin\dfrac{\pi}{5}} = \dfrac{\tan\alpha + \tan\dfrac{\pi}{5}}{\tan\alpha - \tan\dfrac{\pi}{5}} = 3$$

这类问题难度都不大，关键是对角函数的概念、同角三角函数关系式及诱导公式的牢固掌握以及这些知识的灵活应用。

（二）三角函数的图像及其变换

三角函数图像的变换及应用是高考的常考点，考查已知函数经过怎样的平移或伸缩得到另一个函数；已知函数经过给定的平移或伸缩后得到函数的解析式；与其他三角函数函数结合的问题。

例 5-44 （2016·课标Ⅱ,7）若将函数 $y = 2\sin 2x$ 的图像向左平移 $\dfrac{\pi}{12}$ 个长度单位，则平移后图像的对称轴为（　　）

A. $x = \dfrac{k\pi}{2} - \dfrac{\pi}{6}(k \in Z)$ B. $x = \dfrac{k\pi}{2} + \dfrac{\pi}{6}(k \in Z)$

C. $x = \dfrac{k\pi}{2} - \dfrac{\pi}{12}(k \in Z)$ D. $x = \dfrac{k\pi}{2} + \dfrac{\pi}{12}(k \in Z)$

解析：$y = 2\sin 2x$ 向左平移 $\dfrac{\pi}{12}$ 个长度单位可得 $y = 2\sin(2x + \dfrac{\pi}{6})$。令 $2x + \dfrac{\pi}{6} = k\pi + \dfrac{\pi}{2}(k \in Z)$，得 $x = \dfrac{k\pi}{2} + \dfrac{\pi}{6}(k \in Z)$。

例 5-45 （2016·北京,7）若将函数 $y = \sin(2x - \dfrac{\pi}{3})$ 图像上的点 $P(\dfrac{\pi}{4},t)$ 向左平移 $s(s > 0)$ 个长度单位得到 P'，若 P' 位于函数 $y = \sin 2x$ 的图像上，则（　　）

A. $t = \dfrac{1}{2}$，s 的最小值为 $\dfrac{\pi}{6}$ B. $t = \dfrac{\sqrt{3}}{2}$，s 的最小值为 $\dfrac{\pi}{6}$

C. $t = \dfrac{1}{2}$,s 的最小值为 $\dfrac{\pi}{3}$ D. $t = \dfrac{\sqrt{3}}{2}$,s 的最小值为 $\dfrac{\pi}{3}$

解析：由已知得，$t = \sin(2 \times \dfrac{\pi}{4} - \dfrac{\pi}{3}) = \sin\dfrac{\pi}{6} = \dfrac{1}{2}$，即 $P(\dfrac{\pi}{4}, \dfrac{1}{2})$，向左平移 $s(s > 0)$ 个长度单位得到 $P'(\dfrac{\pi}{4} - s, \dfrac{1}{2})$，因为 P' 位于函数 $y = \sin 2x$ 的图像上，所以 $\sin 2(\dfrac{\pi}{4} - s) = \dfrac{1}{2}$，即 $\cos 2s = \dfrac{1}{2}$. 所以 $2s = 2k\pi \pm \dfrac{\pi}{3}(k \in Z)$，即 $s = k\pi \pm \dfrac{\pi}{6}(k \in Z)$. 又 $s > 0$，所以 $s_{最小值} = \dfrac{\pi}{6}$. 故选 A.

（三）三角函数的性质及其应用

三角函数的性质及其应用主要考查三角函数的单调性、最值、周期性、奇偶性及对称性等. 请看下面例题：

例 5-46 （2016·天津,15,13 分）已知函数 $f(x) = 4\tan x \cdot \sin(\dfrac{\pi}{2} - x)\cos(\dfrac{\pi}{3} - x) - \sqrt{3}$.

(1) 求 $f(x)$ 的定义域与最小正周期；

(2) 讨论 $f(x)$ 在区间 $[-\dfrac{\pi}{4}, \dfrac{\pi}{4}]$ 上的单调性.

解析：(1) $f(x)$ 的定义域为 $\{x \mid x \neq k\pi + \dfrac{\pi}{2}, k \in Z\}$.

$f(x) = 4\tan x \cdot \sin(\dfrac{\pi}{2} - x)\cos(\dfrac{\pi}{3} - x) - \sqrt{3} = 4\sin x \cos(\dfrac{\pi}{3} - x) - \sqrt{3}$

$= 4\sin x\left(\dfrac{1}{2}\cos x + \dfrac{\sqrt{3}}{2}\sin x\right) - \sqrt{3} = \sin 2x - \sqrt{3}\cos 2x = 2\sin\left(2x - \dfrac{\pi}{3}\right)$

所以，$f(x)$ 的最小正周期 $T = \dfrac{2\pi}{2} = \pi$.

(2) 令 $z = 2x - \dfrac{\pi}{3}$，函数 $y = 2\sin z$ 的单调递增区间 $[-\dfrac{\pi}{2} + 2k\pi, \dfrac{\pi}{2} + 2k\pi]$，$k \in Z$，由 $-\dfrac{\pi}{2} + 2k\pi \leq 2x - \dfrac{\pi}{3} \leq \dfrac{\pi}{2} + 2k\pi$，得

$-\dfrac{\pi}{12} + k\pi \leq x \leq \dfrac{5\pi}{12} + k\pi, k \in Z$.

设 $A = [-\dfrac{\pi}{4}, \dfrac{\pi}{4}]$，$B = [-\dfrac{\pi}{12} + k\pi, \dfrac{5\pi}{12} + k\pi]$，易知 $A \cap B = [-\dfrac{\pi}{12}, \dfrac{\pi}{4}]$.

所以，当 $x \in [-\dfrac{\pi}{4}, \dfrac{\pi}{4}]$ 时，$f(x)$ 在区间 $[-\dfrac{\pi}{12}, \dfrac{\pi}{4}]$ 上单调递增，在区间 $[-\dfrac{\pi}{4}, -\dfrac{\pi}{12}]$ 上单调递减.

例 5-47 （2015·北京,15,13 分）已知函数 $f(x) = \sqrt{2}\sin\dfrac{x}{2} \cdot \cos\dfrac{x}{2} - \sqrt{2}\sin^2\dfrac{x}{2}$.

(1)求 $f(x)$ 的最小正周期；

(2)求 $f(x)$ 在区间 $[-\pi,0]$ 上的最小值.

解析：(1) $f(x) = \frac{\sqrt{2}}{2}\sin x - \frac{\sqrt{2}}{2}(1-\cos x) = \sin(x+\frac{\pi}{4}) - \frac{\sqrt{2}}{2}$. 所以 $f(x)$ 的最小正周期为 2π.

(2)因为 $-\pi \leq x \leq 0$，所以 $-\frac{3\pi}{4} \leq x + \frac{\pi}{4} \leq \frac{\pi}{4}$. 当 $x + \frac{\pi}{4} = -\frac{\pi}{2}$，即 $x = -\frac{3\pi}{4}$，$f(x)$ 取得最小值. 所以 $f(x)$ 在区间 $[-\pi,0]$ 上的最小值为 $f\left(-\frac{3\pi}{4}\right) = -1 - \frac{\sqrt{2}}{2}$.

（四）三角恒等变换

三角恒等变换考察有三种形式(1)由角求值；(2)由值求角；(3)由值求值.

例 5-48 (2014·江苏,15,14 分) 已知 $\alpha \in \left(\frac{\pi}{2},\pi\right)$，$\sin\alpha = \frac{\sqrt{5}}{5}$.

(1)求 $\sin\left(\frac{\pi}{4}+\alpha\right)$ 的值；

(2)求 $\cos\left(\frac{5\pi}{6}-2\alpha\right)$ 的值.

解析：(1)因为 $\alpha \in \left(\frac{\pi}{2},\pi\right)$，$\sin\alpha = \frac{\sqrt{5}}{5}$. 所以 $\cos\alpha = -\sqrt{1-\sin^2\alpha} = -\frac{2\sqrt{5}}{5}$.

故 $\sin\left(\frac{\pi}{4}+\alpha\right) = \sin\frac{\pi}{4}\cos\alpha + \cos\frac{\pi}{4}\sin\alpha = \frac{\sqrt{2}}{2}\left(-\frac{2\sqrt{5}}{5}\right) + \frac{\sqrt{2}}{2}\frac{\sqrt{5}}{5} = -\frac{\sqrt{10}}{10}$.

(2)由(1)知 $\sin 2\alpha = 2\sin\alpha\cos\alpha = 2 \times \frac{\sqrt{5}}{5} \times \left(-\frac{2\sqrt{5}}{5}\right) = -\frac{4}{5}$,

$\cos 2\alpha = 1 - 2\sin^2\alpha = 1 - 2\left(\frac{\sqrt{5}}{5}\right)^2 = \frac{3}{5}$，所以

$\cos\left(\frac{5\pi}{6} - 2\alpha\right) = \cos\frac{5\pi}{6}\cos 2\alpha + \sin\frac{5\pi}{6}\sin 2\alpha = -\frac{4+3\sqrt{3}}{10}$

例 5-49 (2014·广东,16,12 分) 已知函数 $f(x) = A\sin(x+\frac{\pi}{4})$，$x \in R$，且 $f\left(\frac{5\pi}{12}\right) = \frac{3}{2}$.

(1)求 A 的值；

(2)若 $f(\theta) + f(-\theta) = \frac{3}{2}$，$\theta \in \left(0,\frac{\pi}{2}\right)$，求 $f\left(\frac{3\pi}{4} - \theta\right)$.

解：(1) $f\left(\frac{5\pi}{12}\right) = A\sin\left(\frac{5\pi}{12} + \frac{\pi}{4}\right) = A\sin\frac{2\pi}{3} = \frac{\sqrt{3}}{2}A = \frac{3}{2}$. 所以 $A = \sqrt{3}$.

(2)由 $f(\theta) + f(-\theta) = \sqrt{3}\sin\left(\theta + \frac{\pi}{4}\right) + \sqrt{3}\sin\left(-\theta + \frac{\pi}{4}\right) = \frac{3}{2}$，化简可得,

$\cos\theta = \frac{\sqrt{6}}{4}$. 又 $\theta \in \left(0, \frac{\pi}{2}\right)$，所以 $\sin\theta = \frac{\sqrt{10}}{4}$. 从而 $f\left(\frac{3\pi}{4} - \theta\right) = \sqrt{3}\sin(\pi - \theta) = \sqrt{3}\sin\theta = \frac{\sqrt{30}}{4}$.

（五）正、余弦定理及解三角形

利用正、余弦定理解三角形是高考的重点和热点内容，主要考查利用两个定理求三角形的边的长度、角的大小等，既有灵活多变的小题，也有考查能力的大题，试题的难度为中等。

例 5-50 （2016·课标Ⅰ，17，12 分）已知 $\triangle ABC$ 的内角 A, B, C 所对的边 a, b, c, $2\cos C(a\cos B + b\cos A) = c$.

（1）求 C；

（2）若 $c = \sqrt{7}$，$\triangle ABC$ 的面积为 $\frac{3\sqrt{3}}{2}$，求 $\triangle ABC$ 的周长.

解析：（1）由已知及正弦定理得，$2\cos C(\sin A\cos B + \sin B\cos A) = \sin C$，即 $2\cos C\sin(A+B) = \sin C$. 故 $2\cos C\sin C = \sin C$. 又 C 为 $\triangle ABC$ 的内角，可得 $\cos C = \frac{1}{2}$，所以 $C = \frac{\pi}{3}$.

（2）由已知 $\frac{1}{2}ab\sin C = \frac{3\sqrt{3}}{2}$ 及 $C = \frac{\pi}{3}$，可得 $ab = 6$. 由已知及余弦定理可得，$a^2 + b^2 - 2ab\cos C = 7$. 故 $a^2 + b^2 = 13$，从而 $(a+b)^2 = 25$. 所以 $\triangle ABC$ 的周长为 $5 + \sqrt{7}$。

例 5-51 （2015·课标Ⅱ，17，12 分）已知 $\triangle ABC$ 中 D 是 BC 上的点，AD 平分 $\angle BAC$，$\triangle ABD$ 的面积是 $\triangle ADC$ 的面积的 2 倍.

（1）求 $\frac{\sin B}{\sin C}$；

（2）若 $AD = 1$，$DC = \frac{\sqrt{2}}{2}$，求 BD 和 AC 的长.

解析：（1）$S_{\triangle ABD} = \frac{1}{2}AB \cdot AD\sin\angle BAD$，$S_{\triangle ADC} = \frac{1}{2}AC \cdot AD\sin\angle CAD$. 因为 $S_{\triangle ABD} = 2S_{\triangle ADC}$，$\angle BAD = \angle CAD$，所以 $AB = 2AC$. 由正弦定理可得 $\frac{\sin B}{\sin C} = \frac{AC}{AB} = \frac{1}{2}$.

（2）因为 $S_{\triangle ABD} : S_{\triangle ADC} = BD : DC$，所以 $BD = 2DC = \sqrt{2}$.

在 $\triangle ABD$ 和 $\triangle ADC$ 中，由余弦定理可知，$AB^2 = AD^2 + BD^2 - 2AD \cdot BD\cos\angle ADB$，$AC^2 = AD^2 + DC^2 - 2AD \cdot DC\cos\angle ADC$.

故 $AB^2 + 2AC^2 = 3AD^2 + BD^2 + 2DC^2 = 6$. 由（1）知 $AB = 2AC$，所以 $AC = 1$.

参考文献

[1] 白改平,杨光伟.美国数学课程改革的特点及其启示[J].外国中小学教育,2008(7):43-46.

[2] 鲍建生,周超.数学学习的心理基础与过程[M].上海:上海教育出版社,2009.

[3] 陈传理,张同君.奥赛数学教程[M].北京:高等教育出版社,2005.

[4] 陈月兰.日本2008版初中数学课程标准破格于2009年实施[J].数学通报,2009(12):5-8.

[5] 陈月兰.最新日本(2008版)初中数学学习指导要领框架与内容分析[J].外国中小学教育,2010(3):40-49.

[6] 戴优强.教材处理方法谈[J].成都大学学报:教育科学版,2008,22(10):95-97.

[7] 郭婧.经合组织最新PISA测试报告[J].世界教育信息,2013(24):73-73.

[8] 郭玉峰,史宁中."数学基本活动经验"研究:内涵与维度划分[J].教育学报,2012,8(5):23-28.

[9] 顾沛.数学基础教育中的"双基"如何发展为"四基"[J].数学教育学报,2012,21(1):14-16.

[10] 桂德怀,徐斌艳.国家数学咨询组报告:美国数学教育的新视角[J].外国中小学教育,2008(11):33-37.

[11] 黄荣金.美国"数学战争"始末及其启示[J].数学通报,2007(1):24-30.

[12] 黄翔.数学课程标准中的十个核心概念[J].数学教育学报,2012,21(4):16-19.

[13] 惠州人,罗新兵.注重数学思想方法的提炼——关于化归思想的一个案例分析[J],中学数学教学参考,2006(1~2):20-21.

[14] 教育部基础教育教材审定工作办公室.义务教育课程标准实验教科书概览[M].北京:人民教育出版社,2006.

[15] 教育部基础教育教材审定工作办公室.普通高中课程标准实验教科书概览[M].北京:人民教育出版社,2006.

[16] 金小君.创设有效情景,让课堂焕发活力[J].成才之路,2008(2):4-5.

[17] 孔凡哲,史宁中.关于几何直观的含义与表现形式——对《义务教育数学课程标准(2011年版)》的一点认识[J].课程·教材·教法,2012(7):92-97.

[18] 李长明,周焕山.初等数学研究[M].北京:高等教育出版社,1995.

[19] 李祎.从"课程标准"到"课程焦点"——近20年美国数学课程发展及其启示[J].外国中小学教育,2007(7):20-24.

[20] 刘兼,孙晓天.全日制义务教育数学课程标准解读[M].北京:北京师范大学出版社,2002.

[21] 刘青云.中英数学课程标准的比较研究[D].广州:广州大学,2013.

[22] 刘一真.国际数学课程演变综述[J].吉林省教育学院学报,2014(1):44-45.

[23] 罗增儒.案例分析:"证法"合理性的说明[J].中学教研(数学),2006(6):18-20.

[24] 罗增儒.关于情景导入的案例与认识[J].数学通报,2009(4):1-6.

[25] 罗增儒.教育叙事:圆的遭遇[J].中学数学教学参考(初中版),2007(3):23-26.

[26] 罗增儒.数学的领悟[M].郑州:河南科学技术出版社,1997.

[27] 马云鹏.数学:"四基"明确数学素养——《义务教育数学课程标准(2011年版)》热点问题访谈[J].人民教育,2012(6):43-44.

[28] 齐建华,王红蔚.数学教育学[M].郑州:郑州大学出版社,2006.

[29] 钱珮玲.高中数学课程标准解读[EB/OL].http://.pep.com.cn/gzsk/jsxx_1/csrjwy/cs5_/cgzs_2/201205/t20120510_1122244.html,2012-05-10.

[30] 全美数学教师理事会.美国学校数学教育的原则和标准[M].蔡金发,译.北京:人民教育出版社,2004.

[31] 石树伟.数学课堂教学立意的"层次""关系"及"提升"[J].数学教育学报,2013,22(1):74-76.

[32] 史宁中.教育与数学教育[M].长春:东北师范大学出版社,2006.

[33] 史宁中.漫谈数学的基本思想[J].数学教育学报,2011,20(4):8.

[34] 史宁中.数学思想概论——数量与数量关系的抽象[M].长春:东北师范大学出版社,2008.

[35] 史宁中,吕世虎.对数感及其教学的思考[J].数学教育学报,2006,15(2):9-11.

[36] 史宁中,马云鹏,刘晓玫.义务教育数学课程标准修订过程与主要内容[J].课程·教材·教法,2012(3):50-56.

[37] 史宁中,张丹,赵迪."数据分析观念"的内涵及教学建议——数学教育热点问题系列访谈之五[J].课程·教材·教法,2008(6):40-44.

[38] 王尚志.数学教学研究与案例[M].北京:高等教育出版社,2006.

[39] 王尚志,张饴慈,吕世虎,等.理解与实践高中数学新课程[M].北京:高等教育出版社,2007.

[40] 文卫星.文卫星数学课赏析[M].上海:华东师范大学出版社,2012.

[41] 吴文俊.九章算术与刘徽[M].北京:北京师范大学出版社,1982.

[42] 肖万灵.《普通高中数学课程标准(实验)》下的新教材特点(一)——人教社A版普通高中课程标准试验教科书分析[J].黑龙江教育:中学版,2005(6):8-10.

[43] 徐青松.直接导入,充分想象,自然提升[J].教学月刊,2006(5):42-44.

[44] 严士健,张奠宙,王尚志.普通高中数学课程标准解读[M].南京:江苏教育出版社,2004.

[45] 杨宪立.对一道平面几何题的研究性学习[J].数学通报,2012(8):41-43.

[46] 杨宪立.漫谈数学命题的编拟[J].濮阳职业技术学院学报,2006,19(2):127-129.

[47] 杨宪立,杨之. 折弦定理——研究性学习的一个好课题[J]. 数学通报,2011,50(4):19-20.

[48] 张丹,白永潇. 新课标的核心概念及其变化——《义务教育数学课程标准(2011年版)》解读(三)[J]. 小学教学:数学版,2012(6):4-8.

[49] 张奠宙. 数学"双基"教学的理论与实践[M]. 南宁:广西教育出版社,2008.

[50] 张奠宙. 教育数学是具有教育形态的数学[J]. 数学教育学报,2005(8):1-4.

[51] 张奠宙,于波. 数学教育的"中国道路"[M]. 上海:上海教育出版社,2013.

[52] 张奠宙,竺士芬,林永伟."基本数学经验"的界定与分类[J]. 数学通报,2008(5):13.

[53] 张思明,李大永,刘雪莲. 高中数学新课程与学生学习[M]. 北京:高等教育出版社,2008.

[54] 张玉萍.《普通高中数学课程标准(实验)》下的新教材特点(二)——人教社B版普通高中课程标准实验教科书分析[J]. 黑龙江教育:中学版,2005(Z2):78-80.

[55] 郑毓信. 国际理论视野下的中国数学教育[J]. 全球教育展望,2010(3):79-83.

[56] 中华人民共和国教育部. 普通高中数学课程标准(实验)[M]. 北京:人民教育出版社,2003.

[57] 中华人民共和国教育部. 义务教育数学课程标准(2011年版)[S]. 北京:北京师范大学出版社,2012.

[58] 中华人民共和国教育部. 义务教育数学课程标准(2011年版)解读[M]. 北京:北京师范大学出版社,2013.

[59] 中央教育科学研究所第二次国际教育成就评价课题组. 国际初中学生数学和科学教育的现状和分析——第二次国际教育成就评价课题测试结果简介[J]. 课程·教材·教法,1993(12):51-54.

[60] 周小川. 日本小学数学课程改革的方向及启示[J]. 小学数学教育,2011(1-2):8-10.